高等学校"十二五"应用型经管规划教材·财会系列

管理会计

王 兰 主 编◎
张 丽 赵 楠 副主编◎

電子工業出版社
Publishing House of Electronics Industry
北京·BEIJING

内 容 简 介

管理会计是会计学专业与财务管理专业的一门专业必修课程，同时也是其他管理类、经济类专业的一门选修课程。本书共12章，以“预测—决策—控制—评价”为主线，突出对专业能力的培养，讲解了成本性态分析、变动成本法、作业成本法、本量利分析、经营预测、经营与投资决策、成本控制、责任会计、业绩评价等内容。并以例题、图表、实训练习等方式，使抽象的理论和复杂的问题变得浅显直观，以提高读者的自学能力和分析问题、解决问题的能力。

本书适合应用型本科院校会计学、财务管理及相关专业教学使用，也可作为其他类型高等院校相关本科专业教学使用，并适合在职会计人员和待进入会计行业的人员作为自学、参考用书。

图书在版编目（CIP）数据

管理会计 / 王兰主编. —北京：电子工业出版社，2013.8
高等学校“十二五”应用型经管规划教材. 财会系列
ISBN 978-7-121-21156-0

Ⅰ. ①管… Ⅱ. ①王… Ⅲ. ①管理会计—高等学校—教材 Ⅳ. ①F234.3

中国版本图书馆 CIP 数据核字（2013）第 175691 号

策划编辑：姜淑晶
责任编辑：周宏敏　　文字编辑：施易含
印　　刷：北京京师印务有限公司
装　　订：北京京师印务有限公司
出版发行：电子工业出版社
　　　　　北京市海淀区万寿路 173 信箱　邮编 100036
开　　本：787×1 092　1/16　印张：20　字数：512 千字
版　　次：2013 年 8 月第 1 版
印　　次：2018 年 1 月第 3 次印刷
定　　价：38.00 元

凡所购买电子工业出版社图书有缺损问题，请向购买书店调换。若书店售缺，请与本社发行部联系，联系及邮购电话：（010）88254888，88258888。

质量投诉请发邮件至 zlts@phei.com.cn，盗版侵权举报请发邮件至 dbqq@phei.com.cn。

本书咨询联系方式：（010）88254199，sjb@phei.com.cn。

前　言

管理会计是一门新兴的、将现代管理与会计融为一体的综合性交叉学科，它的创立和发展大大丰富了会计科学的内容。从本质上讲，所有会计信息的取得都是为了帮助利益相关者做出决策。财务会计侧重于向外部信息使用者提供决策有用的信息，而管理会计侧重于为企业内部经营管理服务。企业的管理者只有准确地掌握管理会计信息，才能更好地履行其相应职责。随着市场经济的发展和竞争的日益加剧，如何获取和利用有效的信息做出决策，如何控制、评价企业业绩，已经成为企业极为关注的问题。从这个角度上看，了解和认识管理会计在我国的发展进程，对推进我国管理会计的应用和发展具有重要的意义。

本书以“预测—决策—控制—评价”为主线，在“夯实基础、扩展技能”的指导方针下，强化管理会计学科的技术性应用及拓展。并试图通过例题、图表等方式，使抽象的理论和复杂的问题变得浅显而直观。为便于学习，本书在每章前设定了学习目标，在每章末增加了复习思考题，以提高读者的自学能力和分析问题、解决问题的能力。此外，本书在内容设置上，保持管理会计理论结构总体框架，专注于理论知识教学和学生实践能力及思考问题、解决问题能力的培养，能够帮助读者搭建符合现有会计规范、行为及业内共同认知的平台。与同类图书相比，本书坚持理论联系实际，突出学生专业能力的培养，力求反映会计改革的新成果和新要求。

本书可作为高等财经类院校、综合性大学的会计学、财务管理学、管理学及相关专业的本、专科教学使用，也适合在职会计人员和待进入会计行业的人员作为自学、参考用书。

全书共 12 章，第 1、5、6、8、9 章由王兰（黑龙江东方学院）执笔，第 7、10、12 章由张丽（大连财经学院）执笔，第 2～4 章由赵楠（哈尔滨大学）执笔，第 11 章及全书课件由孔令秋（哈尔滨学院）执笔制作。全书由王兰总编。张丽为本书的统稿等工作付出了大量的时间和精力。

本书配有教学资料包，读者可登录华信教育资源网（www.hxedu.com.cn）免费下载。

本书是各相关院校倾力合作与集体智慧的结晶，尽管我们在教材的特色建设方面做出了许多努力，在编写本书的过程中也参阅了国内外大量的文献和资料，但由于编者的经验和水平有限，加之编写时间仓促，所以书中难免存在疏漏之处。恳请各相关教学单位和读者在使用的过程中给予关注并提出改进意见，以便我们进一步修订和完善。

目　录

第 1 章

管理会计概论

本章导语

每个组织，无论大小，无论是企业还是非营利组织，其目标均是相同的——创造价值。为实现这一目标，组织需要不断地根据环境的变化，适时开展一系列的计划、组织、控制活动。而这些管理职能的有效发挥则有赖于各种决策信息的支持。本章将介绍为组织实现管理目标而提供科学决策信息的支持系统之一——"管理会计"的基本框架、学科发展历史及当前的研究热点。

学习目标

1. 了解什么是管理会计信息系统，以及其对于实现组织目标的作用。
2. 了解管理会计的历史发展和当前动态。
3. 理解管理会计的目标、职能、对象及基本假设。
4. 掌握管理会计与相关学科之间的关系。
5. 了解管理会计师的职业组织、职业证书及职业道德行为准则。

1.1 管理会计的定义

管理会计是会计学与管理学相互结合的一门新兴交叉学科。由于其学科历史较短，且仍在不断的发展变化之中，因此，其理论研究、方法体系和内容构成等方面还不尽完善，至今尚无统一的定义。现将国内外较有影响力的关于管理会计的定义列举如下。

1.1.1 国外对管理会计的定义

1. 美国会计学会的定义（AAA，1958）

管理会计就是运用适当的技术和概念，处理企业历史和未来的经济信息，以有助于管理人员制订出合理的、能实现经营目标的计划，以及为达到上述目标进行的决策。

2．国际会计师联合会的定义（IFAC，1988）

管理会计是指在一个组织内部，对管理当局用于规划、评价和控制的信息（财务的和经营的）进行确认、计量、积累、分析、处理、解释和传输的过程，以确保其资源的合理利用并对它们承担经营责任。

3．英国特许管理会计师公会的定义（CIMA，2005）

管理会计是运用会计和财务管理的相关原则，用以创造、保护、增加公共部门和私营部门中营利及非营利企业利益相关者的价值。管理会计是管理的重要组成部分。它需要识别、生成、展示、解释和使用相关信息来提供战略决策信息以及制定商业战略；计划长期、中期、短期的运营；制定资本结构决策并有效融资；决定股东和管理层的激励策略；为经营决策提供信息；控制运营并确保资源的有效利用；计量财务和非财务绩效并报告给管理层和其他利益相关者；保全有形和无形资产；实施公司治理程序、风险控制和内部控制。

1.1.2 国内对管理会计的定义

1．李天民教授的定义

李天民教授认为：管理会计主要是通过一系列专门方法，利用财务会计、统计及其他有关资料与信息进行归纳、整理、计算、对比和分析，使企业内部各级管理人员能据以对各责任单位和整个企业的日常和未来的经济活动进行规划、控制、评价和考核，并帮助企业管理部门做出最优决策的一整套信息系统。

2．温坤教授的定义

管理会计是企业会计的一个分支，它运用一系列专门的方式、方法，确认、计量、收集、分析、编报、解释和传递各种财务信息和非财务信息。管理当局通过这些信息进行预测和决策，制订计划，对经营业务进行控制，并对其业绩进行评价，以保证企业改善经营管理，提高经济效益。

3．余绪缨教授的定义

管理会计是企业会计的一个分支。它运用一系列专门的方式方法，收集、分类、汇总、分析和报告各种经济信息，借以进行预测和决策，制订计划，对经营业务进行控制，并对业绩进行评价，以保证企业改善经营管理，提高经济效益。

4．孟焰教授的定义

管理会计是以组织所追求的经济效益和社会效益为目标，以现代经营管理学、经济学为理论基础，以电子计算机和计算机网络为主要手段，采用各种有效的方法和措施，能在组织整个生产经营过程中进行预测、决策、计划、控制考核和分析；以财务数据为主要内容，同时结合非财务信息，为组织提高竞争能力和适应能力提供相关信息支持的管理信息系统。管理者利用这个设计灵活的系统，可以帮助他们的组织更好地做出有关人力、物力、财力资源以及产品、服务、渠道、供应者和消费者的决策，是决策支持系统的重要组成部分，以保证组织的各项有限资源能得到最合理、最优化的配置和使用，以实现组织的目标。

从上面列举的对管理会计的各定义可以看出：国内外学者对管理会计的定义虽有差异，但是又有许多共同的地方。随着经济环境的变迁和研究的不断深入，对于管理会计的定义也在不断地丰富和发展着。将上述定义进行归纳、总结，我们可以得出对管理会计定义的以下理解。

（1）管理会计属于会计范畴，是一个会计信息处理系统。

（2）管理会计信息系统的目标是为管理当局提供信息支持，帮助其提高其经济效益、创造价值。

（3）管理会计信息系统要运用一系列专门的方式、方法，为管理和决策提供信息。

（4）管理会计信息处理系统处理的信息既包括财务信息，也包括非财务信息。

（5）管理会计既为管理当局的管理目标服务，同时也为外部的利益相关者提供服务，但主要为管理当局各级管理人员提供内部服务信息，以利于其制定目标、做出决策、编制计划、进行控制和业绩评价。

（6）管理会计不仅广泛应用于企业组织，同时还应用于其他非企业组织。

1.2 管理会计的形成与发展

管理会计既是社会经济环境变迁的产物，又是会计学与管理学直接结合的一门综合性学科。因此，管理会计的发展变化总是与管理学和会计学的发展联系在一起的。西方管理学和会计学的发展，是促进管理与会计结合的重要条件。依据西方管理科学的发展脉络，可将管理会计学的形成与发展历程概括为三个阶段。

1.2.1 管理会计的萌芽

19世纪末20世纪初，受到工业革命的影响，西方发达国家的生产力得到了空前的发展，企业规模迅速扩大，但由于生产混乱，劳资关系紧张，工人“磨洋工”现象大量存在，导致企业生产效率低下。如何采用科学的管理方法，提高企业生产效率，成为企业管理中需要解决的重大问题。为适应这种客观要求，泰勒制应运而生。该制度以科学管理理论为基础，强调提高生产效率和工作效率，通过时间和动作研究，制定一定条件下可实现同时又具有效率的标准，以实现生产各个方面的标准化。伴随着泰勒制在实践中的广泛应用，标准成本、预算控制、差异分析等与泰勒科学管理理论直接相联系的技术开始被引进到会计实务中，使得传统会计的面貌发生了极大的改变，将其从事后核算向事先计算、事中控制与事后分析相结合推进。此种变化，昭示着管理与会计结合的新学科——管理会计学科的雏形的形成。与此同时，会计学术界开始涉及管理会计有关问题的研究。从1918年开始，从哈里森（G. C. Harrison）先后发表的《有助于生产的成本会计》、《新工业时代的成本会计》、《成本会计的科学基础》、《标准成本》，到美国会计学家奎因坦斯（Quaintance）在1922年出版的《管理会计：

财务管理入门》中首次提出“管理会计”的概念，再到麦金西（J. Q. McKinsey）于 1924 年出版第一部关于管理会计的专著——这些关于管理会计的早期的著作的出版，标志着管理会计初步具有统一的理论。但是限于当时的科学技术水平、企业生产经营活动的复杂程度及相邻学科的发展情况，尤其是泰勒科学管理理论和方法的某些弊病和缺陷，管理会计赖以形成的理论和实践条件尚不成熟，所以，在较长时期，上述技术方法只被看作会计配合推行泰勒的科学管理所做的一些执行性尝试，只是作为原有会计体系中一个附带部分存在，并没有形成一个相对独立的科学理论与方法体系。

1.2.2 管理会计的形成

20 世纪 40 年代，第二次世界大战结束后，西方国家进入了所谓的战后期，各国纷纷致力于修复战争创伤，大力发展经济。一方面，现代科学技术突飞猛进并大规模应用于生产，使社会生产力获得了十分迅速的发展；另一方面，企业进一步集中，跨国公司大量涌现，企业的规模越来越大，生产经营日趋复杂，管理难度越来越大，竞争更加激烈。这些新的情况和环境对企业管理提出了相应的新要求，迫切需要对外部环境具有灵活性和高度适应能力的合理、科学的企业内部管理理论。面对突如其来的新形势，战前曾风靡一时的泰勒制显得非常被动，其只解决了个别具体工作的作业效率问题，并没有解决企业作为一个整体如何管理的问题。而大量实践则表明，企业的盛衰、成败、生存和发展首先取决于企业采取的战略、方针、决策是否正确，所定目标是否与外部客观经济环境相适应。如果战略、方针、决策错误，经营目标定错了，企业的个别环节效率再高也无济于事。

正是由于泰勒科学管理学说的缺陷不能适应战后西方经济发展的新形势和要求，所以，被现代管理科学取代也就成为历史的必然。现代管理科学是一个十分庞大而复杂的知识体系，包含 6 个主要学派，即以法约尔（H. Fayol）为代表的管理过程学派（认为无论是什么性质的组织，管理人员的职能是共同的）、以德鲁克（P. F. Drucker）为代表的经验学派（主张通过分析经验来研究管理学问题）、以巴纳德（C. D. Baranard）为代表的社会系统学派（认为组织是一个复杂的社会系统，应从社会学的观点来分析和研究管理的问题）、以西蒙（H.A.Simon）为代表的决策理论学派（认为管理就是决策，管理人员应该集中研究决策问题）、以伯法（E. S. Buffa）为代表的管理科学学派（主张运用数学和公式进行计划决策和解决管理中的问题）和早期的行为科学学派（认为必须重视人的因素，应该从心理学、社会学角度研究管理学问题）。

现代管理科学的发展及在企业管理中的成功应用，为管理会计的形成奠定了理论和方法基础。通过引进、吸收相关学科的新的理论和方法，管理会计增加了预测、决策等新内容，建立起了预算控制会计、经营会计、投资决策会计和责任会计体系，以提供有助于正确评价业务和加强内部控制的信息。至此，一个以强化内部管理、提高经济效益为目的的管理会计体系形成，同时也标志着管理会计由执行性会计阶段发展至决策与计划会计。1952 年，在伦敦举行的国际会计师联合会（IFAC）代表大会上，正式通过了“管理会计”这一专门术语，会计也因此被细分为财务会计和管理会计两大领域。

1.2.3　管理会计的发展

从 20 世纪 60 年代末至今，为管理会计的发展时期。作为一门新生科学，管理会计通过不断吸收现代管理科学，特别是系统论、控制论、信息论、决策论、代理理论、权变理论、战略管理理论的研究成果，使其自身的理论和方法体系日臻完善。特别是进入 20 世纪 80 年代后，社会经济和科学技术环境发生了翻天覆地的变化，企业竞争愈演愈烈且更具国际性，经营风险越发难以预测。应对环境的变迁，诞生了“顾客化生产”及“柔性制造系统”（以统一的信息控制系统和自动物料储运系统连接起来的一组计算机数控加工设备，能在不停机的情况下实现多品种工件的加工，并具有一定管理功能），为企业适应顾客复杂、多变的需求进行灵活反应提供了经济、技术上的可能与保证。这些重大变革的出现，必然要对传统管理会计产生重大的冲击，从而在管理会计中不断孕育出新的领域，使之与企业面临的新形势下的内外部环境相适应。于是，适时生产系统（JIT）、全面质量管理（TQC）等新的理论与方法相继形成，作业成本法、作业管理、质量成本管理、人力资源管理会计、环境管理会计、战略管理会计等新的研究领域也日益引起了人们的广泛关注。

1.3　管理会计的基本理论

1.3.1　管理会计的目标

管理会计是为适应企业加强内部经营管理，提高企业竞争力的需要而产生和发展起来的。因此，管理会计的最终目标是提高企业的经济效益。为此，管理会计应实现以下两个分目标。

1. 为管理和决策提供信息

管理会计应向各级管理人员提供以下经选择和加工的信息（财务和非财务信息）：

（1）与计划、评价和控制企业经营活动有关的各类信息，这些信息有利于各级管理者加强对经营过程的控制，实现最佳经营。

（2）与维护企业资产安全、完整及资源有效利用有关的各类信息。

（3）与股东、债权人及其他企业外部利益相关者的决策有关的信息。

2. 参与企业的经营管理

在现代管理理论的指导下，管理会计正在以各种方式积极参与企业的经营管理，将会计核算推向会计管理。这种参与不仅有利于各项决策方案的落实，而且有利于企业在总体上兼顾企业长期、中期和短期利益的最佳化运行。

1.3.2　管理会计的职能

为实现管理会计的目标，管理会计应具有以下职能。

1．预测职能

预测是指采用科学方法预计、推断客观事物未来发展的方向和程度的管理行为。管理会计的预测职能，就是根据企业未来的目标和经营方针，充分考虑经济规律和资源约束，利用会计、统计和其他有关信息，采用科学的经济预测法，对企业未来的销售、成本、利润、资金需求等重要经济指标进行合理的预计和推断，为企业管理者进行正确的经营决策提供信息支持。因此，预测职能是管理会计的基本职能，是执行其他职能的基础。

2．参与决策职能

所谓决策，即对未来行动的目标或方向及实现目标的方法、手段做出决定。严格地说，参与决策不同于决策，它是指管理会计人员为了使企业决策者做出正确的判断和决策，在充分利用会计信息和其他相关信息的基础上，对生产经营或投资活动中的特定问题拟定备选方案，运用专门的方法进行科学预算、比较和分析，初步筛选出可行方案，供决策者进行选择的各种准备工作及过程。

3．预算职能

预算是行动计划的定量表现，就是在最终确定决策方案的基础上，编制企业全面预算和各责任单位的责任预算，从而确定企业各方面应达到的主要目标，借以指导当前及未来的经济活动。预算职能既是参与决策职能的继续，又是控制职能、评价职能的基础。

4．控制职能

主要是根据预算标准来衡量执行情况，纠正预算执行中的偏差，确保预算目标的实现。这一职能的充分发挥，要求将对经济过程的事前控制与事中控制有机结合起来，即通过事前预设科学的控制标准（预算标准），对标准执行偏差及时处理，以保证企业各项经济活动不偏离既定的目标。

5．评价职能

主要是指在事后，根据各责任单位所编制的业绩报告，将实际数据预算标准进行对比，并分析其中的差异及其产生的原因，明确责任归属，以此作为对各责任单位的工作业绩或经济成果进行评价、考核并奖惩的依据。

以上职能不是孤立的，而是相互补充和促进的，它们共同发挥着一种综合性功能，即提高企业的经济效益。

1.3.3 管理会计的对象

管理会计的对象在我国理论界的观点并不一致，各有道理。目前，国内理论界基本形成如下三种不同的观点。

1．现金流动论

持有该观点的学者认为管理会计的对象是企业的现金流动。理由是：一门科学或学科的对象，是其特定领域有关内容的集中和概括，是贯穿于该科学或学科的始终的。而从内容上看，现金流动贯穿于管理会计的始终。

2. 价值差量论

持该观点的学者认为管理会计的对象是价值差量。理由是：现代管理会计的基本内容是以差量分析为基本方法进行研究并贯穿始终的。

3. 资金总运动论

持该观点的学者认为管理会计的对象是企业及其所属企业过去、现在和将来的资金总运动。理由是：管理会计与财务会计是现代会计系统的两个子系统，两者同属于会计这一范畴，因而管理会计与财务会计从总体上来说有共同的对象——资金运动。

1.3.4 管理会计的基本假设

管理会计的假设是近年来人们在对管理会计学基本理论进行规范研究时，参照财务会计基本概念框架结构而提出的，迄今尚无定论。主流观点认为，管理会计根据其自身的特点，可以分为基本假设和具体假设两个层次。

1. 基本假设

基本假设是指对管理会计学的理论和实践产生全面、重大影响的假设。

（1）会计主体假设。会计主体假设规定了会计活动的空间范围，与财务会计的会计主体有所区别的是，管理会计的会计主体除独立的经营单位外，还包括其内部各个责任层次的责任单位，它主要根据管理当局在企业内部经营管理活动中的具体需要而定，具有多样性和灵活性的特点。

（2）持续经营假设。持续经营假设规定了会计活动在时间上的不间断性，对管理会计而言，其所进行的规划与决策、控制与业绩评价活动主要是以财务会计提供的信息为依据的，而财务会计取得的会计信息必须以企业在其生产经营期间内不断地持续经营为前提，因此持续经营假设也适用于管理会计。

（3）会计分期假设。会计分期假设是对管理会计对象运行的时间范围的规定，即把企业持续不断的生产经营和筹资、投资活动，划分为一定的期间，以便及时提供有用的管理信息。但是，由于管理会计的工作重点是为企业内部各级部门管理人员服务，因此，会计分期的时间跨度不局限于对外报告的月、季、年，而应根据企业本身的具体情况和需要，灵活进行分析（短至 1 天，长至数年）并编制内部报告，用于控制和评价各责任单位的经济活动。

（4）货币时间价值假设。货币时间价值假设，是指等量货币在不同时间点上具有不同的价值，管理会计的许多决策就是在此假设基础上做出的。尤其在进行长期投资决策分析时，绝不能假设货币价值不变，只有这样才能使决策的结论更科学、合理。

（5）风险价值可计量假设。风险价值可计量假设，是指所有的不确定性决策都可以转化为风险性决策，不仅风险具有价值，而且风险价值可以计量。决策按照风险程度的大小，分为确定性决策、风险决策和不确定性决策。由于对未来的结果及其出现的概率无法把握，不确定性决策往往采用数学计量方法进行。尽管投资决策中的风险价值只是一种虚拟的报酬，并不存在一定的客体可以直接计量，但这一假设却为管理会计解决现实问题提供了可能。

（6）多种计量的单位假设。与财务会计的货币计量假设不同，管理会计在进行规划与决策、控制与业绩评价活动时，其计量单位除货币单位外，还可使用实物量单位、时间单位和相对数单位等。多种计量单位的选择，即根据企业内部经营管理的不同需要来选择不同的计量单位。

2. 具体假设

具体假设是指对管理会计的理论和实践中某一方面产生影响作用的假设。

（1）成本分类多样性假设。与财务会计将企业的总成本简单分为产品成本和期间成本不同，管理会计主要是根据企业内部经营管理的需要对成本进行分类。如为了进行本量利分析和实施变动成本法，需根据成本习性原理将企业的全部成本划分为变动成本与固定成本；为进行决策分析，根据成本的相关性将成本分为相关成本和无关成本；以及在实施责任会计制度时，为了对成本中心的责任成本进行有效控制，根据成本的可控性，将成本分为可控成本与不可控成本；为了实施作业成本计算法，根据成本动因分为短期变动成本、长期变动成本和固定成本。

（2）技术性假设。技术性假设指用于某一具体管理会计事项、直接约束和规范个别管理会计程序与方法的应用性命题。例如，为了应用本量利分析法预测盈亏临界点、目标销售量和目标销售额，规划企业的目标利润和编制利润预算等，就必须假设某些有关因素为不变的常量，否则就无法找出有关变量之间的函数关系。因此，本量利分析法的假设条件是：在一定时间和一定业务量范围内，企业产品的销售单价、单位变动成本、固定成本总额、生产能力和产品品种结构都维持不变。又如，在推行责任会计制度时，需要假设各层次的责任单位能够保持整个企业经营目标的一致性。如果各责任中心都各自为政，只顾及各自小团体利益，则责任预算指标的分解、落实、执行、考评等就无法正常进行。管理会计的技术性假设需要根据技术方法的特点和在实践中的应用情况加以确定，因而技术性假设具有较强的务实性和解决具体问题的针对性。

1.4 管理会计与相关学科的关系

1.4.1 管理会计与财务会计的关系

管理会计与财务会计是从近代会计中分离出来的两个分支，在企业的经营与管理活动中，财务会计通过信息系统将财务会计信息主要提供给企业外部信息使用者，服务于社会各个利害关系集团，而管理会计则主要通过信息系统提供相关管理信息给企业的管理者和决策者。二者存在明确的分工，同时又具有密切的联系。

1. 管理会计与财务会计的联系

（1）目标相同。管理会计和财务会计共同服务于企业管理的目的，其最终目标都是为了使企业能够获得最大利润，提高经济效益。

（2）基本信息同源。管理会计所使用的信息尽管广泛多样，但基本信息来源于财务会计，有的是财务会计资料的直接使用，有的则是财务会计资料的加工、改制和延伸。

2．管理会计与财务会计的区别

（1）服务对象不同。管理会计主要为企业内部各级管理人员提供有效经营和最优化决策的各种管理信息。而财务会计主要侧重于对企业外部利益相关者（如投资者、债权人、财税部门、监管部门）服务。

（2）工作重点不同。管理会计的基本内容是规划与决策、控制与业绩评价，其工作重点在于面向未来，利用历史资料预测前景、参与决策、规划未来、控制和评价企业的各项经济活动，属于"经营管理型"会计。而财务会计的工作重点面向过去，通过对会计要素的确认、计量、报告，提供历史信息，属于"报账型"会计。

（3）约束依据不同。管理会计不受会计准则和会计制度的约束，只服从管理者对企业的规划与决策、控制与业绩评价的需要。而财务会计必须严格遵守会计准则和法规。

（4）报告时间跨度不同。管理会计编制的内部报告在时间跨度上有较大的弹性，可根据需要短至一天，长至数年。而财务会计在时间跨度上缺乏弹性，必须按月、季、半年、年编制报告。

（5）对数据的精确程度要求不同。由于管理会计工作重点是面向未来，不确定因素较多，因此对于数据的要求是只需求得近似值。而财务会计的工作重点是反映过去，因此其提供的数据要力求准确。

（6）计量单位不同。管理会计可采用货币和非货币计量单位，而财务会计只可以采用货币单位计量。

（7）提供的信息性质不同。管理会计提供的信息可不公开，不具有法律责任，其所编制的内部报告也不带有强制性。而财务会计提供的信息是公开的，具有法律责任，其所编制的报告也具有强制性。

（8）会计主体不同。管理会计主要以企业内部各责任单位为会计主体，并对各责任单位和整个企业的日常经济活动进行规划、决策、控制与业绩评价。而财务会计主要以整个企业为会计主体，通过对会计要素的确认、计量和报告反映整个企业的财务状况和经营成果。

1.4.2 管理会计与财务管理的关系

管理会计和财务管理都是为了满足企业追求价值最大化的需要而产生的，两者最终目标的一致性，使得管理会计和财务管理在其理论的发展中，都吸收了现代管理科学的一些新成果，如预测、决策、预算和控制等，这也使两学科在以后的发展中出现了许多重复交叉和相似的地方。如财务管理的投资决策、流动资金管理、财务预算等内容，与管理会计的经营预测、长短期经营决策等内容存在着重复交叉现象。又如财务管理和管理会计同样面向未来、着眼于为企业内部需求服务等，但是二者的区别也是显而易见的，具体表现在以下几方面。

（1）工作系统性质不同。财务管理是对资金运动过程所进行的直接的、系统的管理，它对资金运动本身直接进行系统的预测、决策、计划、调度、指挥、控制、分析、考核工作，属于一种职能性的管理工作。财务管理的目的是千方百计使资金这种物质释放出最大的能量，实现价值增值，提高资金效益。管理会计是一个管理信息系统，它的工作性质是利用信息、产生信息、传递信息、解释信息，为企业有关管理部门提供经营管理中需要的信息。它属于一种基础性的管理工作，对各种经济信息进行着直接的管理，是企业管理系统的信息支持系统，是企业成功控制自己经营管理活动的重要因素，同时也为财务管理系统服务。

（2）工作重点不同。管理会计是在成本会计的基础上发展起来的。产生的目的就是为了改善企业内部管理，加强成本费用控制。而财务管理是伴随资金筹措而产生的，其立足点是通过理财行为以求达到企业资金流转平衡。即管理会计为整个经营管理服务，而财务管理是对财务活动的管理，并不覆盖全部经营活动，它相对来讲具有较强的专业性，是一种专业管理，涉及的范围与管理的内容不像管理会计那样广泛，但它对资金运动所进行的直接、系统的管理是管理会计活动无法替代的。

1.5 管理会计专业组织与职业道德

1.5.1 管理会计专业组织

管理会计在 20 世纪 50 年代正式形成后，为有效发挥管理会计提高企业内部经营管理水平和经济效益的作用，会计职业发达的英国和美国等西方国家一直致力于管理会计的职业化与专业化，而西方国家的管理会计职业化与专业化又主要体现在成立管理会计机构、组织管理会计师资格考试等方面。在世界上有较大影响的是英国特许管理会计师协会和美国管理会计师协会。

1. 英国特许管理会计师协会

英国于 1986 年 11 月将成本和管理会计师协会更名为特许管理会计师协会（Chartered Institute Management Accountant，CIMA），成为英国管理会计师的专业组织。凡申请加入该协会并成为会员者，必须通过一系列资格考试，并符合一定的教学标准和专业标准。考试内容及考试具体安排如下：管理会计（8.5 小时）；财务会计（8 小时）；成本会计（3 小时）；财务管理（3 小时）；管理学、公司发展战略及市场学（6 小时）；法律、税收及经济学（12 小时）；数量分析技术和信息技术处理（7.5 小时）。该协会规定，申请参加资格考试的成员必须至少达到大学入学标准或相当学力。凡通过资格考试，并具有 3 年从事管理会计工作实践经验者，方可申请非正式会员。申请正式会员，除通过考试外，还须具有担任 3 年财务经理或财务主任等工作经验。申请者一旦取得正式会员资格，持有特许管理会计师证书，就被认为具有广泛的理论知识和丰富的实践经验，往往成为许多大公司猎取的目标。因此，正式会员具有较高的社会地位，为社会所尊重。

2. 美国管理会计师协会

美国管理会计师协会（Institute of Management Accounting，IMA）在美国 200 多个城市设有分会，并在世界上许多国家设立了分部，其规模仅次于美国注册及会计师协会。为了适应管理会计这一领域的发展需要，协会于 1972 年设立了管理会计实务委员会和注册管理会计师协会（ICMA），并创办机关刊物《管理会计》，探讨当前的管理会计实务。管理会计实务委员会的职责是为管理会计师协会的会员以及企业界提供管理会计概念、政策和实务的权威性指导。注册管理会计师协会的主要任务是具体负责全国性的注册管理会计师（CMA）的考试及管理。

要取得 CMA 证书并成为注册管理会计师，必须通过一系列资格考试，并符合教育标准和专业标准。管理会计师资格考试的主要内容是：经济学、财务和管理学；财务会计及报告；管理报告、分析与行为专题；决策分析与信息系统。全部考试时间为 16 小时，分两天进行。

申请者必须符合下列条件之一，方可参加资格考试。

（1）在立案学院或大学获得学士学位；

（2）达到职业管理会计师协会证书委员会规定的“研究生入学考试”或“管理研究生入学考试”成绩；

（3）为注册会计师或在别国取得证书委员会认可的相应专业资格证书。

要求取得管理会计师证书和成为职业管理会计师的申请者必须在 3 年内通过上述 4 个部分的考试，并在参加考试前或考试后 7 年内具有连续两年从事管理会计工作的经验，且遵守管理会计师职业道德规范。

1.5.2　管理会计师的职业道德

管理会计师在履行其职责时必须遵循职业道德规范。美国全国会计师协会曾于 1982 年颁布了“管理会计师职业道德标准”，遵循这些标准是实现管理会计目标的必要条件，这些职业道德标准包括以下内容。

1. 技能

管理会计师有下列义务：

（1）通过不断提高自身的知识和技能，保持适当的专业技术水平。

（2）按照有关法律、规章和技术标准，履行其职业任务。

（3）在对相关和可靠的信息进行适当分析的基础上，编制完成清晰的报告，并提出建议。

2. 保密

管理会计师有下列义务：

（1）除法律规定外，非经核准，不得泄露工作过程中所获的机密信息。

（2）告诉下属要适当注意工作中所得信息的机密性并监督其行为，以确保严守机密。

（3）禁止将工作中所获得的机密信息，经由个人或第三者用于不道德行为或获取非法利益。

3. 廉政

管理会计师有下列义务：

（1）避免介入实际或明显的利害冲突，并向任何可能的利害冲突方提出忠告。

（2）不得从事道德上有害于其履行职责的活动。

（3）拒绝收受影响其行动的任何馈赠和宴请。

（4）严禁主动或被动地破坏实现企业既合法又合乎道德行为规范的目标。

（5）了解和沟通不利于做出认真负责的判断或顺利完成工作的某些专业性限制或其他约束条件。

（6）沟通不利及有利的信息，发表赞成或不赞成的职业判断或意见。

（7）不得从事或支持任何有损于职业信誉的活动。

4．客观

管理会计师有下列义务：

（1）公正客观地交流信息。

（2）充分披露所有相关的信息，帮助信息的使用者对各项报告、说明书和建议书获得正确的理解。

5．道德行为冲突的解决

在应用各项道德行为准则时，管理会计师可能会遇到怎样确认非道德行为，或怎样解决不道德行为的问题。对于重大的道德行为问题，管理会计师应遵循企业已经制定的方针政策中的有关条款来解决这些矛盾。如果这些政策仍不能解决道德行为冲突问题，管理会计师应考虑采取如下行动。

（1）除涉及有关其他上级外，与直接上级商讨这些问题。在此情形下，应在一开始就将问题提交给高一级主管，如果问题得不到解决，再提交更高一级的主管人员。如果直接上级是最高级主管，那么可提交复议当局（可能是审计委员会、执行委员会、董事会、理事会或业主）。

（2）和一位客观公正的顾问进行缜密的讨论，以澄清有关问题的概念，并确定可被接受的解决方案。

（3）如果道德行为冲突在经过企业内部所有管理层努力解决后仍然存在，管理会计师只有向企业组织中的一个合适管理部门或代理人提交有关资料备忘录，以待日后处理。如果企业中的某些道德行为冲突涉及法律规定，企业应将这些问题通知适当的官方权力机构或个人。

复习思考题

一、单项选择题

1．如果某项管理会计信息同时满足了相关性和可信性的要求，那么我们可以断定该信息在质量上符合（　　）。

A．真实性原则　　B．决策有用性原则

C．及时性原则　　D．灵活性原则

2．下列说法正确的是（　　）。

A．管理会计是经营管理型会计，财务会计是报账型会计

B．财务会计是经营管理型会计，管理会计是报账型会计
C．管理会计是对外报告会计
D．财务会计是对内报告会计
3．下列各项中，与传统的财务会计概念相对立而存在的是（　　）。
A．现代会计　　B．企业会计
C．管理会计　　D．成本会计
4．财务会计与管理会计的侧重面有所不同，其差别在于（　　）。
A．前者服务于企业外部相关的各种社会集团，后者服务于企业内部的经营管理
B．前者为企业债权人服务，后者为企业经理服务
C．前者的服务对象与企业无关，后者的服务对象与企业有关
D．前者只是简单被动地记录反映企业的经营状况，后者则主动地反映企业的经营状况
5．下列会计子系统中，能够履行管理会计“考核评价经营业绩”职能的是（　　）。
A．预测决策会计　　B．规划控制会计
C．对外报告会计　　D．财务会计
6．管理会计不要求（　　）的信息。
A．相对精确　　B．及时
C．绝对精确　　D．相关
7．管理会计与财务会计的关系是（　　）。
A．起源相同、目标不同
B．目标相同、基本信息同源
C．基本信息不同源、服务对象交叉
D．服务对象交叉、概念相同
8．按照管理会计的解释，成本的相关性是指（　　）。
A．与决策方案有关的成本特性　　B．与控制标准有关的成本特性
C．与资产价值有关的成本特性　　D．与归集对象有关的成本特性
9．从服务对象上看，现代管理会计侧重服务于（　　）。
A．企业的投资人　　B．企业的债权人
C．企业内部各级经营管理者　　D．A+B+C
10．为保证管理会计信息质量对决策有用，通常要求将有关的未来信息估计误差控制在决策者可以接受的一定可信区间内，这体现了可信性原则中的（　　）。
A．可理解性要求　　B．最优化要求
C．可靠性要求　　D．效益性要求

二、多项选择题

1．下列各项中，属于管理会计职能的有（　　）。
A．预测经济前景　　B．参与经济决策
C．规划经营目标　　D．控制经济过程

2. 下列各项中，属于现代管理会计内容的有（   ）。

A. 预测决策会计　　B. 规划控制会计

C. 成本会计　　D. 预算会计

3. 管理会计与财务会计之间有许多不同之处，如（   ）。

A. 会计主体不同　　B. 基本职能不同

C. 依据的原则不同　　D. 信息特征不同

4. 通过分析管理会计职能的时间特征，可以发现管理会计信息横跨过去、现在和未来三个时态的时间特征，其中能够体现未来时态特征的职能有（   ）。

A. 预测　　B. 决策

C. 控制　　D. 考核

5. 下列表述中，能够揭示管理会计特征的有（   ）。

A. 以责任单位为主体　　B. 必须严格遵守公认会计原则

C. 重视管理过程和职工的作用　　D. 可以提供未来信息

6. 下列项目中，可以作为管理会计主体的有（   ）。

A. 企业整体　　B. 分厂

C. 车间　　D. 班组

7. 美国全国会计师协会曾于1982年颁布了“管理会计师职业道德标准”，下列属于这些职业道德标准的有（   ）。

A. 技能　　B. 保密

C. 廉政　　D. 客观

8. 管理会计与财务管理的关系表现为（   ）。

A. 都是为了满足企业追求价值最大化的需要而产生的

B. 都吸收了现代管理科学的一些新成果

C. 工作重点不同

D. 工作系统性质相同

9. 下列表述中，能够揭示管理会计特征的有（   ）。

A. 以责任单位为主体　　B. 重视管理过程和职工的作用

C. 工作程序性较差　　D. 可以提供未来信息

10. 管理会计的假设有（   ）。

A. 成本分类多样性假设　　B. 货币时间价值假设

C. 会计主体假设　　D. 持续经营假设

三、判断题

1. 既然企业会计中包括财务会计和管理会计两个分支，那么我国颁布的《企业会计准则》同样适用于管理会计。（   ）

2. 管理会计与财务会计的奋斗目标是完全一致的。（   ）

3. 战略管理会计是当今管理会计理论研究的新热点之一。（   ）

4. 管理会计的职能是客观的，但它所起作用的大小受到人的主观能动性影响。（   ）

5. 管理会计是以提高经济效益为最终目标的会计信息处理系统。（   ）

6．管理会计的最终目标是提高企业的经济效益。（　　）

7．管理会计只为企业内部管理服务，因此与对外服务的财务会计有本质的区别。（　　）

8．在广义上管理会计既包括财务会计，又包括成本会计和财务管理。（　　）

9．管理会计提交报告的对象一般局限于企业内部各管理层，不负法律责任。（　　）

10．管理会计的计量基础不是历史成本，而是现行成本或未来现金流量。（　　）

四、简答题

1．什么是管理会计？

2．管理会计有哪些职能？

3．管理会计在不同的发展阶段上具有什么特色？管理会计具有什么样的发展趋势？

4．管理会计与财务管理有什么联系与区别？

5．什么是管理会计的基本假设？都包括哪些内容？试图解决什么问题？

6．管理会计与财务会计之间存在哪些主要联系？

7．管理会计与财务会计之间有哪些主要区别？

第 2 章

成本性态分析

本章导语

成本性态即成本总额对业务量的依存关系是客观存在的，而且具有规律性。对成本按性态进行划分是管理会计对成本的认识，也是这一学科的重要基石。成本性态分析为管理会计中各种分析方法的实际应用奠定了基础。本章将介绍这一在管理会计学科中具有十分重要意义的成本性态分析方法。

学习目标

1. 理解成本性态的含义。
2. 理解成本按性态进行的分类。
3. 掌握固定成本和变动成本的概念、特征及性态模型。
4. 理解成本性态的假设条件。
5. 掌握成本性态的定性及定量分析方法。
6. 了解成本性态分析的意义及局限性。

2.1 成本性态概述

2.1.1 成本性态的定义

成本性态（Cost Behavior）又称成本习性，是指在一定条件下，成本的变动与业务量之间的依存关系。即成本如何随业务量的变动而产生不同的变动。因为这种依存关系客观存在，具有固有的性质，所以称“性态”或“习性”。成本性态是管理会计学中最基本和最重要的成本分类标志之一。

成本性态定义中的成本是指企业为取得营业收入而付出的制造成本和非制造成本。即它不仅包括产品的全部生产成本，还包括企业的销售费用和管理费用等所构成的期间成本。

成本性态定义中的业务量是指企业在一定的生产经营期内投入或完成的经营工作量的统

称。业务量可以是产量、人工小时、机器工作小时、销售量等。在管理会计的分析中，业务量通常是指生产量或销售量。

成本性态定义中的“一定条件下”，在管理会计中统称“相关范围”，是指在一定的时间范围和一定的业务量变动范围内。

在管理会计中，从数量上具体掌握成本与业务量之间的规律性练习，具有重要的意义。通过成本性态分析，可以从定性和定量两方面把握成本的各个组成部分与业务量之间的变化规律，有助于企业事先控制成本和挖掘降低成本的潜力，进行科学预测、规划、决策和控制。

2.1.2　成本按性态的分类

全部成本按其性态不同，可以分为固定成本（Fixed Cost）、变动成本（Variable Cost）及混合成本（Mixed Cost）三类。

1. 固定成本

1）固定成本的定义与基本特征

（1）固定成本的定义

固定成本是指在一定时期和一定业务量范围内，不受业务量增减变动影响而保持不变的成本。一般来说，成本费用中不随业务量变动的固定成本包括固定性制造费用、固定性销售费用和固定性管理费用三个部分。例如，按直线法计提的厂房、机器设备的折旧费，管理人员的工资、财产保险费、职工培训费、租金、房产税、广告费等，均属固定成本。

（2）固定成本的基本特征

固定成本具有以下两个特征：① 在一定时期和一定业务量范围内，其成本总额保持不变；② 单位业务量的固定成本随业务量的增减成反比例变动。

2）固定成本的性态模型

设 y 代表成本总额，x 代表业务量，a 代表一个常数，则固定成本总额的性态模型可表示为 $y=a$。如果 y' 表示单位固定成本，则单位固定成本的性态模型可表示为 $y'=a/x$，如图 2-1 所示。

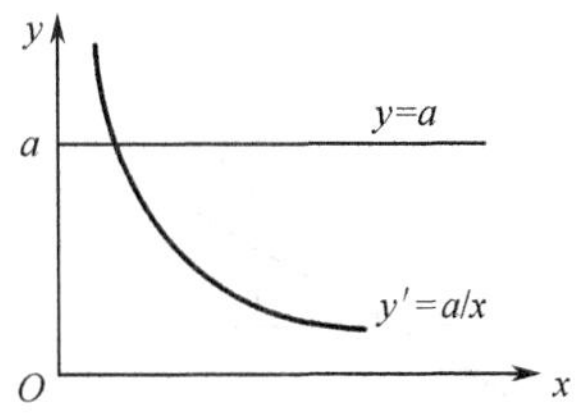

图 2-1　固定成本的性态模型

3）固定成本的分类

固定成本可按其支出额是否可以在一定期间内改变而分为约束性固定成本和酌量性固定成本两类。区分这两类固定成本的意义在于寻求降低该类成本的途径。

（1）约束性固定成本是指在日常经营活动中很难控制并改变数额的固定成本。如按直线法计提的厂房、机器设备的折旧费、保险费、财产税、管理人员薪金、照明费、取暖费等。这些固定成本是在企业的生产经营能力一经形成就必然要发生的最低支出，即使生产中断也仍然要发生，只有企业的经营理念、规模或范围发生重要的变动，约束性固定成本才会在未来时间内发生变动。由于约束性固定成本由既定的生产能力所决定，是维护企业正常生产经营必不可少的成本，所以也称为“经营能力成本”，它最能反映出固定成本的特性。约束性固定成本是维持整个企业生产能力的成本，具有很大程度的约束性，如果强行削减，就会影响企业正常运转。因此，降低该成本的基本途径只能是合理利用企业现有的生产能力，提高生产效率和开工率，形成相对节约。

（2）酌量性固定成本是指在日常经营活动中可以控制并改变其数额的固定成本，如研发费、广告费、业务招待费、职工培训费等。这些支出项目一般由企业的管理当局在会计年度开始前，斟酌计划一定期间企业的具体情况和财务负担能力后，做出是否继续支出、是否需要增减的决定，即通过管理当局的决策行为能够改变其支出的数额。降低该种成本的方法包括履行节约、编制积极可行的预算并严格执行，在不影响生产经营的前提下，尽量减少其支出的绝对额。

应注意的是，约束性固定成本与酌量性固定成本之间并没有绝对的界限，一项具体的固定成本究竟应归属于哪一类，取决于企业管理当局特定的管理方式。若一个企业的管理当局倾向于经常性分析多数固定成本项目的可行性，则其固定成本中的酌量成本比重会较大。

2. 变动成本

1）变动成本的定义与基本特征

（1）变动成本的定义。

变动成本是指在一定业务量范围内，随业务量的变动而成正比例变动的成本。例如，在产品生产过程中发生的直接材料、直接人工以及制造费用中随产量成正比例变动的物料用品费、燃料费、动力费、按工作量法计提的固定资产折旧费等。销售费用中按销售量支付的销售佣金、装卸包装费也属于变动成本。

（2）变动成本的基本特征。

变动成本具有以下两个特征：①变动成本总额一般随业务量的变动而成正比例变动；②在变动成本总额随业务量变动成正比例变动的同时，单位变动成本是固定不变的。

2）变动成本的性态模型

仍以 y 代表成本总额，x 代表业务量，b 代表一个常数，则变动成本总额的性态模型可表示为 $y=bx$。如果 y' 表示单位固定成本，则单位固定成本的性态模型可表示为 $y'=b$，如图 2-2 所示。

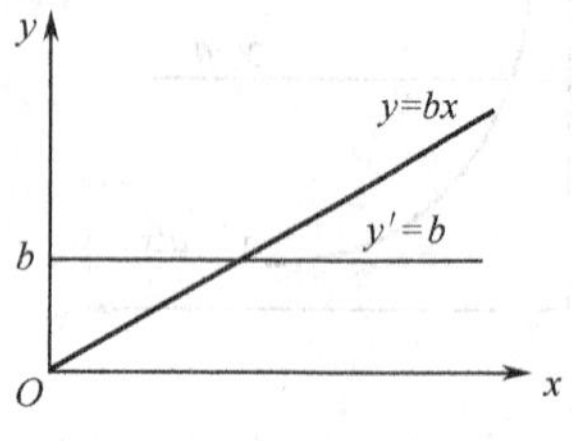

图 2-2　变动成本的性态模型

3）变动成本的分类

变动成本可根据其发生的原因，进一步划分为技术性变动成本和酌量性变动成本两类。

（1）技术性变动成本是指单位成本受客观因素决定，消耗量由技术因素决定的成本。如某热电厂的锅炉必须使用燃烧值在一定千卡以上的专用精煤，在这种情况下，燃烧成本就属于与发电量成正比例变动的技术性变动成本。又如，生产一台计算机需用一个硬盘、一个显示器等，则硬盘、显示器的成本就属于随计算机产量成正比例变动的技术性变动成本。另外，在工资水平不变的前提下，流水作业生产岗位上的工人的工资和福利费也是受工艺流程影响的技术性变动成本。这类成本的实质是利用生产能力进行生产所必然发生的成本。若企业不生产产品，则不会发生这种技术性变动成本。要想降低这类成本，应当通过改进设计方案、改造工艺技术条件、降低单耗等手段来实现。

（2）酌量性变动成本是指单耗受客观因素决定，其单位成本主要受企业管理部门决策影响的变动成本。例如，按销售收入一定比例支付的销售佣金、技术转让费等。又如，在分散作业的计件工资制度下，计件单价受管理当局决策的制约，其工资成本就是随产量成正比例变动的酌量性变动成本。另外，在保证质量符合要求的前提下，企业可从不同供货渠道购买到不同价格的某种材料，消耗该材料的成本也属于酌量性变动成本。要降低这类成本，应当通过提高管理人员素质、科学决策、优化劳动组合、降低采购成本、严格控制开支等手段来实现。

与固定成本不同，变动成本的水平一般是用单位额来表示的。因为，在一定条件下，单位变动成本不受业务量变动的影响而能直接反映主要材料成本、人工成本和变动性制造费用的消耗水平。所以，要降低变动成本，应从降低单位变动成本的消耗量入手。

3. 混合成本

1）混合成本的定义与基本特征

（1）混合成本的定义。

混合成本是指全部成本中介于固定成本和变动成本之间，既随业务量变动又不与其成正比例的那部分成本。

（2）混合成本的基本特征。

混合成本的特征是，其发生额受业务量变动的影响，但其变动的幅度并不与业务量的变动保持严格的比例关系。

2）混合成本的分类

混合成本与业务量之间的关系比较复杂，按照其变动趋势的不同特点，可分为半变动成本、半固定成本、延期变动成本和曲线变动成本四类。

（1）半变动成本。半变动成本是典型的混合成本，是指在一定初始基数的基础上随着产量的变动而成正比例变动的成本。这类成本由两部分组成：一部分是固定不变的基数，一部分是在此基数上随业务量的增长而增加的成本。例如，水电煤气费、电话费，以及机器设备的维护保养费、销售人员的薪金等均属于半变动成本。这些成本中的固定基数部分，不管企业本期是否有业务发生，都需要支付，属于固定成本的性质；另一部分则根据企业耗用量或业务量的多少来计算，属于变动成本的性质。半变动成本的性态模型为 $y=a+bx$，如图 2-3 所示。

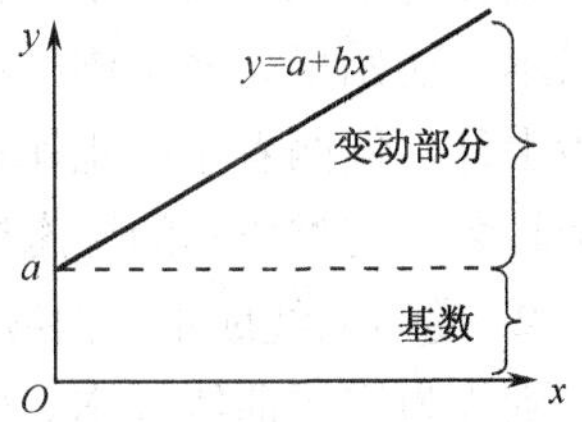

图 2-3　半变动成本的性态模型

（2）半固定成本。半固定成本又称阶梯式变动成本，是指成本总额会随业务量呈阶梯式变动的成本。这类成本在相关范围内，成本总额不随业务量的变动而变动，但当业务量超出相应的范围，成本总额便会发生跳跃式的变化，在新的业务量范围内保持相对稳定，直至业务量超出新的范围，成本总额出现新的跳跃。例如，企业的化验员、运货员、检验员、保养工的工资等均属于半固定成本。

用 y 表示成本，$x_1, x_2, x_3,\cdots, x_n$ 表示成本发生跳跃时的业务量，$a_1, a_2, a_3,\cdots, a_n$ 表示相应的成本，则半固定成本的性态模型如图 2-4 所示。

$$y=\begin{cases} a_1 & 0\leqslant x\leqslant x_1 \\ a_2 & x_1\leqslant x\leqslant x_2 \\ a_3 & x_3\leqslant x\leqslant x_4 \\ \cdots & \cdots \\ a_n & x_{n-1}\leqslant x\leqslant x_n \end{cases}$$

（3）延期变动成本。延期变动成本也称低坡型混合成本，这类成本是指在一定范围内成本总额不随业务量而变动，但当业务量超出这一范围后，成本总额将随业务量的变动而发生相应的增减变动的成本。如企业在正常工作时间（或正常产量）的情况下，对职工所支付的薪金是固定不变的，但当工作时间（或产量）超过规定标准，则需要按加班时间的长短（或超过数量多寡）成比例地支付加班薪金（或超产津贴）。所有为此而支付的人工成本即属于延期变动成本。这类成本的特点是，在某一时间或业务量以下表现为固定成本，超过这一时间或产量即为变动成本。延期变动成本的性态模型可表示为：

$$\begin{cases} y=a & 0\leqslant x\leqslant x_1 \\ y=a+bx & x\geqslant x_1 \end{cases}$$

式中，y 表示成本；a 表示固定成本；x_1 表示某一业务量界限；x 表示业务量；b 表示单位变动成本，如图 2-5 所示。

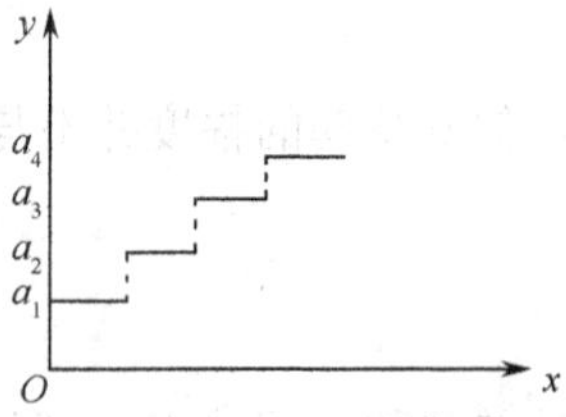

图 2-4　半固定成本的性态模型

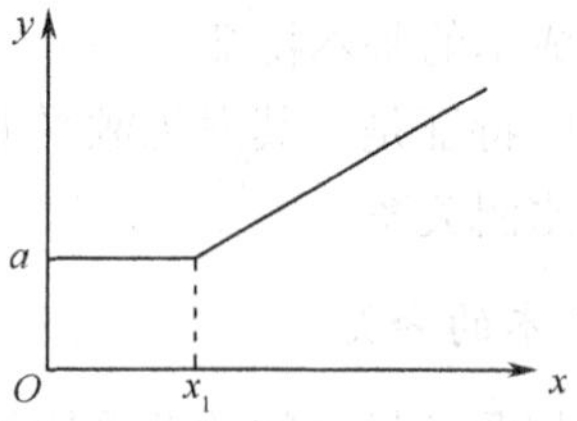

图 2-5　延期变动成本的性态模型

（4）曲线变动成本。曲线变动成本是指成本总额与业务量之间表现为非线性关系的成本。这类成本的特点是：通常有一个初始量，一般不变，相当于固定成本；但在这个初始量的基础上，随业务量的增加，成本也逐步增加，不过两者不成正比例的直线关系，而呈非线性的曲线关系。这种曲线成本又可以进一步细分为以下两类。

① 递减曲线成本。曲线变动成本中的变动部分，在随业务量增加的同时，其变化率递减的，则称为递减曲线成本。例如，企业用于热处理的电炉设备，每班需预热，因预热而耗电的成本（初始量）属于固定成本性质，而预热后进行热处理的耗电成本，则随业务量的增加逐步上升，但两者不成正比例变动，而呈非线性关系，并且成本上升越来越慢，即变化率呈下降趋势。这类成本的性态模型如图 2-6 所示。

② 递增曲线成本。曲线变动成本中的变动部分，在随业务量增加的同时，其变化率递增的，则称为递增曲线成本。例如，计件工资，各种违约金、罚金等，当刚达到约定产量（或约定交货时间）时，成本是固定不变的，属于固定成本性质。但在此基础上，随着产量（或

延迟时间）的增加，计件工资（或违约金、罚金）就逐步上升，其上升率是递增的。这类成本的性态模型如图 2-7 所示。

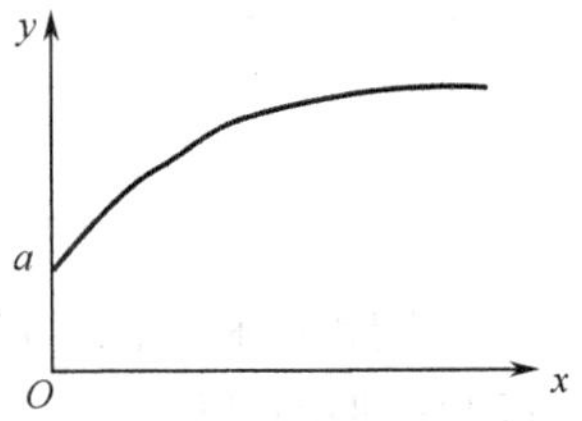

图 2-6 递减曲线成本性态模型

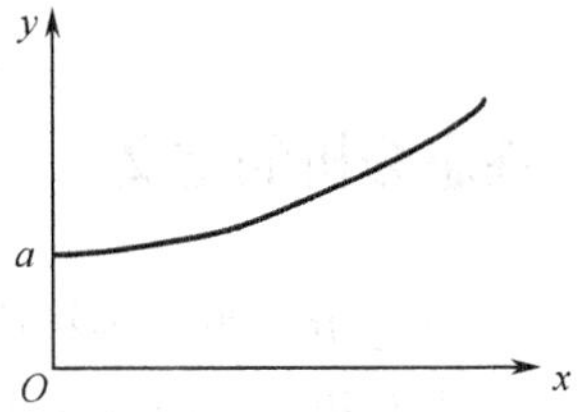

图 2-7 递增曲线成本性态模型

2.1.3 成本性态的假设条件

成本按性态分类建立在一定的假设条件基础上。这些条件除前述的相关范围外，还包括环境条件。了解这些假设条件有助于我们理解成本性态的相对性、暂时性及可转化性特点，以正确地分析成本性态，合理地使用成本信息，适应企业管理与决策对成本信息的需要。

1. 业务量的相关范围

成本性态的界定要以业务量的相关范围界定为假设前提，超出该假设前提，成本性态就会发生改变。如固定成本的固定性是对特定的业务量水平而言的。这里所说的“业务量水平”一般指企业现有生产能力水平。一旦超出该水平，势必要增添设备、扩充机构、增加人员，从而使折旧费、修理费、管理人员工资等固定成本相应增加，固定成本的固定性不复存在。而单位变动成本也并非在任何情况下都是一个常数，超出一定的业务量范围，即会发生变化。例如，公司为鼓励客户成批购买产品，通常会给出优惠条件，如单价为 50 元的材料，一次购买 100 件以上者，每件按 49 元计，则该材料的变动成本就是 50 元、49 元，其对应的业务量范围分别是（0, 100），（100, ∞）。

2. 时期的相关范围

成本性态的界定还有赖于时期范围的界定。如从较长期间看，所有成本都是可变的。因为随着时间的推移，企业生产经营能力的规模和质量都将发生变化，由此必然涉及厂房扩建、设备更新、管理人员的增减，从而引起固定成本的改变。又如，若相关时期只有 1 天，则很少会有变动成本。显然，相关时期越短，归属于固定成本的企业成本内容相对就越多，而相关时期越长，则归属于变动成本的企业成本内容就随之增加。

3. 环境条件

企业的生产经营总是处于一定的社会大环境中，所以在一定时期内，企业的成本还会由于受到经济环境等许多因素的影响而发生变化。如利率调整、价格政策变化、金融危机、宏观政策调整、技术革命等。这些变化无疑会影响企业的成本，由此影响企业成本的性态。

综上，不仅固定成本和变动成本只能存在于一定的假设条件内，每一类成本中的不同成本项目都可能有其不同的假设条件。

2.2 成本性态分析的定义与方法

2.2.1 成本性态分析的定义

成本性态分析是指在明确各种成本性态的基础上，按照一定的程序和方法，最终将全部成本区分为固定成本和变动成本两大类，并建立相应的成本函数模型的过程。

成本性态分析要建立两个基本假设：

（1）相关范围假设。假定成本总是处于相关范围之中，即假定时间和业务量因素总是在不改变成本性态的范围内变动。

（2）一元线性假设。假定总成本可以近似地用一元线性方程 $y=a+bx$（y 为总成本，a 为固定成本，b 为单位变动成本，x 为业务量）来描述。

2.2.2 成本性态分析的方法

由成本性态分析的定义可知，成本性态分析的主要任务是将混合成本分解为固定成本和变动成本两部分。常见的分解混合成本的方法有两大类：一类是侧重于定性分析的方法，如账户分析法、合同确认法、工程法。另一类是侧重于数量分析的方法，如高低点法、散布图法和回归直线法。

1. 定性分析方法

1）账户分析法

账户分析法是根据各个成本项目及明细项目的账户性质，通过经验判断，把与变动成本较接近的划入变动成本，把与固定成本较接近的划入固定成本，把不易简单判断的项目，通过一定比例将其分解为变动和固定两部分的方法。账户分析法虽然粗略一些，但简便易行，是一种有用的分解方法。但实际工作量太大，不适合规模较大的企业进行成本性态分析。此外，此种方法对成本归类时需要专业人员的主观判断，具有相应的局限性。

【例 2-1】某车间生产 10 000 件 A 产品时归集的月全部成本如表 2-1 所示。根据表 2-1 的资料采用账户分析法进行成本性态分析。

如表 2-1 所示，燃料动力的成本性态分类无法再进行，则可将混合成本 2 000 元按其固定成本部分和变动成本部分的比例划分，则：

燃料动力消耗混合成本中的固定成本=4 000×1 000/(1 000+3 000)=1 000（元）

燃料动力消耗混合成本中的变动成本=4 000×3 000/(1 000+3 000)=3 000（元）

因此，生产 A 产品 10 000 件的全部固定成本=23 000+1 000=24 000（元）

全部变动成本=53 000+3 000=56 000（元）

单位变动成本=56 000/10 000=5.6（元）/件

总成本性态方程为 y=24 000+5.6x

表 2-1　生产 A 产品的月全部成本一览表　　单位：元

账　户	固定成本	变动成本	混合成本	合　计
原材料		20 000		20 000
直接人工		24 000		24 000
燃料动力	1 000	3 000	4 000	8 000
维修费	1 000	3 000		4 000
间接人工	1 000	3 000		4 000
折旧费	16 000			16 000
行政管理费	4 000			4 000
合　计	23 000	53 000	4 000	80 000

2）合同确认法

合同确认法是根据企业与供应单位所签订的各种合同、契约，以及企业内部既定的各种管理和核算制度中所明确规定的费用计算方法，来确定并估算哪些费用属于变动成本，哪些费用属于固定成本的方法。这种方法适用于有明确计算方法的各种半变动成本，如水电煤气等公用事业费。这些费用账单上的基数即为固定成本，而按耗费用量多少计价的部分属于变动成本。

3）工程研究法

工程研究法又称技术测定法，是根据生产过程中各种材料和人工成本消耗量的技术测定来划分固定成本和变动成本的方法。其基本特点就是把材料、工时的投入量和产量进行对比分析，用来确定单位产量的消耗定额，并把与产量有关的部分归集为单位变动成本，与产量无关的部分归集为固定成本。例如，热处理的电炉设备预热过程中的耗电成本（初始量），可通过技术测定，划归为固定成本；预热后对零部件进行热处理的耗电成本，则可划归为变动成本。采用这种方法测定的结果虽然比较准确，但工作量很大，特别是对某些制造费用和管理费用的明细项目，分析起来比较困难。因此，该方法通常适用于没有历史成本数据可供参考的企业，或企业已建立了标准成本制度，有现成的消耗定额资料可作为测定的依据。

2. 数量分析法

数量分析法是根据混合成本在过去一定期间内的成本与业务量的历史数据，采用适当的数学方法加以分解，来确定其中固定成本总额和单位变动成本平均值的方法，也称“历史成本分析法”。在实际工作中常用的方法有高低点法、散布图法及回归直线法三种。

1）高低点法

高低点法是根据企业一定期间历史数据中的最高业务量和最低业务量之差以及它们所对应的混合成本之差，计算出单位变动成本，进而将混合成本最终分解为固定成本和变动成本的方法。

由于混合成本包含变动成本和固定成本两种因素，因此，假设其数学模型可近似地用直线方程表示为 $y=a+bx$。则可将分解混合成本的步骤总结如下。

（1）求单位变动成本，其计算公式如下：

$$单位变动成本=\frac{最高业务量的成本-最低业务量的成本}{最高业务量-最低业务量}$$

（2）将单位变动成本、最高点或最低点数值代入总成本方程式推算出固定成本的数值。

（3）建立成本性态方程。

【例 2-2】某公司某年度 1～6 月份的维修成本历时数据如表 2-2 所示，采用高低点法建立成本性态模型。

表 2-2　1～6 月维修成本历史数据表

	机器小时（x）	维修性成本（y）
1	1 200	900
2	1 150	840
3	900	820
4	800	720
5	1 300	920
6	1 250	930

$$b=\frac{920-720}{1\,300-800}=0.4$$

$$a=720-0.4\times800=400 \text{ 或 } a=920-0.4\times1\,300=400$$

则反映维修费变动趋势的成本性态方程为

$$y=400+0.4x$$

需要注意的是，选择高低点的坐标应以自变量业务量的高低为准，而不是按因变量成本的高低来选择的。此外，通过高低点法分解而求得的混合成本公式，只适用于相关范围内，超出相关范围就不适用。本例中只适用于 800～1 300 机器小时的相关范围。

高低点法分解成本简便易行，有助于管理人员迅速确定成本关系。但这种方法只以诸多历史数据中的高点和低点两个极端情况来确定一条直线，并以该直线代表所有历史数据，如果高低点是偏离较大的点，它们所代表的可能是非典型的成本——业务量关系，其结果是不太准确的。

2）散布图法

散布图法也称布点法、目测画线法，是指将若干期业务量和成本的历史数据标注在用业务量和成本构成的坐标图上，形成若干个散布点，然后根据目测画一条尽可能接近所有坐标点的直线，并据此来推测固定成本和变动成本的一种方法。其具体步骤如下。

（1）将成本点散布在坐标图上，形成布点图。

（2）通过目测，在各个成本点之间画一条能反映成本变动平均趋势的直线。注意应尽量使画出的这条直线两边的成本点个数相同，而且使各点到直线的距离之和达到最小值。

（3）确定固定成本的平均值。所画出的直线与纵轴的交点即为固定成本。

（4）计算单位变动成本。在所画出的直线上任取一点产量，即可对应地查出成本的值。这时单位变动成本就可通过 $b=(y-a)/x$ 这一公式求得。

【例 2-3】根据【例 2-2】给出的数据，绘出维修成本布点图，如图 2-8 所示。

在图 2-8 中，通过目测在 6 个成本点之间画出一条能反映维修成本的平均变动趋势直线，该直线与纵轴相截之处，就是维修成本的固定成本，在图中，固定成本 a=450 元。

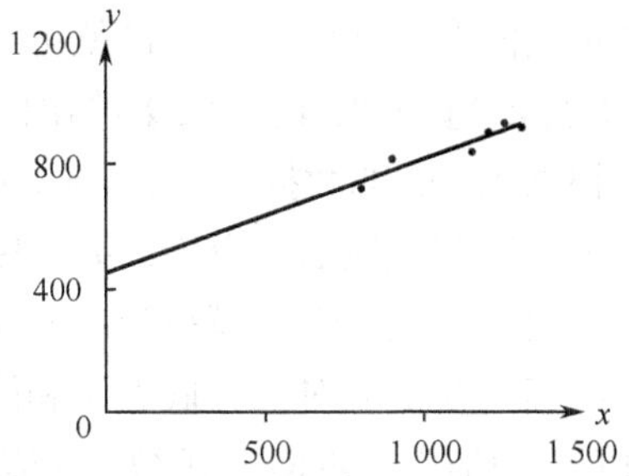

图 2-8　维修成本布点图

图上所画出的混合成本平均变动趋势直线的斜率 b（单位变动成本）的计算方法为：

在直线 $y=a+bx$ 上任取一点，如（900，820），则：

$b=(y-a)/x=(820-450)/900=0.41$

得出维修成本的成本性态方程为：$y=450+0.41x$

需说明的是，用 Excel 软件直接画散点图并添加趋势线的方法更加方便简单，可直接得出比较精确的维修成本性态方程为：$y=449.88+0.3683x$。

与高低点法比较，布点图法的主要优点在于全面考虑已知的所有历史成本数据，排除只由高低两点确定成本带来的偶然性，因而计算结果比高低点法要精确一些。同时，用图示反映成本性态更为直观，易于掌握。

3）回归直线法

回归直线法是根据过去一定期间的业务量（x）和混合成本（y）的历史资料，应用最小平方原理，算出最能代表 x 与 y 关系的回归直线，借以确定混合成本中固定成本和变动成本的一种成本性态分析方法。

在上述散布图中，依据散布点的趋势，通过目测可以画出许多反映 x、y 关系的直线。其中，有的直线距离图中大多数点近一些，用这些直线表示 x 与 y 的内在联系与实际情况比较符合；有的直线距离图中大多数点较远，用这些直线不能准确地表示 x 与 y 的内在联系。其中必有一条直线最接近图上各散布点，这条直线也能最精确地反映 x 与 y 之间的内在联系，最能代表各成本数据的平均水平，以这条直线的方程作为成本性态分析的结果也是最准确的。这一直线就是回归直线，这一直线方程就是回归直线方程。它要求各数据与该直线的总误差最小，或者说，与其他直线相比，各坐标点与该直线的距离的平方和应为最小。因此，可以用“最小平方法”原理确定该直线方程 $y=a+bx$ 中的 a 和 b。具体计算公式如下：

$$a=\frac{\sum y-b\sum x}{n}$$

$$b=\frac{n\sum xy-\sum x\sum y}{n\sum x^2-(\sum x)^2}$$

必须指出的是，采用回归直线法分解混合成本，混合成本总额与产量之间必须具有线性联系，如果没有这种线性联系，分解出来的结果也就失去了意义。因此，应先进行相关程度分析，并根据相关程度的分析结果来确定这种方法的适用性。相关程度以相关系数 r 表示。r 的计算公式如下：

$$r=\frac{n\sum xy-\sum x\sum y}{\sqrt{[n\sum x^2-(\sum x)^2][n\sum y^2-(\sum y)^2]}}$$

相关系数 r 的取值范围在-1 与+1 之间，但由于会计中一般成本不会与业务量之间呈现负相关，故 r 的取值范围就在 0 与 1 之间。当 r=1 时，说明混合成本总额与业务量之间完全正相关；当 r=0 时，说明二者之间不相关。在管理会计中，一般当 $r \geqslant 0.8$，就表明成本总额与业务量之间有密切联系。这样就可以运用回归直线法进行分解。

【例 2-4】根据【例 2-2】给出的数据，利用回归直线法进行维修成本的性态分析。

根据表 2-2 的数据，计算 r =0.939，接近于 1，可使用回归直线法。

采用回归直线法，得出：a =449.878，b=0.368 3

由此建立成本性态模型为：y =449.878+0.368 3x

回归直线法相对于高低点法和散布图法，结果最为精确。可用 Excel 软件快速计算 r、a、b 的值。r 值用 CORREL 函数、a 值用 INTERCEPT 函数、b 值用 LINEST 函数。

以上三种数学方法均包含估计的成分，带有一定程度的假定性，其分解结果均不可能绝对准确，而且要求有相应的历史成本数据为前提。

2.3 成本性态分析的意义及局限性

2.3.1 成本性态分析的意义

成本形态分析为管理会计中各种分析方法的实际应用奠定了基础。因而，进行成本性态分析，在企业经营管理中具有十分重要的意义。

1. 成本性态分析是采用变动成本法的前提条件

进行变动成本计算的首要条件是将企业一定时期发生的所有成本划分为固定成本和变动成本两大类。在计算产品生产成本和存货成本过程中，以成本性态分析为前提条件，只将在生产过程中所消耗的直接材料、直接人工和变动制造费用计入产品生产成本和存货成本，而把固定制造费用全额列入利润表内，并用“期间成本”命名，作为一种成本计算模式。可见，进行成本性态分析，正确区分变动成本和固定成本是进行变动成本计算的基础。

2. 成本性态分析为进行成本-产量-利润之间相互依存关系的分析提供了方便

成本-产量-利润依存关系分析，历来被认为是管理会计的基础分析方法而被广泛应用。在分析中所使用的成本函数，则需要对过去的数据进行分析、研究，并在此基础上相对准确地将成本分解为固定成本和变动成本两大类。若不经过这一程序，就不可能确定反映成本性态的成本函数，也就无法进行相应分析。

3. 成本性态分析是正确制定经营决策的基础

短期经营决策为了分清相关成本和非相关成本，首先需要将成本按其性态划分为固定成本与变动成本。固定成本不随产量的变动而变动，在短期经营决策中大多属于非相关成本；而变动成本在大多情况下属于相关成本。理解这一概念，是正确进行短期经营决策的关键。此外，在短期经营决策中还必须应用许多特殊的成本概念，而这些成本概念有许多是建立在成本按其性态进行分类的基础之上的。

2.3.2　成本性态分析的局限性

1. 成本性态的分类带有假定性，使得成本性态分析的研究带有局限性

如前所述，成本性态的分类建立在相关业务量、时期及大环境的假设之下。这些假设就使得成本性态的分析研究带有一定的局限性。

2. 成本与产量之间的线性假设不可能完全切合实际

进行成本性态分析是假设在相关范围内，而成本的变动率是现行的，因为是用直线方程来反映成本性态的。但许多情况下，成本与产量的联系是非线性的。若要准确地描述其实际成本性态，就需要用非线性函数来反映。这样得出的方程式可能相当复杂。例如，曲线成本要使用二次方程或高次方程来描述；当引起成本变动的变量不止一个时（如成本变动同时依存于人工小时和机器工作小时这两个变量），就要使用多元线性方程来描述。因此，成本性态分析的结果只能求得近似值，不可能完全切合实际。

复习思考题

一、单项选择题

1. 变动成本是（　　）。

A. 相关范围内单位成本不变的成本　　B. 不受业务量影响的成本

C. 不受期间影响的成本　　D. 相关范围内总额不变的成本

2. 在应用历史资料分析法进行成本性态分析时，必须首先确定 a，然后才能计算出 b 的方法是（　　）。

A. 直接分析法　　B. 高低点法

C. 散布图法　　D. 回归直线法

3. 当业务量增加时，固定成本会（　　）。

A. 增加　　B. 减少

C. 保持不变　　D. 以上都不对

4. 在利用高低点法进行成本性态分析时，高低点的选择标准是（　　）。

A. 自动量业务量的高低　　B. 因变量成本的高低

C. 变动成本总额　　D. 单位固定成本和半变动成本

5. 混合成本按一定方法分解后，可分为（　　）几个组成部分。

A. 固定成本和变动成本　　B. 固定成本、变动成本和半变动成本

C. 酌量性固定成本和约束性固定成本　　D. 变动成本

6. 某企业生产量在 10 000 件以内时，只需质检员 3 名；在此基础上，每增加产量 2 000 件，需增加一名质检员。则质检员的工资成本属于（　　）。

A. 阶梯式混合成本　　B. 标准式混合成本

C．低坡式混合成本　　D．曲线式混合成本

7. 当公司下属分厂同时具备独立完成某一生产任务的剩余生产能力，且涉及专属成本时，选择的分厂应符合的条件是（　　）。

A．单位制造成本最低

B．单位变动成本最低

C．总成本最低

D．相关变动成本与专属成本合计最低

8．下列费用中属于酌量性固定成本的是（　　）。

A．房屋及设备租金　　B．技术开发费

C．行政管理人员的薪金　　D．不动产税

9．下列费用中属于约束性固定成本的是（　　）。

A．照明费　　B．广告费

C．职工教育培训费　　D．业务招待费

10．某企业去年和今年分别投入 15 万元和 20 万元进行某项技术开发，但均未成功。现有人提出开发技术的新思路，该企业决定于明年再投入 25 万元。如果该项目开发成功，则其带来的利润应大于（　　）。

A．15 万元　　B．20 万元

C．60 万元　　D．25 万元

二、多项选择题

1．以下说法正确的是（　　）。

A．折旧费用不一定都属于固定成本

B．无论哪一种成本，在成本性态分析中均可用直线方程 $y=a+bx$ 来模拟

C．固定成本是不随业务量变动而变动的那部分成本

D．单位成本随业务量呈反比例变动的一定是固定成本

2．在相关范围内固定不变的是（　　）。

A．固定成本　　B．单位产品固定成本

C．变动成本　　D．单位变动成本

3．下列各项目，属于固定成本的特征是（　　）。

A．在相关范围内，随着产量的增减成比例增减

B．在相关范围内，其成本总额不受产量增减变动的影响

C．成本的变动与产量的变动不保持严格的比例

D．从单位产品分摊的固定成本来看，随着产量的增加而相应减少

4．采用高低点法分解混合成本时，应分别选择（　　）。

A．（50，100）　　B．（60，120）

C．（50，120）　　D．（70，130）

5．成本性态分析与成本性态的分类之间的联系表现在（　　）。

A．成本性态分析与成本性态分类的对象均是企业的总成本

B．成本性态分析以成本性态分类为基础

C．成本性态分类是成本性态分析的结果

D．成本性态分析与成本性态分类的最终结果相同

6．下列固定成本中，受管理当局的短期经营决策影响的有（　　）。

A．广告费

B．职工培训费

C．房屋租金

D．按销售收入的一定百分比支付的销售佣金

7．在相关范围内，不随产量变动而变动的是（　　）。

A．单位产品成本　　B．单位变动生产成本

C．固定制造费用总额　　D．单位固定制造费用

8．下列各项目，属于酌量性成本的有（　　）。

A．不动产的税金　　B．职工的培训费

C．厂房、设备等固定资产所提的折旧　　D．企业发生的广告费

9．下列各项中，属变动成本特征的有（　　）。

A．在相关范围内，其成本总额不受产量增减变动的影响

B．在相关范围内，其成本总额随着产量的增减成比例变动

C．在相关范围内，其单位产品成本不受产量变动的影响而保持不变

D．成本总额的变动与产量的变动不保持严格的比例

10．分解混合成本的方法有（　　）。

A．高低点法　　B．散布图法

C．最小二乘法　　D．线性规划法

三、判断题

1．约束性固定成本通常是由企业管理当局在每一会计年度开始前制定年度预算，一旦预算制定后，将对年度内固定成本的支出起着约束性作用。（　　）

2．固定成本是指其总额在一定期间内不受业务量的影响而保持固定不变的成本。（　　）

3．成本性态又称成本习性或成本特性，指成本总额与产量或销售量之间的依存关系。（　　）

4．差旅费、租赁费、保险费、广告费对于企业来说是固定成本，其中保险费、租赁费是酌量性固定成本，而差旅费、广告费是约束性固定成本。（　　）

5．变动成本是指在一定时期和一定业务量内成本总额随业务量增减变化而成正比例变化的成本项目，单位变动成本也随业务量不断变动。（　　）

6．固定成本可按其支出额是否可以在一定期间内改变而分为约束性固定成本和酌量性固定成本两类。（　　）

7．约束性固定成本是指在日常经营活动中可以控制并改变其数额的固定成本。（　　）

8．酌量性固定成本与约束性固定成本的划分取决于企业管理当局特定的管理方式。若一个企业的管理当局倾向于经常性分析多数固定成本项目的可行性，则其固定成本中的酌量成本比重会较小。（　　）

9．技术性变动成本是指单位成本受客观因素决定，消耗量由技术因素决定的成本，如按一定销售收入比例支付的销售佣金、技术转让费等。（　）

10．常见的分解混合成本的方法中，高低点法主要侧重于数量的分析，而账户分析法主要侧重于定性分析。（　　）

四、计算分析题

1．甲公司 2012 年下半年各月的机器设备维修费用资料如表 2-3 所示。

表 2-3　机器设备维修费资料　　单位：元

月　份	业务量（千机器小时）	维　修　费
7	40	580
8	32	500
9	52	700
10	48	660
11	56	740
12	44	625

（1）根据上述资料，采用回归直线法将维修费分解为固定成本和变动成本，并写出成本公式。

（2）2013 年 1 月，该公司计划使用机器时数为 55 千机器小时，则预计的机器设备维修费应为多少？

2．乙公司过去 1 年 12 个月中的最高业务量和最低业务量下的制造费用总额如表 2-4 所示。

表 2-4　制造费用总额表

摘　要	高点（10 月）	低点（3 月）
业务量（机器小时）	75 000	50 000
制造费用总额（元）	176 250	142 500

上表制造费用总额中包括变动成本、固定成本和混合成本三类。该厂会计部门对低点月份业务量为 50 000 机器小时的制造费用总额作了分析，其各类成本的组成情况为：变动成本总额为 50 000 元，固定成本总额为 60 000 元，混合成本总额为 32 500 元，制造费用总额为 142 500 元。求：

（1）采用高低点法将该厂的混合成本分解为变动成本与固定成本，并写出成本公式。

（2）若该厂计划期的生产能量为 65 000 机器小时，则其制造费用总额将为多少？

3．丙公司 2012 年度的电费及直接人工小时如表 2-5 所示。

表 2-5　直接人工小时和电费资料

月　份	直接人工小时	电费（元）
1	350	1 085
2	420	1 100
3	500	1 500
4	440	1 205
5	430	1 205
6	380	1 100
7	330	1 090
8	410	1 280
9	470	1 400
10	380	1 210
11	300	1 080
12	400	1 230

（1）试用高低点法对混合成本进行分解。

（2）完成下表 2-6。并试用回归直线法对混合成本进行分解。

表 2-6　计　算　表

月　份	直接人工小时（x）	电费（y）	xy	x^2
1	350	1 085		
2	420	1 100		
3	500	1 500		
4	440	1 205		
5	430	1 205		
6	380	1 100		
7	330	1 090		
8	410	1 280		
9	470	1 400		
10	380	1 210		
11	300	1 080		
12	400	1 230		
n=12	$\sum x$=	$\sum y$=	$\sum xy$=	$\sum x^2$=

（3）根据上述分解的结果，探讨两种分解混合成本方法的共性及差异。

4．试判断以下成本费用属于变动成本、固定成本还是混合成本。

（1）构成产品实体的原材料费用；

（2）生产产品的工人工资；

（3）车间管理人员工资；

（4）行政管理人员工资；

（5）生产设备按直线法计提的折旧费；

（6）广告费；
（7）燃料及动力费；
（8）房屋租金；
（9）外购半成品；
（10）销售人员的基本工资。

五、简答题

1．固定成本、变动成本包括哪些内容？
2．什么是相关范围？
3．成本性态分析与按成本性态分类含义相同吗？
4．历史资料分析法包括哪些具体方法？它们如何应用？试对每一种方法进行评价。
5．什么是成本性态？成本为什么要按成本性态分类？
6．什么是混合成本？它有几种表现形式？

六、实训题

电风扇的成本

刘先生是一家电风扇厂的厂长。该厂7月份投产一批新型电风扇，产量为800台，每台成本为360元。由于消费者对该型号电风扇不太了解，当月产出的电风扇70%没能销售出去，于是8月份的产量降为400台，而每台成本却上升至403元，成本升幅超过10%。为此，刘厂长对新型电风扇生产车间的所有员工给予严厉批评，并扣发了每个人的当月奖金。但是该生产车间主任感到委屈，并向厂长提供了相关数据。这些数据表明：8月份成本实际上比7月份还要略低些。因此厂长对财务科提供的成本资料的准确性表示不满，而财务科科长坚决否认，并提供了充足的证据说明他们提供的成本信息是完全准确的。

请结合成本性态的理论，对此给出一个合理的解释并回答下列问题。
（1）电风扇的生产中哪些是固定成本？哪些是变动成本？
（2）单位变动成本与产量的关系如何？
（3）单位固定成本与产量的关系如何？

第 3 章

变动成本法

本章导语

传统成本会计侧重于对成本的归集、分配和产品成本的事后计算，将成本分为料、工、费三大项目，并形成了诸如分步法、分批法等产品成本的计算方法，以便为企业定期编制财务报表提供有关成本资料。这种做法即使在今天的会计工作中仍然是重要的。但是随着企业的不断成长和经济活动渐趋复杂，以事后计算为主的传统成本会计显然不能满足企业对成本规划与控制信息的需求。尤其是经过 20 世纪 30 年代的经济危机后，大家更是认识到传统成本计算会带来高成本——高价格的恶性循环。因此，西方国家此后围绕如何突破传统做法，对新的成本计算方法进行研究。1936 年，美国会计师乔纳森 · N. 哈里斯提出了变动成本计算法，时至今日，该方法已经被普遍地应用于西方企业的内部管理中。本章将介绍这种成本计算法的理论依据、特点、具体计算方法及优缺点。

学习目标

1. 掌握变动成本法和完全成本法的基本概念及特点。
2. 理解变动成本法的理论依据。
3. 掌握变动成本法和完全成本法的区别与联系。
4. 理解变动成本法的优缺点及作用。
5. 了解变动成本法与完全成本法的结合与互补方法。

3.1 变动成本法概述

3.1.1 变动成本法的定义及理论依据

1. 变动成本法的定义

变动成本法也可译作变动成本计算，是指在计算产品生产成本和存货成本过程中，以成本性态分析为前提条件，只将在生产过程中所消耗的直接材料、直接人工和变动制造费用计入产品生产成本和存货成本，而把固定制造费用全额列入利润表内，并用“期间成本”命名的一种成本计算模式，是管理会计专用的一种成本计算方法。

变动成本法产生以后，人们把传统的成本会计中的做法称为全部成本法或完全成本法。所谓完全成本法，是指在计算产品生产成本和存货成本时，以成本按其经济用途分类为前提条件，把直接材料、直接人工、变动性制造费用与固定性制造费用等全部生产成本归入产品成本，只将非制造成本作为期间成本的一种成本计算模式。

2. 变动成本法的理论依据

在完全成本法下，将凡是因产品生产而发生的耗费都归属于产品成本，而在变动成本法下，以变动生产成本作为产品成本，将固定制造费用计入当期损益，不计入产品成本。其理论依据是：直接材料、直接人工、变动性制造费用是在产品生产过程中发生的并随产量变动的成本，所以产品成本应包含这三部分成本；而固定性制造费用只是为企业提供一定的经营条件而发生的，它与产品产量的关系并不密切，在一定范围内，产量的变动与固定制造费用数额的多少无关。相反，固定性制造费用与会计期间的关系更为密切，不同时期的经营条件不同，相应的固定性制造费用数额就有所不同，所以固定性制造费用不应计入产品成本而应归属于会计期间，计入期间成本。

3.1.2 变动成本法的特点及作用

1. 变动成本法的特点

变动成本法的特点是基于完全成本计算方法的对比，主要有以下几方面。

1）变动成本法以成本性态分析为基础

采用变动成本法，是以全部成本划分为变动成本和固定成本两大类为基础的，仅把与产品生产过程直接联系的变动成本计入产品成本，而把固定成本作为期间成本，直接从本期收入扣减。

2）变动成本法下，企业利润由贡献式收益表来确定

为了便于取得贡献毛益信息，变动成本法把企业利润改由贡献式收益表确定，分两步计算。其计算公式如下：销售收入-销售产品的变动成本=贡献毛益；贡献毛益-期间成本=税前利润。

3）变动成本法主要用于企业内部的经营管理

变动成本法是企业内部的一种成本会计制度，成本项目必须按成本性态进行分类；同时，成本的记录、账户的设置、成本的汇集、内部报表的编制等，均需按此分类进行会计处理。但根据公认的会计准则仍要求企业按完全成本法编制对外财务报表。

2. 变动成本法的作用

管理会计采用变动成本法计算产品成本和存货成本，其主要作用表现为：

1）有利于掌握以“贡献毛益”为核心的每种产品的盈利能力资料。各种产品的贡献毛益是其盈利能力的表现，也是它对企业最终利润贡献大小的重要标志。而产品贡献毛益的确定，

必须借助于成本性态分析和变动成本法。

2）为正确制定经营决策以及进行成本的计划和控制提供有价值的资料。以贡献毛益分析为基础，进行本量利分析，有助于揭示生产、销售、成本与利润之间的依存关系，并用于预测前景、规划未来。同时，这些资料有助于正确地制定短期经营决策。就短期而言，企业现有的生产能力一经形成，在短期内很难改变，所以用于维持现有生产能力的固定成本就是一种与短期经营决策无关的成本。但变动成本则会受到短期决策的影响。这就使得短期经营决策常常借助于贡献毛益的信息来进行。

3）变动成本法便于和标准成本、弹性预算和责任会计直接结合，在计划和日常控制的各个环节发挥重要作用。变动成本与固定成本具有不同的成本性态，对于变动成本可通过制定标准成本和建立弹性预算进行日常控制。在一般情况下，可反映出生产部门和供应部门的工作业绩；而固定成本的高低一般不是基层生产单位所能控制的，通常由管理部门负责，可以通过制定费用预算加以控制。因此，采用变动成本法有利于采用科学的成本分析方法和正确的成本控制方法，也有利于正确评价各部门的工作业绩。

3.2　变动成本法与完全成本法的区别

由于变动成本法与完全成本计算法对固定性制造费用的处理方法不同，使得两种方法存在一系列的差异，主要表现在以下几方面。

3.2.1　成本分类及产品成本构成内容不同

完全成本法将所有的成本区分为制造成本和非制造成本两大类，其中将全部制造成本计入产品成本，将非制造成本作为期间成本。变动成本法则将制造成本按其与产量的关系分为变动制造成本和固定成本两类，只将其中的变动制造成本计入产品成本，与非制造成本中的变动部分构成变动成本，而将固定制造成本和非制造成本中的固定部分作为期间成本，全部列入利润表作为贡献毛益的减项。

变动成本法和完全成本法两者在成本划分以及产品成本包含内容方面的差别，具体可用表 3-1 来表示。

表 3-1　变动成本法及完全成本法的成本分类及产品成本构成区别一览表

区　别　点	变动成本法	完全成本法
成本分类依据	按成本性态分类	按经济职能和用途分类
成本分类	变动成本 { 变动生产成本 { 直接材料、直接人工、变动制造费用 }、变动销售费用、变动管理费用 } 固定成本 { 固定制造费用、固定销售费用、固定管理费用 } 变动销售费用、变动管理费用、固定制造费用、固定销售费用、固定管理费用 } 期间成本	生产成本 { 直接材料、直接人工、全部制造费用 } 销售成本：全部销售费用 管理成本：全部管理费用
产品成本构成	变动生产成本	生产成本

【例 3-1】某企业某年生产 A 产品 40 000 件，年初存货为零，销售 30 000 件，单价 80 元，其他资料如下：直接材料 1 000 000 元，直接人工 600 000 元，变动制造费用 200 000 元；固定制造费用 400 000 元，变动销售费用 30 000 元，固定销售费用 40 000 元，变动管理费用 35 000 元，固定管理费用 15 000 元。分别按完全成本法和变动成本法计算该企业产品成本和期间成本，具体计算如表 3-2 所示。

表 3-2　产品成本计算表　　单位：元

成 本 项 目	变动成本法	完全成本法
直接材料①	1 000 000	1 000 000
直接人工②	600 000	600 000
变动制造费用③	200 000	200 000
固定制造费用④	400 000	400 000
销售费用⑤	70 000	70 000
管理费用⑥	50 000	50 000
产品成本合计	①+②+③=1 800 000	①+②+③+④=2 200 000
期间成本合计	④+⑤+⑥=520 000	⑤+⑥=120 000

由表 3-2 可知，按变动成本法计算的产品成本为 1 800 000 元，按完全成本法计算的产品总成本为 2 200 000 元，两种成本计算方法计算结果相差 400 000 元，主要是因为对固定制造费用的处理不同导致的。变动成本法将固定制造费用 400 000 元计入期间费用，而完全成本法将固定制造费用 400 000 元计入产品成本。

3.2.2　对存货的计价不同

当期末存货量和本期销售量都不为零时，产品成本一部分转化为销售成本，一部分转化为期末存货成本。在变动成本法下，固定制造费用作为期间成本直接进入当期利润表，因而本期销售成本、期末存货成本都不包含固定制造费用，两者均按变动成本计价（变动成本法下的成本流转流程见图 3-1）。在完全成本法下，由于固定制造费用计入产品成本，这样已销产品与期末存货均“吸收”了一部分固定制造费用，即销售成本和期末存货成本均按完全成本计价（完全成本法下的成本流转流程见图 3-2）。由此，会引起两种方法下销售成本及存货成本水平的不同。

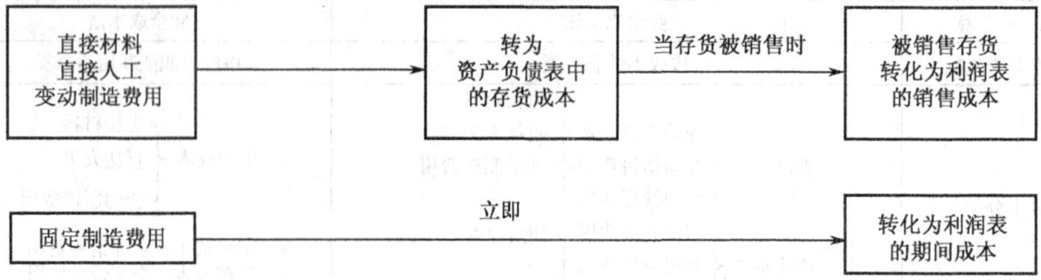

图 3-1　变动成本法下的成本流转流程

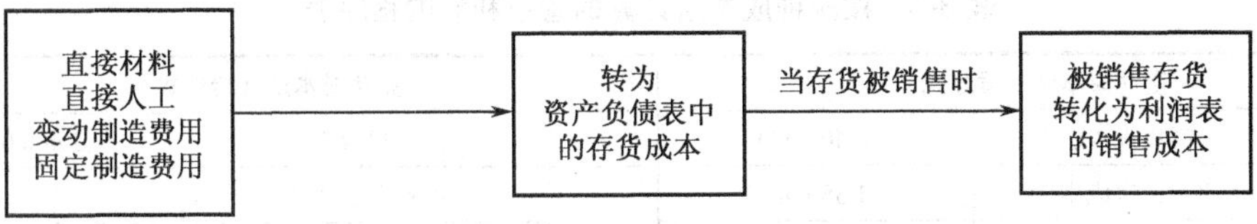

图 3-2 完全成本法下的成本流转流程

【例 3-2】按【例 3-1】所提供的资料，将两种成本法下的销售成本和期末存货成本计算如下：

变动成本法下：

销售成本=1 800 000×30 000/40 000=1 350 000（元）

期末存货成本=1 800 000×（40 000−30 000）/40 000=450 000（元）

完全成本法下：

销售成本=2 200 000×30 000/40 000=1 650 000（元）

期末存货成本=2 200 000×（40 000−30 000）/40 000=550 000（元）

3.2.3 损益确定程序不同

两种成本法的区别不仅限于成本计算方面，而且营业利润的计量程序也有区别。在变动成本法下，只能按贡献式损益确定程序计量营业利润；而在完全成本法下则必须按传统式损益确定程序计量营业利润。

1．变动成本法的损益确定程序

在贡献式损益确定程序下，首先用营业收入补偿本期变动成本总额，从而确定边际贡献，然后再用边际贡献补偿固定成本总额确定当期营业利润。具体计算如下：

边际贡献=销售收入−变动成本总额

营业利润=边际贡献−固定成本总额

2．完全成本法的损益确定程序

传统式损益确定程序下，首先用营业收入补偿本期销售产品的销售成本，从而确定销售毛利，然后再用销售毛利补偿期间费用以确定当期营业利润。具体计算如下：

销售毛利=销售收入−销售成本

销售成本=期初存货成本+本期发生的产品成本−期末存货成本

营业利润=销售毛利−销售费用和管理费用

这两种成本计算方法在损益确定程序上的不同源于服务对象不同。完全成本法主要是财务会计应用的成本计算方法，侧重于为外部信息使用者提供企业经营成果的信息，它的重点在于确定最终收益；变动成本法主要是管理会计应用的成本计算方法，侧重于为企业内部管理提供事前的规划、决策所需的信息，它的重点是确定边际贡献，反映产销量变动对边际贡献的影响。

【例 3-3】按【例 3-1】所提供的资料，分别按两种方法计算的营业利润，见表 3-3。

表 3-3　按两种成本法计算的营业利润的程序表　　单位：元

	变动成本法（贡献式）			完全成本法（传统式）	
	销售收入	2 400 000		销售收入	2 400 000
变动成本	变动销售成本	1 350 000	销售成本	期初存货成本	0
	变动销售费用	30 000		本期产品成本	2 200 000
	变动管理费用	35 000		一期末存货成本	550 000
	边际贡献	985 000		销售毛利	750 000
固定成本	固定制造费用	400 000		销售费用	70 000
	固定销售费用	40 000		管理费用	50 000
	固定管理费用	15 000			
	营业利润	530 000		营业利润	630 000

3.2.4　分期损益不同

分期损益是指某一特定的会计期间的营业利润。由于变动成本法与完全成本法对固定制造费用的处理不同，因此，它们计算出来的损益有可能不同。表 3-3 的计算结果表明，按完全成本确定的营业利润比按变动成本法确定的营业利润多 100 000 元。其原因是本期生产量大于销售量，发生的 400 000 元列入固定性制造费用中；在完全成本法下，300 000 元通过销售成本计入利润表，其余 100 000 元被期末存货吸收并结转下期。而在变动成本法下，固定制造费用全部作为期间成本计入利润表。

现将两种成本计算方法分期损益差异的形成，用计算公式推导如下：

分期损益差异=完全成本法某期利润−变动成本法某期利润

因为：

完全成本法某期利润=销售收入−[期初：（变动制造成本+固定制造费用）+本期发生：（变动制造成本+固定制造费用）−期末：（变动制造成本+固定制造费用）]−销售费用−管理费用

变动成本法某期利润=销售收入−（期初变动制造成本+本期发生变动制造成本−期末变动制造成本）−固定制造费用−销售费用−管理费用

所以：

$$\text{分期损益差异}=\begin{matrix}\text{变动成本法计入分期}\\ \text{损益的固定制造费用}\end{matrix}-\begin{matrix}\text{完全成本法计入分期}\\ \text{损益的固定制造费用}\end{matrix}$$

$$=\begin{matrix}\text{本期发生的}\\ \text{固定制造费用}\end{matrix}-\left(\begin{matrix}\text{期初存货的}\\ \text{固定制造费用}\end{matrix}+\begin{matrix}\text{本期发生的}\\ \text{固定制造费用}\end{matrix}-\begin{matrix}\text{期末存货的}\\ \text{固定制造费用}\end{matrix}\right)$$

$$=\begin{matrix}\text{完全成本法下期末}\\ \text{存货的固定制造费用}\end{matrix}-\begin{matrix}\text{完全成本法下期初}\\ \text{存货的固定制造费用}\end{matrix}$$

$$=\text{完全成本法下本期发生存货的固定制造费用}$$

由上述推导公式，可以看出：变动成本法下的产品成本只包括变动制造成本，而将固定制造费用当作期间成本，即对固定制造费用的补偿由当期销售的产品承担。而完全成本法下的产品成本既包括变动制造成本，又包括固定制造费用，即对固定制造费用的补偿由期末未销售的产品与当期已销售的产品共同承担。可见，两种方法在固定制造费用处理上的分歧对损益计算产生了影响，并且影响的程度取决于产量和销量的均衡程度。产销越均衡，两种方法下扣除的固定性制造费用越接近，计算的损益相差越小，反之则越大。归纳两种成本法分期损益变动的一般规律如下：

（1）完全成本法下本期增加存货的固定制造费用等于 0，即产销平衡，则两种成本法计算的分期损益相等。在这种情况下，固定制造费用不论是作为期间成本还是产品成本，均被列入利润表中完全扣除。

（2）完全成本法下本期增加存货的固定制造费用大于 0，即产量大于销量，则按完全成本法计算的利润大于按变动成本法计算的利润。这是因为固定制造费用在变动成本法下被如数列作了当期的期间成本，而在完全成本法下，一部分固定制造费用被列作了期末存货，这使得变动成本法下的成本扣除额大于完全成本法下的成本扣除额。

（3）完全成本法下本期增加存货的固定制造费用小于 0（本期不但没有增加存货的固定制造费用，还消耗了期初存货的固定制造费用），即产量小于销量，则按完全成本法计算的利润小于按变动成本法计算的利润。这是因为当期的固定制造费用在变动成本法下被如数列做了当期的期间成本，而在完全成本法下，销售成本中不仅包括当期的固定制造费用，还包括上期被计入存货的固定制造费用。这使得变动成本法下的成本扣除额小于完全成本法下的成本扣除额。

【例 3-4】某企业连续 4 年投产生产 A 产品，单价 50 元，单位变动成本 12 元，单位变动销售和管理费用 5 元，年固定销售和管理费用 3 600 元，年固定制造费用 13 200 元，假定各年产品单价和成本水平不变，存货计价采用先进先出法，已知 A 产品第一年的产量为 1 000 件，其他资料见表 3-4。

要求：按完全成本法和变动成本法计算后 3 年的营业利润。

表 3-4　A 产品各年产销量及存货情况一览表　　单位：件

年　份	生　产　量	销　售　量	期初存货量	期末存货量
第二年	1 100	1 100	100	100
第三年	1 200	1 250	100	50
第四年	1 100	850	50	300

根据上述资料，分别编制两种方法的利润表表 3-5、3-6：

表 3-5　A 产品各年贡献式利润表　　单位：元

		第 二 年	第 三 年	第 四 年
	销售收入	55 000	62 500	42 500
—	变动成本：			
	变动销售成本	13 200	15 000	10 200
	变动销售和管理费用	5 500	6 250	4 250
	边际贡献	36 300	41 250	28 050
—	固定成本：			
	固定制造费用	13 200	13 200	13 200
	固定销售和管理费用	3 600	3 600	3 600
	营业利润	19 500	24 450	11 250

表 3-6　A 产品各年传统式利润表　　单位：元

		第二年	第三年	第四年
	销售收入	55 000	62 500	42 500
—	销售成本：			
	期初存货成本	2 520	2 400	1 150
	本期产品成本	26 400	27 600	26 400
	期末存货成本	2 400	1 150	7 200
	销售毛利	28 480	33 650	22 150
—	变动销售和管理费用	5 500	6 250	4 250
—	固定销售和管理费用	3 600	3 600	3 600
	营业利润	19 380	23 800	14 300

注：两种计算方法下第二年的营业利润不相等，是单位固定制造费用发生变化使单位产品成本发生变化所致。

3.3　变动成本法评价

3.3.1　变动成本法的优点

变动成本法的优点是与它的特点相联系并与完全成本法相比较而言的。概括来说，其特点主要有以下三点。

1．采用变动成本法可以简化产品成本计算工作量

在变动成本法下，把固定成本列作期间成本从贡献毛益总额中一笔扣除，可以节省许多间接费用分摊的手续，这不仅简化了产品成本计算工作量，避免间接费用分摊的主观随意性，而且可以使会计人员从繁重的核算工作中解放出来，集中精力抓好日常管理。

2．采用变动成本法能促使管理当局重视销售，防止盲目生产

在变动成本法下，产量的高低与存货增减对企业的税前利润都没有影响。在售价、单位变动成本、销售结构不变的情况下，净利将随销售量同步增长。这样就会促使管理当局重视销售环节，把注意力集中在研究市场动态、搞好销售工作、以销定产，防止盲目扩大生产。同时也避免了完全成本法下出现的一方面销售量下降，另一方面由于产量增长，造成税前净利增加的不良现象。

3．采用变动成本法便于分清经济责任，有利于进行成本控制与业绩评价

一般来说，变动生产成本的高低最能反映出生产部门和供应部门的工作业绩，同时变动生产成本的升降责任也归属于这些部门。例如，在直接材料、直接人工和变动制造费用方面如有升降，就会立即从产品的变动生产成本指标上反映出来，它们可以通过制订标准成本和建立弹性预算进行日常控制；而固定生产成本的高低，其责任主要属于企业各级管理部门，可以通过制订费用预算的办法进行控制。另外，变动成本法提供的信息，也便于分清成本升

降产生的原因，这样就便于采用正确的成本控制方法，即固定成本应按总额控制，变动成本应控制单位变动成本。同时，还能对各责任单位的工作业绩做出恰如其分的评价。

4．采用变动成本法可以为企业改善经营管理、提高经济效益提供有用的管理信息

变动成本法可以为改善经营管理和提高经济效益提供有用信息，主要体现在以下几方面。

（1）变动成本法确定的成本数据是企业开展利润规划的依据。变动成本法对于短期的利润规划具有重要作用。因为在变动成本法下，将成本分为固定及变动成本，并据以确定贡献毛益，这将为进行本量利分析提供简明而可靠的信息。

（2）变动成本法可以为企业决定产品售价提供依据。变动成本法确定的贡献毛益，表示着各种产品的获利能力，它对产品售价的决定起到重要的作用。在单位变动成本和日常销售量稳定的情况下，可由贡献毛益及固定成本的大小来决定企业营业净利的数额，再根据营业净利可确定产品的销售价格。

（3）变动成本法是企业内部管理和控制的重要手段。首先，在变动成本法之下，营业净利随销售量的增减而呈同方向变动；其次，变动成本法也有利于编制弹性预算和建立标准成本制度；最后，变动成本法将成本分为生产成本和期间成本，这样可以直接评价和考核各责任层次的成本控制情况。

（4）变动成本法为企业的经营决策提供了可靠依据。实施变动成本法，必须分析各项成本要素，通过成本分析，可以为企业管理当局做出是否需要改变目前的生产水平，或者有无必要扩充生产设备、开发新的市场等决策提供有用信息；同时，变动成本法提升了产品的盈利能力，这大大有助于管理当局进行生产决策，如生产什么，生产多少，用什么方法生产，等等。

国内外的实践证明：变动成本法在加强企业内部管理方面，确实起着非常明显的作用，它已普遍为西方企业的管理机构所认识，成为企业规划与控制经济活动以及进行短期经营决策分析的重要手段。在 20 世纪 80 年代初期，我国有些工厂（如机床工具行业）在征得财政部门及主管部门同意后，对应用变动成本法进行尝试，已经摸索到一些经验，并在规划与控制经济活动方面取得显著成效。例如，采用变动成本法，为企业的预测分析、决策分析和日常控制提供了大量有用的资料；同时，在企业克服盲目生产，树立“以销定产”的观念这些方面，有着显著的成绩。因此，变动成本法应是值得我们研究和借鉴的有效方法，我们现在的任务应该是进一步结合我国的国情，积累经验，加快完善步伐。

3.3.2　变动成本法的局限性

1．精确度较差

变动成本与固定成本的划分是假设的结果，不是一种非常精确的计算。

2．不符合传统成本概念的要求

美国会计准则委员会认为：“成本是为了达到一个特定目的而已经发生或可能发生的，以货币计量的价值牺牲。”按照这种观念，产品成本就应该既包括变动成本，也要包括固定成本。但按变动成本法计算的产品成本不符合传统成本概念的要求。

3. 不能适应长期经济决策和定价决策的需要

因为这些决策需要一个完全的产品成本，从长期来看，单位变动成本和固定成本总额都很难固定不变；同时，产品定价时变动成本和固定成本都应得到补偿，才能使企业获得最终利润。而变动成本法提供的产品成本资料只能作为短期经营决策的依据，不能满足长期决策和产品定价决策的需要。

4. 影响有关方面当期的利益

在实践中，当开始从全部成本法改为变动成本法时，一般要影响期末存货的计价，因而就会降低当期的利润，从而暂时影响征税机关本年的所得税收入和投资者的股息收入。正因为如此，在西方企业编制对外财务报表时，还必须遵循一般公认会计原则，采用全部成本法。以变动成本法计算的存货价值、确定的利润，不能用来申报所得税。

3.4 变动成本法与完全成本法的结合与互补

从上面的分析可以看到，两种成本计算法各自具有优缺点，或各自具有适用性和局限性。因此，如何处理变动成本法和全部成本法的关系，如何应用变动成本法，是各界关心的问题。到目前为止，关于变动成本法的应用，有如下三种不同的观点。

第一种观点是采用“双规制”。即在全部成本法的核算资料之外，另外设置一套变动成本法的核算系统，提供两套平行的成本核算资料，分别满足对外报告和内部管理两个方面的不同需要。显然，这种做法在技术上比较简单，但具体操作上工作量较大，而且费时，会造成人力、物力和财力上的极大浪费。

第二种观点是采用“单轨制”。即以变动成本法完全取代全部成本法，最大限度地发挥变动成本法的优点。显然，这种做法不符合现行账务会计规范的要求，如果加以运用，需要变更公认会计原则的某些规定，这在实践中会遇到极大的阻力。

第三种观点是采用以变动成本法为基础的统一成本计算体系的“结合制”。即将变动成本法与全部成本法结合使用，将日常核算建立在变动成本法的基础之上，以满足企业内部经营管理的需要；期末对需要按照全部成本法反映的有关项目进行调整，以满足对外报告的需要。这种做法主要是基于两种成本计算法具有不同的优缺点，而且在实践中具有不可相互取代性。两种方法结合运用，既能充分发挥变动成本法的优点，又兼顾了公认会计原则和现行会计制度的统一要求。

实际上，从上面对两种成本计算法优缺点的分析可以看到，从某种意义上说，两者的优缺点正好又是相互转化的。比如，全部成本法适用于编制对外财务报表，而变动成本法却不适合；前者无法提供企业经营管理需要的各种有用信息，不利于企业的短期决策；而后者正好可以提供这些信息，有利于短期决策。从企业成本计算的目的来看，不仅要为企业内部的经营管理提供决策、规划、控制等各方面的信息需要，而且还要通过定期提供财务报表，为企业的投资者、债权人和其他有关方面服务。因此，为了满足这两方面的需要，采用上述“结合制”的观点是最为合理的。

为了兼顾企业会计对内服务和对外服务两种职能，我们应将两种成本法在实践中结合使用，具体可以按照以下程序来进行。

（1）将日常的成本核算建立在变动成本法的基础上。首先，以成本性态分析为前提，对发生的全部制造成本项目，划分为固定成本和变动成本两类，为用不同的账户分别核算变动成本和固定成本奠定基础；其次，在产品或产成品均按变动成本法反映，即只包括直接材料、直接人工和变动制造费用，同时取消“制造费用”账户，另设置两个专门账户：一个是“变动制造费用”账户，归集日常在生产制造过程中发生的各种变动性的制造费用，期末转入“在产品”账户，借以计算产成品和在产品的成本；另一个是“存货中的固定制造费用”账户，归集日常发生的各种固定性制造费用。

（2）各个月份的内部利润表也可按变动成本法编制。

（3）期末调整。期末将“存货中的固定制造费用”账户中归集的固定制造费用按当期产品销售量的比例分配，把“存货中固定制造费用”属于本期已销售部分转入“销售成本”账户并列入利润表内，作为本期销售收入的减除项目，另将“存货中的固定制造费用”属于本期末销售的部分，仍然保留在该账户内，并将其余额按实际比例分配给资产负债表上的“产成品”及“在产品”项目，使它们仍按全部成本列示。

复习思考题

一、单项选择题

1．下列各项中，能构成变动成本法产品成本内容的是（　　）。

A．变动成本　　B．固定成本

C．生产成本　　D．变动生产成本

2．如果某期按变动成本法计算的营业利润为 5 000 元，该期产量为 2 000 件，销售量为 1 000 件 ，期初存货为零，固定性制造费用总额为 2 000 元，则按完全成本法计算的营业利润为（　　）。

A．0 元　　B．1 000 元

C．5 000 元　　D．6 000 元

3．如果完全成本法下的期末存货成本比期初存货成本多 10 000 元，而变动成本法下的期末存货成本比期初存货成本多 4 000 元，则可断定两种成本法的营业利润之差为（　　）。

A．14 000 元　　B．10 000 元

C．6 000 元　　D．4 000 元

4．若本期完全成本法计算下的利润小于变动成本法计算下的利润，则（　　）。

A．本期生产量大于本期销售量　　B．本期生产量等于本期销售量

C．期末存货量大于期初存货量　　D．期末存货量小于期初存货量

5．在相同成本原始资料条件下，变动成本法计算下的单位产品成本比完全成本法计算下的单位产品成本（　　）。

A．相同　　B．大

C. 小　　D. 无法确定

6. 在 $y=a+(\quad)x$ 中，y 表示总成本，a 表示固定成本，x 表示销售额，则 x 的系数应是（　）。

A. 单位变动成本　　B. 单位边际贡献

C. 变动成本率　　D. 边际贡献率

7. 如果完全成本法下期末存货吸收的固定性制造费用大于期初存货释放的固定性制造费用，则两种方法计算的营业利润的差额（　　）。

A. 一定等于零　　B. 可能等于零

C. 一定大于零　　D. 一定小于零

8. 在变动成本法下，固定性制造费用应当列作（　）。

A. 非生产成本　　B. 期间成本

C. 产品成本　　D. 直接成本

9. 如果某企业连续三年按变动成本法计算的营业利润分别为10 000元、12 000元和11 000元，则下列表述中唯一正确的是（　　）。

A. 第三年的销量最小　　B. 第二年的销量最大

C. 第一年的产量比第二年少　　D. 第二年的产量比第三年多

10. 从数额上看，广义营业利润差额应当等于按完全成本法计算的（　　）。

A. 期末存货成本与期初存货成本中的固定生产成本之差

B. 期末与期初的存货量之差

C. 利润超过按变动成本法计算的利润的部分

D. 生产成本与销货成本之差

二、多项选择题

1. 按经济用途对成本进行分类，其结果应包括的成本类型有（　　）。

A. 未来成本　　B. 生产成本

C. 非生产成本　　D. 责任成本

2. 在相关范围内固定不变的是（　　）。

A. 固定成本　　B. 单位产品固定成本

C. 变动成本　　D. 单位变动成本

3. 完全成本法与变动成本法的区别在于（　　）。

A. 应用的前提条件不同　　B. 产品成本构成内容不同

C. 对固定成本的认识与处理方法不同　　D. 损益计算程序不同

4. 在变动成本下，期间成本通常包括（　　）。

A. 间接人工费　　B. 销售费用

C. 固定性制造费用　　D. 管理费用

5. 在完全成本法下，期间费用应当包括（　　）。

A. 管理费用　　B. 变动性制造费用

C. 固定性制造费用　　D. 销售费用

6. 下列项目中，不会导致完全成本法和变动成本法确定的分期损益不同的是（ ）。
A. 直接材料 B. 管理费用
C. 财务费用 D. 销售费用
7. 变动成本法所提供的信息对强化企业管理有相当大的积极作用，比如可以（ ）。
A. 加强成本管理 B. 促进以销定产
C. 调动企业增产的积极性 D. 简化成本计算
8. 变动成本法的应用前提条件有（ ）。
A. 要求进行成本性态分析
B. 要求把属于混合成本性质的费用分解
C. 把混合成本性质的制造费用按生产量分解为变动性制造费用和固定性制造费用
D. 把混合成本性质的销售费用按销售量分解为变动性销售费用和固定性销售费用
9. 在变动成本法下，产品成本包括（ ）。
A. 直接人工 B. 变动销售费用
C. 变动制造费用 D. 直接材料
10. 在完全成本法下，如果单位变动成本和固定成本总额均不变，下列说法正确的有（ ）。
A. 在各年销售量相同的情况下，营业利润必然相同
B. 销售量增加，营业利润必然增加
C. 销售量增加，营业利润不一定增加
D. 销售量减少，营业利润不一定减少

三、判断题

1. 按变动成本法的解释，期间成本中只包括固定成本。（ ）
2. 两种成本法下利润表的格式不同，完全成本法编制贡献式利润表，而变动成本法编制传统式利润表。（ ）
3. 完全成本法认为，凡是因产品生产而发生的耗费都应计入产品成本。（ ）
4. 变动成本法与完全成本法之间的最本质的区别就是两者所提供的信息的用途不同。（ ）
5. 当存货量不为零时，按变动成本法确定的存货成本必然小于完全成本法下的存货成本。（ ）
6. 变动成本法既有利于短期决策，也有利于长期决策。（ ）
7. 制造费用在两种成本法下都属于产品成本的内容。（ ）
8. 在生产量不变的情况下，按变动成本法计算的税前净利润与销售量变动方向相同，而按完全成本法计算的税前净利润与销售量变动方向相反。（ ）
9. 变动成本法和完全成本法不论任何情况下计算出来的营业利润都是不同的。（ ）
10. 在变动成本法下，变动非生产成本是在计算边际贡献之前扣除的，所以它不再成为期间成本，这与完全成本法的处理截然不同。（ ）

四、计算分析题

1. 甲公司按变动成本法核算的 2012 年 1 月产品成本资料如下（该公司采用先进先出法

计价）：单位产品成本 50 元，本期固定性制造费用 30 000 元，期初存货数量 500 件，本期完工产品 6 000 件，本期销售产品 5 500 件，销售价格 100 元/件，固定性销售与管理费用 45 000 元。已知上期产品单位固定生产成本为 5 元。

求：

（1）计算完全成本法下的期末存货成本；

（2）计算完全成本法下的本期营业利润。

2．假定有四个公司，均为多产品生产企业。这四个公司在过去一年中的损益情况分别如下表 3-7 所示。

表 3-7　损 益 资 料　　单位：元

公司	销售收入总额	变动成本总额	边际贡献率（%）	固定成本总额	净利润（或净亏损）
1	180 000	（1）	40	（2）	12 000
2	300 000	165 000	（3）	100 000	（4）
3	（5）	（6）	30	80 000	–5 000
4	400 000	260 000	（7）	（8）	30 000

请根据变动成本法完成上述标号的空白表格。

3．乙公司只生产一种产品，第一年及第二年产量分别为 8 000 件和 5 000 件，销售量分别为 7 000 件和 6 000 件。每件产品售价为 50 元，生产成本为：每件变动生产成本 10 元，固定生产成本每件发生额 80 000 元，变动性销售与管理费用为每件 5 元，固定性销售与管理费用每年 60 000 元。

求：

（1）分别采用两种成本法计算产品单位成本；

（2）分别采用两种成本法计算营业利润；

（3）分析两种成本计算的营业利润发生差异的原因，并进行调整。

4．已知丙公司本期有关资料如下：单位直接材料成本 10 元，单位直接人工成本 5 元，单位变动性制造费用 7 元，固定性制造费用总额 4 000 元，单位变动性销售与管理费用 4 元，固定性销售与管理费用 1 000 元。期初存货为零，本期生产量 1 000 件，销售量 600 件，单位售价 40 元。

求（分别按两种成本法的有关公式计算）：（1）单位产品成本；（2）期间成本；（3）销货成本；（4）营业利润。

5．假定某企业只产销一种产品，其有关资料如下：生产量 2 000 件，销售量 1 800 件，期初存货 0 件，边际贡献率 60%，原材料 6 000 元，计件工资 4 000 元，其他变动性制造费用每件 0.4 元，固定性制造费用总额 2 000 元，变动性销售与管理费用每件 0.2 元，固定性销售与管理费用总额为 300 元。

（1）根据给定的边际贡献率确定售价；

（2）用两种方法计算单位产品成本；

（3）用两种成本法编制损益表；

（4）说明两种成本法计算的营业利润不同的原因。

五、简答题

1. 变动成本法与完全成本法相比有哪些区别？

2. 变动成本法与完全成本法相比在损益确定方面有哪些不同？

3. 什么是变动成本法？为什么在变动成本法下，固定制造费用不计入产品成本而作为期间费用处理？

4. 试论述变动成本法和完全成本法的优缺点。

5. 采用变动成本法和完全成本法得出的营业利润可能不同，试分析其规律。

六、实训题

第一，企业拟投入一种新产品生产，要求应聘者做一份关于该产品的利润表。有关资料如表 3-8 所示。

表 3-8　资　　料　　单位：元

业务量（件）		成本资料（元）	
本年投产完工量	15 000	直接材料	300 000
本年销售量	10 000	直接人工	300 000
期末存货量	5 000	制造费用	（变动：75 000；固定：15 000）
销售单价	100（元/件）	销售及管理费用	（变动：10 000；固定：20 000）

第二，如果想大幅度提高企业利润，作为财务部门的主管人员，应提供什么样的建议？

结果甲、乙二人分别给出了不同的答案。甲提供的报表是用完全成本法编制的，他提出的建议是在现有的基础上扩大再生产，大幅度增加产量，从而降低产品成本，增加企业盈利。乙提供的报表是按变动成本法编制的，他提出扩展市场，扩大产品销售，从而达到增加利润的目的。副总经理司云看了他们的报表和建议后，当即就确定了财务主管的人选。

M 公司是一家生产汽车零部件的企业，经济效益十分可观，随着市场占有率的不断提高和经营规模的不断扩大，管理人员的配备显得尤为重要。为了进一步提高企业的内部管理水平，公司决定招聘一批懂管理、会经营的专业人才，其中财务部招聘一名财务主管。结果有甲、乙两人前去应聘，公司让精通财务工作的副总经理司云担任考官，司云现场提出了两个问题：

（1）请根据以上案例资料分别编制甲、乙两人关于该种产品的利润表。

（2）两个利润表的结果是否相同？如有差异，分析形成差异的原因。

（3）针对甲、乙二人提供的建议，你认为哪个更合适？

（4）根据你的分析，你认为公司录用了谁？

第 4 章 作业成本法

本章导语

在现代制造业中，间接费用的比重极大地增加，间接费用中的许多费用并不直接与生产过程有关，有些甚至完全发生在制造过程以外，如生产程序设计费用、生产过程组织协调费用、组织订单费用等。这种结构的间接费用在性质上已经和传统生产条件下的制造费用有所不同，加之现代制造业自动化程度日益提高，直接人工成本极大减少，再用传统的方法将间接费用按直接人工工时或机器工时分配给最终产品或服务，必然会导致生产数量多的产品负担较多的间接费用，而生产数量少的产品负担较少的间接费用，从而造成产品成本信息的严重扭曲，使决策者误以为高产量的产品利润率低、低产量的产品利润率高，从而引起决策失误。这种变化促使人们对间接费用分配法进行深入思考，于是作业成本法应运而生并逐渐趋于成熟。本章将介绍这种方法的基本运行原理、计算程序及具体应用。

学习目标

1. 掌握作业成本法的基本概念。
2. 理解作业成本法的基本原理。
3. 掌握作业成本法的计算程序。
4. 掌握作业成本法与传统成本计算方法的区别与联系。
5. 理解作业成本管理的含义及意义。
6. 了解作业成本管理的特征、内容及实施步骤。

4.1 作业成本法概述

4.1.1 作业成本法的基本概念

1. 资源

资源是指企业生产经营过程中消耗的人力、物力、财力。就制造业而言，主要包括直接人工、直接材料、各种间接费用；在服务业中，人员、场地、设备等费用占较大比重。

2. 作业

作业就是指企业为了达到生产经营目标而进行的消耗资源的活动。一项作业，可能是一项非常具体的活动，是某一部门各项活动中的一项；也可能是泛指一类活动，甚至是整个部门或过程的代名词，可分为以下四种类型。

（1）单位水平作业。单位水平作业反映对每单位产品产量或服务所进行的工作。单位水平作业所耗用的资源量是同产品产量或服务量成比例的，或者说是同直接人工小时、机器小时成比例的。比如，对每一个产品，所进行的质量检查消耗的间接人工明显与生产数量有关，机器运转消耗的润滑油、电力以及对机器的定期维修都与机器小时成比例。

（2）批量水平作业。批量水平作业由生产批别次数直接引起，与生产数量无关，即使一批产品受益的作业。例如，为新的生产批型准备机器，一旦机器被准备好，每批无论是生产100 单位还是 1 000 单位，准备成本都不变。又如，如果只对每批产品的每一件进行检查，这时所消耗的间接人工与批次成比例。生产计划也被认为是批量水平作业，因为每个生产周期都要制订一个生产计划，所以生产计划成本与生产周期的数量成比例，与每个生产周期内的生产数量无关。批量水平作业和单位水平作业的主要区别在于完成批量水平作业所需要的资源不依赖于每批次所包含的单位数。

（3）产品水平作业。产品水平作业是每一类产品的生产和销售所需要的工作，即使某种产品的每个单位都受益的作业。这种作业的成本与产品产量及批次无关，但与产品种类或产品线的数量成比例变动。有关产品水平作业的例子有：制图、工艺设计、流程设计、产品改良、技术支持等，我们可以把产品水平作业这一概念扩展到工厂以外，则有顾客水平作业，如市场调研、客户支持工作，该工作能够使公司完成向个别顾客的销售，这些与向顾客销售和交付的产品数量无关。

（4）能力水平作业。能力水平作业是使企业生产经营正常运转的工作，即使某个机构或某个部门受益的工作。这些作业与产品的种类、生产的批次、每种产品的生产数量无关。能力水平作业包括机器设备的租金、折旧、保险费和税金、房屋维修费、绿化费、照明、保安等。此外，能力水平作业还包括企业管理、会计、人力资源管理费用等。

3. 作业中心

作业中心是负责完成某项产品而消耗的一系列作业的集合，即将相关的作业归集到一起就构成了一个作业中心，它向我们提供有关作业的成本信息、每项作业所耗费的资源信息以及执行情况的信息。

4. 作业链

一个组织存在的目的就是为了满足顾客的需要，如果不能满足其顾客的需要，任何组织都不能够生存下去。而为顾客提供产品和服务的一系列作业，即为作业链。因为在为顾客提供产品和服务的作业链中，当企业每完成一项作业，就会有一定的资源补消耗，同时又要增加一定的价值，转移到下一项作业，逐步结转下去，直至最终形成产品。产品作为企业内部各作业链的最后一环，凝结了作业链所形成并最终提供给顾客的价值。因此作业链也被称为价值链，作业链的形成过程也就是价值链的形成过程。

5. 成本动因

成本动因是指导致成本发生的任何因素，又称成本驱动因素，如采购订单便是采购作业的成本动因。出于可操作性考虑，成本动因必须能够量化。在作业成本法中，成本动因可分为两种：一种是引起作业成本变动的驱动因素，作业成本耗用的是企业的资源，因此，这类动因又被称为资源动因，通俗地讲，是指资源被各作业消耗的方式和原因，它是分配作业所耗资源的依据；另一种是引起产品成本变动的驱动因素，产品生产过程中耗用的是作业，因此这类动因又被称为作业动因，即作业被最终产品或服务消耗的方式和原因，它是计算作业成本的依据。每一项作业都有与其相对应的作业成本动因。

6. 成本对象

成本对象是成本分配的终点，它即可以是产品，也可以是顾客或服务。分配到最终产品、顾客或服务的成本反映了成本对象消耗的作业成本。

7. 成本库

成本库是指将同一（同质）成本动因导致的费用项目归集在一起的成本类别，即相同成本动因的作业成本集。成本库的建立把间接费用的分配与产生这些费用的原因联系起来，不同的成本库，选择不同的成本动因作为分配标准。

8. 成本动因分配率

成本动因分配率是指成本库成本（作业成本）和相应成本动因数量的比率，也称作业成本动因分配率。其计算公式为：

$$作业成本动因分配率（R）=作业成本（C）/作业成本动因数量（X）$$

9. 作业成本法

作业成本法又称作业成本计算，是以作业为核心，通过对耗用企业资源的所有作业进行确认和计量，将耗用的资源成本分配给作业，然后根据成本动因将所有作业成本再分配给产品或服务，最终计算出相对真实的产品或服务成本的一种成本计算方法。

4.1.2 作业成本法的运行原理

作业成本法认为作业消耗资源，产品消耗作业。其核算最终产品成本的流程可用图 4-1 表示。

如图所示，作业成本法是以作业为核算对象，根据作业对资源的消耗情况，将资源的成本分配到作业，再由作业根据成本动因追踪到产品的行程和积累过程。

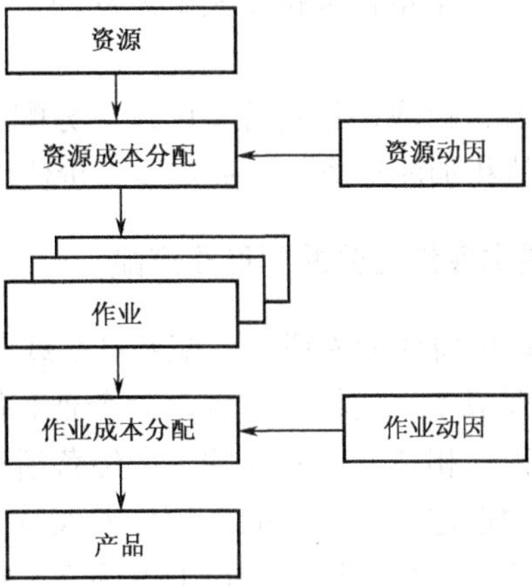

图 4-1　作业成本法的运行原理图

4.2　作业成本法的程序及应用

4.2.1　作业成本法的程序

1. 确认主要作业和作业中心

作业是作业成本计算和作业管理的核心，无论是作业成本计算还是作业管理，都要从作业的确认入手。不同的企业，其经营规模、工艺流程和组织结构各不相同，因而其所要认定的作业也不同。一般而言，作业和作业中心的确认是建立在对企业生产经营过程进行全面分析的基础上的。只有通过对企业生产经营过程的全面详尽分析，才能将其描述成一个由此及彼、由内向外的作业链，才能发现各项作业的成本动因，从而在此基础上按照作业成本动因建立作业成本库。需要注意的是，作业的认定要考虑到成本效益原则和信息需要的详细程度，不要只追求准确性而不计为此付出的代价。要按照重要性原则选择主要作业作为资源分配的基础。

2. 按资源动因将资源分配到各作业成本库

按照作业成本法的计算规则，作业量的多少决定资源的耗用量。在作业成本库建立之后，按反映资源消耗量与作业量之间关系的资源动因，将各类资源耗费分配计入各作业成本库。确立资源动因的原则是：① 某一项资源耗费能直观地确定其是为某一特定产品所消耗，则直接计入该特定产品成本，此时资源动因也是作业动因，该动因可以认为是“终结耗费”，材料费往往适用于该原则；② 如果某项资源耗费可以从发生领域上区分为各作业所耗，则可以直接计入各作业成本库，此时资源动因可以认为是“作业专属耗费”，各作业各自发生的办公费适用这种原则；③ 如果某项资源耗费从最初消耗上呈混合耗费形态，则需要选择合适的量化依据将资源分解并分配到作业，这个量化依据就是资源动因，如动力费一般按各作业实用电力度数分配。

在成本计算过程中，各资源价值应根据资源动因逐项分配到各作业成本库中，将每个作业成本库中转入的各项资源价值相加就形成了作业成本库价值。

3. 按作业动因将各作业成本库价值分配到最终产品

该步骤的关键是，按作业动因将作业库成本分配到产品或服务中去。

作业成本动因的选择是作业成本法的核心内容，一个企业作业成本动因数量的多少与该企业生产经营活动的复杂程度密切相关，若企业的生产经营活动越复杂，其作业成本动因也就越多。一般来讲，成本动因的选定应由企业的工程技术人员、成本会计师等人员组成专门小组，对企业的各项作业进行认真分析、讨论后再加以确定。在选定成本动因时，必须注意下列两个问题。

（1）作业成本动因应简单易懂，易于从现有资料中分辨出来，并与企业中各作业部门的产出具有直接的关联性。

（2）在选择作业成本动因时，应体现代表性与全面性相结合的原则，为了避免作业成本计算法过于复杂、难于执行而流于形式，不宜将面铺得过广，要选择具有代表性、重要的作业成本动因；但同时又应注意避免作业成本动因的范围过窄，不能反映企业作业过程的基本特点。表 4-1 列示了四种作业类型及相关作业成本动因。

表 4-1　作业种类和它们的作业成本动因

种　类	代表性作业	作业成本动因
单位水平作业	产品检查 直接人工监督 直接动力、燃料费用	产品数量 直接人工小时 机器小时
批量水平作业	机器准备 首件产品检查 处理顾客订单 材料搬运 生产计划	准备小时 检查小时 订单数量 材料移动次数 产品生产
产品水平作业	产品设计 零部件管理 工艺设计 修改产品特性	产品种类 零部件数量 工艺改变
能力水平作业	机器设备的管理 会计和人力资源管理 房屋维修、照明 租金、折旧	场地面积 工人数量

确定好成本动因后，可根据作业成本和作业成本动因数量计算作业成本分配率，然后按作业成本分配率将成本分配至产品或服务中。如订单作业是批量动因作业，我们只需将该作业成本库成本除以当期订单份数求得分配率，将此分配率乘以某批产品所用订单份数，即可

得到应计入该批产品成本计算单中订单成本项目中的价值。

【例 4-1】 某公司搬运部门每月总成本为 50 000 元，月平均直接人工小时为 20 000 小时。公司生产 A 产品，月产是 100 件。

根据传统成本计算法，则 A 产品每月被分配到的搬运费用=50 000/20 000×100=250（元）

该公司采用作业成本法将搬运部门的工作分为三个主要作业，并对每个作业选择了一个相应的成本动因，并收集了每一作业成本动因的数量，具体如表 4-2 所示。

表 4-2　搬运部门搬运作业成本、动因及动因数量一览表

项　目	接收部件	接收材料	分配部件和材料
作业成本动因	部件接收数量	材料接收数量	生产批次数
作业成本	25 000 元	12 500 元	12 500 元
作业成本动因数量	5 000 次	1 000 次	500 次

假设一个月内生产 100 件 A 产品需要一个生产批次，购买 20 批部件和 4 批原材料，使用作业成本动因把搬运成本分配至 A 产品中。

分配至 A 中的搬运成本=25 000/5 000×20+12 500/1 000×4+12 500/500×1

=100+50+25=175（元）

4.2.2　作业成本法的应用

现对作业成本法的具体应用进行举例说明。

【例 4-2】 某公司生产 A、B、C 三种产品，产量和成本资料如表 4-3 所示。

表 4-3　某公司 A、B、C 三种产品的产量及成本资料

产品名称	A 产品	B 产品	C 产品	合　计
年产量（件）	100	200	300	600
单位直接材料（元）	8	4	20	—
单位直接人工（元）	2	2	4	—
制造费用（元）	—	—	—	20 000
单位机器工时（小时）	4	2	4	—
总工时（小时）	400	400	1 200	2 000

在传统成本计算法下，制造费用分配率=20 000÷2 000=10（元/小时），各产品成本计算如下：

A 产品总成本=（8+2）×100+10×400=1 000+4 000=5 000（元）

A 产品单位成本=5 000÷100=50（元）

B 产品总成本=（4+2）×200+10×400=1 200+4 000=5 200（元）

B 产品单位成本=5 200÷200=26（元）

C 产品总成本=（20+4）×300+10×1 200=7 200+12 000=19 200（元）

C 产品单位成本=19 200÷300=64（元）

该公司按作业成本法归集了五个成本库，成本动因及作业成本动因数量、按作业成本法计算的各产品总成本与单位成本见表 4-4 所示。

表 4-4　按作业成本法计算的各产品总成本及单位成本

产品名称				A 产品	B 产品	C 产品
年产量（件）				100	200	300
单位直接材料				8	4	20
单位直接人工				2	2	4
作　　业	作业成本动因	作业成本	分配率	作业成本动因数量		
1.材料搬运	搬运次数（次）	2 000 元	40	10	20	20
2.机器准备	准备次数（次）	3 000 元	500	1	2	3
3.折旧	机器工时（小时）	5 000 元	2.5	400	400	1 200
4.动力	机器工时（小时）	6 000 元	3	400	400	1 200
5.产品检验	检验数量（件）	4 000 元	200	6	4	10
1~5 制造费用合计（元）				4 300	4 800	10 900
总成本（元）				5 300	6 000	18 100
单位成本（元）				53	30	60.33

材料搬运作业分配的成本为：

A 产品材料搬运作业成本分配额=40×10=400（元）

B 产品材料搬运作业成本分配额=40×20=800（元）

C 产品材料搬运作业成本分配额=40×20=800（元）

机器准备作业分配的成本为：

A 产品机器准备作业成本分配额=500×1=500（元）

B 产品机器准备作业成本分配额=500×2=1 000（元）

C 产品机器准备作业成本分配额=500×3=1 500（元）

折旧作业分配的成本为：

A 产品折旧作业成本分配额=2.5×400=1 000（元）

B 产品折旧作业成本分配额=2.5×400=1 000（元）

C 产品折旧作业成本分配额=2.5×1 200=3 000（元）

动力作业分配的成本为：

A 产品动力作业成本分配额=3×400=1 200（元）

B 产品动力作业成本分配额=3×400=1 200（元）

C 产品动力作业成本分配额=3×1 200=3 600（元）

产品检验作业分配的成本为：

A 产品产品检验作业成本分配额=200×6=1 200（元）

B 产品产品检验作业成本分配额=200×4=800（元）

C 产品产品检验作业成本分配额=200×10=2 000（元）

由上例可以看出，传统成本计算法与作业成本法总成本额和直接材料、直接人工成本并无不同，其不同点在于制造费用的分配。传统成本计算法对制造费用的分配是按照直接人工小时或机器小时来分配的，它忽略了各种产品生产工艺的复杂程度和技术含量的不同。相比之下，在制造费用占成本比重较大，而人工成本比重较少时，采用传统成本计算法所计算出的各种产品的成本失真度较大，而采用作业成本法则在一定程度上克服了传统成本计算法的缺点，使其计算结果较客观、真实。

4.3　作业成本法与传统成本计算法的比较

作业成本法是在传统成本计算法的基础上产生并发展的，两者既有联系，又有区别。

4.3.1　作业成本法与传统成本计算法的区别

1. 成本核算对象不同

传统成本计算对象是产品，而作业成本法作为一种与生产的高度计算机化、自动化相适应的成本计算方法，不仅修正了传统成本信息的扭曲，而且拓宽了成本核算对象的范围，其成本核算对象包括作业、作业中心（构成一个业务过程的相互联系的作业集合）、产品和劳务（完成一定的作业之后所提供的顾客价值的载体）、顾客（企业内外部接受产品或劳务的购买者）、市场（企业提供的最终产出物销售的区域）。作业成本法通过将作业的成本分配给上述各成本计算对象，可以获取不同决策所需的相关成本信息。

2. 成本计算程序不同

传统成本计算的成本都分配到产品中去；而作业成本法则要分三个步骤，按作业成本动因，将成本分配到最终产品中去。

3. 成本核算的观念不同

传统成本计算法只是为了存货估价而将已发生的费用分配到成本计算对象，而作业成本法则是为了管理决策，改进企业的经营过程而将已发生的费用分配到成本计算对象。

4. 费用分配的标准不同

在传统成本计算法下，假定所有的间接费用都与直接人工或机器工作小时或产出物数量线性相关，并以这些项目的数量为依据分配间接费用。作业成本法认为，资源的耗费、成本的产生取决于成本动因，间接费用的分配应以成本动因为尺度。成本动因是决定作业的工作负担和作业所需资源的因素，是决定成本的结构和金额的根本原因。它可以揭示执行作业的原因及作业耗费资源的多少。例如，采购订单数决定着采购作业的作业负担和资源耗费，于是采购订单数便是采购作业的成本动因。因此，将资源分配到成本对象的标准就是成本动因。

4.3.2 作业成本法与传统成本计算法的联系

（1）作业成本法以传统计算法为基础，直接材料和直接人工的计算方法并无差异。

（2）两者的最终目的都是准确计算出产品成本。

4.3.3 对作业成本法的评价

实践证明，作业成本法不仅适用于工业、商业，也可以运用于金融公司、财务公司、卫生等服务行业。美国、加拿大以及新加坡等国的大银行也纷纷采用作业成本法，进行银行作业管理。生产过程复杂、产品种类多的公司使用该方法，可以获益良多，但它不太适用于生产过程简单、产品种类少的公司。因为该方法本身较为复杂，需要良好的专业技能，而且费时。因此，是否采用此方法主要取决于公司生产过程的难易程度、管理会计师的专业技术水平等，各公司就根据成本-效益原则判断是否采用作业成本法计算产品成本和进行作业管理。现将实施作业成本计算的利弊总结如下。

1．实施作业成本法的主要好处

（1）有利于提高成本信息质量，特别是在与产量不相关的制造费用较大、企业产品线多样化时更为有效。

（2）有利于现代生产系统的作业成本管理，作业成本法提供的作业成本信息，便于分析成本升降的原因。

（3）有利于完善责任成本管理，建立一种以作业为基础的责任会计体系。

（4）有利于更准确地理解和确认成本性态，从而改进成本预测和决策。

2．实施作业成本法的局限性

（1）作业成本法提供的信息仍以历史成本为基础，并且具有内部导向，所以与未来的战略决策还是缺乏战略相关性。

（2）无法完全消除主观分配因素，如计提折旧、无形资产摊销等。

（3）增加计算程序，加大工作量，使信息成本提高。

（4）成本动因选择也有一定的难度，甚至可能会出现随意性，特别是对于广告费、外部审计费、商誉摊销等。

总之，作业成本法与传统成本计算法是在不同的历史背景下产生的，两者没有绝对的优劣之分，只是环境不同，选择方法不同罢了，正所谓“时势造英雄”。

4.4 作业成本管理

作业成本计算的出现，最初是为了精确计算成本，解决共同成本的分配问题。但是后来人们发现，其所提供的信息可以被广泛地应用于预算管理、生产管理、产品定价、新产品开发、盈利能力分析等诸多方面，这使得作业成本计算很快超越了成本计算本身的意义，而上升为以价值链分析为基础的，服务于企业战略需要的作业管理。

4.4.1　作业成本管理的含义及意义

1. 作业成本管理的含义

作业成本管理是以提高顾客价值、增加企业利润为目的，基于作业成本法的新型集中化管理方法。它通过对作业及作业成本的确认、计量，最终计算产品成本，同时将成本计算深入作业层次，对企业所有作业活动追踪并动态反映。此外还要进行作业链分析，包括成本动因分析、作业分析等，从而为企业决策提供准确的信息，指导企业有效地执行必要的作业，消除和精简不能创造价值的作业，以达到降低成本、提高效率的目的。

2. 作业成本管理的基本思想

作业成本管理的目的主要有两个：一是从外部顾客的角度出发，尽量通过作业为顾客提供更多的价值（即顾客就企业提供给他们的产品或服务所愿支付的金额），二是从企业自身的角度出发，尽量从为顾客提供的价值中获取更多的利润。

作业成本管理的基本思想主要体现在：要求成本管理深入每一作业，尽可能消除不能创造价值的作业，防止资源浪费，最大限度地提高从顾客那里回收的价值，以实现预定的经营目标。

3. 作业成本管理实施的意义

作业成本管理是以作业为核心的成本管理，比起传统的以产品或服务为中心的成本管理，是一次深层次的变革，具有重要的现实意义。

（1）适应新经济技术环境的客观要求。在新经济技术环境下，采用传统成本法会导致产品成本信息的失真，误导企业决策。而作业成本管理能够科学合理地分配各种制造费用，提供较为客观的成本信息，而且能够通过作业分析，追根溯源，不断地改进作业方式，合理地进行资源配置，实现持续降低成本的目标。因此，作业成本管理能够很好地适应高新经济技术环境对成本管理的客观要求。

（2）有利于加强成本控制。自 20 世纪 80 年代以来，企业间市场竞争愈演愈烈，通常采用多品种、个性化、小批量的生产经营模式，以适应顾客日新月异的多样化需求。这就使得传统的以产品为管理核心，以标准成本与实际成本的差异分析及控制为管理重点的成本管理日益难以适应这种动态、不稳定的生产经营环境。而作业成本管理则以作业成本为对象，以每一作业的完成及所耗资源为重点，以成本动因为基础，及时、有效地提供成本控制所需信息。这样就可极大增强管理人员的成本意识，并以作业中心为基础设置成本控制责任中心，将作业员工的奖惩与其作业责任成本控制直接挂钩，从而充分发挥企业员工的积极性、创造性与合作精神，进而达到有效控制成本的目的。

（3）有利于提高产品市场竞争能力。随着社会生产的发展和世界经济的一体化，现代企业间的市场竞争也逐渐趋于激励化和国际化。而传统的成本管理模式只注重产品投产后与生产过程相关的成本管理，而忽视了投产前商品开发与设计的成本管理，这就越来越难适应当代社会经济发展的需要，极大地阻碍了企业产品市场竞争能力的提高。作业成本管理则能很好地适应现代企业在激烈的市场竞争中的发展需要，从一开始就特别重视产品设计、研究开发和质量成本管理，力求按照技术与经济相统一的原则，科学合理地配置相对有限的企业资源，不断改进商品设计、工艺设计以及企业价值链的构成，从而提高企业产品的市场竞争能力。

作业成本管理不仅能为企业提供公平精确的产品成本核算、产品报价、产品组合决策、盈利分析和业绩评价，更重要的是还能为公司的战略战术和日常经营提供决策支持。随着作业成本管理的广泛推广和应用，必将为企业的发展和经济的进步做出更大的贡献。

4.4.2 作业成本管理的基本特征

1．作业成本管理是作业成本计算的延伸与升华

作业成本管理的主要目的是通过作业尽量为顾客提供更多的价值，并从中获得更多的利润。但是，并不是所有的作用都能增加转移给顾客的价值。企业的作业通常分为必要作业与不必要作业两类。若某项作业对顾客或组织而言并无多大用处，不能为企业产品最终增加价值，则为不必要作业或不增值作业。由此可见，企业要实行作业成本管理，首先就要明确作业的耗费，而要达到这一点，就必须以作业成本法计算为基础。作业成本法作为追踪作业、动态反映作业成本的信息系统，可以为旨在改进企业作业链而进行的作业成本管理提供所需要的信息。因而可以讲，作业成本管理是作业成本法的延伸和升华。

2．价值链分析是作业成本管理的基本方法

作业成本管理将成本看作增值作业和不增值作业的函数，并以顾客价值作为衡量增值与否的最高标准。这样，一方面，可将顾客的需求与企业的作业发生、资源的消耗、成本的形成等联系起来；另一方面，通过顾客价值，将企业的收入与顾客的需求联系起来。同时，也有利于从作业的角度权衡成本和顾客价值，从而保证企业经营决策与企业价值最大化目标相一致。这实际上是价值链分析方法在经营管理中的实际应用。价值链分析作为作业成本管理的基本方法，其主要作用在于：① 找出无效和低效的作业，为持续降低商品成本，提高企业竞争能力提供途径；② 协调、组织企业内部的各种作业，使各种作业之间环环相扣，形成理想的作业链，以保证每项必要作业都以最高效率完成，保证企业的竞争优势；（3）与同行的价值链进行对比分析，发现自己的优势和劣势，进而为扬长避短、改善成本构成和提高作业的质量及效率指明方向。

4.4.3 成本管理的内容

作业成本管理的设计与运行必须考虑作业分析、成本动因分析和业绩计算三方面的要求，并按此组织衔接，循环进行。

1. 作业分析

主要内容包括辨别并力求摆脱不必要或不增值的作业；对必要作业按成本高低进行排序，选择排列在前面的作业作重点分析；将本企业的作业与同行先进水平的作业进行比较，以判断某项作业或企业整体作业链是否有效，寻求改善的机会。

2. 成本动因分析

成本动因即构成成本结构的决定性因素。成本动因通常分为资源动因和作业动因两种。资源动因是资源成本分配到作业中心的标准，其反映作业中心对资源的消耗情况；作业动因是将作业中心的成本分配到最终产品或服务的基准，它是连接资源消耗和最终产品的纽带。成本动因分析的目的，就是通过对各类不增值作业根源的探索，力求摆脱无效或低效的成本动因。

3. 业绩计算

在作业分析和成本动因分析的基础上，建立相应的业绩计算体系，以便对作业成本管理的执行效果进行考核和评价。然后通过这种作业成本管理绩效信息反馈，重新进行下一循环的更高层次的作业分析和成本动因分析。

4.4.4 作业成本管理的实施

企业在开展作业成本额管理的过程中，必须结合自身实际情况分步骤地实施。但不同企业的应用也有相当多的共性因素所在，可以归纳为作业成本管理的 8 大实施步骤。

1. 作业调研——了解企业的运作过程、收集作业信息

作业调研的目标是详细了解企业的经营和作业过程，理清企业的成本流动次序和导致成本发生的因素，了解各个部门对成本的责任，便于设计作业以及责任控制体系。

2. 作业认定——掌握作业流程并分解归并

作业往往分散在企业的组织结构中，随着企业规模的不同以及工艺和组织形式的不同而不同。认定作业可采用几种方法，一是绘制企业的生产流程图，将企业的各种经营过程以网络的形式表现出来，每一个流程都分解出几项作业，最后将相关或同类作业归并起来；另一种方法是从企业现有的职能部门出发，通过调查分析，确定各个部门的作业，再加以汇总；最后一种方法是召集全体员工开会，由员工或工作组描述其完成的作业，再进行汇总。最后一种方法有助于提高全体员工的参与意识，加速作业成本管理的实施。而前两种办法可以较快地取得资料，准确性高，且不会对员工造成干扰。

3. 成本归集——汇集和分析相关成本和成本动因

各类资源成本在发生时，已由传统会计进行记录，并反映在应付工资、应付账款、存货等日记账中。在本步骤要找出与各项作业相关的资源成本，可以通过现有的计量指针直接进

行分配，如将材料成本归集到消耗材料的加工作业中。也可以通过分析某一职能或某一员工的工作时间在不同作业上的分配来估计该职能部门的成本或该员工的工资如何分配到不同的作业上，然后，根据作业的类型和资源成本的性质来确定成本动因。

4．建立成本库——按照同质的成本动因将相关的成本入库

一旦选定作业成本动因后，就可按照同质的成本动因将相关的成本归集起来。每个成本库可以归集人工、直接材料、工具的损耗等。有几个成本动因，就建立几个成本库。建立不同的成本库，按多个分配标准分配制造费用是作业成本计算优于传统成本计算之处。

5．设计模型——建立作业成本核算模型

对企业的运作有了充分了解与分析之后，可以设计企业的作业成本核算模型。作业成本核算模型需要确定企业资源、作业和成本对象，包括它们的分类，与各个组织层次的关系，各个计算对象的责任主体，资源作业分配的成本动因，资源到作业的分配关系，作业到产品的分配关系等。

6．应用软件——选择/开发作业成本实施工具系统

作业成本管理需要比传统会计更丰富的信息，这些信息建立在大量计算的基础上，因此作业成本的实施离不开应用软件工具的支持。软件工具有助于完成复杂的核算任务，有助于对信息进行分析。作业成本软件系统提供了作业成本核算体系构造工具，可以帮助建立和管理作业成本核算体系，并完成作业成本核算。

7．运行分析——作业成本运行和结果分析

此步骤建立在作业成本核算体系的基础上，输入具体的资料，运行作业成本法，并对作业成本的计算结果进行分析与解释，以便找出成本偏高、成本构成变化等的原因。

8．持续改进——开展相关改进工作以实现增值作业

此步骤即对作业成本实施过程中发现的问题采取相应的措施，实现持续的效果改进，如考核组织和员工、重塑企业生产经营流程、消除不增值作业、提高增值作业运行效率等。

在实施生产作业成本管理的过程中，在这 8 个步骤的基础上注重创新和灵活应用，是实现作业管理成本的关键。

复习思考题

一、单项选择题

1．作业成本法的主要特点不包括（　　）。

A．作业计算分为两个阶段

B．成本分配强调因果关系

C．成本分配使用众多不同层面的成本动因
D．成本分配使用相同的成本动因

2．能够为企业整体服务，与企业整体管理水平有关的作业是指（　　）。
A．单位层作业　　B．批量层作业
C．公司层作业　　D．产品层作业

3．在作业成本法下，引起作业成本变动的因素称为（　　）。
A．资源动因　　B．作业动因
C．数量动因　　D．产品动因

4．企业生产经营过程中各项独立并相互联系的活动是指（　　）。
A．作业链　　B．价值链
C．作业　　D．作业管理

5．要想降低批量层作业成本，只能设法减少（　　）。
A．作业的批数　　B．变动成本
C．单位成本　　D．总成本

6．某项作业本期实际发生成本 130 000 元，按照预算作业成本分配率分配成本 135 000 元，则调整率为（　　）。
A．−3.85%　　B．−3.70%
C．3.70%　　D．3.85%

7．作业成本法下需要使用一些会计科目，下列说法不正确的是（　　）。
A．“生产成本”科目可以不再分为“基本生产成本”和“辅助生产成本”两个二级科目
B．除了按生产步骤计算成本的企业之外，“作业成本”科目可以不按生产部门（分厂或车间）设置二级科目，而是按作业成本库的名称设置二级科目
C．以产品的品种或批别作为成本计算对象的企业，在“生产成本”科目下直接设置成本计算单
D．分步计算产品成本的企业，直接在“生产成本”科目下设置成本计算单

8．下列各项中，能够反映作业量与资源耗费之间因果关系的是（　　）。
A．资源动因　　B．作业动因
C．产品动因　　D．成本动因

9．单位层作业的作业成本的高低与产品产量（　　）。
A．成反比例变动　　B．成正比例变动
C．之间没有关系　　D．时而成正比例变动，时而无关

10．下列说法不正确的是（　　）。
A．直接人工成本属于产量级作业的成本
B．对每批产品的机器准备属于批次级作业
C．对一种产品编制材料清单属于产品水平作业
D．生产维持作业的目的是服务于各项产品的生产与销售

二、多项选择题

1．资源是成本的源泉，一个企业的资源包括（　　）。

A．直接人工　　B．直接材料

C．生产维持成本　　D．生产过程以外的成本

2．作业按其等级不同可以分为（　　）。

A．单位层作业　　B．批量层作业

C．产品层作业　　D．公司层作业

3．作业成本法的说法不正确的有（　　）。

A．资源动因是引起产品成本变动的因素，作业动因是引起作业成本变动的因素

B．作业成本法的基本指导思想是："作业消耗资源、产品消耗作业"

C．作业成本法的成本分配使用直接追溯和动因追溯，不使用分摊

D．成本追溯使用众多不同层面的作业动因

4．下列各项中属于作业成本计算与传统成本计算明显区别的有（　　）。

A．以作业中心来归集资源费用　　B．采用多元化的制造费用分配标准

C．计算作业消耗　　D．不计算产品成本

5．作业成本法的主要特点（相对于传统成本计算方法而言）包括（　　）。

A．成本计算分为两个阶段

B．成本分配强调可追溯性

C．成本追溯使用众多不同层面的作业动因

D．建立作业"同质组"和"同质成本库"

6．下列各项中可以作为作业成本计算理论依据的是（　　）。

A．作业消耗资源　　B．产品消耗作业

C．直接人工成本的增加　　D．间接费用的降低

7．下列说法不正确的有（　　）。

A．产品的成本实际上就是企业全部作业所消耗资源的总和

B．在作业成本法下，所有的成本都需要先分配到有关作业，计算作业成本，然后再将作业成本分配到有关产品

C．一项作业指的是一项非常具体的活动

D．在作业成本法下，直接成本可以直接计入有关产品，与传统的成本计算方法并无差异

8．下列说法中，不正确的有（　　）。

A．建立同质组和相应的成本库之后，即可把同质组内的各项作业视同为一项作业，使用同一个作业动因，将成本库内的全部成本分配给有关产品

B．纳入同一个同质组的作业，必须同时具备两个条件：一是必须属于同一类作业；二是对于不同产品来说，有着相同的消耗比率

C．一个成本库中至少包括两项作业

D．建立作业同质组就是在作业按照产出方式分类的基础上，进一步按资源动因分类，将具有相同资源动因的作业，按一定要求合并到一起

9．下列关于作业动因的说法，不正确的有（ ）。

A．业务动因精确度最高　　B．强度动因精确度最低

C．业务动因执行成本最低　　D．强度动因执行成本最昂贵

10．从作业管理的角度来看，降低成本的途径主要是改善作业，提高增值作业的效率和消除无增值作业。具体包括作业消除、作业选择、作业减少和作业分享。下列有关说法正确的有（ ）。

A．作业消除是指消除非增值作业和低效率的增值作业

B．作业选择是指从多个不同的作业（链）中选择其中最佳的作业（链）

C．作业减少指的是改善必要作业的效率或改善在短期内无法消除的无附加值作业

D．作业分享指的是提高作业的投入产出比

三、判断题

1．作业成本法能完全消除主观分配因素。（ ）

2．作业中心是指将各种资源耗费项目按同一作业动因归集起来的成本类别。（ ）

3．传统成本计算所采用的是单一数量分配基准，作业成本计算采用多种成本动因作为分配基准。（ ）

4．资源动因是指资源被各种作业消耗的方式和原因，是作业中心的成本分配到产品中的标准。（ ）

5．产品质量检查属于增值作业。（ ）

6．资源动因能够反映产品产量与作业成本之间的因果关系。（ ）

7．在作业成本法下，产品成本是指完全成本，包括与生产产品相关的、合理的、有效的费用，并按照作业类别设置成本项目。（ ）

8．作业链通常就是价值链。（ ）

9．作业成本计算法是资源—作业—产品，传统成本计算法是资源—成本—产品。（ ）

10．本期发生的生产调度成本，其成本动因是生产批次。（ ）

四、计算分析题

1．某制造厂生产甲、乙两种产品，有关资料如下：

（1）甲、乙两种产品 2012 年 1 月份有关成本资料如表 4-5 所示。

表 4-5　成 本 资 料　　单位：元

产 品 名 称	甲	乙
产量（件）	100	200
直接材料单位产品成本	50	80
直接人工单位产品成本	40	30

（2）月初甲产品在产品制造费用（作业成本）为 3 600 元，乙产品在产品制造费用（作业成本）为 4 600 元；月末在产品数量，甲为 40 件，乙为 60 件，总体完工率均为 50%；按照约当产量法在完工产品和在产品之间分配制造费用（作业成本），本月发生制造费用（作业成本）总额为 50 000 元，相关作业有 4 个，有关资料如表 4-6 所示。

表 4-6　作业相关资料

成本动因	检验次数	生产订单份数	机器小时数	调整准备次数
作业成本（元）	4 000	4 000	40 000	2 000
甲耗用作业量	5	30	200	6
乙耗用作业量	15	10	800	4

（1）用作业成本法计算甲、乙两种产品的单位成本；

（2）以机器小时作为制造费用的分配标准，采用传统成本计算法计算甲、乙两种产品的单位成本。

（3）假设决策者计划让单位售价高于单位成本 10 元，根据第（2）问的结果确定甲和乙的销售单价，试分析可能造成的损失。

2．某企业生产甲、乙两种产品，其中甲产品 900 件，乙产品 300 件，其作业情况数据如表 4-7 所示。

表 4-7　作业情况数据表　　单位：元

作业中心	资源耗用（元）	动因	动因量（甲产品）	动因量（乙产品）	合计
材料处理	18 000	移动次数	400	200	600
材料采购	25 000	订单件数	350	150	500
使用机器	35 000	机器小时	1 200	800	2 000
设备维修	22 000	维修小时	700	400	1 100
质量控制	20 000	质检次数	250	150	400
产品运输	16 000	运输次数	50	30	80
合计	136 000				

请按作业成本法计算甲、乙两种产品的成本，并填制表 4-8。

表 4-8　成本计算单　　单位：元

作业中心	成本库（元）	动因量	动因率	甲产品	乙产品
材料处理	18 000	600			
材料采购	25 000	500			
使用机器	35 000	2 000			
设备维修	22 000	1 100			
质量控制	20 000	400			
产品运输	16 000	80			
合计总成本	136 000				
单位成本					

3．假设某产品的生产过程由甲、乙、丙 3 项作业组成。经分析，甲、乙作业为增值作业，丙作业为非增值作业。（1）甲作业每年增值标准 800 小时，标准单位变动成本 70 元，标准单位固定成本为 100 元，实际产出 600 小时。计算该项作业的增值成本和非增值成本。（2）乙作业每年增值标准为 1 200 小时，标准单位变动成本为 35 元，实际产出 900 小时，非增值

成本为 9 000 元。计算该项作业的增值成本。（3）丙作业（假设该作业为不合格品返工作业）实际产出 120 小时，固定成本总额为 4 000 元，单位产出变动成本为 30 元。计算该项作业的增值成本和非增值成本。

4．资料：某钟表制造公司采用作业基础成本法计算分配间接费用，2013 年 5 月份，该企业有关资料如下表 4-9 所示。

表 4-9 2013 年 5 月份相关资料

作 业	成本动因	成本（元）	作业水平	
			时钟	手表
生产准备	准备次数	70 000	30	20
材料管理	零件数	20 000	15	25
包装与运输	运输数量	45 000	5 000	7 000
间接费用合计		135 000		

求：

（1）用作业基础成本法计算分配每种产品的间接费用总额，完成表 4-10。

表 4-10 作业成本法计算表

作业中心	资源分配	成本动因	动因量			动因率	成本分配	
			时钟	手表	合计		时钟	手表
生产准备		准备次数						
材料管理		零件数						
包装与运输		运输数量						
合计		—	—	—	—	—		

（2）以人工工时作为分配基础，计算分配各产品的间接费用总额，完成表 4-11。假定装配每只时钟的小时数是 0.5 小时，装配每只手表的小时数是 1 小时。时钟的生产量为 5 000 只，手表为 7 000 只。

表 4-11 以人工工时为基础的计算表

产品名称	产 量	单位产量所用工时	总工时	总费用	分配率	成本分配
时钟				—	—	
手表				—	—	
合计	—	—				

五、简答题

1．什么是作业成本法？

2．作业成本法与传统成本计算方法的基本差别是什么？

3．简要说明作业成本法计算的基本原理和核算程序。

4．什么是作业成本管理？作业成本管理的基本思想是什么？

5．作业成本管理的基本功能有哪些？

六、实训题

V公司是一家专业化很强的电子公司，现在公司的Ⅰ号产品面临着来自其他公司的强烈竞争。公司的竞争对手一直在压低Ⅰ号产品的价格。而该公司的Ⅰ号产品比其他所有竞争对手的产量都高，并且是公司生产效率最高的产品。公司的总经理一直在思考：为什么其他公司的这种产品的价格远远比自己的价格低？不过，让公司总经理高兴的是：公司新开发的Ⅲ号产品虽然工艺复杂，产量远不及公司生产的Ⅰ号和Ⅱ号产品，但由于专业化程度非常高，其他竞争对手不想涉足这种产品生产，所以公司几次提高Ⅲ号产品的售价，客户仍是源源不断。

公司的定价策略将目标价格设定为产品制造成本的110%，产品制造成本所包含的间接费用即制造费用，依据直接人工工时分配。由于公司的Ⅰ号产品的竞争对手一直在压低Ⅰ号产品的价格，结果公司Ⅰ号产品的销售价格已降到了75美元以下。

在2012年公司年终总结会上，公司总经理问道："Borb，为什么我们的产品竞争不过其他公司的产品？他们的Ⅰ号产品仅售69美元，比我们的Ⅰ号产品的成本还要少1美元，这是怎么回事？"

"我认为是我们过去的产品成本计算方法造成的，" Borb 说，"也许你还记得，我刚来公司时，采用一种作业成本计算法做了一项先期研究。结果发现，公司采用的传统制造成本计算法高估了高产量、工艺简单的Ⅰ号产品成本，并且大大地低估了Ⅲ号产品的成本。对此我曾提出过警告，但公司仍保持原有的方法。"

"好的，" 总经理说，"你下午给我提供作业成本计算法的有关数据。"

Borb回到办公室后，整理了公司2012年末会计系统提供的有关数据，并列出了公司2012年末产品成本和年度销售数据，如表4-12所示。

表4-12　V公司产品成本和年度销售数据

	Ⅰ号产品	Ⅱ号产品	Ⅲ号产品
年销售量（件）	100 000	50 000	10 000
单位产品成本（美元）：	70	61	160
其中：直接材料	10	25	40
直接人工	10	6	20
制造费用	50	30	100
直接人工工时（小时）	50 000	15 000	10 000
制造费用明细（美元）：			
机器维修	1 500 000		
机器折旧	3 000 000		
产品检测	1 500 000		
机器准备	500 000		
材料处理	500 000		
产品包装	500 000		
制造费用总计	7 500 000		

制造费用分配率=7 500 000/(50 000+15 000+10 000)=100（美元/小时）

Borb 也列出了作业成本计算法下，间接费用分配的有关数据，如表 4-13 所示。

表 4-13　V 公司间接费用分配相关数据

作业成本库	成本动因	三种产品作业成本分摊比例		
		Ⅰ号产品（%）	Ⅱ号产品（%）	Ⅲ号产品（%）
机器维修	机器小时	50	30	20
机器折旧	机器小时	40	20	40
产品检测	检测次数	50	20	30
机器准备	准备次数	45	30	25
材料处理	材料订单数量	45	35	20
产品包装	包装小时	50	30	20

要求：

（1）计算 Borb 采用作业成本计算法确定的三种产品成本；

（2）计算作业成本计算法下三种产品的目标销售价格；

（3）给总经理写一份备忘录，解释传统的制造成本计算法与作业成本计算法的不同，并说明传统制造成本计算可能造成的后果；

（4）公司应做何种战略选择？为什么？

第 5 章

本量利分析

本章导语

本量利分析是对成本、产销量、利润之间相互关系进行分析的一种定量分析方法，是在人们认识到成本可以按性态划分的基础上发展起来的。其基本原理和分析方法在企业的预测、决策、计划和控制等方面具有广泛的用途，也是管理会计中的一项基本内容。早在 1904 年，美国就已经出现了有关最原始的本量利关系图的文字记载，1922 年，美国哥伦比亚大学的一位会计学教授提出了完整的保本分析理论。20 世纪 50 年代以后，本量利分析技术在西方会计实践中得到广泛应用，其理论日臻完善，成为现代管理会计的重要组成部分。本章主要介绍本量利分析的基本概念、基本公式及技术方法。

学习目标

1. 理解本量利分析的基本假设。
2. 掌握本量利分析的基本公式和基本概念。
3. 掌握本量利分析的四种技术方法。

5.1 本量利分析概述

5.1.1 本量利分析的定义及基本假设

1. 本量利分析的定义

本量利分析（CVP 分析），全称为“成本—业务量—利润依存关系分析”，是指在成本性态分析的基础上，运用数学模型或图形揭示企业在一定时期内的成本、业务量和利润之间相互关系的一种专门的技术方法。

本量利分析的目的是通过分析短期内产品销售量、成本对利润的影响，为管理人员提供预测、决策信息。

2. 本量利分析的基本假设

（1）成本性态分析假设。假定所有成本均按其性态划分为固定成本和变动成本两类，相关成本性态模型已经形成。

（2）相关范围及线性假设。假定一定时期和一定业务量范围内，成本水平始终保持不变，即在相关范围内，固定成本总额和单位变动成本均保持不变，并使总成本性态模型表现为线性方程式 $y=a+bx$；同时，在相关范围内，单价保持不变，使得销售收入函数也是一个直线方程式 $y=px$。此外，总成本函数和收入函数均以统一产销业务量为自变量。该假设排除了在时间和业务量变动的情况下，各生产要素价格、技术条件、工作效率和生产率以及市场条件变化的可能性。

（3）产销平衡和品种结构不变假设。假设企业只安排一种产品的生产，生产出来的产品均能通过市场实现销售。若多于一种产品，也假定在以价值形式表现的产销量变动的情况下，各种产品的销售额在全部产品销售中所占的比重不变，即不改变原有的品种结构。

（4）目标利润假设。假定利润是事先可以预计或是可能实现的目标利润。

上述假设的建立，有利于清楚地揭示本量利之间的规律性联系，有助于初学者深刻理解本量利分析的基本原理。但需要注意的是，由于这些假设在实际经济生活中不一定能够成立，因此给本量利分析带来一定的局限性。其只适用于短期的计划和预测，分析结果也不是十分精确，只能作为决策的参考依据，不能完全代替管理者的判断和经验。

5.1.2 本量利分析的基本公式和基本概念

1. 本量利分析的基本公式

成本性态分析实际上是明确了成本与业务量（C—V）之间的数量关系，若以此为基础进一步扩展和延伸，将利润（P）因素引入，则可确立成本、业务量、利润（C—P—V）三者之间的数量依存关系，这种数量关系用数学方程式来描述，就是本量利分析的基本公式，即

$$px-(a+bx)=P$$

上述公式中，p 为销售单价，x 为销售量，a 为固定成本总额，b 为单位变动成本，P 为利润。需要说明的是，本量利分析中的利润指的是未扣除利息和所得税之前的利润，即“息税前利润”。

本量利分析的基本公式含 5 个相互联系的变量，给出其中 4 个，便可求出剩余一个变量的值，于是可引出另外四个基本公式的变换形式。

（1）计算销售单价的变换公式：

$$p=\frac{a+bx+P}{x}$$

（2）计算单位变动成本固定的变换公式：

$$b=\frac{px-a-P}{x}$$

（3）计算固定成本总额的变换公式：

$$a=px-bx-P$$

（4）计算销售量的变换公式：

$$x=\frac{a+P}{p-b}$$

2．本量利分析中的基本概念

1）贡献毛益

贡献毛益又称边际贡献，是产品销售收入与相应变动成本之间的差额。通常有以下两种表现形式。

（1）单位贡献毛益。是指每种产品的销售单价与该产品的单位变动成本之间的差额，记作 Ucm。计算公式为：

$$\text{Ucm}=p-b$$

单位贡献毛益的性质是反映各种产品的盈利能力，即每增加 1 个单位产品销售可提供的毛益。

（2）贡献毛益总额。是指全部产品的销售收入与全部产品的变动成本总额之间的差额，记作 Tcm。计算公式为：

$$\text{Tcm}=px-bx \quad 或 \quad \text{Tcm}=(p-b)x \quad 或 \quad \text{Tcm}=\text{Ucm}\cdot x$$

贡献毛益总额的性质是反映它能为企业的营业利润做出多大贡献。

引入贡献毛益指标后，可将本量利的基本公式扩展成：

$$P=\text{Tcm}-a \quad 或 \quad P=\text{Ucm}\cdot x-a$$

可以看出，贡献毛益只是销售收入扣除变动成本后的余额，它首先需要补偿固定成本，只有补偿后仍有余额，才能成为企业的税前利润，如果贡献毛益不足以补偿发生的固定成本，企业就会出现亏损。虽然每种产品的贡献毛益并不是企业的最终利润，但它的高低可以反映每种产品为企业创造利润的能力的大小。

2）贡献毛益率和变动成本率

（1）贡献毛益率。是指以单位贡献毛益除以销售单价的百分比，或以贡献毛益总额除以销售收入总额的百分比。两者计算结果相同，反映每百元销售额中能提供的毛益金额，记作 cmR。计算公式为：

$$\text{cmR}=\text{Ucm}/p\times100\% \quad 或 \quad \text{cmR}=\text{Tcm}/px\times100\%$$

（2）变动成本率。是指以单位变动成本除以销售单价的百分比，或以变动成本总额除以销售收入总额的百分比。两者计算结果相同，反映每百元销售额中变动成本所占的金额，记作 bR。计算公式为：

$$\text{bR}=b/p\times100\% \quad 或 \quad \text{bR}=bx/px\times100\%$$

（3）贡献毛益率和变动成本率的关系为：

$$\text{cmR}+\text{bR}=1$$

5.2　本量利分析技术方法

5.2.1　盈亏平衡分析

盈亏平衡分析是通过确定盈亏临界点，进而评价企业经营安全程度的本量利分析技术。

1. 盈亏临界点的定义

盈亏临界点（Break-Even Point，BEP），又称保本点，是指企业处于贡献毛益等于固定成本，即利润为零的平衡状态的业务量。有盈亏临界销售量（BE_u）和盈亏临界销售额（BE_d）两种表现形式。

盈亏临界点在管理会计中是十分重要的概念，是盈亏平衡分析的关键。在该业务量水平下，企业的收入正好等于全部成本。超过该业务量水平即盈利；低于该业务量水平即亏损。

2. 单一品种盈亏临界点的确定

假设企业只生产、销售一种产品，则盈亏临界点的确定有以下两种方法。

1）公式法

可利用本量利分析的基本公式和扩展公式计算盈亏临界点。

（1）根据基本公式计算盈亏临界点。

根据盈亏临界点的定义，得出：

$$\left.\begin{array}{l} px-(a+bx)=P \\ P=0 \end{array}\right\} \Rightarrow \left\{\begin{array}{l} \mathrm{BE_u}=\dfrac{a}{p-b} \\ \mathrm{BE_d}=p\cdot \mathrm{BE_u} \end{array}\right.$$

【例 5-1】某工厂生产一种产品，该产品单价为 5 元，单位变动成本为 3 元，全厂固定成本总额为 5 000 元，将有关数据代入上述求盈亏临界点的公式：

$$\mathrm{BE_u}=\frac{a}{p-b}=\frac{5\,000}{5-3}=2\,500（件）$$

$$\mathrm{BE_d}=p\cdot \mathrm{BE_u}=5\times 2\,500=12\,500（元）$$

（2）根据扩展公式计算盈亏临界点。

根据盈亏临界点的定义，得出：

$$\left.\begin{array}{l} \mathrm{Ucm}\cdot x-a=P \\ P=0 \end{array}\right\} \Rightarrow \left\{\begin{array}{l} \mathrm{BE_u}=\dfrac{a}{\mathrm{Ucm}} \\ \mathrm{BE_d}=p\cdot \mathrm{BE_u}=p\cdot\dfrac{a}{\mathrm{Ucm}}=\dfrac{a}{\dfrac{\mathrm{Ucm}}{p}}=\dfrac{a}{\mathrm{cmR}} \end{array}\right.$$

【例 5-2】某工厂生产一种产品，全厂固定成本总额为 3 000 元，单位贡献毛益为 3 元，贡献毛益率为 30%，则计算盈亏临界点为：

$$BE_u = \frac{a}{cm} = \frac{3\,000}{3} = 1\,000（件）$$

$$BE_d = \frac{a}{cmR} = \frac{3\,000}{30\%} = 10\,000（元）$$

2）图解法

图解法是以作图的方式来反映成本、收入和销售量之间关系的，主要有基本式、贡献毛益式、量利式三种。该种方法将影响企业盈利的有关因素及其相互关系，集中在一张图上体现，可一目了然地看到有关因素的变动对利润的影响。

（1）基本式图解法。基本式图解法确定盈亏临界点的方法如下：

① x 轴表示销售量，y 轴表示销售收入及成本；

② 绘制固定成本线、销售收入线、总成本线；

③ 销售收入线和总成本线的交点即为盈亏临界点。

现以【例 5-1】所给出的资料，用 Excel 软件给散点图添加趋势线的方法，绘制基本式盈亏临界点图，如图 5-1 所示。

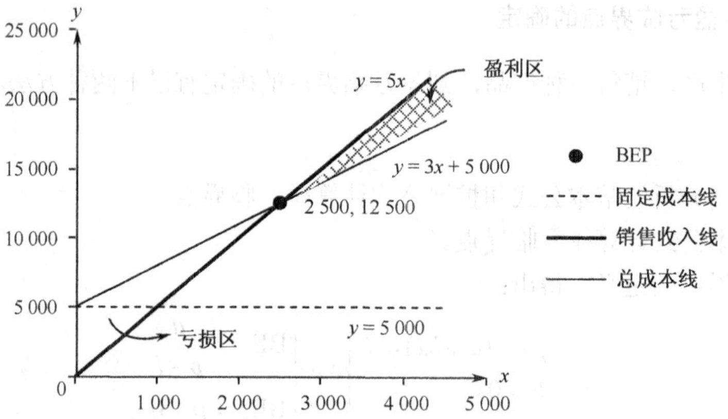

图 5-1　传统式盈亏临界点图

由图 5-1 可知，盈亏临界点的销售量为 2 500 件，销售额为 12 500 件。此外，图 5-1 形象地反映了销售量、成本、利润之间的相互关系，从中可以得出以下几条基本规律：

① 盈亏临界点不变，销售量越大，能实现的利润越多，或亏损越少；销售量越小，能实现的利润越少，或亏损越多。

② 销售量不变，盈亏临界点越低，盈利区越大或亏损区越小，能实现的利润就越多，或亏损越少；反之，盈亏临界点越高，能实现的利润就越少，或亏损越多。

③ 在销售总成本既定的条件下，盈亏临界点受单位售价变动的影响而变动，产品单价越高，表现为销售总收入线的斜率越大，盈亏临界点就越低，盈利区越大或亏损区越小；反之，盈亏临界点就越高，盈利区越小或亏损区越大。

④ 在销售收入既定的条件下，盈亏临界点的高低取决于固定成本和单位变动成本的多少。固定成本越多，或单位产品的变动成本越多，盈亏临界点就越高，盈利区越小或亏损区越大；反之，盈亏临界点就越低，盈利区越大或亏损区越小。其中，单位产品变动成本的变动对于盈亏临界点的影响，是通过变动成本线的斜率的变动而表现出来的。

明确以上基本规律，对于企业根据主、客观条件有预见地采取相应的措施，实现扭亏为盈，将有较大的帮助。

（2）贡献毛益式图解法。贡献毛益式图解法确定盈亏临界点的方法如下：

① x 轴表示销售量，y 轴表示销售收入及成本；

② 绘制变动成本线、总成本线、销售收入线；

③ 销售收入线和总成本线的交点即为盈亏临界点。

现以【例 5-2】所给出的资料，用 Excel 软件给散点图添加趋势线的方法，绘制贡献毛益式盈亏临界图如图 5-2 所示。

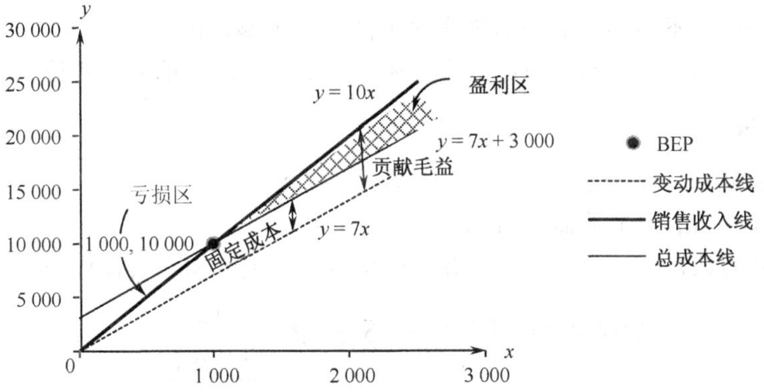

图 5-2　贡献毛益式盈亏临界点图

在图 5-2 中，销售收入线与总成本线的交点（1 000, 10 000）即为盈亏临界点。变动成本线与 x 轴的距离为变动成本总额，与收入线之间的距离为贡献毛益总额，与总成本线之间的距离为固定成本。该图形象、直观地反映了贡献毛益、固定成本及利润之间的关系：企业的贡献毛益总额必须先补偿固定成本，若有余额，才能形成企业利润；若贡献毛益总额不足以弥补固定成本，则会形成亏损；当贡献毛益总额恰好等于固定成本时，企业盈亏平衡。

（3）量利式图解法。量利式图解法确定盈亏临界点的方法如下：

① x 轴表示销售量，y 轴表示利润或亏损；

② 绘制利润线；

③ 利润线与横轴的交点即为盈亏临界点。

现以【例 5-1】所给出的资料，用 Excel 软件给散点图添加趋势线的方法，绘制量利式盈亏临界点图，如图 5-3 所示。

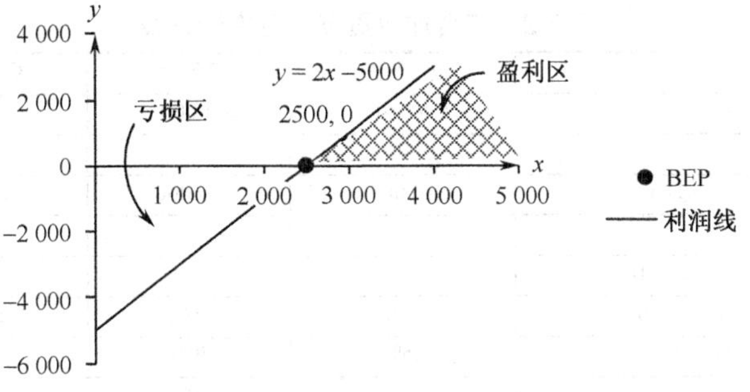

图 5-3　量利式盈亏临界点图

在图 5-3 中，利润线与横的交点（2 500,0）即为盈亏临界点。此外，可以观察到以下规律性关系：

① 当销售量为 0 时，企业的亏损额等于固定成本；

② 当产品的销售价格及成本水平不变时，销售数量越大，利润就越多，或亏损越小；反之，销售数量越小，利润也越小，或亏损越多。

3. 多品种盈亏临界点的确定

上面介绍了单一品种盈亏临界点的确定，但在现实经济生活中，大部分企业生产和销售的产品品种并不单一，因此必须了解和掌握多品种盈亏临界点的确定方法。由于各种产品的计量单位可能不一样，不同品种的产品销售量无法直接加减，因此只能确定其盈亏临界点的销售额。多品种盈亏临界点的实用确定方法有加权平均法、联合单位法两种。

1）加权平均法

加权平均法确定多品种盈亏临界点的步骤为：

（1）计算每种产品的贡献毛益率 cmR；

（2）以各产品的销售比重为权数，计算加权综合贡献毛益率，其计算公式为

$$\text{加权综合贡献毛益率}=\sum_{i=1}^{n}\text{cmR}_i\cdot\frac{p_i x_i}{\sum_i^n p_i x_i}$$

（3）根据加权综合毛益贡献率计算综合盈亏临界点销售额，其计算公式为

综合盈亏临界点销售额=固定成本总额/加权综合贡献毛益率

（4）分别计算各种产品的盈亏临界点销售额，其计算公式为

各种产品盈亏临界点销售额=综合盈亏临界点销售额×各种的销售比重

【例 5-3】某企业生产和销售 A、B、C 三种产品，固定成本总额为 7 500 元，其他资料见表 5-1，用加权平均法确定 A、B、C 三种产品的盈亏临界点销售额。

表 5-1　产 品 资 料

	A 产品	B 产品	C 产品	合　计
销量（件）	5 000	4 000	1 000	10 000
单价（元）	2	5	10	—
单位变动成本（元）	1	3	8	—

为计算综合加权贡献毛益率，根据表 5-1，编制表 5-2。

表 5-2　综合加权贡献毛益率计算表

		A 产品	B 产品	C 产品	合　计
销量	①	5 000	4 000	1 000	10 000
单价	②	2	5	10	—
销售收入	③=①×②	10 000	20 000	10 000	40 000⑧
单位变动成本	④	1	3	8	—
单位贡献毛益	⑤=②-④	1	2	2	—
贡献毛益率	⑥=⑤/②	50%	40%	20%	—
占销售额比重	⑦=③/⑧	25%	50%	25%	100%
加权综合贡献毛益率	⑨=⑥×⑦	12.5%	20%	5%	37.5%

则：

综合盈亏临界点销售额=75 00/37.5%=20 000（元）

A 产品盈亏临界点销售额=20 000×25%=5 000（元）

B 产品盈亏临界点销售额=20 000×50%=10 000（元）

C 产品盈亏临界点销售额=20 000×25%=5 000（元）

2）联合单位法

如果企业生产的多种产品的实物产销量之间存在着比较稳定的数量比例关系，就可以采用联合单位法确定临界点的销售额。具体步骤如下：

（1）确定多种产品间实物产销量的比例关系；

（2）计算联合单价，公式为：

$$联合单价=\sum 每种产品单价\times 相应比例值$$

（3）计算联合单位变动成本，公式为：

$$联合单位变动成本=\sum 每种产品单位变动成本\times 相应比例值$$

（4）计算联合临界点销售量，公式为：

$$联合临界点销售量=\frac{固定成本}{联合单价-联合单位变动成本}$$

（5）计算综合临界点销售额，公式为：

综合临界点销售额=联合临界点销量×联合单价

【例 5-4】以【例 5-3】的资料，采用联合单位法计算综合临界点销售额。

A、B、C 三种产品的销量比为 5:4:1

联合单价=2×5+5×4+10×1=40（元）

联合变动成本=1×5+3×4+8×1=25（元）

联合临界点销售量=7500/（40–25）=500（联合单位）

联合临界点销售额=500×40=20 000（元）

4．企业经营安全程度的评价

企业经营需要一定的盈利空间，否则一旦遇到突发事件则根本无力应付。而对经营安全程度进行评价有利于企业了解自身是否具有安全经营的空间。评价企业经营安全程度的主要指标有安全边际、安全边际率和盈亏临界点作业率。

1）安全边际

安全边际是指实际或预计销售量（或销售额）超过盈亏临界点销售量（销售额）的差额，表明销售量（额）下降多少，企业仍不至于亏损。有安全边际量（MS_u）和安全边际额（MS_d）两种表现形式。设实际或预计的销售量、销售额为 S_u、S_d，则安全边际的计算公式如下：

$$MS_u = S_u - BE_u$$

$$MS_d = S_d - BE_d$$

显而易见，安全边际越大，表示企业经营的安全程度越高，亏损的可能性越小；反之，安全边际越小，表明企业经营的安全程度越低，亏损的可能性越大。

2）安全边际率

安全边际率是安全边际量（额）与实际（预计）销售量（额）的比率，用来评价不同企业的经营安全程度，安全边际率越大，企业的经营越安全，记作 MSR。其计算公式为

$$MSR = MS_u/S_u \quad 或 \quad MSR = MS_d/S_d$$

表 5-3 是采用安全边际率评价经营安全程度的经验标准。

表 5-3　安全边际率经验标准

安全边际率范围	30%以上	25%～30%	15%～25%	10%～15%	10%以下
经营安全程度	安全	较安全	不太安全	值得警惕	危险

3）盈亏临界点作业率

盈亏临界点作业率又称达到保本点的开工率，是指盈亏临界点销售量与实际（预计）销售量的比率，反映某产品的作业（开工）率要达到什么程度才能保本。其计算公式为：

$$盈亏临界点作业率=盈亏临界点销售量/实际或预计的销售量\times100\%$$

【例 5-5】以**【例 5-3】**的资料，计算 A、B、C 产品组合的安全边际、安全边际率及 A 产品的盈亏临界点作业率，并评价企业的经营安全程度。

$$综合盈亏临界点销售额=75\ 00/37.5\%=20\ 000（元）$$

$$MS_d = S_d - BE_d = 40\ 000-20\ 000=20\ 000（元）$$

$$MSR= MS_d/S_d = 20\ 000/40\ 000\times100\%=50\%$$

A 产品盈亏临界点销售量=A 产品的盈亏临界点销售额/A 产品单价=5 000/2=2 500（件）

A 产品盈亏临界点作业率=2 500/5 000×100%=50%

由于 MS_d =20 000 元＞0，MSR =50%＞30%，所以企业经营安全。

A 产品的盈亏临界点作业率为 50%，说明 A 产品的开工率要达到 50%才能保本；若开工超过 50%以上即能实现利润；相反，开工率不到 50%就会发生亏损。本例中 A 产品实际开工率为 100%，因此可以实现既定利润。

4）企业经营安全程度评价相关指标之间的关系

由安全边际的计算公式和本量利基本公式，可推以下关系：

（1）利润与安全边际的关系。

$$P=MS_u\times cm \qquad ①$$

或

$$P= MS_d\times cmR \qquad ②$$

（2）销售利润率与安全边际率的关系。

上述①式两边同时除以销售收入，得：

$$销售利润率=MSR\times cmR$$

（3）安全边际率与盈亏临界点作业率的关系：

$$安全边际率+盈亏临界点作业率=1$$

5.2.2　实现目标利润分析

盈亏平衡（保本）是企业的最基本目标，是安全经营的前提，但企业的经营目标不在于保本，而是尽可能地盈利。而实现目标利润分析技术，可以确定实现企业目标利润应该达到的目标销售量（额），从而以销定产，指导企业的经营。

1．实现目标利润点及目标利润的定义

（1）实现目标利润点的定义。实现目标利润点又称保利点，是指在单价和成本水平确定的情况下，为实现一定的目标利润而应达到的业务量水平。有实现目标利润销售量和实现目标利润销售额两种形式。

（2）目标利润的定义。目标利润是企业在未来一定时期内，在利润方面应达到的目标，是企业管理部门根据本单位在计划期间的实际生产能力、技术条件、材料物资供应情况，以及市场预测等因素而提出的经营成果目标。

2．实现目标利润点的计算

1）单品种实现目标利润点的计算

（1）实现税前目标利润点的计算。

设税前目标利润为 TP，根据实现目标利润点和目标利润的定义可知：

$$TP=(p-b)\times\text{实现目标利润销售量}-a=cm\times\text{实现目标利润销售量}-a$$

因此可推测出：

$$\text{实现目标利润销售量}=\frac{TP+a}{p-b}$$

$$\text{实现目标利润销售额}=\text{实现目标利润销售量}\times\text{单价}=p\times\frac{TP+a}{p-b}=p\times\frac{TP+a}{cm}=\frac{TP+a}{cm/p}$$

$$=\frac{TP+a}{\text{cmR}}$$

【例 5-6】某工厂生产一种产品，该产品单价为 6 元/件，单位变动成本为 3 元，全厂固定成本总额为 3 000 元，预计目标税前利润 3 000 元，计算实现目标利润点。

实现目标利润销售量=(3 000+3 000)/(6−3)=2 000（件）

实现目标利润销售额=2 000×6=12 000（元）

计算表明，企业为实现 3 000 元的目标利润，应达到 2 000 件的销量，或 12 000 元的销售额。

（2）实现税后目标利润点的计算。

上述实现目标利润点的计算没有考虑所得税的影响，企业在一定时期实现的税后利润才归企业。因此，确保税后目标利润实现的分析更有意义。

设税后利润为 TP'，所得税税率为 T，则可得到税前利润与税后利润的关系式为

$$TP'=TP\times(1-T)$$

因此，可推出：

$$实现目标利润销售量=\frac{\frac{TP'}{1-T}+a}{p-b} \quad 或 \quad 实现目标利润销售量=\frac{\frac{TP'}{1-T}+a}{cm}$$

$$实现目标利润销售额=实现目标利润销售量\times 单价=\frac{\frac{TP'}{1-T}+a}{cmR}$$

【例 5-7】已知所得税税率为 25%，预计税后目标利润 3 000 元，根据【例 5-6】的资料计算实现目标利润点。

实现目标利润销售量=[3 000+3 000/（1−25%）]/（6−3）=2 334（件）

实现目标利润销售额=2 334×6=14 004（元）

2）多品种实现目标利润点的计算

多品种实现目标利润点只需计算达到目标利润的销售额，其计算公式为：

综合实现目标利润销售额=（固定成本+税前目标利润）/加权综合贡献毛益率

或

综合实现目标利润销售额=[固定成本+税后目标利润/（1−所得税税率）]/加权综合贡献毛益率

【例 5-8】已知所得税税率为 25%，预计税后目标利润 15 000 元，根据【例 5-3】的资料计算综合实现目标利润销售额。

综合实现目标利润销售额=[7 500+15 000/（1−25%）]/50%=55 000（元）

计算表明：由于企业的实际销售额为 40 000 元，所以并未实现目标利润销售额。

5.2.3 有关因素变动对盈亏临界点、实现目标利润点、安全边际的影响分析

从前述分析可以看出，销售单价、固定成本、变动成本及品种结构等因素的变动无疑会对盈亏临界点、安全边际、实现目标利润点产生影响。因此，事先了解有关因素变动对其的影响，就能及时采取措施进行相关调整，避免出现不利结果。

1. 销售单价变动对盈亏临界点、实现目标利润点、安全边际的影响分析

1）对盈亏临界点的影响

由图 5-4 可知，在其他因素不变的情况下，销售单价提高，将增大销售收入线的斜率，进而使得盈亏临界点降低、盈利区扩大；反之，销售单价降低，将减小收入线的斜率，使得盈亏临界点升高，盈利区缩小。

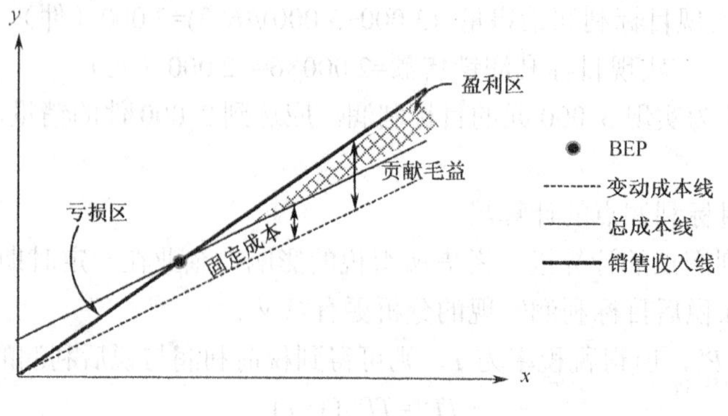

图 5-4 贡献毛益式盈亏临界图

2）对实现目标利润点的影响

由实现目标利润点的计算公式可知，单价提高，将使实现目标利润点下降，从而使企业减少实现目标利润所需的销售量，若企业能实现目标销售量，则取得的实际利润将高于目标利润；反之，降低销售单价，实现目标利润点将上升，使企业增加实现目标利润所需的销售量，若企业恰好实现目标销售量，则不会实现目标利润。

3）对安全边际的影响

由于单价提高将使盈亏临界点降低，因此，由安全边际的计算公式可知，安全边际将随之提高，企业经营的安全程度将提升；反之，安全边际将降低。

2. 单位变动成本对盈亏临界点、实现目标利润点、安全边际的影响分析

1）对盈亏临界点的影响

由图 5-4 可知，在其他因素不变的情况下，单位变动成本提高，将增大总成本线的斜率，进而使得盈亏临界点提高、盈利区缩小；反之，将减小总成本线的斜率，使得盈亏临界点降低，盈利区扩大。

2）对实现目标利润点的影响

由实现目标利润点的计算公式可知，单位变动成本提高，将使实现目标利润点提高，从而使企业增加实现目标利润所需的销售量，若企业恰好实现目标销售量，则取得的实际利润将低于目标利润；反之，降低单位变动成本，实现目标利润点将下降，使企业减少实现目标利润所需的销售量，若企业实现目标销售量，则取得的实际利润将高于目标利润。

3）对安全边际的影响

由于单位变动成本提高将使盈亏临界点提高，因此，由安全边际的计算公式可知，安全边际将随之降低，企业经营的安全程度将降低；反之，安全边际将提升。

3. 固定成本对盈亏临界点、实现目标利润点、安全边际的影响分析

1）对盈亏临界点的影响

由图 5-4 可知，在其他因素不变的情况下，固定成本提高，将使总成本线平行上移，进而使得盈亏临界点提高、盈利区缩小；反之，将使总成本线平行下移，使得盈亏临界点降低，盈利区扩大。

2）对实现目标利润点的影响

由实现目标利润点的计算公式可知，固定成本提高，将使实现目标利润点提高，从而使企业增加实现目标利润所需的销售量，若企业恰好实现目标销售量，则取得的实际利润将低于目标利润；反之，固定成本降低，实现目标利润点将下降，使企业减少实现目标利润所需的销售量，若企业实现目标销售量，则取得的实际利润将高于目标利润。

3）对安全边际的影响

由于固定成本提高将使盈亏临界点提高，因此，由安全边际的计算公式可知，安全边际将随之降低，企业经营的安全程度将降低；反之，安全边际将提升。

4. 品种结构对盈亏临界点、实现目标利润点、安全边际的影响分析

当企业同时生产多种产品时，由于不同产品的盈利能力各不相同，因此品种结构的变动必然导致企业的盈亏临界点、实现目标利润点、安全边际发生变化。

1）对盈亏临界点的影响

由多品种综合盈亏临界点销售额的计算公式可知，改变品种结构将会改变企业加权综合毛益贡献率，当贡献毛益率低的产品的销售比重增加时，加权综合贡献毛益率将降低，综合盈亏临界点将上升，企业获利能力下降；反之，当贡献毛益率高的产品的销售比重增加时，加权综合贡献毛益率将提高，综合盈亏临界点将下降，企业获利能力将提高。因此，适当增大贡献毛益率高的产品的比重，将对企业有利。

2）对实现目标利润点的影响

由综合实现目标利润销售额的计算公式可知，当贡献毛益率较低的产品的销售比重增加时，加权综合贡献毛益率将降低，实现目标利润点将上升，从而使企业增加实现目标利润所需的销售额，若企业恰好实现目标销售额，则取得的实际利润将低于预期利润；反之，当贡献毛益率较高的产品的销售比重增加时，加权综合贡献毛益率将提高，实现目标利润点将下降，使企业减少实现目标利润所需的销售额，若企业实现目标销售额，则取得的实际利润将高于目标利润。

3）对安全边际的影响

由于贡献毛益率低的产品的销售比重增加时，综合盈亏临界点的销售额增加，因此，由安全边际的计算公式可知，安全边际将随之降低，企业经营的安全程度将降低；反之，安全边际将提升。

5. 各有关因素同时变动的影响

上面讨论的是单因素变动对盈亏临界点、实现目标利润点、安全边际的影响，事实上各因素往往是相互影响、相互作用的。例如，降低单价的同时销售量会增加，增加单位变动成本时往往要提高单价，为如实反映客观实际情况，需要综合计量各有关因素同时变动的影响，具体问题具体分析。

【例 5-9】某企业生产 A 产品，预计目标利润 3 500 元，每件售价 2 元，单位变动成本 1.5 元。计划期间固定成本 10 000 元。

拟定两种方案：

方案一：单价由原来的 2 元提高到 2.5 元，同时，为了使产品预期的销售量能顺利实现，增加广告费支出 2 000 元，则：

（1）盈亏临界点的销售量降低：

由原来的 10 000/（2−1.5）=20 000（件），变为 12 000/（2.5−1.5）=12 000（件）

（2）保本量降低：

由原来的（3 500+10 000）/（2−1.5）=27 000（件），变为（3 500+12 000）/（2.5−1.5）= 15 500（件）

若完成预计销售量 27 000 件，则可比原定目标多实现利润=（27 000−15 500）×（2.5−1.5）=11 500（元）

（3）安全边际提升：

由原来的 27 000−20 000=7 000（件），变为 27 000−12 000=15 000（件）

可见，由于上述措施的销售额远大于广告费支出，因此使企业获利能力和经营安全程度大获提升。

方案二：企业还有剩余生产能力，能增加产量，可采取薄利多销的措施。拟将单价由 2 元降低到 1.9 元，预计销量将由原来的 27 000 件增加到 30 375 件，则：

（1）盈亏临界点销售量由原来的 20 000 件，提高到 10 000/（1.9−1.5）=25 000（件）

（2）盈亏临界点销售额由原来的 2×20 000=40 000（元），提高到：

$$1.9\times 25\,000=47\,500（元）$$

（3）保本量由原来的 27 000 件，提高到（10 000+3500）/（1.9−1.5）=33 750（件）

若恰好完成实现目标利润销售量，则利润将下降：（33 750−30 375）×（1.8−1.5）=1 350（元）

（4）安全边际由原来的 7 000 件，下降为 27 000−25 000=2 000（件）

可见，由于销售量增加的幅度过小，上述措施仍使企业因降低单价而蒙受 1 350 元的损失。综上，在其他条件不变的条件下，方案一优于方案二。

5.2.4　本量利关系敏感性分析

上一节讨论了相关因素变化对盈亏临界点、实现目标利润点、安全边际的影响。但只涉及对变化方向的探讨，对引起变化的幅度大小并未涉及。本节将通过敏感分析探讨相关因素变动对利润的影响程度。

1. 本量利关系敏感性分析的定义与作用

（1）本量利关系敏感性分析的定义。

敏感是指由于某因素的作用，给目标值带来牵一发而动全身的变化。敏感性是目标值对其影响因素的变化的反应。敏感性分析是指测度制约目标值的各因素值发生变化而对目标值影响程度的定量分析方法。本量利关系敏感分析即为测度成本、业务量发生变化对利润影响程度的方法。

（2）本量利关系敏感性分析的作用。

本量利关系敏感分析可以提供成本、业务量变化对利润的影响程度及目标利润要求变化时允许成本、业务量变化的界限两方面信息，从而帮助管理人员采取措施，控制成本、业务量的变化，最终保证目标利润的实现。

2. 本量利关系敏感性分析的假设条件

（1）假设影响目标利润的因素只有 p、b、x、a 四个因素；

（2）假设 p、b、x、a 单独变动、互不影响。

3. 本量利关系敏感性分析的步骤

1）敏感性指标计算

销售量、单价、变动成本、固定成本这些因素的变化，都会引起利润的变化，但敏感程度是不同的。将发生较小的变化就会引发利润发生较大变化的因素称为强敏感性因素；将虽发生较大变化但却只引发利润发生较小变化的因素称为弱敏感性因素。测定这种敏感程度的指标有敏感系数和临界值两种。

（1）敏感系数。敏感系数是目标值变动百分比与因素变动百分比的比率。其计算公式为：

$$敏感系数=\frac{目标值变动百分比}{因素值变动百分比}$$

敏感系数反映影响因素每变动 1%会引发利润变动的百分比，即影响因素变动引发利润变动的程度。确定敏感系数，有助于管理人员了解影响利润诸因素的敏感程度，以便分清主次，及时采取相关调整措施，确保达到。

设敏感系数为 S，则上述公式可表示为：$S=\frac{\Delta P/P}{1\%}=\frac{\Delta P}{P\times 1\%}$

由于本量利关系敏感分析假设目标利润只受 p、b、x、a 四个因素的影响，所以可以计算四个敏感系数，即单价敏感系数 S_1、单位变动成本敏感系数 S_2、销售量敏感系数 S_3 及固定成本敏感系数 S_4。为使敏感系数的计算口径一致，现假设这四个影响因素将向提高利润的方向变化，则：

① 单价敏感系数。单价增加 1%，在其他因素不变的条件下，$\Delta P=p(1+1\%)x-bx-a-(px-bx-a)=px\times 1\%$，因此，$S_1=\frac{\Delta P/P}{1\%}=\frac{px\times 1\%}{P\times 1\%}=\frac{px}{P}$。

② 单位变动成本敏感系数。单位成本降低 1%，在其他因素不变的条件下，$\Delta P=px-b(1-1\%)x-a-(px-bx-a)=bx\times 1\%$，因此，$S_1=\frac{\Delta P/P}{1\%}=\frac{bx\times 1\%}{P\times 1\%}=\frac{bx}{P}$。

③ 销售量敏感系数。销售量增加 1%，在其他因素不变的条件下，$\Delta P=(p-b)x(1+1\%)-a-(px-bx-a)=bx\times 1\%$，因此，$S_1=\frac{\Delta P/P}{1\%}=\frac{(p-b)x\times 1\%}{P\times 1\%}=\frac{Tcm}{P}$。

④ 固定成本敏感系数。固定成本降低 1%，在其他因素不变的条件下，$\Delta P=(p-b)x-a(1+1\%)-(px-bx-a)=bx\times 1\%$，因此，$S_1=\frac{\Delta P/P}{1\%}=\frac{a\times 1\%}{P\times 1\%}=\frac{a}{P}$。

从上述各因素敏感系数的确定过程及结果可以看出，各因素敏感系数间存在以下关系：

① 单价的敏感系数最高；

② $S_1-S_2=S_3$；

③ $S_3-S_4=S_1$。

【例 5-10】假设某企业只生产一种产品，单价为 10 元，单位变动成本 6 元，固定成本 200 000 元，目标销售量为 500 000 件，则：

$$P=(10-6)\times500\ 000-200\ 000=1\ 800\ 000\text{（元）}$$
$$S_1=px/p=10\times500\ 000/1\ 800\ 000=2.78$$
$$S_2=bx/p=6\times500\ 000/1\ 800\ 000=1.67$$
$$S_3=Tcm/p=4\times500\ 000/1\ 800\ 000=1.11$$
$$S_4=a/p=200\ 000/1\ 800\ 000=0.11$$

由此可以得出以下分析结论：单价、单位变动成本、销售量均为强敏感性因素，固定成本为弱敏感性因素。单价每增加 1%，利润将增加 2.78%；单位变动成本每降低 1%，利润将增加 1.67%；销售量每增加 1%，利润将增加 1.11%。因此，目标利润要求变化时，可从单价、单位变动成本、销售量方面，尤其是单价方面着手，采取相应措施，确保利润实现。

（2）临界值。临界值是指影响因素使项目由可行变为不可行的临界数值。在本量利分析中，临界值是指利润由盈利转为亏损时，影响利润的四个因素的临界数值。通过盈亏平衡分析原理可知，如果令 $px-bx-a=P=0$，即可分别求出使企业由盈利到亏损的单价、变动成本、销售量及固定成本的临界值。根据四因素影响利润变动的方向可知，可以求出单价和销售量的最小临界值、单位变动成本和固定成本的最大临界值，具体计算公式如下：

① 单价的最小临界值：$p=(bx+a)/x$

② 单位变动成本的最大临界值：$b=(px-a)/x$

③ 销售量的最小临界值：$x= a/(p-b)$

④ 固定成本的最大临界值：$a=(p-b)x$

利润为 0，即利润的变动比例为−100%，根据敏感系数的计算公式可知，某因素值变动百分比=−100%/S，即该因素变动−100%/S，会导致利润为 0。因此，某因素的临界值还可以表示为：某因素值×(1−100%/S)。即：

单价的最小临界值=$p\times(1-100\%/S_1)$；

单位变动成本的最大临界值= $b\times(1+100\%/S_2)$；

销售量的最小临界值=$x\times(1-100\%/S_3)$；

固定成本的最大临界值= $a\times(1+100\%/S_4)$。

临界值和敏感系数一样，均可以反映因素的敏感程度。因素允许调整范围（因素允许值与临界值之间范围）越小，利润对该因素就越敏感；反之，因素允许调整范围越大，利润对该因素就越不敏感。因素允许值为企业目前条件允许的最小成本值或最大销售值。

上述临界值是确保企业不亏损的各因素变动的极限，计算确定该极限对判断企业经营风险十分必要。

【例 5-11】以【例 5-10】的资料计算四因素的临界值为：

单价的最小临界值=(6×500 000+200 000)/500 000=6.4（元）

或　　=10×(1−100%/2.78)=6.4（元）

即单价不能低于 6.4 元，下降幅度不能高于 36%（3.6/10），否则便会发生亏损。

单位变动成本的最大临界值=(10×500 000−200 000)/500 000=9.6（元）

或　　=6×(1+100%/1.67)=9.6（元）

就是说，单位变动成本不能超过 9.6 元，上升幅度不能高于 60%（3.6/6），否则即亏损。

销售量的最小临界值=200 000/(10−6)=50 000（件）

或 =500 000×(1−100%/1.11)=50 000（件）

即 50 000 件为盈亏临界点，实际销量小于 50 000 件，或销售量下降幅度高于 90%，即亏损。

固定成本的最大临界值=（10−6）×500 000=2 000 000（元）

或 =200 000×(1+100%/0.11)=2 000 000（元）

即固定成本超过 2 000 000 元，或上升幅度超过 900%，企业即发生亏损。

综上，可以看出，四因素按敏感性强弱排序为：单价、单位变动成本、销售量、固定成本。其中，固定成本的敏感性最差，变动 900%才使利润变动−100%，而单价只变动 36%，即会使利润变动−100%。

2）敏感性分析结果表述

为使管理人员能够直观地了解各个因素的敏感程度，可以通过编制敏感性分析表来表述敏感性分析结果。敏感性分析表中应同时给出目前方案的利润数值、影响因素及其变动幅度、在这些影响因素变化的情况下利润的计算数值及影响因素的敏感系数和临界点。以【例 5-10】资料为例编制敏感性分析表，如表 5-4 所示。

表 5-4 敏感性分析表

变动百分比 / 利润（万元） / 因素	−25%	−15%	0	15%	25%	敏感系数	当前值	临界值
单价（元）	55	105	180	275	305	2.78	10	6.4
单位变动成本（元）	255	225	180	155	105	1.67	6	9.6
销售量（万件）	130	150	180	210	230	1.11	50	5
固定成本（万元）	185	183	180	177	175	0.11	20	200

由表 5-4，可以清楚地看到各因素对利润的影响程度、允许调整范围及调整后的利润值。在本分析表中，只随机选择了正负各两点，在具体编制时，可根据需要选择更多的点，如以每±5%，甚至±1%为一点，就可以获得更多的数据。

3）对敏感性分析结果进行分析

对敏感性分析结果进行分析的内容至少应包含以下方面。

（1）将敏感系数及临界点的计算结果进行排序，找出较为敏感的因素。

（2）定性分析临界点所表示的因素发生变化的可能性。

（3）归纳敏感性分析的结论，指出最敏感的一个或几个关键因素，根据具体目标，提出为实现目标应采取的措施。

4．本量利关系敏感性分析的应用

1）因素变动对利润影响程度的预测分析

（1）某因素单独变动对利润影响程度的预测分析。

由于某因素变动导致利润变动的百分比（R'）=±该因素变动百分比（R）×该因素敏感系

数（S），即

$$R'=\pm R\times S$$

【例 5-12】假设**【例 5-10】**的单价提升 25%或单位变动成本单独提升 25%，则单价变动导致利润变动的百分比=25%×2.78=69.5%利润将变为：

1 800 000×（1+69.5%）=305（万元）

单位变动成本变动导致利润变动的百分比=−25%×1.67=−41.75%，利润将变为：

1 800 000×（1−41.75%）=105（万元）

（2）多因素同时变动对利润影响程度的预测分析。

多因素以任意幅度同时变动时，对利润的综合影响程度可以用以下公式计算：

$$R'=(R_1+R_3+R_1R_3)S_1-(R_2+R_3+R_2R_3)S_2-R_4S_4$$

【例 5-13】仍以**【例 5-10】**为例，假设单价下降 5%，单位变动成本下降 7.5%，销售量上升 50%，固定成本上升 20%，则：

$$R'=(-5\%+50\%-5\%\times 50\%)\times 2.78-(-7.5\%+50\%-7.5\%\times 50\%)\times 1.67-20\%\times 0.11=51.2375\%$$

利润=1 800 000(1+57.2375%)=2 722 275（元）

2）为实现目标利润而调整因素值的计算

某因素变动百分比=±目标利润变动百分比/该因素敏感系数，即 $R=\pm R'/S$

【例 5-14】仍以**【例 5-10】**为例，假设目标利润提高到 2 700 000 元，则各因素该如何变动，才能导致目标利润的实现。

R'=（2 700 000−1 800 000）/1 800 000×100%=50%，则：

R_1=50%/2.78=17.99%，R_2=−50%/1.67= −29.94%

R_3=50%/1.11=45.01%，R_4=−50%/0.11= −454.55%

由于固定成本的敏感性较差，因此，欲实现目标利润，可以采取提高单价或降低单位变动成本或提高销售量的措施。

单价可提高至：10×(1+17.99%)=11.78（元）

单位变动成本可降至：6×(1−29.94%)=4.20（元）

销售量可提高至：500 000×(1+45.01%)=725 050（件）

复习思考题

一、单项选择题

1．从保本图上得知，对单一产品分析，（　　）。

A．单位变动成本越大，总成本斜线率越大，保本点越高

B．单位变动成本越大，总成本斜线率越小，保本点越高

C．单位变动成本越小，总成本斜线率越小，保本点越高

D．单位变动成本越小，总成本斜线率越大，保本点越低

2．利润=(实际销售量−保本销售量)×（　　）。

A．贡献毛益率　　B．单位利润

C．单位售价　　D．单位贡献毛益

3．某企业只生产一种产品，单价 6 元，单位变动生产成本 4 元，单位销售和管理变动成本 0.5 元，销量为 500 件，则其产品贡献毛益为（　　）元。

A．650　　B．750

C．850　　D．950

4．下属因素中导致保本销售量上升的是（　　）。

A．销售量上升　　B．产品单价下降

C．固定成本下降　　D．产品单位变动成本下降

5．在变动成本法下，其利润表所提供的中间指标是（　　）。

A．贡献毛益　　B．营业利润

C．营业毛利　　D．期间成本

6．在本量利分析中，必须假定产品成本的计算基础是（　　）。

A．完全成本法　　B．变动成本法

C．吸收成本法　　D．制造成本法

7．保本作业率与安全边际率之间的关系是（　　）。

A．两者相等　　B．前者一般大于后者

C．后者一般大于前者　　D．两者之和等于 1

8．销售量不变，保本点越高，则能实现的利润（　　）。

A．越小　　B．不变

C．越大　　D．不一定

9．某企业只生产一种产品，月计划销售 600 件，单位变动成本 6 元，月固定成本 1 000 元，欲实现利润 1 640 元，则单价应为（　　）元。

A．16. 40　　B．14. 60

C．10.60　　D．10.40

10．单价单独变动时，会使安全边际（　　）。

A．不变　　B．不一定变动

C．同方向变动　　D．反方向变动

二、多项选择题

1．下列两个指标之和为 1 的有（　　）。

A．安全边际率与贡献毛益率　　B．安全边际率与保本作业率

C．保本作业率与变动成本率　　D．变动成本率与贡献毛益率

2．安全边际率=（　　）。

A．安全边际量÷实际销售量　　B．保本销售量÷实际销售量

C．安全边际额÷实际销售额　　D．保本销售额÷实际销售额

3．从保本图得知（　　）。

A．保本点右边，成本大于收入，是亏损区

B．销售量一定的情况下，保本点越高，盈利区越大

C．实际销售量超过保本点销售量部分即是安全边际
D．安全边际越大，盈利面积越大

4．下列各项中，能够同时影响保本点、保利点及保净利点的因素为（　　）。
A．单位贡献毛益　　B．贡献毛益率
C．固定成本总额　　D．目标利润

5．本量利分析基本内容有（　　）。
A．保本点分析　　B．安全性分析
C．利润分析　　D．保利点分析

6．贡献毛益率的计算公式可表示为（　　）。
A．1-变动成本率　　B．贡献毛益/销售收入
C．单位贡献毛益/单价　　D．固定成本/保本销售额

7．下列说法正确的有（　　）。
A．安全边际与单价同方向变动
B．安全边际与单位变动成本同方向变动
C．目标利润对安全边际没有影响
D．安全边际与销售量同方向变动

8．企业经营安全程度的评价指标包括（　　）。
A．保本量　　B．安全边际量
C．安全边际额　　D．安全边际率

9．下列各项中，可据以判定企业恰好处于保本状态的标志有（　　）。
A．收支相等　　B．安全边际为零
C．保本作业率为零　　D．贡献边际率等于固定成本

10．在本量利分析中，盈亏临界点的位置取决于（　　）等因素。
A．固定成本　　B．单位变动成本
C．销售量　　D．销售单价

三、判断题

1．销售利润率可以通过贡献边际率和安全边际率相乘求得。（　　）
2．企业各种产品提供的贡献边际即企业的营业毛利。（　　）
3．如果企业的销售量为零，则其亏损额就是固定成本。（　　）
4．目标利润单独变动时，只会影响保利点，却不改变保本点。（　　）
5．单价、单位变动成本及固定成本总额变动均会引起保本点、保利点同方向变动。（　　）
6．本量利分析应用的前提条件与成本性态分析的假设是相同的。（　　）
7．盈利条件下本量利分析中，研究任何一个因素，其他因素必为已知或固定不变。（　　）
8．销售利润率可通过贡献边际率乘以安全边际率求得。（　　）
9．标准式本量利关系图特别适用于多品种条件下的本量利分析。（　　）

四、计算分析题

1．甲公司 2013 年预计销售某种产品 50 000 件，若该产品变动成本率为 50%，安全边际

率为 20%，单位贡献毛益为 15 元。求：

（1）预测 2013 年该公司的保本销售额。

（2）2013 年该公司可获得多少税前利润？

2．乙公司只生产一种产品，2012 年销售收入为 1 000 万元，税前利润为 100 万元，变动成本率为 60%。

（1）计算该公司 2012 年的固定成本；

（2）假定 2013 年该公司只追加 20 万元的广告费，其他条件均不变，试计算该年的固定成本。

（3）计算 2013 年该公司保本额。

3．丙公司生产甲、乙、丙三种产品，其固定成本总额为 19 800 元，三种产品的有关资料如表 5-5 所示。

表 5-5　产品相关资料

品　种	销售单价（元）	销售量（件）	单位变动成本（元）
甲	2 000	60	1 600
乙	500	30	300
丙	1 000	65	700

（1）采用加权平均法计算该厂的综合保本销售额及各产品的保本销售量。

（2）计算该公司营业利润。

4．丁企业只产销一种产品，2012 年销售量为 8 000 件，单价为 240 元，单位成本为 180 元，其中单位变动成本为 150 元，该企业计划 2013 年利润比 2011 年增加 10%。

请问，运用本量利分析原理进行规划，从哪些方面采取措施，才能实现目标利润（假定采取某项措施时，其他条件不变）。

5．已知：某公司 2012 年销售收入为 180 000 元，销售成本为 160 000 元，其中固定成本为 88 000 元，若 2013 年计划增加广告费 3 200 元，产品单价仍为 40 元/件。求：

（1）预测 2013 年该公司的保本点。

（2）若 2013 年计划实现目标利润 52 800 元，则目标销售额应为多少？

6．某公司只销售一种产品，2012 年单位变动成本为 15 元/件，变动成本总额为 63 000 元，共获税前利润 18 000 元，若该公司计划于 2013 年维持销售单价不变，变动成本率仍维持 2008 年的 30%。

（1）预测 2013 年的保本销售量；

（2）若 2013 年的计划销售量比 2012 年提高 8%，则可获得多少税前利润？

五、简答题

1．试述从盈亏临界图中可归纳出来的几个特点。

2．叙述单位售价、固定成本及单位变动成本变动对盈亏临界点及利润所产生的影响。

3．试运用敏感性分析原理确定某些因素的变动对盈亏平衡点的影响。

4．本量利分析的基本假设包括哪些内容？

5．什么是盈亏平衡点？如何确定盈亏平衡点？

六、实训题

张先生和王先生最近成立了一家顾问咨询公司，并向你请教有关成本和收费的问题。在开业的第一年，两人都希望各自收取 42 000 元的工资。他们购买了两部汽车，每部 100 000 元，预计使用 4 年，4 年后每部汽车估计可卖得 40 000 元。公司采用直线折旧法。

两人估计的工作时间为每人每天 8 小时，每周 5 天，每年 45 周，他们将其称为“可供使用时间”。可供使用时间中的 25%是用于公司的行政事务，估计第一年的可供使用时间中平均有 22.5%的时间为闲置时间。剩余的可供使用时间将是向客户收取费用的时间。

两人达成一致意见，确定他们的收费标准应包括下列各项内容：

（1）向客户提供服务的每小时收费；

（2）来往客户办公地点的交通时间的每小时收费；

（3）来往客户办公地点的车程每公里收费。

他们估计交通时间将是可收费时间的 25%，预计总共行驶 30 000 公里。他们确定交通时间的费用按每小时服务收费的 1/3 收取。

除上述成本外，两人估计第一年的其他成本如表 5-6 所示。

表 5-6　估计成本表　　单位：元

电　　费	2 600
汽车燃油	9 000
保险费——专业责任和办公室	5 200
保险费——汽车	7 000
移动电话费用	2 400
办公室租金	16 800
办公室电话 / 传真	3 600
邮费和文具	1 200
秘书费用	18 000
汽车维修	2 800
汽车道路税费	2 500

（1）请把所有的成本分为专业服务成本和汽车成本两大类。

（2）请按上述成本和资料，计算公司的下列保本金额：

① 向客户提供服务的每小时收费；

② 来往客户办公地点的交通时间的每小时收费；

③ 来往客户办公地点的车程每公里收费。

（3）请解释两人可用来监控当年收入和成本的方法，从而评估是否能达到其预定目标。

（4）请解释两人应该采用哪一种成本计算方法，以确保他们向每一位客户收取的费用都正确无误。

第 6 章 经营预测

本章导语

预测分析为决策分析服务，运用预测的基本程序和方法所得到的预测结果可以为企业的经营决策提供科学的数据。随着企业间竞争的加剧，企业为谋求生存和发展，就需要对市场的变化趋势进行深入的调查，然后在掌握情况的基础上做出科学的预测分析，以便采取相应的对策，克服盲目经营，提高经济效益。本章将探讨经营预测分析的方法及步骤。

学习目标

1. 理解经营预测的概念及意义。
2. 了解经营预测的程序和方法。
3. 掌握定性和定量销售预测方法。
4. 掌握利润预测方法。
5. 掌握资金需要量预测方法。

6.1 经营预测概述

6.1.1 经营预测的概念及意义

1. 经营预测的概念

经营预测是指根据历史资料和现在的信息，运用一定的预测方法，对未来经济活动可能产生的收入、支出以及经济效益的发展趋势进行科学预计和推测的过程，是企业做出正确决策的基础。

2. 经营预测的意义

（1）经营预测是企业进行经营决策的基础和依据。
（2）经营预测有利于提高企业的竞争能力。

（3）经营预测是企业进行科学管理的基础。

6.1.2　经营预测的程序

经营预测不是无根据的主观臆测、猜想，必须遵守一定的程序，其基本步骤有以下五个。

1．确定预测目标

在进行预测分析时，首先要明确预测要达到什么目的，解决什么问题。它是制定预测计划，选择预测方法的依据，应当有必要的文字说明。

2．收集整理相关数据和资料

根据已经确定的目标，全面收集与预测目标有关的数据、资料，并对收集到的资料加以整理、选择，排除资料的不真实处和将来不可能重复的偶然因素的影响。这些数据和资料包括过去的和现在的、国内的和国外的、企业内部和企业外部的，等等。通过收集整理相关数据和资料，可从中发现与预测目标有关的各因素之间的相互依存关系和变动规律性趋势。

3．选择预测方法，建立预测模型

预测方法多种多样，要根据预测的目的、暂有数据和资料情况、对预测精度的要求，选择恰当和切实可行的预测方法。在可能的情况下，尽量综合运用几种方法共同进行。根据选定的方法和目的，就可以建立预测模型。一般对于定量预测可以建立数学模型；对定性预测则可以建立设想的逻辑思维模型。

4．实施预测并对预测结果进行修正

运用所收集的数据、资料和选定的预测方法，对预测对象进行预测，求出预测结果，并根据情况的变化对初步的预测结果进行修正，保证预测结果尽可能符合实际情况。

5．给出预测结论

对修正后的预测结果进行分析和评价，形成预测结论，并以书面报告形式，及时送报有关领导和部门，以便为决策提供依据。

6.1.3　经营预测的方法

经营预测的方法有很多，随预测对象和预测期限的不同各有所异，大体上可分为定性预测方法和定量预测方法两大类。

1．定性预测方法

定性预测方法是在缺乏相应的历史资料或数据的条件下，由预测者根据掌握的专业知识和丰富的实际经验，运用逻辑思维方法对未来发展趋势进行预计推断的方法，如判断分析法、调查法等。

2. 定量预测方法

定量预测方法是运用现代数学的方法，对数据和资料进行加工处理，按相关变量之间的规律性、连续性建立相应的数学模型来预计推断预测对象发展趋势的预测方法。

该方法又可分为以下两类。

（1）趋势预测法。趋势预测法又称时间序列法，是按照时间顺序排开历史资料，运用一定的数学方法和模型，进行加工计算并预测的一种方法。具体包括算数平均法、加权移动平均法、指数平滑法等。这类方法承认事物发展规律的连续性，将未来视为历史的自然延续。

（2）因果预测法。与趋势预测法不同，因果预测法是根据相关因素之间的内在联系，建立数学模型，并进行分析预测的方法。具体包括回规分析法、本量利分析法等。这类方法实质是利用事物内部因素发展的因果关系来预测事物发展的趋势。

在实际应用中，定量预测方法与定性预测方法并非相互排斥，而是相互补充，两者都可以结合应用，即在定量预测的基础上，考虑定性预测的结果，综合确定预测值，从而使最终的预测结果更加接近实际。

6.2 销售预测

销售预测是指在一定的市场环境下，根据历史销售数据，对其未来某一时期的销售量或销售额进行预计和测算。销售预测关系到企业目标利润能否顺利实现，是成本预测、利润预测及资金需要量预测的前提，也是企业编制各项计划的前提和进行经营决策的基础。具体预测方法如下。

6.2.1 定性销售预测方法

1. 判断分析法

判断分析法是指请具有丰富经验的销售人员、经营管理人员或经济专家对计划期间的销售情况进行综合研究，并做出判断的预测方法。主要有销售人员意见综合判断法、德尔菲法两种。

1）销售人员意见综合判断法

销售人员意见综合判断法是指销售人员根据直觉判断进行预估，然后由销售经理加以综合，从而得出企业总体的销售预测的一种方法。销售人员由于熟悉市场情况，因此，用这种方法得出的预测数据比较接近实际，但是，由于受各种因素的影响，销售人员的预测也会出现一些偏差，对其的预测往往需要进行修正。

【例 6-1】甲公司有三名销售人员和一名经理，三名销售人员分别负责 A、B、C 三个区域。每个预测者预计销售量和概率如表 6-1 所示。

表 6-1　甲公司某产品销售预测资料　　销售量单位：件

	最高销量	概率	最可能销量	概率	最低销量	概率
销售员预测 A	500	0.2	400	0.5	300	0.3
经理预测 A	500	0.2	450	0.6	350	0.2
销售员预测 B	600	0.2	500	0.6	400	0.2
经理预测 B	700	0.2	550	0.6	400	0.2
销售员预测 C	550	0.2	450	0.5	350	0.3
经理预测 C	600	0.2	500	0.5	400	0.3

假设经理预测更准确、更重要，预测权重为 60%，而销售人员的预测权重为 40%，则：

预测 A 地区销量=(500×0.2+400×0.5+300×0.3)×40%+(500×0.2+450×0.6+350×0.2)×60%=390×40%+440×60%=420（件）

预测 B 地区销量=(600×0.2+500×0.6+400×0.2)×40%+(700×0.2+550×0.6+400×0.2)×60%=500×40%+550×60=530（件）

预测 C 地区销量=(550×0.2+450×0.5+350×0.3)×40%+(600×0.2+500×0.5+400×0.3)×60%=440×40%+490×60%=470（件）

甲公司综合预测销售量=420+530+470=1 420（件）

2）德尔菲法

德尔菲法又称专家调查法，是指采用函询调查的方法向有关专家发出预测问题调查表，征询意见，然后将专家回答的意见进行归纳和整理，经过多次反馈、归纳和整理做出预测判断的方法，采用该种方法时，可以向应邀预测的专家提供有关经济发展动态、本企业过去预测与实际销售的比较记录、本企业今后的市场规划等资料，以供参考。德尔菲法一般要经过三或四轮征询意见，每次专家都可以得到反馈的资料，并据此做出进一步的判断和修正。在每次重复征询意见过程中，都应注意把上次征询意见的结果进行加工整理，特别是注意不应忽略少数人的意见，以便各专家在重复预测时都能做出较为全局的分析和判断。

【例 6-2】某企业聘请六位专家采用德尔菲法对该企业某种商品某月的销售量进行预测，预测结果如表 6-2 所示。

表 6-2　专家意见汇总表　　销售量单位：件

专家编号	第一次判断情况			第二次判断情况			第三次判断情况		
	最高	最可能	最低	最高	最可能	最低	最高	最可能	最低
1	650	620	550	650	620	550	680	630	560
2	680	610	580	700	610	580	660	610	580
3	700	650	600	690	630	600	720	640	600
4	620	600	550	620	590	570	620	600	570
5	630	610	560	630	600	550	640	610	560
6	700	600	590	660	620	560	650	620	580
平均值	663	615	572	658	612	568	662	618	575

该企业在此基础上，按最后一次预测结果，假设最高、最可能和最低预测销售量的概率分别为 0.2、0.6 和 0.2，则：

$$预测销售量=662\times0.2+618\times0.6+575\times0.2=618（件）$$

2．调查分析法

调查分析法是通过对有代表性顾客的消费意向的调查，来了解市场需求的变化趋向，进行销售预测的一种方法，企业产品要由顾客来购买，顾客的消费意向当然是销售预测中最有价值的信息。调查时，可重点调查顾客对企业产品的需求量、客户的发展前景、财务状况、产品的选择标准等。

在调查时应当注意：首先，选择的调查对象要具有普遍性和代表性，使社会或市场中不同阶层或行业的需要、习惯、爱好等都能通过调查对象反映出来；其次，调查的方法一定要简便易行，使被调查者乐于接受；此外，对调查所取得的数据与资料一定要进行科学的分析，特别要注意去粗取精，去伪存真。只有这样，所获得的资料才具有真实性、代表性，才能作为预测的依据。

凡是顾客数量有限，调查费用不高，顾客意向明确又不易改变的，均可采用调查分析法进行预测。

【例 6-3】某公司生产 A 产品，该公司对某地区近年 A 产品购买情况的调查资料如表 6-3 所示。

表 6-3　A 产品购买情况调查资料表

家庭组别（按年收入，元）	家庭户数（户）	每户每年平均购买额（元）	市场占有率
（0，50 000]	50 000	50	0.2
（50 000，100 000）	10 000	150	0.1
（100 000，∞）	5 000	250	0.1

根据表 6-3 的资料预测本公司 A 产品的销售额为：

$$50\times50\,000\times0.2+150\times10\,000\times0.1+250\times5\,000\times0.1=775\,000（元）$$

6.2.2　定量销售预测方法

1．趋势预测法

（1）算术平均法。算术平均法就是把若干历史时期的销售量或销售额作为观察值，求其简单平均数，并将平均数作为下期销售的预测值。其计算公式如下：

$$y=\frac{\sum_{i=1}^{n}x_i}{n}$$

式中，y 表示销售预测值，n 表示观察期个数，x_i 表示第 i 期的实际销售量（额）。

采用算术平均法计算比较简便，但其假设前提是过去怎样，将来也会怎样发展，因此，当各历史期的销售量呈现增减趋势时，用算术平均法进行预测销售就不适合了，因为算术平均法把各个观察值看成同等重要，不能体现这种增减趋势。

（2）加权平均法。采用加权平均法进行销售预测，同样是将若干历史时期的销售量或销售额作为观察值，将各个观察值与各自的权数相乘之积加总，求出其加权平均数，并将加权平均数作为销售量的预测值。按照各个观察值与预测值不同的相关程度分别规定适当的权数，是运用加权平均法进行销售预测的关键。当各历史时期的销售量呈现增减趋势时，为了体现这种增减趋势，有必要将近期的观察值的权数规定得大一些，远期的观察值的权数规定得小一些，使预测值更接近近期的观察值。加权平均法的计算公式为：

$$y=\sum_{i=1}^{n} w_i x_i$$

式中，y 表示销售预测值，n 表示观察期个数，w_i 表示第 i 个观察值的权数，x_i 表示第 i 个观察值。

w_i 应该满足下列两个条件：

① $\sum w_i=1$

② $w_1 \leqslant w_2 \leqslant w_3 \leqslant \cdots \leqslant w_n$

【例 6-4】某公司 1～6 月 A 产品的销售量情况如表 6-4 所示。

表 6-4　某公司 A 产品销售量情况表

月　份	1	2	3	4	5	6
销售量（件）	650	660	680	700	710	730

假设根据资料，用加权平均法，预测 7 月份 A 产品销量时，规定 $w_1=w_2=w_3=0.1$, $w_4=w_5=0.2$, $w_6=0.3$，则：

$$y_7=0.1\times650+0.1\times660+0.1\times680+0.2\times700+0.2\times710+0.3\times730=700\text{（件）}$$

（3）指数平滑法。它是加权平均法的一种变化，计算的是指数平滑平均数。它是通过导入平滑系数对本期的实际销售量（额）进行加权平均计算以后，作为下一期销售预计数的一种预测方法。其计算公式如下：

$$y_t=ax_{t-1}+(1-a)Y_{t-1}$$

式中，y_t 表示 t 期的销售预测值（t 期指数平滑平均数），y_{t-1} 表示 t-1 期的销售预测值（t-1 期的指数平滑平均数），x_{t-1} 表示 t-1 期的实际销售数，a 为满足 $0<a<1$ 条件的常数，也称指数平滑系数。

从上述公式可以看出，指数平滑法实际是以 a 和 1−a 为权数的一种特殊的加权平均法，只要知道上期的预测销售量 y_{t-1} 和上期的实际销售量 x_{t-1}，就可以预测本期的销售量 y_t。

这里，指数平滑法系数 a 的取值如果越大，则近期实际销售对预测结果的影响就越大；如果 a 的取值越小，则近期实际销售对预测结果的影响也越小，各期预测值所连成的曲线就越平滑。因为：

$$\begin{aligned}y_{t-1}&=ax_{t-1}+(1-a)\,y_{t-1}\\&=ax_{t-1}+(1-a)\,[ax_{t-2}+(1-a)\,y_{t-2}]\\&=ax_{t-1}+(1-a)ax_{t-2}+(1-a)^2\,[ax_{t-3}+(1-a)\,y_{t-3}]\\&=\cdots\end{aligned}$$

所以

$$y_t=ax_{t-1}+a(1-a)x_{t-2}+a(1-a)^2x_{t-3}+\cdots+a(1-a)^{n-1}x_{t-n}+(1-a)^n y_{t-n}$$

由上式可见，在指数平滑法中各期资料对预测值的影响是按（$1-a$）^{n} 函数形式加权的，若 a 接近 1，则 $1-a$ 趋于零，而（$1-a$）^{n} 则以快得多的速度趋于零。显然，这样的结果是近期的影响提高了，远期的影响削弱了。而 a 接近零，则预测结果只受远期的影响。因此，a 在 0.3～0.7 之间比较恰当，可以使得出的预测值比较平稳，能反映企业有关数据稳定的变化趋势。

采用指数平滑法所需要资料不多，因而计算比较简便，同时，通过导入平滑系数进行加权，要在不同程度上考虑以往所有各期的观察值，比较全面，也可适当消除偶然因素的影响。但是，平滑指数的人为确定，使这一方法不免带有较大的主观因素，而不同的平滑系数，会使预测结果产生较大的差异。因此，确定恰当的平滑系数，是这一方法在运用时应十分注意的一个问题。

【例 6-5】以【例 6-4】的资料，假设 1 月份销售量的预测值为 680，则采用指数平滑法预测 2～7 月的销售量，如表 6-5 所示。

表 6-5　A 产品 2～7 月预测销售情况表

月　　份	ax_{t-1}	（$1-a$）ax_{t-1}	Y_t
1			680
2	0.3×650	（1−0.3）×680	671
3	0.3×660	（1−0.3）×671	668
4	0.3×680	（1−0.3）×668	671
5	0.3×700	（1−0.3）×671	680
6	0.3×710	（1−0.3）×680	689
7	0.3×730	（1−0.3）×689	701

2．因果预测法

因果预测法最常用的方法是回归分析法。回归分析法又包括直线回归法、曲线回归法和多元回归法。

（1）直线回归法。也称一元回归分析法，其假设预测对象销售量的变量因素只有一个，根据直线方程式 $y=a+bx$，按照数学上的最小二乘法来确定一条误差最小、能正确反映自变量 x 与因变量 y 之间关系的直线。它的常数项 a 与系数 b 的值可按下列公式计算：

$$a=\frac{\sum y-b\sum x}{n}$$

$$b=\frac{n\sum xy-\sum x\sum y}{n\sum x^2-(\sum x)^2}$$

求出 a 与 b 的值后，结合自变量 x 的预计销售量（或销售额）情况，代入公式 $y=a+bx$，即可求得预测对象 y 的预计销售量或销售额。

需要注意的是，采用此种方法进行预测之前，需要计算相关系数，x 与 y 之间是否存在线性关系，相关系数 r 的计算公式为：

$$r=\frac{n\sum xy-\sum x\sum y}{\sqrt{[n\sum x^2-(\sum x)^2][n\sum y^2-(\sum y)^2]}}$$

【例 6-6】某公司专门生产电冰箱压缩机，而决定电冰箱压缩机销售量的主要因素是电冰箱的销售量。假设近 5 年全国电冰箱的实际销售量的统计资料和该公司电冰箱压缩机的实际销售量资料如表 6-6 所示。

表 6-6　近 5 年电冰箱和压缩机销售情况表

年　　份	1	2	3	4	5
压缩机销售量（只）	200 000	250 000	300 000	360 000	400 000
电冰箱销售量（台）	1 000 000	1 200 000	1 400 000	1 500 000	1 650 000

假设第 6 年全国电冰箱的销售量预测为 1 800 000 台，采用回归直线法预测第 6 年压缩机的销售量如下：

根据表 6-6 的资料，计算 r=0.989 7，接近于 1，说明压缩机销售量与电冰箱销售量高度相关，可用直线方程式 $y=a+bx$ 预测压缩机销售量。

采用直线回归法，得出：a=−121 173，b=0.313 5

由此建立销售量预测模型为：y=−12 113+0.313 5x

$$y_6=-12\ 113+0.313\ 5\times 1\ 650\ 000=443\ 058\text{（只）}$$

（2）曲线回归法。它是在因变量 y 和自变量 x 满足方程 $y=ab^x$ 的指数函数关系时所采用的一种预测方法。这种方法适用于销售量大致按比率变动（上升或下降）的情况。

使用该种方法时，先将指数方程 $y_t=ab^{x_t}$ 通过两边同时取对数的方式，转化为对数直线方程 $\lg y_t=\lg a+x_t\lg b$，然后采用与直线回归相同的方法，求出常数 $\lg a$ 和 $\lg b$，从而确定对数直线方程。这里的 $\lg y_t$，$\lg a$，$\lg b$ 分别相当于直线回归方程中的 y，a，b。因此，计算 a，b 值的公式也可演变成计算 $\lg a$，$\lg b$ 的公式：

$$\lg a=\frac{\sum \lg y_t-\lg b\sum x_t}{n}$$

$$\lg b=\frac{n\sum x_t\lg y_t-\sum x_t\sum \lg y_t}{n\sum x_t^{\ 2}-(\sum x_t)^2}$$

（3）多元回归法。一元线性回归分析方法，解决了一个自变量的回归方程。在实际生产经营活动中，影响经济变动的因素是多种多样的，在这种情况下，要预测未来的经济情况，必须考虑采用多个自变量，建立多元回归方程来进行预测。

多元回归方程的表达式可以表示为：

$$y=a+b_1x_1+b_2x_2+b_3x_3+\cdots+b_nx_n$$

式中，y 为因变量；x_i 为各个自变量；b_i 为每个 x_i 变动一个单位时，y 的变动值。

【例 6-7】某公司专门生产电冰箱的压缩机，假设决定压缩机销售量的主要因素是电冰箱的销售量以及广告费的支出情况，近 6 年全国电冰箱实际销售量和该公司电冰箱压缩机的实际销售量及广告费支出情况如表 6-7 所示。假设第 7 年全国电冰箱的预测销售量为 6 000 000 台，公司计划安排广告费 60 000 元，采用多元回归法预测第 7 年电冰箱压缩机的销售量。

表 6-7　近 6 年电冰箱和压缩机销售量及广告支出情况表

年　　份	1	2	3	4	5	6
压缩机销售量（只）	200 500	250 000	300 500	360 000	400 000	500 000
广告费（元）	20 000	25 000	30 000	35 000	40 000	50 000
电冰箱销售量（台）	2 000 000	2 500 000	3 000 000	3 600 000	4 000 000	5 000 000

设 y 为电冰箱压缩机的销售量，x_1 为广告费支出，x_2 为全国电冰箱销售量，则可建立预测模型方程 $y=a+bx_1+cx_2$。

利用 Excel 软件的 LINEST 函数，根据历史数据计算得出 a=655.172 4，b=0.158 6，c=0.098 3，则预测模型可确定为 $y=655.172\,4+0.158\,6x_1+0.098\,3x_2$。

根据上述模型，预测

$$y_7=655.172\,4+0.158\,6\times 60\,000+0.098\,3\times 6\,000\,000=599\,827.6\text{（只）}$$

3．季节预测法

每年重复出现的周期性变动，称为季节性变动。季节性变动的周期为 12 个月，许多行业的产品销售具有季节性变动的特点。一般来说，农产品的季节性变动甚于工业品，消费者甚于生产资料，非耐用消费品甚于耐用消费品。对销售具有季节性变动特点的产品进行销售预测时，应当充分考虑季节变动的影响。

季节性变动对产品销售的影响方式，可用以下两个基本公式表达：

$$Y_t=T_t+S_t$$

式中，Y 为销售量；T 为趋势值；S 为季节加量或季节指数；t 为时间。

T 与 S 在不同的时间其取值是不同的。

$$Y_t=T_tS_t$$

式中，T 为一种长期趋势，它是决定 Y 大小的基本成分；S 为由于受季节性影响所增加的量。

这里所说的季节可以是季度、月份、周、日等。S 以一定的周期循环取值。例如，Y 代表某企业每个月某产品的销售量，则周期为 12；如果代表每季度的销售量，则周期为 4。

在受季节变动影响的情况下，季节加量或季节指数须按一定的周期取值。一般来说，所取观察值的季节波动与趋势值成比例关系，则应采用乘法模式 $Y_t=T_tS_t$；如果所取观察值的季节波动与趋势值不成比例关系，则应采用加法模式 $Y_t=T_t+S_t$。从这两个基本公式可以看出：对受季节性影响的产品销售进行预测，其结果是在前面讲过的预测方法基础上，再加上（或乘以）季节加量（或季节指数）得出的。因而，季节预测法是前面各种方法在考虑季节因素情况下的一种变化。

最后，要强调指出，由于在社会经济活动中，人的因素居于主导地位，其学识、经验、能力、心理等因素各不相同且复杂多变，所以难于甚至无法进行量化，因此定量分析方法只能作为预测的一个辅助工具，而不应把它绝对化。只有将定性与定量方法相结合，灵活应用，才能比较全面地认识和把握预测对象的发展趋势，使预测结果更加接近客观实际。另外，由于成本预测的方法和销售预测的方法基本相同，在此不再重述。

6.3　利润预测

利润预测是按照企业经营目标的要求，通过对影响利润变化的成本、产销量等因素的综合分析，对未来一定时间内可能达到的利润水平和变化趋势所进行的科学预计和推测。利润预测是在销售预测和成本预测的基础上进行的。具体方法有以下两种。

6.3.1　直接预测法

直接预测法是指根据本期的有关数据，直接推算出预测期的利润数额。预测时可根据利润的构成方式，先分别预测营业利润、投资净收益、营业外收支净额，然后将各部分预测数相加，得出利润预测数额。即

利润总额=营业利润+投资净收益+营业外收支净额

营业利润是由产品销售利润和其他业务利润组成的，这两部分预测利润的公式分别为：

$$\text{预测产品销售利润}=\text{预计产品销售收入}-\text{预计产品销售成本}-\text{预计产品销售税金}$$

$$=\text{预计产品销售数量}-\left(\text{预计产品销售单价}-\text{预计单位产品成本}-\text{预计单位产品销售税金}\right)$$

$$\text{预测其他业务利润}=\text{预计其他业务收入}-\text{预计其他业务成本}-\text{预计其他业务税金}$$

预测企业的投资净收益是根据预计企业向外投资收入减去预计投资损失后的数额得出的。预测营业外收支净额是用预计营业外收入减去预计营业外支出后的差额。

最后，将所求出的各项预测数额加总，便可计算出下一期间的预测利润总额。

6.3.2　因素分析法

因素分析法是在本期已实现的利润水平基础上，充分估计预测期影响产品销售利润的各因素增减变动的可能，来预测企业下期产品销售利润的数额。影响产品销售利润的主要因素有产品销售数量、产品品种结构、产品销售成本、产品销售价格及产品销售税金等。

在预测企业下一会计期间的产品销售利润额时，应首先计算本期的成本利润率：

$$\text{成本利润率}=\text{本期产品销售利润额本期产品销售成本}\times 100\%$$

计算出本期成本利润率后，就可以进一步预测下期各相关因素变动对产品销售利润的影响。具体预测方法如下。

1. 预测产品销售量变动对利润的影响

在其他因素不变的情况下，预测期产品销售数量增加，利润额也会随之增加；反之，预测期产品销售数量减少，利润额也会随之下降。

因为在对下期的产品销售成本进行测算时，已将由于销售量变动而使生产量变动的因素考虑在内了，由产品销售数量变动而使利润增加或减少的数额，可用本期的销售成本与下期

预测销售成本相比较，再根据本期的成本利润率求得。其计算公式为：

$$因销售量变动而增减的利润额=\left(\begin{matrix}预测下期产\\品销售成本\end{matrix}-\begin{matrix}本期产品\\销售成本\end{matrix}\right)\times本期成本利润率$$

2．预测产品品种结构变动对利润的影响

产品品种结构变动对利润的影响是不同的，而预测下期利润时，是以本期各种产品的平均利润率为依据的。所以，应根据预测的下期产品品种结构变动情况，确定下期平均利润率，然后通过比较本期和下期利润率的差异，计算预测期由于品种结构变动而增加或减少的利润数额。其影响可按下列公式计算：

$$\begin{matrix}由于产品品种结构\\变动而增减的利润\end{matrix}=\begin{matrix}按本期成本计算\\的下期成本总额\end{matrix}\times\left(\begin{matrix}预测期\\平均利润率\end{matrix}-\begin{matrix}本期\\平均利润率\end{matrix}\right)$$

$$预测期平均利润率=\sum\left(\begin{matrix}各产品本期\\利润率\end{matrix}\times\begin{matrix}该产品下期\\销售比重\end{matrix}\right)$$

3．预测产品成本降低对利润的影响

在产品价格不变的情况下，降低产品成本会使利润相应增加。由于成本降低而增加的利润，可根据经预测确定的产品成本降低率求得。其计算公式为：

$$\begin{matrix}由于成本降低\\而增加的利润\end{matrix}=\begin{matrix}按本期成本计算的\\预测期成本总额\end{matrix}\times\begin{matrix}产品成本\\降低率\end{matrix}$$

4．预测产品价格变动对利润的影响

如果在预测期产品销售价格比上期提高，则销售收入也会增多，从而使利润额增加；反之，如果产品销售价格降低，也会导致利润额减少。销售价格增加或减少同样会使销售税金相应地随之增减，这一因素同样要考虑进去。其计算公式为：

$$\begin{matrix}由于产品销售价格\\变动而增减的利润\end{matrix}=\begin{matrix}预测期产品\\销售数量\end{matrix}\times\begin{matrix}变动前\\售价\end{matrix}\times\begin{matrix}价格\\变动率\end{matrix}\times(1-税率)$$

5．预测产品销售税率变动对利润的影响

产品销售税率变动直接影响利润额的增减。如果税率提高，可使利润额减少；如果税率降低，则使利润额增加。其计算公式为：

$$\begin{matrix}由于产品销售税率\\变动而增减的利润\end{matrix}=\begin{matrix}预测期产品\\销售收入\end{matrix}\times(1\pm价格变动率)\times(原税率-变动后税率)$$

6.4 资金需要量预测

资金需要量预测是根据企业未来的发展规划，根据有关历史资料，采用一定的方法，对企业未来资金能达到的水平进行的预计和测算。其预测方法也有定性和定量预测两类。定性预测方法主要采用德尔菲法，定量预测主要采用以下方法。

6.4.1 销售百分比法

销售百分比法是指以资金与销售额的比率为基础，来预测未来资金需要量的方法。应用销售百分比法预测资金需要量是建立在以下假定基础之上的：①企业的部分资产和负债与销售额同比例变化；②企业各项资产、负债与所有者权益结构已达到最优。

应用销售百分比法预测资金需要量通常需经过以下步骤：①预计销售额增长率；②确定随销售额变动而变动的资产和负债项目；③确定需要增加的资金数额；④根据有关财务指标的约束确定对外融资数额。

为了简便起见，给出预测外部融资额的公式如下：

$$\text{需追加的外部融资额} = \frac{\Delta S}{S}\left(\sum A - \sum B\right) - \Delta EPS$$

式中，ΔS 表示预计年度销售增加额；S 表示基期销售额；$\sum A$ 表示基期敏感资产总额；$\sum B$ 表示基期敏感负债总额；P 表示销售利率；E 表示留存收益。

【例 6-8】某公司某年 12 月 31 日的资产负债表如表 6-8 所示。

表 6-8 资产负债表 单位：万元

资产		负债与所有者权益	
现金	5 000	应付费用	10 000
应收账款	15 000	应付账款	5 000
存货	30 000	短期借款	25 000
固定资产净值	30 000	企业债券	10 000
		实收资本	20 000
		留存收益	10 000
资产合计	80 000	负债与所有者权益合计	80 000

假定该企业该年的销售收入为 100 000 万元，销售净利率为 10%，股利支付率为 60%，企业现有生产能力尚未饱和，增加销售无须追加固定资产投资。经预测，下年该企业销售收入将提高到 120 000 万元，企业销售净利率和利润分配政策不变。

销售百分比法的预测程序为：

（1）预计销售额增长率。

$$\frac{\Delta S}{S}\times 100\% = \frac{120\,000-100\,000}{100\,000}\times 100\% = 20\%$$

（2）确定随销售额变动而变动的资产和负债项目，如表 6-9 所示。

（3）确定需要增加的资金。

$$\text{需增加的资金}=\left(\frac{5\,000+15\,000+30\,000}{100\,000}-\frac{10\,000+5\,000}{100\,000}\right)\times(120\,000-100\,000)$$

$$=7\,000\text{（元）}$$

表 6-9 敏感项目判断表

资　产	是 否 变 动	负债与所有者权益	是 否 变 动
现金	变动	应付费用	变动
应收账款	变动	应付账款	变动
存货	变动	短期借款	不变动
固定资产净值	不变动	企业债券	不变动
		实收资本	不变动
		留存收益	不变动

（4）根据有关财务指标的约束条件，确定对外界资金需求的数额。

外部资金需要量=7 000−(1−60%) ×10%×120 000=2 200（元）

销售百分比法的主要优点是为财务管理提供短期预计财务报表和外部融资的要求。但如果财务关系的假定失实，则据以采取的政策就会对企业产生不利的影响，这是其缺点所在。尽管销售百分比法有其缺点，但它仍不失为预测短期资金需要量的有效方法。

6.4.2 资金习性预测法

资金习性预测法是指根据资金习性预测未来资金需要量的方法。所谓资金习性，是指资金的占用量与产品产销量之间的依存关系。按照这种关系，可以把资金区分为不变资金，变动资金和半变动资金。

不变资金是指在一定的产销量范围内，不随产销量变动的资金。这部分资金主要包括：为维持营业而占用的最低数额的现金，原材料的保险储备，必要的成品储备和厂房、机器设备等固定资产占用的资金。

变动资金是指随产销量的变动而同比例变动的那部分资金。一般包括直接构成产品实体的原材料、外购件等占用的资金。另外，在最低储备以外的现金、存货、应收账款等也具有变动资金的性质。

半变动资金是指虽受产销量变动的影响，但不成同比例变动的资金，如一些辅助材料上占用的资金。半变动资金可采用一定的方法划分为不变资金和变动资金两部分。

资金习性预测法有两种形式：一种是根据资金占用总额同产销量的关系来直接预测资金需要量；另一种是采用先分若干资金占用项目预测，然后汇总测算出资金占用总额。

资金习性预测法就是根据上述原理，预测资金需要量的方法。其数学模型为：

$$y=a+bx$$

式中，y 表示资金占用额；a 表示不变资金；b 表示单位产销量所需要的变动资金；x 表示产销量。

运用上式，在已知 a、b 条件下，即可求得一定产销量 x 所需的占用资金量。而 a、b 的值可采用高低点法或直线回归法求得。

1. 高低点法

高低点法是指根据企业一定期间资金占用的历史资料，按照资金习性原理和 $y=a+bx$ 直线方程式，选用最高收入期和最低收入期的资金占用量之差，同这两个收入期的销售额之差进行对比，先求 b 的值，然后再代入原直线方程，求出 a 的值，从而估计推测资金占用量的发展趋势。其计算公式为

$$b=\frac{\text{最高收入期资金占用量}-\text{最低收入期资金占用量}}{\text{最高销售收入}-\text{最低销售收入}}$$

$$a=\text{最高收入期资金占用量}-b\times\text{最高销售收入}$$

或

$$=\text{最低收入期资金占用量}-b\times\text{最低销售收入}$$

【例 6-9】某企业产销数量和资金占用数量的历史资料如表 6-10 所示。假定第 6 年预计产量为 80 000 件。

表 6-10　某企业产量与资金占用量表

年　度	产量（x）（件）	资金占用量（y）（元）
1	60 000	5 000 000
2	55 000	4 750 000
3	50 000	4 500 000
4	65 000	5 200 000
5	70 000	5 500 000

$$b=\frac{5\,500\,000-4\,500\,000}{70\,000-50\,000}=50\text{（元）}$$

由 $y=a+bx$，代入数据，求得：

$$a=y-bx=5\,500\,000-50\times70\,000=2\,000\,000\text{（元）}$$

预测第 6 年产量为 80 000 件的资金占用量为：

$$2\,000\,000+50\times80\,000=6\,000\,000\text{（元）}$$

高低点法简便易行，适用于企业的资金变动趋势比较稳定的情况。

2．直线回归法

直线回归法是根据若干期业务量和资金占用量的历史资料，运用最小二乘法原理，用直线方程求得 a、b 值，然后预测资金占用量的方法。

其计算公式为

$$a=\frac{\sum x_i^2\sum y_i-\sum x_i\sum x_iy_i}{n\sum x_i^2-(\sum x_i)^2}\qquad b=\frac{n\sum x_iy_i-\sum x_i\sum y_i}{n\sum x_i^2-(\sum x_i)^2}$$

复习思考题

一、单项选择题

1．因果预测分析法下用于建立预测模型的“回归分析法”与趋势外推法所采用的“修正的时间序列回归法”的回归系数计算公式（　　）。

A．完全相同　　　　B．完全不同

C．大致相同　　D．大致不同

2．预测方法分为两大类，是指定量分析法和（　　）。

A．平均法　　B．定性分析法

C．回归分析法　　D．指数平滑法

3．已知上年利润为 100 000 元，下一年的经营杠杆系数为 1.4，销售量变动率为 15%，则下一年的利润预测额为（　　）。

A．140 000 元　　B．150 000 元

C．121 000 元　　D．125 000 元

4．假设平滑指数为 0.6，9 月份实际销售量为 600 千克，原来预测 9 月份销售量为 630 千克，则预测 10 月份的销售量为（　　）。

A．618 千克　　B．600 千克

C．612 千克　　D．630 千克

5．通过函询方式，在互不通气的前提下向若干经济专家分别征求意见的方法是（　　）。

A．专家函询法　　B．专家小组法

C．专家个人意见集合法　　D．德尔菲法

6．已知上年利润为 200 000 元，下一年的经营杠杆系数为 1.8，预计销售量变动率为 20%，则下一年利润预测额为（　　）。

A．200 000 元　　B．240 000 元

C．272 000 元　　D．360 000 元

7．下列各项中，不属于定量分析法的是（　　）。

A．判断分析法　　B．算术平均法

C．回归分析法　　D．平滑指数法

8．预测分析的内容不包括（　　）。

A．销售预测　　B．利润预测

C．资金预测　　D．所得税预测

9．企业根据现有的经济条件和掌握的历史资料及客观事物的内在联系，对生产经营活动的未来发展趋势和状况进行的预计和测算的过程，就是管理会计的（　　）。

A．经营决策　　B．经营预测

C．生产决策　　D．生产预测

10．下列各项中，不能按照统一的方法直接确定各期权数值的方法是（　　）。

A．移动平均法　　B．趋势平均法

C．加权平均法　　D．平滑指数法

二、多项选择题

1．下列有关经营预测的说法正确的是（　　）。

A．经营预测是指根据历史资料和现在的信息，运用一定的预测方法，对未来经济活动可能产生的收入、支出以及经济效益的发展趋势进行科学预计和推测的过程，是企业做出正确决策的基础

B．经营预测是企业进行经营决策的基础和依据

C．经营预测有利于提高企业的竞争能力
D．经营预测是企业进行科学管理的基础
2．下列各项中，能揭示利润灵敏度指标排列规律的内容有（ ）。
A．单价的灵敏度指标总是最高
B．单价和单位变动成本的灵敏度指标之差等于销售量灵敏度指标
C．销售量的灵敏度指标也可能是最低的
D．销售量的灵敏度指标和固定成本的灵敏度指标之差可能小于 1%
3．随预测对象和预测期限的不同，经营预测可分为（ ）。
A．定性预测方法　　B．定量预测方法
C．趋势预测法　　D．因果预测法
4．下列各项中，属于影响销售量的外部因素的有（ ）。
A．市场环境　　B．竞争对手
C．产品价格　　D．经济发展趋势
5．下列各项中，属于预测分析内容的有 （ ）。
A．销售预测　　B．利润预测
C．成本预测　　D．资金预测
6．下列各项中，可用于成本预测的方法包括（ ）。
A．指数平滑法　　B．加权平均法
C．直线回归分析法　　D．高低点法
7．下列各项中，可用于销售预测的定量分析方法有（ ）。
A．算术平均法　　B．指数平滑法
C．直线回归法　　D．销售人员意见综合判断法
8．下列各项中，属于企业为实现目标利润应采取措施的有（ ）。
A．在其他因素不变的情况下，提高单价
B．在其他因素不变的情况下，增加销售量
C．在其他因素不变的情况下，降低固定成本
D．在其他因素不变的情况下，降低单位变动成本
9．在管理会计中，为确定目标成本，可以考虑以下不同方案，包括（ ）。
A．按目标利润预测目标成本
B．以本企业历史最好成本水平作为目标成本
C．以本企业历史最高的成本作为目标成本
D．以国内外同类产品的先进成本水平作为目标成本
10．下列属于资金需要量预测中定量预测方法的有（ ）。
A．德尔菲法　　B．销售百分比法
C．资金习性预测法　　D．高低点法

三、判断题

1．对利润灵敏度指标进行排列时，单价的灵敏度指标总是最高的。（ ）
2．预测就是对不确定的或不知道的事件做出叙述和描述。（ ）

3．在利润敏感性分析中，灵敏度指标的中间变量的变动率必须等于因素的变动率。(　　)

4．销售预测中的算术平均法适用于销售量略有波动的产品的预测。(　　)

5．因果预测法就是回归分析法。(　　)

6．预测是为决策服务的，有时候也可以代替决策。(　　)

7．根据基年的产品产量和计划期产量以及基年单位成本中的固定费用额，可以测定产量的变动对成本的影响程度。(　　)

8．成本预测是其他各项预测的前提。(　　)

9．目标利润基数可以按不同的利润率标准计算。(　　)

10．定性分析法与定量分析法在实际应用中是相互排斥的。(　　)

四、计算分析题

1．甲公司只生产一种产品，单价 200 元，单位变动成本 160 元，固定成本 400 000 元，2012 年销售量为 10 000 件。企业按同行业先进的资金利润率预测 2013 年企业目标利润基数。

已知：资金利润率为 20%，预计企业资金占用额为 600 000 元。求：

（1）测算企业的目标利润基数；

（2）测算企业为实现目标利润应该采取哪些单项措施。

2．乙企业只生产一种产品，本年销售量为 20 000 件，固定成本为 25 000 元，利润为 10 000 元，预计下一年销售量为 25 000 件（假设成本、单价水平不变）。

请预测下一年的利润额。

3．丙公司 2012 年销售收入 1.2 亿元，净利润 480 万元，股利发放率 50%，厂房设备利用已呈饱和状态。该企业 2012 年度简化的资产负债表如表 6-11 所示。

表 6-11　资产负债表

2012 年 12 月 31 日　　　　单位：万元

资　产	金　额	负债和所有者权益	金　额
货币资金	120	应付账款	600
应收账款	400	应交税费	300
存货	2 600	长期负债	1 310
固定资产净额	4 800	股本	5 400
无形资产	40	留存收益	350
资产总计	7 960	负债和所有者权益总计	7 960

若该企业 2013 年销售收入将增至 1.5 亿元，销售净利率与上年相同，该企业仍按 2012 年股利发放率支付股利。

预测该企业 2013 年需要追加的资金数额。

4．丁企业生产一种产品，最近半年的平均总成本资料如表 6-12 所示。

表6-12 资 料 单位：万元

月 份	固 定 成 本	单位变动成本
1	12 000	14
2	12 500	13
3	13 000	12
4	14 000	12
5	14 500	10
6	15 000	9

当7月份产量为500件时，采用加权平均法预测7月份产品的总成本和单位成本。

五、简答题

1. 简要说明开展预测分析的一般步骤。
2. 定量分析和定性分析两类方法的特点各是什么样的？
3. 简要说明资金需要量预测的销售百分比法。
4. 预测目标利润时，需要考虑哪些因素？需要经过哪几个步骤？
5. 在运用直线回归法进行资金预测时，需要注意哪些问题？
6. 怎样利用利润灵敏度指标进行利润预测？
7. 资金预测的具体内容包括什么？资金预测的常用方法有哪些？
8. 简要说明销售预测、利润预测、成本预测和资金需要量预测之间的关系。

六、实训题

某农场收获并加工新鲜产品向超市出售。目前它获得了大量收获，同时又正经历一场包装工人发起的罢工，已延续一周之久。在此期间，本应有25 000公斤的货物需要生产发货，结果无一完成。这些产品每公斤可卖2元，因此该公司声称，到目前为止，罢工已造成5万元的损失。

参与该争议的公会组织指出，其所受的损失其实只有7 500元，并出示下列数据用以证明：

损失的销售收入	50 000	
节省的支出	42 500	
材料成本		10 000
人工成本		15 000
质量控制		1 000
设备折旧		7 500
间接生产费用（人工的60%）		9 000
罢工损失	7 500（元）	

另外还有下列信息以供参考：

（1）材料成本包括大批购买的用于种植的产品及化肥等。由于该生产过程具有持续性，因此公司可以在罢工期间将产品留置地中。但公司的管理人员认为这样做会导致一定程度的质量恶化，并且产品在那里只能放几个星期。

（2）质量控制采用抽样方式进行，当前的工资水平是每小时 10 元，每个星期大约要花费 100 个小时。其他的质量控制费用都算在间接成本中。质量控制员工没有进行罢工，因此他们不会被解聘，短期内也不会动用他们去做别的工作。

（3）机器设备的折旧采用直线法。但是，工厂经理估计无论生产强度如何，其每周的折旧都约为 5 000 元。另外，他还认为每生产 1 000 公斤的产品，机器就折旧 100 元。

（4）间接生产费用按人工成本的 60%分配。这些费用的大部分都是必然发生的，且不受生产规模的影响（如租金、收费、维修和工资等），但某些费用（如燃料和动力）却是直接随生产规模而变化的。总经理估计第二类间接生产费用为 1 000 公斤 120 元。

（5）在罢工期间，那些工资包括在固定间接费用内的维修工人可以对公司闲置的机器设备进行检修。他们一共消耗材料 400 元。而这样的检修平时是由外聘的人员来做的，费用一般为 2 800 元。

（6）另外，如果罢工马上结束的话，销售损失的 10%可以通过加班来弥补，加班的工资应为平时的 1.5 倍。

（1）针对双方所提出的罢工成本（即罢工损失）的声明进行简要评述。根据已给信息，重新计算罢工成本，并解释你对每项的推理。

（2）说明你对以上回答所作的假定，并对需要进一步调查的事项进行评论。

第 7 章 短期经营决策

本章导语

决策是人们为了实现一定的预期目标，根据现实的主客观条件和占有的数据资料，提出两个或两个以上的备选方案，借助于科学的理论与方法，进行必要的计算、分析和判断，从中选择一个最优方案的过程。企业在日常的生产经营过程中，无时无刻不在进行着与生产经营活动有关的决策。在市场竞争十分激烈的今天，一个企业决策的好坏直接关系到企业经营的成败，因此管理人员应对决策工作十分重视。短期经营决策是企业日常工作面临的重要问题。本章将主要介绍短期经营决策中生产决策、生产数量决策和定价决策的具体方法。

学习目标

1. 了解短期经营决策的含义、基本程序和短期经营决策的目标。
2. 理解与决策有关的成本概念。
3. 掌握短期经营决策的基本方法。
4. 掌握生产决策的基本方法。
5. 掌握定价决策的基本方法。

7.1 短期经营决策概述

7.1.1 短期经营决策的含义及基本程序

1. 短期经营决策的含义

决策是指组织或个人为实现某种目标而对未来一定时期内有关活动的方向、内容及方式进行必要的计算、分析和判断的选择及调整过程。

短期经营决策是指一年以内影响近期收支盈亏的决策问题。

2. 短期经营决策的基本程序

短期决策一般按以下四个步骤进行。

（1）识别存在的问题，确定决策目标。所谓识别问题就是要找出实际状态与规划、标准的差异，并分析其性质、特点、背景，把问题界定清楚。然后，进一步分析问题产生的原因，抓住主要矛盾，确定决策目标。所谓决策目标就是要明确决策要解决的问题，达到什么目的。确定决策目标要讲究针对性、准确性、可靠性，并力求定量化。

（2）提出备选方案，并排除明显不可行方案。提出决策方案，是决策分析的重要环节。为实现决策目标，必须根据掌握的信息，拟出各种可行性备选方案，以便对比择优。所谓可行性，就是指技术上可行，经济上合理。

（3）确定与各可行备选方案有关的成本收益，筛选最优方案。本步骤要求根据决策目标和评价标准，选择专门方法，把各备选方案可计量资料进行系统排列，建立数学模型，对各方案的收入、成本、预期收益和风险特性进行分析比较，从中筛选最优方案。

（4）对决策方案实施反馈控制。在决策方案的执行过程中，要及时进行信息反馈，不断地对方案进行修正，保证决策目标顺利实现。

7.1.2 短期经营决策应考虑的成本概念

决策分析的最终目的是选出最优方案，选优的标准主要看经济效益的高低，而影响经济效益高低的决定性因素主要是成本。因此，掌握和分析不同决策方案的成本状况并对其进行正确分析，是决策过程中的重要环节和内容。而所有成本项目中，有些成本与决策有关，有些成本则与决策无关。因此，要进一步研究成本的概念及其与决策的相关性。

1. 相关成本与无关成本

（1）相关成本是指与特定决策直接有关的成本，即决策分析时必须考虑的成本。相关成本必须同时具有以下两个特征。

① 它是一种未来的成本，而不是历史成本。因为决策是面向未来的，因此只有未来将发生的成本才有可能导致决策方案的不同。而无论决策结果如何，过去已发生的成本均不会发生改变，因此，也就不可能影响决策结论的选择，所以相关成本一定是未来成本。

② 它是一种差别成本。相关成本必须是决策备选方案间预期的差别成本。因为如果一个成本项目对无论哪一个决策备选方案都一样的话，其本身就不可能导致决策选择的差别，即是否考虑该项成本不会引起决策方案选择出现不同的结果。这样的成本显然与决策没有关联。例如，企业欲收购生产所需卡车一辆，若购入 A 厂所产的卡车，成本是 50 万元，若从 B 厂购入，成本为 60 万元，那么相关成本则为 10 万元。

（2）无关成本。与相关成本相对应，无关成本是指过去已经发生，或虽未发生，但对未来决策没有任何影响的成本。由于过去已发生的成本不会因为未来的决策而产生任何变化，即它不具有导致未来决策结论产生差别的能力，因此，所有的过去成本均是决策无关成本。另外，在各备选方案中，凡项目相同、金额相等的未来成本，显然也不会导致决策结论产生差异，因此也与决策无关。即无差别的未来成本也是决策无关成本。

2. 决策相关成本

进行决策时需考虑的相关成本有以下几种。

（1）差量成本。差量成本有广义和狭义之分。广义的差量成本是指不同决策方案间的预期成本差额。例如，自制零件单位成本为 30 元，外购相同零件单位购价为 45 元，两方案预期单位成本差额为 15 元，即它们的差量成本。而狭义的差量成本是指同一决策方案下，由于生产能力利用程度不同或产量增减变化而形成的预期成本差额，也称增量成本或减量成本。例如，生产甲产品可选择生产 6 000 件或生产 8 000 件两个方案，两方案下的总成本分别为 120 000 元和 160 000 元，则两方案之间的增量成本为 40 000 元。

（2）机会成本。机会成本是指在决策过程中，从若干可供选择的方案中选取某一种方案，而放弃另一方案时所丧失的潜在收益，即选择目前接受的方案所付出的代价。机会成本是在对有限资源的利用进行决策分析时而产生的概念，它不是一种实际支出或费用，但它表明用于某一方面可能取得的利益，是以放弃它用于其他方面可能取得的利益为代价的，同样，这种丧失的收益，也不是实际的，而是潜在的。因此，只有将落选方案可能获得的潜在收益作为机会计入选择方案的相关总成本中，才能正确评价被选用的方案是否真正最优。否则，可能造成决策失误。

（3）边际成本。边际成本是指成本对业务量无限小变化的变动部分，即成本随业务量无限小变化的变动率。但在实践中，业务量不可能无限小地变化，其变化至少应为一个单位。因此，在实际中，边际成本是指在业务量的相关范围内，每增加或减少一个单位所引起的成本变动额。

（4）付现成本。付现成本是指由某项决策而引起的未来某一时期内需要以现金支付的成本。因为保持正常的现金周转和支付能力对企业至关重要，甚至关系到企业的生死存亡，所以，在经营决策分析时，如果企业近期的资金比较紧张，筹措资金比较困难，则企业对付现成本的考虑，往往多于对总成本的考虑。甚至会选择付现成本最小的方案来代替总成本最低的方案，以保证企业现金流转顺畅。

（5）重置成本。重置成本又称现时成本，它是和历史成本相对应的一个概念，通常是指从目前在市场上重新购买一项原有资产而需要支付的成本。

（6）专属成本。专属成本是指可以明确归属于某种、某批产品或某个部门等特定对象的成本。例如，专门用于生产某种产品的专用设备发生的折旧费、保险费等就是该产品的专属成本。

（7）可避免成本。可避免成本是指管理当局通过某项决策行动可以改变其数额或决定其是否会发生的成本。例如，某方案被采纳，某项支出就会发生，反之该支出就不会发生。这样的支出就是可避免成本。另外，有些支出的数额大小可由决策者依据具体情况而定，也就是说，这些成本中有一部分在一定情况下也是可以避免的，如新产品的研发费、广告费及职工培训费等。

（8）可延缓成本。在企业财力有限时，对选定方案推迟执行，而不会影响企业全局，此时与这一方案有关的成本也可推迟发生，这类成本就是可延缓成本。例如，公司原定粉刷办公大楼，估计成本为 5 000 元，但目前资金比较紧张，暂时推延此计划，不会对企业正常经营产生重大影响，与之相联系的 5 000 元成本也就暂时不会发生，这 5 000 元就是可延缓成本。

（9）不可延缓成本。与特定方案相联系，且一旦选定方案，即使企业财务资源有限也必须尽快实施，否则将给企业带来严重损失，即与决策有关的成本立即发生不可推迟，此种方案涉及的成本称为不可延缓成本。

3. 决策无关成本

决策无关成本主要包括以下三种。

（1）沉没成本。沉没成本是指那些由过去决策导致发生的已经支付且无法被目前的决策所改变的成本。沉没成本有两个特征：① 过去已经发生；② 无论未来的决策结论怎样，其发生额均不会变化。例如，购置设备所耗费的历史性支出或账面价值就是此类成本。

（2）共同成本。几个备选方案共同负担的成本称为共同成本，一般表现为固定成本。例如，管理者的工资、辅助生产部门提供的服务费等。它与专属成本是相对应的概念。其特点在于，无论选择何种决策方案，它都会发生，且金额相同。所以，它是决策方案的无差量成本，即不会导致决策差异，因此是无关成本。

（3）不可避免成本。不因管理者的某项决策结论或行动而改变其数额的成本称为不可避免成本。不可避免成本发生与否并不取决于某一特定决策方案的取舍。例如，在相关范围内的约束性固定成本就是典型的不可避免成本。

7.1.3 短期经营决策分析常用的方法

短期经营决策主要是一年以内的生产经营决策，它与长期决策最大的区别在于不考虑货币的时间价值。因此，短期决策的分析评价总是直接或间接地计算不同方案的差量收入和成本，确认差量收益，即剔除现金流量问题的成本效益分析，从而做出理想的决策。从实际工作中看，常用的决策方法有差量分析法、贡献边际分析法、成本无差别点分析法和概率分析法。

1. 差量分析法

差量分析法，即差别损益分析法，是指在决策过程中只分析计算不同方案间的差量部分，通过差量部分的对比，得出最优方案的一种决策的方法。在运用差量分析法时，要首先明确几个概念。

（1）差量，是指两个备选方案同类指标之间的数量差异。

（2）差量收入，是指两个备选方案预期收入之间的数量差异。

（3）差量成本，是指两个备选方案预期成本之间的数量差异。

（4）差量损益，是指差量收入与差量成本之间的数量差异。

评选方案的原则是，如果差量损益为正数，则前一个方案优于后一个方案；如果差量损益为负数，则后一方案优于前一个方案。

差量分析法剔除了非相关成本，即将备选方案中数额相等的收入或成本撇开，只评价备选方案中的收入或成本的差额部分，因此大大简化了决策分析过程，提高了工作效率，成为经营决策最常用的一种方法。

2. 贡献边际分析法

贡献边际分析法是指通过对比被选方案贡献边际的大小来选择最优方案的决策方法，分为单位资源贡献边际法和贡献边际总额法。

单位资源贡献边际分析法是指以有关方案的单位资源贡献边际指标作为决策评价指标的一种方法。在企业生产只受到某一项资源的约束，并已知备选方案中各种产品的单位贡献边际和单位产品资源消耗额的条件下，可考虑采用单位资源贡献边际法进行决策。

贡献边际总额分析法是指以有关方案的贡献边际总额指标作为决策评价指标的一种方法。当有关决策方案的相关收入均不为零，相关成本全部为变动成本时，可以将贡献边际总额作为决策评价指标。哪个方案的指标大，哪个方案就为最佳方案。

3. 成本无差别点分析法

差量分析法和贡献边际分析法都适用于收入成本型（即收益型）方案的决策。在企业生产经营中，面临许多只涉及成本而不涉及收入，即成本型方案的选择，如零部件自制还是外购的决策，不同工艺进行加工的决策等。这时可以考虑采用成本无差别点分析法进行方案的选择。

在成本按性态的分类中，任何方案的总成本都可以用 $y = a + bx$ 表述。所谓成本无差别点是指在该业务量水平上两个不同方案的总成本相等。当高于或低于该业务量水平时，不同方案就具有了不同的业务量优势区域。利用不同方案的不同业务量优势区域进行最优化方案的选择的方法称为成本无差别点分析法。

4. 概率分析法

以上三种决策分析方法，都是在有关条件已知或确定的情况下采用的，如果企业决策者对企业未来情况不甚明了，则无法采用上述决策分析方法，而应采用概率分析法进行决策。

概率分析法就是对企业经营中诸多因素（如产品销售量、变动成本、固定成本等）在一定范围内的变动程度做出估计，从而把影响决策的各种现象都考虑进来，使决策更加接近于实际情况。在采用概率分析法时，应按以下步骤进行。

（1）确定与决策结果有关的变量。

（2）确定每一变量的变化范围。

（3）凭决策者假定或以历史数据为依据，确定每一变量的概率。

（4）计算各变量相应的联合概率。

（5）将不同联合概率条件下的结果加以汇总，得到预期值。

5. 最优数学模型法

最优数学模型法就是借助于现代数学模型寻求最优解决方案的一种决策分析方法。最优数学模型法并不需要事先设计几个备选方案来“择优”，而是借助于数学模型直接确定出“最优”方案。“最优”的标准是：在“可行”的前提下，能够实现价值标准的最大化（贡献边际总额或利润总额）或最小化（成本）。解决此类问题，需要使用高等数学中函数极值理论及运筹学中的线性规划、动态规划等方法。

7.2 产品生产决策

产品生产决策是企业短期经营决策的重要内容之一，其最终目标是合理利用企业现有生产能力，为企业带来最大的经济效益。这类决策主要解决是否生产、生产什么、生产多少以及如何生产的问题。

7.2.1 是否生产的决策

是否生产的决策，是指在进行生产决策时，针对组织有关产品生产的方案和拒绝组织该产品生产的方案所作的选择，包括亏损产品是否停产或增产的决策和是否接受低价追加订货的决策等。

1. 亏损产品是否停产或增产的决策

亏损产品是否停产或继续生产的决策，主要研究在企业生产多种产品时，如果某一种产品的收入低于按完全成本法计算的产品成本，出现了亏损，那么是按照原有规模继续生产该亏损产品，还是停止生产该亏损产品，或是扩大规模生产该亏损产品的问题，应从以下几个方面考虑。

1）亏损产品是否停产的决策

（1）亏损产品停产以后，闲置生产能力无法转移。

当亏损产品停产以后，闲置生产能力无法转移，即无法被用于其他方面，不能转产，也不能将有关设备对外出租。在这种情况下，只要亏损产品的单价大于其单位变动成本，即亏损产品的单位边际贡献大于零就不应当停产。这是因为继续生产能够提供正的贡献边际的亏损产品，至少可以为企业补偿一部分固定成本，如果停产，作为沉没成本的固定成本仍然要发生，就要转由其他产品负担，最终导致整个企业减少的利润，相当于该亏损产品所能提供的贡献边际。

【例 7-1】某企业生产甲、乙、丙三种产品，乙产品是亏损产品，假定乙产品停产，生产能力无法转移。有关收入成本资料如表 7-1 所示。

表 7-1　乙产品停产前相关利润　　　单位：万元

项　目	甲产品	乙产品	丙产品	合　计
营业收入	2 100	800	1 300	4 200
变动成本	1 400	700	1 000	3 100
贡献边际	700	100	300	1 100
固定成本	400	160	240	800
利润	300	-60	60	300

注：固定成本按营业收入比例分摊。

如果乙产品停止生产，由于固定成本没有减少，乙产品负担的固定成本必将转移给甲产品和丙产品，企业的利润由 300 万元减少到 200 万元，因此，不应停止乙产品的生产，见表 7-2。

表 7-2　乙产品停产后相关利润　　单元：元

项　目	甲产品	丙产品	合　计
营业收入	2 100	1 300	3 400
变动成本	1 400	1 000	2 400
贡献边际	700	300	1 000
固定成本	500	300	800
利润	200	0	200

注：固定成本按营业收入比例分摊。

（2）亏损产品停产以后，闲置生产能力可以转移。

当亏损产品停产以后，闲置生产能力可以转移，如将有关设备用于对外出租时，则必须进一步考虑有关机会成本（租金）因素。如果亏损产品创造的贡献边际小于与生产能力转移有关的机会成本，就应当停产。反之，则不应停产。

【例 7-2】假设【例 7-1】中乙产品停产后，可将生产乙产品的设备、厂房对外出租，一年可获得租金收入 120 万元。

显然，由于继续生产乙产品的贡献边际为 100 万元，小于其机会成本（即可获得租金）120 万元，因而应停止乙产品的生产而将设备、厂房出租，这样可以使企业多获得 100 万元的利润。

2）亏损产品是否增产的决策

亏损产品是否增产的决策是围绕亏损产品所做出的在未来一段时期内是否按照扩大的规模组织生产而开展的决策。既然对亏损的产品不能轻易停产，可以考虑是否适当增产亏损产品，分以下几种情况进行分析：

（1）当企业具备增产能力，且增产能力无法转移时，应当增产该亏损产品，因为这样可以使企业获得相当于增产该亏损产品创造的贡献边际那么多的利润。

（2）当企业具备增产能力，但增产能力可以转移时，则需要比较增产该亏损产品创造的贡献边际与增产能力转移有关的机会成本，如果增产该亏损产品的贡献边际大于增产能力转移有关的机会成本，那么就应当增产该亏损产品；反之，则不应当增产该亏损产品。

这类决策可以运用差别损益分析法，通过判断增产亏损产品方案与停产方案的相关损益进行决策。

【例 7-3】某企业组织多种产品生产。2012 年 A 产品的产销量为 1 000 件，售价为 100 元/件，单位变动成本为 80 元/件，发生亏损 10 000 元，其完全成本为 110 000 元。假定 2013 年 A 产品价格和成本水平均不变，停产后的生产经营能力可用于对外承揽零星加工业务，预计可获得 25 000 元贡献边际。该企业也已具备增产 A 产品 30%的能力，但也可以用于临时承揽零星加工业务，预计可获得贡献边际 10 000 元，市场上有可以接受增产产品的容量。求：

（1）确定与停产后生产能力转移有关的机会成本。

（2）确定与增产 30%后的生产能力转移有关的机会成本。

（3）用差别损益分析法做出 2013 年是否增产 A 产品的决策。

解：依题意：

（1）与停产后生产能力转移有关的机会成本=25 000 元

（2）与增产 30%后的生产能力转移有关的机会成本=10 000 元

（3）2012 年 A 产品的销售收入=110 000+(−10 000)=100 000（万元）

2013 年增产后的销售收入=100 000×(1+30%)=130 000（万元）

2012 年 A 产品的变动成本=80×1 000=80 000（万元）

2013 年增产后的变动成本=80 000×(1+30%)=104 000（万元）

编制差别损益分析表如表 7-3 所示。

表 7-3　差别损益分析表　　单位：元

项　　目	增产 A 产品	不增产 A 产品
相关收入	130 000	0
相关成本	139 000	0
其中：增量成本	104 000	0
机会成本	35 000	0
相关损益	−9 000	0

据此可做出结论：2013 年企业不应增产 A 产品，否则将使企业多损失 9 000 元的利润。

（3）当企业不具备增产亏损产品的能力时，要达到增产亏损产品的目标，必须追加投入一定的专属成本。在这种情况下，如果该亏损产品能提供正的边际贡献，那么应当运用差额损益分析法，通过判断增产亏损产品方案与停产方案的差别损益进行决策。

2. 是否接受低价追加订货的决策

追加订货通常是指在计划执行过程中，由外单位临时提出的额外订货，即正常订货意外的订货。

正常订货是指企业在组织一定时期生产之前争取到的、已纳入该期生产经营计划的订货。在现代市场经济条件下，企业往往通过提前召开订货会或其他形式争取未来一段时期的生产订单，以便编制计划期的生产经营计划，指导实际生产组织过程。在实际经济生活中，由于商业折扣的存在、客户与本企业的关系密切程度不同等因素的影响，同一种产品的不同订单，其单位售价的水平往往不一致。为了简化分析过程，假定在本类决策中，正常价格是经过加权平均处理的平均单价。

进行是否接受低价追加订货决策，可分别采用直接判断法和差别损益分析法。其中，直接判断法可应用于特殊条件下的是否接受低价追加订货决策；差别损益法则适用于任何情况。

1）只利用剩余生产能力，不影响正常销售且剩余生产能力无法转移

当追加订货不冲击正常订货，又不要求追加专属成本而且剩余生产能力无法转移时，只要特殊订货单价大于该产品的单位变动成本，就可以接受该追加订货。因为，此时企业的固定成本已由正常销售的产品负担，接受追加低价订货带来的贡献边际，将全部形成额外利润。

【例 7-4】某企业生产 A 产品，最大生产能力 2 000 台，正常销售 1 800 台，剩余生产能

力 200 台，正常价格为 1 000 元/台，固定成本总额为 300 000 元，单位变动成本为 700 元/台。现有客户来订货 200 台，给出的价格为 900 元/台，请问是否接受该批订货。

解：该订货只是利用剩余生产能力，只要低价订货的价格高于单位变动成本，就会为企业带来额外利润。该例中，因为追加订货的价格 800 元大于单位变动成本 600 元，因此可以接受该批追加订货，由此可以多获得利润(900−700)×200=40 000 元。

2）利用剩余生产能力且生产能力无法转移，但会减少正常销售

若低价订货会影响企业原有计划任务的完成，因而减少正常销售时，只有当追加订货的贡献边际额足以补偿因减少正常销售而损失的边际贡献及其他相关成本时，才能接受该低价订货。

【例 7-5】某企业只生产一种甲产品，每年最大生产能力为 12 000 件。2013 年与 M 公司签订了 10 000 件甲产品的供货合同，平均价格为 1 200 万元/件，单位完全成本为 1 000 万元/件，单位变动生产成本为 800 万元/件。假定该企业的剩余生产能力无法转移。合同规定，如正常订货不能如期履行，企业需支付给客户违约金 10 000 万元。2013 年 2 月，M 公司要求以 920 万元/件的价格向该企业追加订货 2 500 件，年内足量交货，追加订货没有特殊要求，M 公司不需要追加投入专属成本。求：

（1）计算“接受追加订货”方案的相关收入。

（2）计算“接受追加订货”方案的增量成本。

（3）计算因接受此项追加订货而无法正常履约的正常任务。

（4）计算“接受追加订货”方案与冲击正常任务有关的机会成本。

（5）计算“接受追加订货”方案与冲击正常任务有关的专属成本。

（6）利用差别损益法做出是否接受此项追加订货的决策。

解：依题意

（1）“接受追加订货”方案的相关收入=920×2 500=2 300 000（万元）

（2）“接受追加订货”方案的增量成本=800×2 000=1 600 000（万元）

（3）因接受此项追加订货而无法正常履约的正常任务=2 500−2 000=500（件）

（4）与冲击正常任务有关的机会成本=1 200×500=600 000（万元）

（5）与冲击正常任务有关的专属成本为 10 000 万元。

（6）编制差别损益分析表如表 7-4 所示。

表 7-4　差别损益分析表　　　　单位：万元

项　目	接受追加订货	拒绝追加订货	差　异　额
相关收入	2 300 000	0	+2 300 000
相关成本	2 210 000	0	+2 210 000
其中：增量成本	1 600 000	0	—
机会成本	600 000	0	—
专属成本	10 000	0	—
差别损益			+90 000

7.2.2 生产什么的决策

生产什么的决策，是指在生产决策中针对生产哪种产品的备选方案所做的选择，包括新产品投产的决策，是否转产某种产品的决策，半成品、联产品和副产品是否深加工的决策。

1. 新产品投产的决策

短期经营决策中新产品投产的决策主要是企业利用现有剩余生产能力来开发某种新产品的过程中，在两个或两个以上的市场上有销路的新产品中选择最优产品的决策。这种决策可以按照是否涉及追加专属成本分两种情况。

1）不追加专属成本条件下的品种决策

在新产品的品种决策中，如果有关方案均不涉及追加专属成本，就可以用单位资源贡献边际分析法或贡献边际总额分析法进行新产品开发的决策。

【例 7-6】某公司现准备推出一种新产品，拟从甲、乙两种产品中选取一种推向市场，该企业可利用的生产能力为年 50 000 机器小时，其他有关资料情况如表 7-5 所示。

表 7-5 甲、乙产品相关资料

项 目	甲 产 品	乙 产 品
单位售价（元/件）	60	80
单位变动制造成本（元/件）	40	60
单位变动销售及管理费用（元/件）	2	3
单位产品工时（小时/件）	4	5
固定制造费用总额（元）	20 000	
固定销售及管理费用（元）	18 000	

分析：在本例中，因固定制造费用总额和固定销售及管理费用总额是无关成本，故在决策时不予考虑。另外由于可利用资源总量已知，所以可以采用贡献边际总额分析法进行比较。

解：根据题意，将计算结果列入表 7-6。

表 7-6 甲、乙产品贡献边际总额计算表

项 目	甲 产 品	乙 产 品
单位售价（元/件）	60	80
单位变动成本（元/件）	42	63
单位贡献边际（元/件）	18	17
最大销售数量（件）	50 000÷4=12 500	50 000÷5=10 000
贡献边际总额（元）	225 000	170 000

表 7-6 计算表明，生产甲产品的贡献边际总额 225 000 元高于生产乙产品的贡献边际总额 170 000 元，所以应选择生产甲产品。

【例 7-7】现假设该企业剩余生产能力未知，其他资料同【例 7-6】，分析这种情况下的

决策。

解：根据上述资料，可列表 7-7。

表 7-7　甲、乙产品贡献边际计算表

项　　目	甲 产 品	乙 产 品
单位售价（元/件）	60	80
单位变动成本（元/件）	42	63
单位贡献边际（元/件）	18	17
单位产品耗用工时（小时/件）	4	5
单位工时贡献边际（元/小时）	4.5	3.4

表 7-7 的计算表明，生产甲产品单位工时提供的贡献边际大于生产乙产品单位工时提供的贡献边际，所以应该选择生产甲产品，结论与上述采用贡献边际总额分析法相同。

2）追加专属成本条件下的品种决策

当新产品开发的品种决策涉及追加专属成本时，就无法继续使用单位资源贡献边际分析法或贡献边际总额分析法，可以考虑使用差别损益分析法进行决策。

【例 7-8】M 企业准备利用数量为 60 000 千克的甲材料开发一种新产品，现有 A、B 两种产品可供选择。A、B 两种产品相关资料如表 7-8 所示。

表 7-8　A、B 产品相关资料

项　　目	A 产 品	B 产 品
单位售价（元/件）	210	110
单位变动成本（元/件）	160	70
消耗甲材料的单耗定额（千克/件）	10	6

开发 A、B 产品需要购置不同的专用模具，相应分别需要追加专属成本 18 000 元和 76 000 元。

试采用差别损益分析法做出开发新产品的品种决策。

解：依题意，分别计算开发 A、B 产品的相关业务量，则：

开发 A 产品的相关业务量=60 000÷10=6 000（件）

开发 B 产品的相关业务量=60 000÷6=10 000（件）

两方案的增量成本分别为它们的变动成本，编制的差别损益分析表如表 7-9 所示。

表 7-9　差别损益分析表

项　　目	开发 A 产品	开发 B 产品	差异额
相关收入	210×6 000=1 260 000	110×10 000=1 100 000	+160 000
相关成本	978 000	776000	+202 000
其中：增量成本	160×6 000=960 000	70×10 000=700 000	—
专属成本	18 000	76 000	—
差别损益			−42 000

由表 7-9 可知，A、B 两种产品的差别损益额为-42 000 元，小于零，可依据此判断应当生产 B 产品，这样可以使企业多获得利润 42 000 元。

2．是否转产的决策

短期经营决策中的转产并不是要求改变企业经营方向，而是调整个别品种构成，利用现有条件将亏损产品或盈利能力低的产品的生产能力转移到开发新产品以及增产企业原有其他老产品上来。这种以停止生产某一产品，其生产能力可以转移为前提的转产及增产某种产品的决策，一般不涉及生产能力的变动，同当初开发新产品及亏损产品转产、增产的决策有一定区别。

对于这类决策，可采用贡献边际总额分析法，通过判断转产前后的贡献边际总额进行决策。

【例 7-9】某企业生产甲、乙、丙三种产品。其中甲产品每年的营业收入为 4 000 万元，变动成本率为 70%，它的生产能力可以转移，既可用于开发新产品丁，又可用于增产原有老产品乙或丙，有关资料如下：

（1）甲产品停产后其生产能力分别为：增产乙产品 200 件，增产丙产品 300 件或生产丁产品 100 件，且不需要增加专属成本。

（2）单价资料：乙产品为 21 万元/件，丙产品为 16 万元/件，丁产品为 42 万元/件。

（3）单位变动成本资料：乙产品为 10 万元/件，丙产品为 9 万元/件，丁产品为 14 万元/件。

要求：做出甲产品是否转产的决策，如果转产，应当转产哪种产品？

解：依题意，甲产品的变动成本=4 000×70%=2 800（万元）

编制贡献边际总额分析表，如表 7-10 所示。

表 7-10　贡献边际总额分析表　　单位：万元

项　　目	增产乙产品	增产丙产品	增产丁产品	继续生产甲产品
相关收入	21×200=4 200	16×300=4 800	42×100=4 200	4 000
变动成本	10×200=2 000	9×300=2 700	14×100=1 400	3 500
贡献边际总额	2 200	2 100	2 800	500

由表 7-10 可知，无论是增产乙产品、丙产品还是转产丁产品，均比继续按原规模生产甲产品有利可图，所以企业应当转产。根据贡献边际总额的大小，首先应考虑转产丁产品，若转产丁产品可使企业利润额比继续生产多 2 300 万元（2 800-500）；其次是增产乙产品，增产乙产品可增加利润 1 700 万元（2 200-500）；最后是增产丙产品，可增加利润 1 600 万元（2 100-500）。

3．半成品、联产品和副产品是否深加工的决策

半成品是指那些经过初步加工而成型，已具备独立使用价值，但尚未最终完成全部加工过程的特殊产品表现形式，半成品经过进一步深加工就可以变成产成品。联产品是指通过对同一种原料按照同一工艺过程加工，所产出的性质相近、价值相差不多的多种产品的总称。有的联产品经过深加工可以加工为其他产品，如石油化工企业对原油进行催化裂化处理，生产出的汽油、柴油、重油等油品，就属于联产品。副产品是指在生产主要产品过程中附带生产出的非主要产品。

在某些企业的生产经营过程中，经营者经常面临着生产的半成品、联产品或副产品是立即出售，还是继续加工以后再出售的问题。如煤矿生产的原煤是直接出售，还是进一步加工成电力出售，棉纺企业的棉纱是直接出售还是继续加工成布匹出售等。

半成品、联产品与副产品是否深加工，都可以采用差别损益分析法进行决策。在运用差别损益分析法时要注意，对于半成品、联产品、副产品进一步加工前所发生的成本，无论是变动成本还是固定成本，在决策分析过程中都属于沉没成本，是决策无关成本，在决策时不需要考虑。需要考虑的仅仅是进一步加工后增加的收入和增加的成本，如果增加的收入超过增加的成本，半成品、联产品和副产品值得进一步加工，以赚取更多的收益，如果进一步加工产生的增量收入小于增量成本，半成品、联产品和副产品应该直接出售。

【例 7-10】甲企业生产半成品 A 产品，经过深加工可生产出 B 产品，每年产量 500 件。半成品 A 的销售价格为 3 000 元/件，单位变动成本为 2 400 元/件。B 产品售价为 4 500 元/件，每完成一件 A 产品的深加工需追加变动加工成本 900 元/件。

要求：做出最初半成品 A 直接出售还是深加工的决策。

（1）假设审计时不需要追加专属成本，A 产品与 B 产品的投入产出比为 1:1。根据上述资料编制差别损益分析表，见表 7-11。

表 7-11　差别损益分析表　　单位：元

项　　目	深加工成 B 产品出售	直接出售 A 产品	差 异 额
相关收入	4 500×500=2 250 000	3 000×500=1 500 000	+750 000
相关成本	900×500=450 000	0	+450 000
差别损益			+300 000

依表 7-11 的计算结果，应继续对 A 产品进行深加工，这样可多获得利润 300 000 元。

在此种情况下，若半成品与产成品的投入产出比为 1:1，也可直接按公式计算深加工与直接出售的差别损益：

差别损益=（产成品的售价-半成品的售价-单位变动加工成本）×半成品加工量

=（4 500-3 000-900）×500

=300 000（元）

（2）如果企业深加工需要租入一台年租金为 100 000 元的专用设备，那么年租金支出即为深加工产品 B 的专属成本，则为深加工 B 产品的相关成本。差别损益分析如表 7-12 所示。

表 7-12　差别损益分析表　　单位：元

项　　目	深加工成 B 产品出售	直接出售 A 产品	差 异 额
相关收入	4 500×500=2 250 000	3 000×500=1 500 000	+750 000
相关成本	550 000	0	+550 000
其中：加工成本	900×500=450 000	0	—
专属成本	100 000	0	—
差别损益			+200 000

依表 7-12 可知，深加工 B 产品仍然可以使企业利润增加 200 000 元，故深加工成 B 产品出售更好。

（3）如果企业只有深加工 300 件半成品 A 的能力，且该能力可用于对外承揽加工业务，预计一年内可获得贡献边际总额为 320 000 元。那么，决策中相关业务量为 300 件，转移生产能力取得的贡献边际额 320 000 元则是深加工 B 产品的机会成本，是决策的相关成本。有关的差别损益分析表见表 7-13。

表 7-13　差别损益分析表

项　目	深加工成 B 产品出售	直接出售 A 产品	差异额
相关收入	4 500×300=1 350 000	3 000×300=900 000	+750 000
相关成本	770 000	0	+770 000
其中：加工成本	900×500=450 000	0	—
机会成本	320 000	0	—
差别损益			−20 000

表 7-13 的计算结果表明，直接出售 A 半成品比深加工成 B 产品出售的利润多 20 000 元，该企业不应深加工，而应直接将 A 半成品出售。

（4）假定半成品 A 与 B 产品的投入产出比为 1∶0.8。

那么“深加工成 B 产品出售”方案的相关业务量为 400 件（500×0.8），“直接出售半成品 A”方案的相关业务量为 500 件。相关的差别损益分析表件表 7-14。

表 7-14　差别损益分析表　　单位：元

项　目	深加工成 B 产品出售	直接出售 A 产品	差异额
相关收入	4 500×400=1 800 000	3 000×500=1 500 000	+300 000
相关成本	900×400=360 000	0	+360 000
差别损益			−60 000

表 7-14 的计算结果表明，深加工成 B 产品出售企业利润减少了 60 000 元，故该企业应直接将半成品 A 出售。

【例 7-11】甲企业对同一种原料进行加工，可同时生产出 A、B、C 三种联产品，年产量分别为 2 500 千克、1 500 千克、1 000 千克。全年共发生 450 000 元联合成本，每种联产品承担的联合成本分别为 225 000 元、135 000 元和 90 000 元。其中 C 联产品可直接出售。企业已经具备将 80%的 C 联产品深加工为 D 产品的能力，且该生产能力无法转移。每深加工 1 千克 C 产品需额外追加可分成本 20 元。C 联产品与 D 产品的投入产出比例为 1∶0.7。如果企业每年额外支付 22 000 元租金租入一台设备，可以使深加工能力达到 100%。A、B、C 三种联产品的单价分别为 200 元/千克、210 元/千克、135 元/千克，D 产品的单价为 240 元/千克。计划年度企业有以下三个方案：一是将全部 C 产品深加工为 D 产品；二是将 80%的 C 产品深加工为 D 产品，三是直接出售全部 C 产品。

要求：

（1）确定各个方案的相关业务量、相关收入和相关成本。

（2）用相关损益分析法分别做出 C 产品是否深加工为 D 产品的决策。

解：（1）依题意：

①“将全部 C 产品深加工为 D 产品”方案确认的相关收入的相关业务量就是 D 产品的产销量，即：

相关收入=240×700=168 000（元）

1 000×0.7=700（千克）

该方案确认可分成本的相关业务量是 C 联产品的产量，为 1 000 千克。

可分成本=20×1 000=20 000（元）；

专属成本 22 000 元。

②“将 80%的 C 产品深加工为 D 产品”方案确认的相关收入的相关业务量包括 D 产品的产销量和直接出售的 C 产品的销量：

D 产品的产销量=1 000×0.7×80%=560（千克）

直接出售的 C 产品销量=1 000×(1−80%)=200（千克）

相关收入=240×560+135×200=161 400（元）

该方案确认可分成本的相关业务量是 C 联产品的产量，为 800 千克（1 000×80%）。

可分成本=20×800=16 000（元）

③“直接出售全部 C 产品”方案的相关业务量为 1 000 千克。

相关收入=135×1 000=135 000（元）；

相关成本为 0。

（2）依题意编制相关损益分析表如表 7-15 所示。

表 7-15　相关损益分析表　　单位：元

项　　目	深加工 100%	深加工 80%	直接出售 C 产品
相关收入	168 000	161 400	135 000
相关成本	42 000	16 000	0
其中：可分成本	20 000	16 000	0
专属成本	22 000	0	0
相关损益	126 000	145 400	135 000

依据表 7-15 的计算结果，相关损益最大的为 145 400 元，故应将 80%的 C 联产品加工成 D 产品后再出售。

7.2.3　怎样生产的决策

怎样生产的决策，是指在进行生产决策时，针对如何完成生产任务的备选方案所作的选择，包括零部件自制或外购的决策、不同生产工艺技术方案的决策和追加任务交给谁独立完成的决策等。

1．零部件自制或外购的决策

零部件自制或外购的决策即零、部、配件自制或外购的决策，它适用于那些既可以从市场上买到，又可以自行制造生产的零件、部件或配件取得方式的决策。零部件是自制还是外购的决策方案通常不涉及相关收入，只需要考虑相关成本因素。因此，这类决策可根据零部件年需要量是否确定而分别采用相关成本分析法和成本差异无差别点法进行决策。

1）零部件全年需要量确定时的决策

【例 7-12】某企业每年需用甲零件 3 000 件，该零件可以自制，也可以外购。该零件若自制，每件生产成本为 100 元，其中直接材料 60 元，直接人工 20 元，变动制造费用 12 元，固定制造费用 8 元，若外购，每件 95 元。

试就以下各不相关情况做出甲零件取得方式的决策。

（1）自制方案中不增加专属成本，车间生产能力无法转移。

（2）自制方案需租入专用设备一台，每年租金 21 000 元。

（3）生产能力可以转移，用于承揽零星加工业务每年预计获得的贡献边际总额为 12 000 元。

解：依题意

（1）由于自制方案中不增加专属成本，生产能力又无法转移，这类情况，一般直接比较自制方案的单位变动成本和外购价即可。

因为企业的固定成本 24 000 元（8×3 000）不会因为自制而增加，也不会因为外购而减少，因此，该部分固定成本属于决策无关成本。自制与外购方案的相关成本如表 7-16 所示。

表 7-16　相关成本分析表　　单位：元

项　目	自 制 方 案	外 购 方 案
单位成本	60+20+12=92	95
总成本	92×3 000=276 000	95×3 000=285 000

由表 7-16 可知，无论从单位成本还是总成本看，自制均低于外购，因此，企业应自制甲零件，可节约成本 9 000 元（285 000−276 000）。

（2）自制方案需租入专用设备，年租金为 21 000 元，这种情况，租入设备的租金属于自制甲零件的专属成本，属于决策相关成本，在自制甲零件时应予以考虑。自制与外购方案的相关成本如表 7-17 所示。

表 7-17　相关成本分析表　　单位：元

项　目	自 制 方 案	外 购 方 案
单位成本	60+20+12+21 000÷3 000=99	95
总成本	99×3 000=297 000	95×3 000=285 000

由表 7-17 可知，无论从单位成本还是总成本看，外购均低于自制，因此，企业应外购甲零件，可节约成本 12 000 元（297 000−285 000）。

（3）在第三种情况下，若自制，则企业不能获得承揽零星加工业务的贡献边际总额 12 000 元，该贡献边际总额为自制甲材料的机会成本，则自制与外购方案的相关成本如表 7-18。

表 7-18　相关成本分析表　　单位：元

项　目	自 制 方 案	外 购 方 案
单位成本	60+20+12+12 000÷3 000=96	95
总成本	96×3 000=288 000	95×3 000=285 000

由表 7-16 可知，无论从单位成本还是总成本看，外购均低于自制，因此，企业应外购甲零件，可节约成本 3 000 元（288 000−285 000）。

2）零部件全年需要量不确定时的决策

零部件的全年需要量不确定时，应采用成本无差别点进行决策。

【例 7-13】某企业全年需要的 A 零件的市场售价为 21 元/件；如果安排自制，每年将发生固定成本 36 000 元，单位变动成本 15 元/件。

试做出自制或外购 A 零件的决策。

解：假设外购或自制的成本无差别点为 x，有：$21x = 36\,000 + 15x$，则：

$$x = \frac{36\,000}{21-15} = 6\,000$$

因此，当 A 零件需用量在 0~6 000 件之间变动时，应安排外购；当需用量超过 6 000 件时，则以自制为宜。

另外，此题也可以用画图的方法求成本无差别点，设总成本为 y，需用量为 x，则：

$$\text{自制的总成本 } y = 36\,000 + 15x$$

$$\text{外购的总成本 } y = 21x$$

从图 7-1 可以看出，当 A 零件需用量在 0~6 000 件之间变动时，应安排外购；当需用量超过 6 000 件时，则以自制为宜。

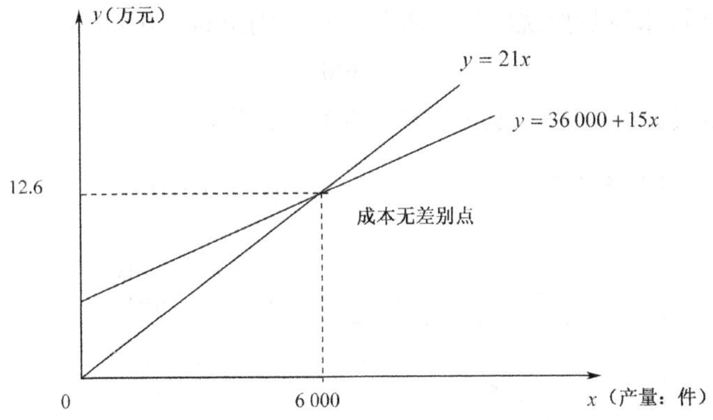

图 7-1　成本无差别点图

2. 生产工艺技术方案的决策

生产工艺技术方案的决策，是指企业在组织生产过程中，常常面临不同的工艺技术方法选择的问题。采用先进工艺生产的同时，所用的设备价值较高，其维修费、管理费等也相应较高，因此固定成本较高，但由于先进工艺的生产效率高、材料消耗低、废品率低等特点，使得其单位变动成本相对较低；而采用普通工艺生产时情况则相反。如制造业企业，同一种产品既可以采用手工操作方式，又可以安排半机械化、机械化或自动化方式生产。一般情况下，机械化、自动化程度越高，可以降低材料消耗，降低工人劳动强度，提高劳动生产率，产品单位变动成本就越低，但这就相应要求增加固定成本，反之亦然。因此，在进行此类决策时，应充分考虑市场情况、未来销量的变动趋势，根据生产规模选择合适的工艺技术方案。

这类决策可以采用成本无差别点分析法。

【例 7-14】某企业在生产某种型号的齿轮时可用普通铣床、万能铣床或数控铣床进行加工，三种铣床加工时所需成本资料如表 7-19 所示。

表 7-19　成本资料表　　单位：元

铣床种类	变动成本（每个齿轮加工费）	固定成本（批量调整准备费）
普通铣床	0.8	30
万能铣床	0.4	60
数控铣床	0.2	120

根据上述资料做出不同批量选用不同铣床进行加工的决策。

解：首先列出不同加工工艺的成本方程，然后找到成本无差别点。

设总成本为 y，生产量为 x，则：

用普通铣床生产的成本为 $y=30+0.8x$，用万能铣床生产的成本为 $y=60+0.4x$，用数控铣床生产的成本为 $y=120+0.2x$。

（1）设 x_1 为普通铣床与万能铣床的成本分界点，则由 $30+0.8x_1=60+0.4x_1$，得

$$x_1=75$$

（2）设 x_2 为普通铣床与数控铣床的成本分界点，则由 $30+0.8x_2=120+0.2x_2$，得

$$x_2=150$$

（3）设 x_3 为万能铣床与数控铣床的成本分界点，则由 $60+0.4x_3=120+0.2x_3$，得

$$x_3=300$$

根据上述的成本线和成本无差别点作图，如图 7-2 所示。

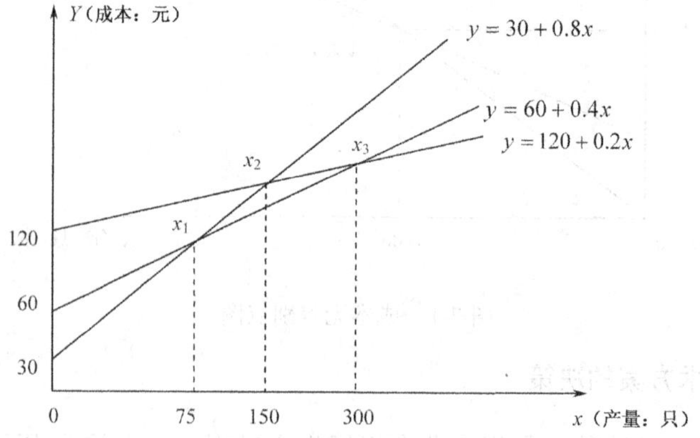

图 7-2　成本线及成本无差别点图

根据图 7-2，当产量小于 75 时，采用普通铣床成本较低；当生产量在 75~300 之间时，采用万能铣床成本最低；当批量超过 300 时，采用数控铣床成本最低。

3. 追加任务交给谁完成的决策

当公司下属的若干个分厂同时具备独立完成某一生产任务的剩余生产能力时，应将任务下达给哪个分厂是一个需要决策的问题。在不涉及追加专属成本时，应以各分厂单位变动成本孰低作为取舍标准；在涉及专属成本时，则应采用相关成本分析法进行决策，即考虑各分厂相关的变动成本与专属成本的合计孰低。

【例 7-15】某企业现有加工 1 200 件甲产品的生产任务，下属的 A、B 分厂目前均具有独立完成该任务的能力。A 分厂上报的生产甲产品的单位计划成本为 14 元（其中单位变动成本为 11 元），B 分厂上报的生产甲产品的计划成本为 15 元（其中单位变动成本为 10 元）。

根据以下相关情况做出正确布置该项任务的决策。

（1）A、B 分厂均不需要追加专属成本。

（2）B 分厂若要完成该项任务，须重新启用一台封存的设备（该设备原始价值 6 000 元，使用期限为 6 年，期末无残值，已使用 2 年）。

解：依题意

（1）在不需要追加专属成本的情况下，只要比较单位变动成本即可。因为 A 分厂单位变动成本 11 元大于 B 分厂单位变动成本 10 元，所以应安排由 B 分厂生产，这样可以为公司节约 1 200 元成本开支，即（11−10）×1 200。

（2）在此种情况下，编制如表 7-20 所示的相关成本分析表。

表 7-20　相关成本分析表　　单位：元

项　　目	由 A 分厂生产	由 B 分厂生产
变动成本	11×1 200=13 200	10×1 200=12 000
专属成本	0	6 000÷6=1 000
相关成本合计	13 200	13 000

根据表 7-20 可以得出以下结论：应由 B 分厂完成任务，这样可以为公司节约 200 元（13 200−13 000）成本。

7.2.4　不确定条件下的生产决策

1. 概率分析法的应用

【例 7-16】某企业准备开发一种新产品，现有甲产品和乙产品可供选择，有关资料如表 7-21 所示。

表 7-21　生产甲、乙产品的相关资料　　单位：元

项　　目	甲 产 品	乙 产 品
单位售价	328	290
单位变动成本	296	261
固定成本	26 500	26 500

销售量是一个随机变量，有关预测资料如表 7-22 所示。

表 7-22　销售预测资料

预计销售量（件）	概　率	
	甲产品	乙产品
650	—	0.1
850	0.1	0.2
950	0.1	0.2
1 050	0.3	0.4
1 250	0.3	0.1
1 450	0.2	—

要求：利用概率分析法做出开发何种新产品的决策。

解：根据上述资料，可编制期望价值计算分析表，如表 7-23 所示。

表 7-23　期望价值计算分析表

品　种	销量（件）	单位贡献边际	贡献边际	概　率	贡献边际期望值
	①	②	③=①×②	④	⑤=③×④
甲产品	850	328−296=32	27 200	0.1	2 720
	950		30 400	0.1	3 040
	1 050		33 600	0.3	10 080
	1 250		40 000	0.3	12 000
	1 450		46 400	0.2	9 280
	合计				37 120
乙产品	650	290−261=29	18 850	0.1	1 885
	850		24 650	0.2	4 930
	950		27 550	0.2	5 510
	1 050		30 450	0.4	12 180
	1 250		36 250	0.1	3 625
	合计				28 130

从表 7-23 的计算结果可以看出，因为甲产品的贡献边际期望值比乙产品的贡献边际期望值大，因此，开发甲产品将使企业多获得利润 8 990 元（37 120−28 130）。

2. 大中取大法的应用

在不确定条件下的决策过程中，如果决策者对未来持乐观态度，可采用大中取大法。大中取大法又称最大的最大收益值法，是在集中不确定的随机事件中，选择最有利的市场需求情况下的收益值最大的方案作为决策方法。这里的“收益值”在短期经营决策中是指“贡献边际总额”或“税前净利润”；在长期投资决策中是指“净现值”、“内部收益率”或“获利指数”。

【例 7-17】某企业准备开发一种新产品，根据市场调查提出三种不同产量方案，并预计销路好坏不同情况下的贡献边际总额，有关资料见表 7-24。

表 7-24　贡献边际资料

产量方案（件）	畅　　销	一　　般	滞　　销
2 350	41 500	30 500	11 500
2 860	51 500	29 500	23 000
3 320	58 750	33 600	20 600

解：依题意编制贡献边际分析表，如表 7-25 所示。

表 7-25　贡献边际分析表

产量方案（件）	畅　　销	一　　般	滞　　销	最大收益值	最小收益值
2 350	41 500	30 500	11 500	41 500	11 500
2 860	51 500	29 500	23 000	51 500	23 000 √
3 320	58 750	33 600	20 600	58 750 √	20 600

从表 7-25 可以看出，在大中取大法下，最大收益值均集中在“畅销”栏，而最大收益值中的最大值是 58 750，因此产量为 3 320 件的方案为最优方案。

3. 小中取大法的应用

小中取大法是在几种不确定的随机事件中，选择最不利的市场需求情况下的收益值最大的方案作为最佳方案。显然，主张使用该法的决策者比较保守和稳健。

【例 7-18】仍按【例 7-17】的资料，采用小中取大法进行生产数量的决策。

解：从表 7-25 可以看出，在小中取大法下，最小收益值均集中在“滞销”栏，而最小收益值中最大值是 23 000，因此产量为 2 860 件为最优方案。

4. 大中取小法的应用

大中取小法又称为最大后悔值法，是在几种不确定的随机事件中，选择最大后悔值中的最小值的方案最为最佳方案。所谓后悔值即损失额，是指各种不同需求情况下的最大收益值超过本方案收益值的差额。它表示如果选错方案将会受到的损失额。显然，出现集中随机事件，就会有几个相应后悔值。采用这种方法时要求决策者比较稳健。

【例 7-19】仍按【例 7-17】的资料，采用大中取小法进行生产数量的决策。

解：据此进行分析计算，如表 7-26 所示。

表 7-26　后悔值计算分析表

产量方案（件）	畅　　销	一　　般	滞　　销	最大后悔值
2 350	58 750−41 500=17 250	33 600−30 500=3 100	23 000−11 500=11 500	17 250
2 860	58 750−51 500=7 250	33 600−29 500=4 100	23 000−23 000=0	7 250
3 320	58 750−58 750=0	33 600−33 600=0	23 000−20 600=2 400	2 400 √

从表 7-26 可知，最大后悔值中最小值是 2 400，因此产量为 3 320 件应作为最优方案。

5. 折中决策法的应用

这种决策法是在确定乐观系数α和各方案预期价值的基础上，选择各个备选方案中预期价值最大的方案作为最佳方案。由于这种方法是由西方学者赫威兹创立的，因此又称为赫威兹决策法。决策者在确定乐观系数α时，既不能过于乐观，也不能过于悲观，而是采取现实主义的态度，根据实际情况和实践经验折中确定。取值范围是$0 \leqslant \alpha \leqslant 1$，如果$\alpha$取值接近1，则比较乐观；如果$\alpha$接近0，则比较悲观。每个备选方案的预期价值按照以下公式进行计算：

$$各个方案的预期价值=\alpha \times 最高收益值+(1-\alpha)\times 最低收益值$$

【例7-20】仍按【例7-17】的资料，假定该公司的乐观系数为0.6，采用折中决策法进行生产数量的决策。

解：每种产量方案的预期价值计算如下：

2 350件方案的预期价值=0.6×41 500+(1−0.6)×11 500=29 500

2 860件方案的预期价值=0.6×51 500+(1−0.6)×23 000=40 100

3 320件方案的预期价值=0.6×58 750+(1−0.6)×20 600=43 490

从以上计算结果可以看出，3 320件时的预期价值最高，为43 490元，因此应选择该方案作为最佳方案。

7.3 产品生产数量决策

在企业生产经营过程中，追求效益最大化是企业的本质特征。如果企业销售没有约束，在价格既定情况下，生产数量就成为决策的重点，即决策生产多少才能使企业的成本最低，利润最高。

7.3.1 单项产品生产数量决策

单项产品生产数量决策主要解决某一种产品在获利最大原则下确定其最佳的生产数量。

【例7-21】某企业只生产一种产品，市面上该产品的销售单价为80元，总成本经测定与生产数量的关系为$\mathrm{TC}=1\,600+4x+0.02x^2$，请据此决策企业最优生产数量。

解：按照西方经济学理论，企业的最优生产数量应该在边际成本（总成本对产量的一阶导数）与边际收益（总收益对产量的一阶导数）处取得。设R为企业的销售收入，MR为企业的边际收益，MC为企业的边际成本，则：

由$R=80x$，可得企业的边际收益

$$\mathrm{MR}=80$$

由$\mathrm{TC}=1\,600+4x+0.02x^2$，可得企业的边际成本

$$\mathrm{MC}=0.04x+4$$

令MC=MR，可得

$$x=1\,900$$

所以当企业产品产销数量达到1 900件时，企业所获利润最大，此点为产销量最佳。

7.3.2　多项产品生产数量决策

多项产品生产数量决策相对于单项产品而言，需要考虑的因素较多，既要充分利用现有资源，又要使利润较大或最大，同时还需要兼顾市场、社会效益等各种因素。所以，多项产品数量决策实质为多项产品在各种约束条件下的最优数量组合对策。

1．一种条件限制下两种产品合理安排

考虑最简单的情形，使用同一设备生产两种产品的合理安排问题。决策时应考虑的因素是产品的贡献毛益和加工能力，因为固定成本是无关成本。

【例 7-22】某企业使用同一设备，可以生产甲、乙两种产品，两种产品均无销售限制。若该设备的生产能力为 10 000 小时，生产两种产品所需的加工能力及有关售价和成本资料如表 7-27 所示。根据资料决策应该如何生产对企业有利。

表 7-27　甲、乙产品有关资料表

项　目	甲　产　品	乙　产　品
销售单价	60 元/件	35 元/件
单位成本：		
变动成本	50 元/件	30 元/件
固定成本	10 元/件	8 元/件
单位产品所耗工时	50 小时/件	40 小时/件

解：设甲、乙两种产品分别生产 x_1、x_2 可使企业获得最大的利润。因为生产能力固定在 10 000 小时，所以固定成本为决策无关成本，因此只需要选取能创造最大边际贡献的生产方案安排。设甲产品和乙产品的边际贡献之和为 M：

$$M_{\max} = (60-50)x_1 + (35-30)x_2 = 10x_1 + 5x_2$$

$$\begin{cases} 50x_1 + 40x_2 \leqslant 10\,000 \\ x_1, x_2 \geqslant 0 \end{cases}$$

根据上述目标及约束条件，可以画出线性规划图，如图 7-3 所示：

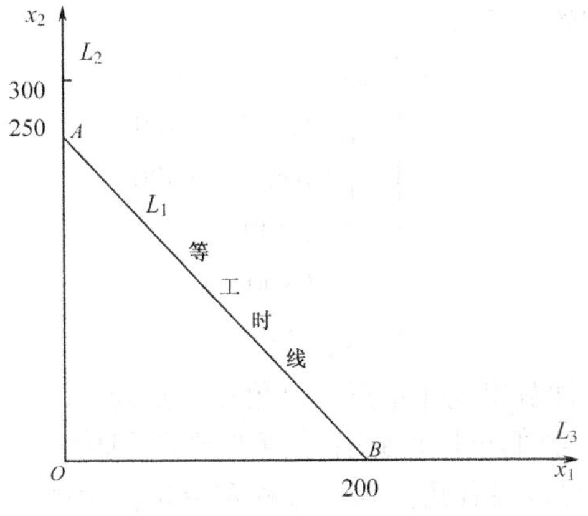

图 7-3　线性规划图

其中：L_1：$50x_1+40x_2=10\,000$；L_2：$x_1=0$；L_3：$x_2=0$。可行解区域为由直线L_1、L_2、L_3所围成的部分。L_1为等生产线，其上任何一点（x_1,x_2）均满足L_1方程，即生产能力得到满负荷的利用。根据线性规划的原理，目标函数的极值点应在可行解区域的角点上。本例中，根据图 7-3，可行解区域有 3 个角点：$O(0,0)$，$A(0,250)$，$B(200,0)$。分别计算此 3 个角点值可得：

$$M(0,0)=0$$
$$M(0,250)=1\,250$$
$$M(200,0)=2\,000$$

可见角点B的值最大。此时$x_1=200$（件），$x_2=0$

决策的结果是该设备应全部用于生产甲产品，对企业最为有利。

这种在约束条件下，即只有一条等生产线的决策，只有选择一种产品生产。决策方法也可以用贡献毛益法，即哪种产品单位资源（工时）提供的贡献毛益大，就选择哪种产品进行生产。

2．多种条件限制下，两种产品的合理安排

在多种条件限制下，决策的目标仍然是在可能情况下使得利润最大化，但由于限制条件较多，通过简单的计算很难做出决策，这种情况下可以采用线性规划图解法加以解决。

【例 7-23】某公司现生产 A、B 两种产品，A、B 两种产品均需经过甲、乙两部门加工，甲部门共有 13 800 小时，乙部门共有 10 800 小时，其他有关资料如表 7-28 所示。

表 7-28　A、B 产品资料

项　目	单位产品耗用甲部门工时（小时）	单位产品耗用乙部门工时（小时）	市场允许最大销售数量（件）	单位产品所能提供的贡献毛益（元）
A 产品	5	2	2 700	8
B 产品	4	6	1 800	10

根据上述资料，求解该企业应该如何分配产量，可使得企业的贡献毛益最大。

解：本题固定成本虽然没有给出，但从该题看，固定成本是决策无关成本。求 A、B 最优生产产量配置问题，也就是在固定成本不变的情况下，求 A、B 配套生产贡献毛益最大化问题。设 A、B 两种产品分别生产 x_1、x_2 件可使企业获得最大的利润，M 为企业贡献毛益总额。由题意列出目标函数和约束条件：

$$M_{\max}=8x_1+10x_2$$
$$\begin{cases}5x_1+4x_2\leqslant 13\,800\\2x_1+6x_2\leqslant 10\,800\\x_1\leqslant 2\,700\\x_2\leqslant 1\,800\\x_1,x_2\geqslant 0\end{cases}$$

根据线性规划原理，最优解出现在角点，设角点分别为O、A、B、C、D处出现。通过解上面的约束条件的方程组，我们可以得到各角点的解O（0,0）、$A(0,1\,800)$、$B(1\,800,1\,200)$、$C(2\,700,75)$、$D(2\,700,0)$。可以将各角点代入方程$M=8x_1+10x_2$，经求解，企业最优生产产量是x_1为 1 800 件，x_2为 1 200 件，即应生产 A 产品 1 800 件，生产 B 产品 1 200 件。

此题也可以同【例 7-22】一样，通过画线性规划图的方式求解。

7.4　生产批量决策

生产批量是指企业在大批量生产中，每批生产的产品数量。生产批量决策是指寻找使有关成本最低的最佳生产批量。

企业在进行生产经营过程中，如果一次全部生产过多，虽然不会发生短缺成本，但会增加储存成本，但如果每次生产过少，又会增加准备成本和短缺成本，如何调和这种矛盾，使总成本最低，也是短期经营决策需要考虑的问题。一般在实际决策过程中，不考虑短缺给企业带来的损失，只考虑全年调整准备生产成本和存货的储存成本，使二者的平均成本最低。这一类决策一般采用最优的数学模型。

7.4.1　单项产品最优生产批量决策

设企业全年产品需要量为 A，每次生产批量为 Q，B 为每次调整的准备成本，C 为每件产品的全年平均储存成本，N 为全年生产批数，p 为每天生产量，d 为每天领用或销售量，T 为生产批量决策相关总成本，则可列出下列数学模型：

$$T=\frac{A}{Q}\times B+\frac{\frac{Q}{p}\times(p-d)}{2}\times C$$

根据微积分法则，为了求使 T 最小的 Q 值，两边对 Q 求导，T 的极值点应该在导数为零点的地方取得，从而可得到：

$$\text{最优生产批量}Q=\sqrt{\frac{2AB}{C\left(1-\frac{d}{p}\right)}}$$

$$\text{最优生产批次}N=\frac{A}{Q}=\sqrt{\frac{AC\left(1-\frac{d}{p}\right)}{2B}}$$

$$\text{最优批量的全年调整与储存成本}T=\sqrt{2ABC\left(1-\frac{d}{p}\right)}$$

【例 7-24】某公司只生产一种产品，预计全年生产量为 24 000 件。每批投入的生产准备费用为 100 元，每件产品平均储存费用为 0.50 元。每天产量为 10 件，每天销售量 4 件。

要求：计算经济生产批量和最佳生产批次。

解：根据上述资料，运用经济生产批量工时，计算如下：

$$\text{最优生产批量}Q=\sqrt{\frac{2AB}{C\left(1-\frac{d}{p}\right)}}=\sqrt{\frac{2\times 24\,000\times 100}{0.5\times\left(1-\frac{4}{10}\right)}}=4\,000\text{（件）}$$

$$\text{最优生产批次}N=\frac{A}{Q}=\frac{24\,000}{4\,000}=6\text{（批）}$$

即全年生产 6 批次，每批生产数量为 4 000 件，能使总成本最低。

7.4.2　多种产品最优生产批量决策

对于单一品种生产，可以利用上述公式来求解最优生产批次，当利用同一生产设备分批轮换加工多种零件或产品，只有当各种生产批次相同时，才能便于在同一生产设备上安排加工。所以应该先计算多种产品的共同生产批次，然后再计算每一种产品的经济生产批量。

设 N 为所有产品年共同生产批次，企业第 i 种产品全年需要量为 A_i，每次生产批量为 Q_i，每次调整的准备成本 B_i，每件产品的全年平均储存成本 C_i，每天生产量 p_i，每天领用或销售量 d_i，T 为全部产品全年生产批量决策相关总成本，我们可以得出下列数学模型：

$$T=\sum B_i\frac{A_i}{Q_i}+\sum\frac{C_i\times\left(1-\dfrac{d_i}{p_i}\right)}{2}Q_i=\sum NB_i+\sum\frac{A_iC_i\times\left(1-\dfrac{d_i}{p_i}\right)}{2N}$$

利用微积分极值原理，可以求得使总费用 TC 最小的生产批次（即共同最优生产批次）N：

$$N=\sqrt{\frac{\sum A_iC_i\left(1-\dfrac{d_i}{p_i}\right)}{2\sum B_i}}$$

各种零部件或产品的经济生产批量公式是：$Q_i=\dfrac{A_i}{N}$

【例 7-25】某公司使用同一设备分批轮换生产甲、乙、丙三种零件，有关资料见表 7-29。

表 7-29　甲、乙、丙三种零件相关资料

项　　目	甲 零 件	乙 零 件	丙 零 件
全年需要总量（件）	16 000	24 000	20 000
每次调整准备成本（元）	100	150	125
每件产品平均储存成本（元）	2	3	4
每日生产量（件）	100	200	160
每日销售量（件）	80	140	120

要求：计算三种零件全年生产批次是多少，每种零件的批量是多少件？

解：根据上述资料，甲、乙、丙三种零件的共同最优生产批次 N 如下：

$$N=\sqrt{\frac{1600\times2\times\left(1-\dfrac{80}{100}\right)+2\,400\times3\times\left(1-\dfrac{140}{200}\right)+20\,000\times4\times\left(1-\dfrac{120}{160}\right)}{2\times(100+150+125)}}$$

=8（批）

各种零件的最优生产批量计算如下：

甲零件的最优生产批量=16 000÷8=2 000（件）

乙零件的最优生产批量=24 000÷8=3 000（件）

丙零件的最优生产批量=20 000÷8=2 500（件）

7.5 产品定价决策

7.5.1 定价决策的目标及影响因素

1. 定价决策的目标

企业在其生产经营过程中，自始至终贯穿着“赚取利润”这一目标，但在不同阶段、不同时期或不同经营环境下，这一总目标的体现方式不同，这种不同将直接反映到企业定价决策目标上。

1）以获取最大利润为定价目标

实现这一定价目标的方法是通过提高产品价格，扩大产品的盈利额，追求利润最大化。以利润为定价目标通常将企业经营目标和销售目标结合起来，原因在于以利润为定价目标的定价过程中，企业需根据利润水平或投资利润率、预计销售量、单位产品成本而推算出单位产品价格。

2）以提高市场占有率为定价目标

企业以提高市场占有率为定价目标，在产品价格上直接体现为降低产品销售价格。这一举措一方面可组织竞争产品进入市场，另一方面可占有其他原有同类产品生产企业的部分市场，达到薄利多销、提高企业总利润的目的。值得注意的是，这一举措使企业长期营运目标的实现具有很大的风险性。

3）以适应或避免竞争为定价目标

企业以适应或避免竞争为定价目标，也就是说企业以安全营运为定价目标，在这一定价目标下，企业在制定产品价格时，为适应或避免竞争，需要广泛收集与竞争者有关的价格方面的资料进行比较。通常企业将其产品价格维持在同类产品的一般水平。既不因成本上升、供给量减少等因素而率先提价，也不因市场不景气，或为提高产品竞争力和市场占有率而主动降低价格，使企业产品价格始终维持同类产品的一般水平。

2. 影响产品定价的因素

一般产品价格制定得适当与否，往往决定了该产品能否为市场所接受，并直接影响该产品的市场竞争地位和市场占有率。一般来讲，影响产品定价的因素主要包括以下几个：

1）成本因素

成本是影响定价的最基本的因素。从长期来看产品价格应等于总成本加上合理的利润，否则企业无利可图，将会停止生产；从短期来看，企业应根据成本结构确定产品价格，即产品价格必须高于平均变动成本，以便掌握盈亏情况，减少经营风险。

2）需求因素

市场供求关系的变动直接影响产品价格的变动。一般而言，当某产品市场需求量大于供给量时，价格应该提高；当市场需求量小于供给量时，价格应该下降。不同的产品，其需求价格弹性不同。工业品市场，特别是重工业，需求价格弹性偏低，顾客首先考虑的是产品的品质、性能，价格只是在与同质产品比较时才予以考虑；消费品市场，特别是日常生活用品，重复购买率高，需求价格弹性较大，薄利多销是首选策略，而耐用消费品，重复购买率低，应考虑高价策略。

3）竞争因素

产品竞争的激烈程度不同，对定价的影响也不相同，竞争越激烈，对价格的影响也越大。完全竞争的市场，企业几乎没有定价的主动权；在不完全竞争的市场中，竞争的强度主要取决于产品制作的难易和供求形势。由于竞争影响定价，企业必须充分了解竞争者的情况，包括竞争对手的实力如何、主要竞争者的定价策略如何等。

4）政策法规因素

国家的政策法规也会影响价格。比如，国家一般都对农产品实行补贴，而对某些行业（如烟酒行业等）征税。政府如果取消对这些行业的限制，则这些行业的产品价格就完全由市场决定，但是一旦政府介入，就必须考虑政府税收和补贴对产品价格的影响。一般来说，政府对产品实行补贴就可以使产品的价格维持在一定的水平而不剧烈地上下波动；政府对产品征税，生产者就会将部分税收转嫁给消费者，从而提高产品价格。同时，政府还利用货币、金融、海关等手段间接调节价格。在进行国际贸易时，各国政府对价格制定的限制措施往往更多、更严。因此，企业应很好地了解本国及所在国关于物价方面的政策和法规，并以其作为定价策略的依据。

5）科学技术因素

科学发展和技术进步在生产中的推广、应用，必将导致新产品、新工艺、新材料代替老产品、老工艺、旧材料，从而形成新的产业结构、竞争结构和消费结构。比如，高清晰度智能彩电系统，将是对原有彩电的否定。这种科学技术的发展，必将对产品的销售价格产生影响。

除上述几方面之外，产品的质量、产品所处的生命周期、消费者的支付能力与心理状态等，也是影响产品定价的重要因素。

7.5.2 产品定价策略

企业在进行产品定价时，既要运用计算分析方法，也要讲究定价策略。企业在定价时常用的定价策略如下：

1. 新产品定价策略

新产品定价策略有两种：

1）撇脂法

撇脂法是指初次投放市场尚未形成竞争的新产品以高价销售，以保证初期高额获利，随着市场销售量的提高和市场竞争的加剧而逐渐降价的方法，又叫先高后低策略，该种方法主要着眼于短期利益，是一种短期定价策略。

2）渗透法

渗透法是指以较低的价格为新产品开拓市场，争取顾客，赢得竞争优势后再逐步提高价格的方法，又叫先低后高策略。该策略有利于迅速打开市场，能有效排斥竞争者的加入，从长远看，仍可获得可观的赢利，这是一种长期定价策略。

对于那些同类竞争产品差异性较大、能满足较大市场需要、弹性小、不易仿制的新产品最好按撇脂法定价；而对于那些与同类产品差别不大、需求弹性大、易于仿制、市场前景光明的新产品则应考虑按渗透法定价。

2. 系列产品定价策略

系列产品既可以指包装规格不同的产品，又可以指配套使用的产品。有些商品小包装销路好，有些商品大包装销路好，对于销路好的产品可适当提价。对于成套使用的商品可规定两组价格，即成套价格和单价价格，前者一般应低于后者之和，可促成一次成交。

3. 折扣定价策略

折扣定价策略是指在一定条件下，以降低商品的销售价格来刺激购买者，从而达扩大商品销售量的定价策略，具体有以下几种方式：

（1）商业折扣。这是一种按购买者购买数量给予相应价格折扣的方法。购买者购买数量越多，折扣越大，其目的在于鼓励购买者大量或多种地向本企业购买。

（2）现金折扣。这是一种按购买者付款期限长短所给予的价格折扣。目的在于鼓励购买者尽早偿还货款，以加速企业资金周转。

（3）季节性折扣。这是一种对购买者在商品淡季购买所付出的价格折扣。这样做，既鼓励了购买者提早采购，减轻了企业的仓储压力，又加速了企业资金周转，充分发挥了企业的生产能力。

（4）交易折扣。这是一种对不同的购买者给予不同折扣的定价策略。根据各类中间商在市场营销中所负担的功能不同，给予不同的折扣。如给予批发商折扣较大，给予零售商折扣较小。

4. 分期收款定价策略

分期收款定价策略适用于价格偏高的耐用消费品的定价，如小汽车、住房等。在计价时，各期收款的价格中应包括延期付款的利息在内。采用分期收款定价策略，可促进销售，避免产品大量积压。

5. 心理定价策略

心理定价策略主要是零售企业针对顾客消费心理而采取的定价策略，常用的方法主要有以下几种：

1）尾数定价

消费者购物时，对数字价格往往有这样一种心理倾向，即偏重于价格的整数，而忽视价格的零数。比如定价为 9.9 元而不定价为 10 元，虽然只有 0.1 元之差，但消费者确认为这两种价格差别很大。尾数定价法正是利用了消费者的这种心理，采取非整数定价形式，以达到引起消费者购买欲望的目的。这种方法适用于价值较小、销售量大、购买次数多的中低档日用消费品。

2）声望定价

有名望的商店出售的商品，其价格比一般商店要高；同类商品中，名牌商品要比非名牌商品价格高。这种以商品或商品的声望来定价的方法就是声望定价，如高级手表、高级轿车、名牌套装等的定价。由于声望定价商品的购买者多是以商品能否显示其身份和地位为目的，因而往往采用整数高位定价，以满足消费者的心理需要。

3）心理折扣定价

心理折扣定价是利用消费者求廉务实的心理特点而采取的降价促销措施，即标明原价后再打折销售。这样会给消费者带来物美价廉的感觉，从而吸引消费者登门购买商品，这种定价方法对市场接受程度低或销路不好的商品比较有效。

6. 单一价格策略与变动价格策略

在单一价格策略下，卖主对购买相同数量的同一类型顾客，采用同一价格。如有让价、折扣等优惠，也一视同仁，不讨价还价。

运用变动价格策略时，对于购买相同数量的同一类型的顾客，采用不同的价格，一般通过讨价还价成交。卖主可能为争取某一主顾而给予一定的折扣。

7. 综合定价策略

这种策略是指定价时，将有关产品销售的全部因素都包括进去。如，产品附有额外配件、运送服务及修理服务等，这些都要支付费用。定价时要进行综合研究，决定将哪些因素包括在基本价格之内，以便做好相应的宣传工作，开拓市场。

7.5.3 以成本为导向的定价决策

成本是企业生产和销售产品所发生的总和，是构成产品价格的基本因素，也是价格的最低经济界限。以成本为基础指定产品价格，不仅能保证生产中的耗费得到补偿，而且能保证企业必要的利润。凡是新产品的价格制定，都可以采用成本为导向的定价决策方法。

1. 完全成本加成定价法

完全成本加成定价法是指在完全成本的基础上，以预计某种产品的总成本加上一定比例的目标利润来确定销售价格的方法，其定价模型为：

$$产品单价=预计单位全部成本\times(1+利润加成率)$$

完全成本加成定价法是大多数企业所采用的方法。一方面，产品的完全成本在企业对外报告的现成资料中，收集信息的成本较低；另一方面，从长期来看，产品或劳务的价格必须补偿全部成本并应获得正常利润。但是，由于完全成本不是以成本习性分类为基础的，所以不便于进行本量利分析，很难预测价格和销售量的变化对利润的影响。

2. 变动成本加成定价法

变动成本加成定价法是以每生产一个单位产品的变动成本为基础，该变动成本不仅包括变动生产成本，还包括变动销售及管理费用，在此基础上考虑边际贡献，作为产品的销售价格，定价模型为：

$$产品单价=单位变动成本\times(1+加成率)$$

加成率一般是指在预期正常产量情况下，贡献边际与变动成本之比，即：

$$\begin{aligned}加成率&=\frac{单位贡献边际}{单位变动成本}\\&=\frac{固定成本+目标利润}{变动成本}\\&=\frac{固定成本+投资总额\times预期投资报酬率}{变动成本}\end{aligned}$$

【例 7-26】某企业正在研究制定甲产品的售价，会计部门提供 100 件甲产品的相关成本资料如下：直接材料 24 000 元，直接人工 12 000 元，变动制造费用 8 000 元，固定制造费用 36 000 元，变动销售及管理费用 4 000 元，固定销售及管理费用 6 000 元。企业生产 100 件甲产品的投资额为 200 000 元，预计投资报酬率为 12%。

要求：采用变动成本加成定价法计算成本加成率及销售单价。

解：
$$\begin{aligned}成本加成率&=\frac{固定成本+投资总额\times预期投资报酬率}{变动成本}\\&=\frac{(36\,000+6\,000)+200\,000\times12\%}{24\,000+12\,000+8\,000+4\,000}\times100\%=137.5\%\end{aligned}$$

$$产品的单位售价=\frac{24\,000+12\,000+8\,000+4\,000}{100}\times(1+137.5\%)=1140（元/件）$$

采用成本加成法定价有一个重大缺陷，就是没有考虑价格与销售量的关系，因为价格过高可能影响目标销售量的实现。对此，应采用下列补救措施：① 对指定的目标售价应根据市场需求的情况进行浮动；② 对各种产品，应根据市场需求的具体情况分别制定各自的成本加成率。

3. 边际成本定价法

在供求规律的作用下，企业要增加销售量就只能降低价格，这时，销售收入在降价初期增长较快，继而逐渐转慢，即边际收入呈下降趋势；相应地，随着产销量的增加，一些半变动成本乃至固定成本都会逐渐增加，边际成本呈上升趋势，最终，边际成本超过边际收入，使降价提高销售量得不偿失。以利润最大化为目标，企业要选择使利润达到最大的价格与销售量的组合，定价原则即是边际收入等于边际成本，边际利润为零。

对于成本变动不超出成本性态分析的相关范围的情况，定价决策只需要确定随价格而变动的需求量，将价格降低、销售量增加所引起的收入的增加（边际收入）和增加的变动成本（变动成本）相比较，选择使边际收入等于边际成本的价格作为产品的销售价格。

【例 7-27】某企业只生产和销售一种 A 产品，售价为 25 元/件，近年来由于市场占有率下降，决定降价以增加销售量，提高市场占有率。该企业销售部门根据市场相关资料，编制了价格和需求量表，如表 7-30 所示，该产品的单位变动成本为 15 元/件，固定成本总额为 20 000 元。

要求：确定能获得最大利润的价格。

表 7-30 销 售 资 料

销售单价（元/件）	25	24	23	21	20
月销售量（件）	6 000	7 000	8 000	9 000	10 000

假设产销量未超出相关范围的情况下，销售量变动的边际成本即该产品的变动成本为 15 元/件。边际收入的计算如表 7-31 所示。根据边际收入等于边际成本的原则（本例中，当边际收入=16 元时，与边际成本最接近），显然，最优售价为 23 元/件，这时企业获得最大利润。

表 7-31 利润计算表

单价（元/件）	销售量（件）	销售收入（元）	边际收入（元）	利润（元）
25	6 000	150 000	25	40 000
24	7 000	168 000	18	43 000
23	8 000	184 000	16	44 000
21	9 000	189 000	5	34 000
20	10 000	200 000	11	30 000

7.5.4 以需求为导向的定价决策

以需求为导向的定价方法又称为按需定价的方法，这种定价优先考虑的是消费者对价格的接受程度，企业必须研究确定什么样的价格才能使企业的产品销量不仅符合社会需要，又能给企业带来最佳效益。

1. 弹性定价法

市场供求关系的变化，是影响企业产品价格的一个重要因素，因此，企业制定价格最需要考虑的因素是需求价格弹性系数。需求价格弹性系数，是指需求数量变动率与价格变动率之比，反映价格变动引起需求变动的方向和程度。需求价格弹性系数的大小取决于产品的需求程度、可替代性和费用占消费者收入的比重等。

需求价格弹性系数的大小可用下列公式计算：

$$\text{需求价格弹性系数}=\frac{\text{需求变动量}/\text{基期需求量}}{\text{价格变动数}/\text{基期单位产品价格}}$$

企业掌握了某种产品的需求价格弹性系数后，就可以利用弹性系数来预测价格变动的最优方向和幅度。

【例 7-28】某企业计划年度生产并销售甲产品 28 000 件，上年每件销售价格为 450 元，销售量为 24 000 件，该产品的需求价格弹性系数大约为-4。

要求：计算计划单位产品价格掌握在什么水平对公司最为有利。

解：由公式

$$需求价格弹性系数 = \frac{需求变动量/基期需求量}{价格变动数/基期单位产品价格}$$

得

$$价格变动数 = \frac{需求变动量 \times 基期单位产品价格}{需求价格弹性系数 \times 基期需求量}$$

$$= \frac{(28\,000-24\,000) \times 450}{-4 \times 24\,000} = -18.75$$

产品销售价格=450-18.75=431.25（元/件）

可见，甲产品单位价格下降至 431.25 元/件时，对保证完成 28 000 件产品的销售量最为有利。

2. 反向定价法

企业可不以成本为依据，而在预测市场可接受的限度内，逆向预测和制定批发价格、出厂价格及生产成本，其计算公式如下：

$$单位批发价格=市场可销零售价-批零差价=\frac{市场可销零售价}{1+批零差价率}$$

$$单位出厂价格=批发价格-进销差价=\frac{批发价格}{1+进销差价率}$$

$$单位生产成本=出厂价格-利润-税金=\frac{出厂价 \times (1-税率)}{1+利润率}$$

应用上述公式，关键在于确定市场可销零售价。其他资料可以根据市场同类商品的有关资料确定，总的原则是根据市场需求，按消费者愿意接受的水平确定。

【例 7-29】某企业计划生产 A 产品，经市场调查，A 产品的市场单位零售价格为 40 元/件，批发环节的批零差价率一般为 25%，进销差价率为 10%，A 产品的销售税率为 5%，利润率要求达到 15%，则：

$$单位批发价格 = \frac{40}{1+25\%} = 32（元/件）$$

$$单位出厂价格 = \frac{32}{1+10\%} = 29.09（元/件）$$

$$单位生产成本 = \frac{29.09 \times (1-5\%)}{1+15\%} = 24.03（元/件）$$

反向定价法的实质是在价格确定上贯彻以销定产的要求，其优点是既能适应市场需求，促进销售，又能促进企业降低成本，提高产品竞争力；其缺点是市场可销零售价格难以预测。该方法适用于需求弹性大、花色品种翻新快的商品价格制定。

7.5.5 以非标准产品的合同定价法

企业有时会因客户需要生产一些非标准产品，非标准产品由于没有同类或类似的市场价格参考，通常只能采用在成本的基础上签订合同，协商价格，所以称为合同定价法。依据买卖双方签订合同的类型一般可分为以下几类：

1．固定价格合同

经买卖双方协商，在合同中订立双方同意的固定价格作为今后结算的依据，而不考虑实际发生的成本是多少。如果实际生产成本低于合同中签订的结算价格，则卖方获利，相反如果实际生产成本超过了合同签订的价格，则卖方亏损。因此在订立这种合同时，卖方必须对自己生产的产品成本进行可靠的成本估计。这种定价可以促使卖方努力降低成本。例如，买卖双方在合同中规定以每件产品价格 50 000 元作为今后结算的依据。

2．成本加成合同

买卖双方在合同中规定成本可在双方同意的合理范围内实报实销，并以实际发生的成本为基础，加上合同规定的成本利润率计算的利润作为今后结算的价格。例如，若卖方制造某产品完工后实报实销成本为 15 000 元，合同规定卖方的成本利润率为 20%，则该产品的卖方价格为 15 000×(1+20%)=18 000 元。由此可见，实际成本越高，卖方获利越高。因此这种定价方法容易造成卖方故意抬高成本，使买方蒙受损失，故此种方法在实际中较少采用。

3．成本价固定费用合同

成本价固定费用合同即买卖双方在合同中规定价格由实际成本加固定费用组成。成本实报实销，而固定费用则由合同明确规定，与实际成本高低无关。如果实际成本包括卖方生产的全部成本，则固定费用相当于卖方的营业净利润；如果实际成本只包括生产领域中的制造成本，则固定费用相当于卖方的毛利数额。这种方法可以避免卖方抬高成本的缺点，但却能促使卖方努力降低成本。例如，买卖双方在合同中规定，产品的价格为制造某种产品发生的全部制造成本加上固定费用 80 000 元组成。

4．奖励合同

买卖双方在合同中规定预算成本和固定费用的金额，并约定当实际成本超过预算成本时，可以实报实销，但若实际成本低于预算成本时，节约额则由买卖双方按一定比例共享。这种定价方法可以促使卖方努力降低成本，但是买方必须对预算成本比较熟悉，否则也很容易引起卖方抬高预算成本，以享受不应获得的节约奖励。

7.5.6　特殊情况下的定价决策

1. 保本定价法

保本定价法是指在已知的成本指标和预计销售量的基础上，计算以保本为目的的保本价格的一种定价方法。其计算公式为：

$$\text{保本价格}=\text{单位变动成本}+\frac{\text{专属固定成本}}{\text{预计产销量}}$$

在竞争的形势下，有些企业生产经营的个别产品价格在一定条件下可能规定得比较低，只有微利甚至仅仅保本。如，为了扩大或维护企业的市场占有率，企业可按保本价格组织销售。只要价格略大于或等于保本价格，企业就不会吃亏。

此方法除了适用于竞争产品保守价格的制定外，还可应用于计算确定那些需要追加专属成本的特殊订货的最低可行价格，但必须以相关的绝对剩余生产能力无法转移为前提。

2. 保利定价法

保利定价法是指在已知的目标利润或目标贡献边际、预计产销量和相关成本指标的基础上，计算以保利为目的的保利价格的一种定价方法。其计算公式为：

$$\text{保本价格}=\text{单位变动成本}+\frac{\text{固定成本}+\text{目标利润}}{\text{预计产销量}}$$

或

$$\text{保本价格}=\text{单位变动成本}+\frac{\text{目标贡献边际}}{\text{预计产销量}}$$

3. 极限定价法

极限定价法是指企业把事先确定的一定单位成本标准作为定价决策的最低价格极限的一种定价方法。在企业生产能力有剩余且无法转移时，追加订货的最低极限价格就是单位变动成本；对于那些实在难以找到销路的积压物资和产品，甚至可以规定它们在一定时期内平均负担的仓储保管成本和损耗费，以及有关的资金占用成本的合计数作为确定极限价格的依据。

只要出售价格不低于这种极限价格，对企业而言就是有利可图或蒙受的损失最小。

4. 系列产品的 0.6 指数定价决策

系列产品是指同一品种有许多不同规格的产品。在西方国家，生产系列产品的企业为了对企业未来生产的系列新产品进行迅速定价或确定生产新产品的目标成本，根据经验总结出了一套“0.6 指数定价法”。该定价法是指企业生产的新规格产品根据老规格产品按照 0.6 指数确定产品价格的一种方法。用公式表示为：

$$\frac{\text{新规格型号产品价格}}{\text{老规格型号产品价格}}=\left(\frac{\text{新规格产品型号}}{\text{老规格产品型号}}\right)^{0.6}$$

【例 7-30】甲企业生产某大型生产设备，原来生产设备的型号为 8 万吨，价格为 6 500 万元，现有企业要求预定 10 万吨的该设备。

要求：代甲企业给出该生产设备的报价。

解：根据公式

$$\frac{\text{新规格型号产品价格}}{\text{老规格型号产品价格}}=\left(\frac{\text{新规格产品型号}}{\text{老规格产品型号}}\right)^{0.6}$$

得

$$\frac{\text{新规格型号产品价格}}{6\ 500}=\left(\frac{10}{8}\right)^{0.6}$$

即新规格型号产品价格为 7 431.45 万元。

复习思考题

一、单项选择题

1．短期经营决策不包括（　　）。

A．产品生产决策　　B．成本决策

C．定价决策　　D．固定资产投资决策

2．下列各项成本属于决策相关成本的是（　　）。

A．不可避免成本　　B．不可延缓成本

C．沉没成本　　D．差别成本

3．对亏损产品是否停产，应根据下面方法来决策（　　）。

A．看该产品亏损数是否能由盈利产品来弥补，如能弥补，继续生产

B．该产品的亏损数如能由盈利产品来弥补，应停止生产

C．该产品的贡献毛益如为正数，不应停止生产

D．该产品的贡献毛益如为正数，应停止生产

4．将决策分析区分为短期决策与长期决策所依据的分类标志是（　　）。

A．决策的重要程度　　B．决策条件的肯定程度

C．决策规划时期的长短　　D．决策解决的问题

5．企业利用剩余生产能力接受追加订货的最低条件是客户的开价（　　）。

A．小于产品的单位成本　　B．大于产品的单位变动成本

C．等于产品的单位变动成本　　D．低于产品的单位变动成本

6．下列各项中，属于无关成本的是（　　）。

A．沉没成本　　B．增量成本

C．机会成本　　D．专属成本

7．是否接受追加订货的决策应看（　　）。

A．售价是否高于产品的机会成本

B．售价是否高于产品的单位变动成本

C．售价是否高于产品的单位变动成本，并能补偿专属的固定成本

D．售价是否高于产品的全部成本

8．在经济决策中应由中选的最优方案负担的、按所放弃的次优方案潜在受益计算的那部分资源损失，就是所谓（　　）。

A．增量成本　　B．机会成本
C．专属成本　　D．沉没成本

9．在有关产品是否进一步深加工的决策中，进一步加工前的半成品成本属于（　　）。

A．沉没成本　　B．机会成本
C．重置成本　　D．专属成本

10．某企业需要甲零件，若外购，单价为 20 元/件，若自制，单位产品的变动成本为 10 元/件，每年追加固定成本 20 000 元。但需要量为 2 500 件时，应选择（　　）。

A．外购　　B．自制
C．外购或自制均可　　D．以上均错

二、多项选择题

1．下列说法中属于机会成本的正确说法有（　　）。

A．如果接受订单，加工能力不足而挪用正常订货所放弃的有关收入成为接受订货方案的机会成本
B．如果不接受订货，由于加工能力不足所放弃的有关收入为不接受订货方案的机会成本
C．不接受订货可将设备出租，接受订货就不能出租设备，则设备出租租金为接受订货方案的机会成本
D．亏损产品如果停产，可以转产其他产品，转产可获得的贡献边际是继续生产亏损产品方案的机会成本

2．下列各项中，属于生产经营决策相关成本的有（　　）。

A．增量成本　　B．机会成本
C．专属成本　　D．沉没成本

3．属于短期经营决策内容的有（　　）。

A．新产品开发决策　　B．亏损产品转、停产决策
C．联产品是否深加工决策　　D．设备更新改造决策

4．下列各项中，属于联产品深加工决策方案可能需要考虑的相关成本有（　　）。

A．加工成本　　B．可分成本
C．机会成本　　D．增量成本

5．不确定条件下的生产决策有哪些（　　）。

A．概率分析法的应用　　B．大中取大法的应用
C．小中取大法的应用　　D．大中取小法的应用

6．下列各种价格中，符合最优售价条件的有（　　）。

A．边际收入等于边际成本时的价格　　B．边际利润等于零时的价格
C．收入最多时的价格　　D．利润最大时的价格

7．下列属于沉没成本的项目有（　　）。

A．与决策有关的新增固定资产折旧费

B．由多个方案共同负担的成本

C．退出生产领域的固定资产

D．在半成品是否深加工决策中，半成品本身的固定成本和变动成本

8．下列各种决策分析中，可按成本无差别点法做出决策结论的有（　　）。

A．亏损产品的决策　　B．是否增产的决策

C．追加订货的决策　　D．自制或外购的决策

9．在亏损产品生产的决策时，下列说法正确的是（　　）。

A．在具备生产亏损产品的能力时，且能力无法转移又不增加专属成本的情况下，如果亏损产品的贡献边际为正数就应该生产

B．剩余能力能够转移时，只要亏损产品的贡献边际大于转产产品的贡献边际就应该转产

C．如果亏损产品停产后，生产亏损产品的设备可以出租，只要租金大于亏损产品的贡献边际，就应该把亏损产品停产而把设备出租

D．在剩余能力无法转移时，只要亏损产品的贡献边际为正数就应该继续生产

10．下列属于可避免成本的项目有（　　）。

A．广告费　　B．管理人员工资

C．折旧费　　D．重置成本

三、判断题

1．在“是否接受低价追加订货的决策”中，如果追加订货量大于剩余生产能力，必然会出现与冲击正常生产任务相联系的机会成本。（　　）

2．定期支付的广告费属于约束性固定成本。（　　）

3．当边际收入等于边际成本、边际利润为零时，并不意味着可找到最优售价，而仅仅表明继续降价已经没有意义。（　　）

4．相关业务量是通过对相关收入和相关成本的影响而实现对决策方案影响的。（　　）

5．在管理会计的调价决策中，如果调高价格后预计销量超过利润无差别点销售量，那么就应当进行调价。（　　）

6．在短期经营决策中，所有的固定成本或折旧费都属于沉没成本。（　　）

7．决策分析的实质就是要从各种备选方案中做出选择，并一定要选出未来活动的最优方案。（　　）

8．对于那些应当停止生产的亏损产品来说，不存在是否应当增产的问题。（　　）

9．在生产经营决策中，必须考虑相关业务量、相关收入和相关成本等因素。（　　）

10．凡在做开发型产品的品种决策时，可用单位产品贡献边际的大小作为取舍优劣的标准。（　　）

四、计算分析题

1．假定某公司生产某种产品 400 000 件，占正常生产能力的 80%，年固定性制造费用为 300 000 元，单位变动制造费用为 0.5 元，单位直接材料成本为 2 元，单位直接人工成本为 1.5 元，单位产品售价为 5 元。假定有一外国顾客愿以单位 4.5 元的价格增订产品 200 000 件，会

计人员估计为此必须增加设备租金 20 000 元。请问应否接受这一订货？

2．某企业每年生产 1 000 件甲半成品。其单位完全生产成本为 18 元（其中单位固定性制造费用为 2 元），直接出售的价格为 20 元。企业目前已具备将 80%的甲半成品深加工为乙产成品的能力，但每深加工一件甲半成品需要追加 5 元变动性加工成本。乙产成品的单价为 30 元。假定乙产成品的废品率为 1%。

请考虑以下不相关的情况，用差别损益法为企业做出是否深加工甲半成品的决策，并说明理由。

（1）深加工能力无法转移；

（2）深加工能力可用于承揽零星加工业务，预计可获得贡献边际 4 000 元；

（3）同（1），如果追加投入 5 000 元专属成本，可使深加工能力达到 100%，并使废品率降低为零。

3．某企业只生产一种产品，全年最大生产能力为 1 200 件。年初已按 100 元/件的价格接受正常任务 1 000 件，该产品的单位完全生产成本为 80 元/件（其中，单位固定生产成本为 25 元）。现有一客户要求以 70 元/件的价格追加订货。

请考虑以下不相关的情况，用差别损益分析法为企业做出是否接受低价追加订货的决策，并说明理由。

（1）剩余能力无法转移，追加订货量为 200 件，不追加专属成本；

（2）剩余能力无法转移，追加订货量为 200 件，但因有特殊要求，企业需追加 1 000 元专属成本；

（3）同（1），但剩余能力可用于对外出租，可获租金收入 5 000 元；

（4）剩余能力无法转移，追加订货量为 300 件；因有特殊要求，企业需追加 900 元专属成本。

4．某企业现有生产能力 40 000 机器小时，尚有 20%的剩余生产能力，为充分利用生产能力，准备开发新产品，有甲、乙、丙三种新产品可供选择，资料如表 7-32 所示。

表 7-32　相关资料表

项　　目	甲	乙	丙
预计单价（元）	100	60	30
预计单位变动成本（元）	50	30	12
单件定额工时（小时）	40	20	10

要求：

（1）根据上述资料做出开发哪种新产品的决策。

（2）如果新产品丙的市场需要量为 500 件，为充分利用生产能力又将如何安排，使企业的利润最大化。

5．某产品按每件 10 元的价格出售时，可获得 8 000 元贡献边际，贡献边际率为 20%，企业最大生产能力为 7 000 件。

分别根据以下不相关条件做出是否调价的决策。

（1）将价格调低为 9 元时，预计可实现销售 9 000 件；

（2）将价格调高为 12 元时，预计可实现销售 3 000 件。

6. 某企业组织多品种经营，其中有一种变动成本率为 80%的产品于 2012 年亏损了 10 000 元，其完全销售成本为 110 000 元。假定 2013 年市场销路、成本水平均不变。

请用相关损益分析法就以下不相关的情况为企业做出有关该亏损产品的决策，并说明理由。

（1）假定与该亏损产品有关的生产能力无法转移。2013 年是否继续生产该产品？

（2）假定与该亏损产品有关的生产能力可用于临时对外出租，租金收入为 25 000 元。2013 年是否继续生产该产品？

（3）假定条件同（1），但企业已具备增产一倍该亏损产品的能力，且无法转移。2013 年是否应当增产该产品？

（4）假定条件同（2），但企业已具备增产一倍该亏损产品的能力。2013 年是否应当增产该产品？

7. 某企业每年需用 A 零件 2 000 件，原由金工车间组织生产，年总成本为 19 000 元，其中，固定生产成本为 7 000 元。如果改从市场上采购，单价为 8 元，同时将剩余生产能力用于加工 B 零件，可节约外购成本 2 000 元。

试为企业做出自制或外购 A 零件的决策，并说明理由。

五、简答题

1. 生产经营决策中常用的方法有哪些？各有哪些优缺点？它们的评价指标是什么？
2. 为什么在半成品或联产品是否深加工的决策中，无论是半成品还是联产品本身的成本都是无关成本？
3. 短期经营决策的主要类型有哪几类？
4. 成本无差别点法的应用条件是什么？
5. 相关成本与无关成本各包括哪些内容？
6. 为什么说边际利润等于零时的销售价格就是最优售价？
7. “凡是亏损产品都应停产或亏损部门都应关闭”，这种说法有无道理？
8. “企业所需要的零部件应尽可能自制，一般不外购”，这种说法对吗？请说明理由。
9. “在确定生产何种产品时，应尽可能多地生产单位边际贡献大的产品”，这种说法有无道理？

六、实训题

某城市的地方教育局预计该市会面临学生名额需求的减少，预计的减少名额为 800 人。这可能会导致有些学校需要关闭。可能关闭的学校有 A、B、C 或 D。以下为各学校的有关详细资料:

学校 A（200 个名额）建于 15 年前，投资 540 万元。它位于一个环境不太理想的社区内，有发展商向教育局出价 2 800 万元收购该学校所在的地皮。

学校 B（500 个名额）建于 20 年前，投资 450 万元。在两年前，学校花费了 1 350 万元重修以改善设施。一家公司愿意出价 3 600 万元买下这所学校，拆除后在这个区域兴建购物中心。

学校C（600个名额）所在的地皮是以租赁形式向一家本地公司租用的，每年租金135 000元。学校是在5年前以2 250万元建成的。

学校D（800个名额）建于8年前，投资3 150万元，去年花费675万元扩建。它拥有广阔的场所，用于体育项目，由于这个原因，发展商最近提出以4 050万元买下该地段。

教育局对其固定资产的折旧政策为每年按原值的2%计提折旧。它也会区分一次性或大型资本性开支或收入，以及年度的经常性开支。

学校C的租约为100年期，如果学校关闭，使用权立即归还给出租公司。如果学校C不关闭，政府需要投资1 350万元改善学校的安全设备。

如果关闭学校D，教育局需要付出810万元为其他学校购置体育运动设备以应付这个变化。

教育局有一批本部人员，其中包括为每所学校安排一名行政人员负责管理，年薪90 000元，另外一位高级教育官员负责该区所有学校，其年薪180 000元。

（1）按以下不同情况编制一份相关损益汇总表：

① 不关闭任何一所学校；

② 只关闭学校D；

③ 关闭学校A和B；

④ 关闭学校A和C。

请分别列出一次性的收支项目及年度经常性收支项目，按上述计算结果排列各方案的优先次序，并简述你的答案。

（2）讨论教育当局可以采用的两种方法或技巧，以降低做出错误关闭决策的风险。

（3）讨论其他可能影响上述决策的因素。

第 8 章 投资决策

本章导语

企业的基本经营活动可归纳为筹资、投资和生产，其中投资活动是企业经营活动的一项重要内容。投资一词泛指企业投入财力，以期在未来一定期间内获取报酬或更多收益的活动。按期投资的对象不同，可分为对外投资和对内投资。对外投资是指企业向外部有关单位使用的财产项目投入资金或实物，并以利息、使用费、股利或租金收入等形式获取收益，使得资金增值的行为。对内投资是指为提高企业自身的生产经营能力和获利能力而对企业内部进行的投资。如投资兴办新企业、更新或购置设备、产品研制等。管理会计中涉及的投资决策，通常是指对内投资。本章将介绍对内投资决策的具体方法。

学习目标

1. 掌握现金流量分析的方法。
2. 理解货币时间价值的含义及计算。
3. 掌握长期投资决策评价的主要指标，并了解其优缺点和适用条件。
4. 掌握不同长期投资方案的评价方法。
5. 掌握长期投资决策的敏感性分析。

8.1 投资决策基础

8.1.1 投资决策的概念和特征

1. 投资决策的概念

投资通常是指投入财力以期在未来一段时间内或相当长一段时期内获得收益的行为。广义投资的概念涉及的范围相当广泛，既包括长期投资，也包括短期投资。长期投资是指投入资金量大，获取报酬的持续时间长，能在较长时间内影响企业经营获利能力的投资。其与短期投资的主要差异在于收益收回的时间，短期投资收益收回的时间一般只需要一年或一个营业周期。而长期投资的收益收回时间则需要经过若干年。与之相应，与长期投资项目有关的决策，被称为长期投资决策。而由于固定资产投资一般在长期投资中所占比例较大，所以狭义的长期投资又特指固定资产投资。本章主要介绍狭义的长期投资决策。

2. 长期投资的特征

长期投资具有以下主要特点：

1）投资金额大

长期投资投资，特别是战略性的扩大生产能力投资一般都需要较多的资金，其投资额往往是企业及其投资人多年的资金积累，在企业总资产中占有相当大的比重。因此，项目投资对企业未来的现金流量和财务状况都将产生深远的影响。

2）影响时间长

项目投资的投资契机发挥作用的时间较长，项目建成后投入运营对企业未来的现金流量和长期生产经营活动将产生重大影响。

3）投资风险大

项目投资一旦形成，就会在一个较长的时间内固化为一定的物质形态，具有投资刚性，即无法在短期内做出更改，且面临较大的市场不确定性和其他风险，决策失误将造成不可挽回的损失。因此，在投资之前采用一定的技术和方法进行风险决策分析显得尤为必要。

4）不可逆性强

项目投资一般不准备在一年或一个营业周期内变现，而且即使在短期内变现，其变现能力也较差。因为，项目投资一旦完成，要想改变是相对困难的，不是无法实现，就是代价太大。

从以上特点可以看出，长期投资决策是对企业具有长远意义的决策，需要企业投入大量的资金，一旦决策做出后，很难进行调整。因此必须特别重视起决策的科学化。

8.1.2 资金时间价值

在具体讨论时间价值这一概念前，先看一个简单的例子。如果有两家企业同时向你提出聘用邀请，A 企业给出的条件是每月月初支付 3 000 元工资，B 企业给出的条件是每月月末支付 3 000 元工资，其他条件完全相同，你会选择哪个企业呢？

在实际工作中这个问题很好判断，应选择 A 企业，因为 A 企业支付工资更早。但如果把这个问题上升到理论高度，就会提出这样的问题：早得到的货币比晚得到的货币更有价值吗？或者说，货币经过一段时间后，其价值会增值吗？这个问题就是货币时间价值问题。

1. 资金时间价值的含义

资金时间价值又称货币时间价值，是指资金在周转使用中，由于时间因素而形成的不同的价值。或者说，是指资金经历一定时间的投资和再投资所增加的价值。它具有增值性的特点，是一定量的资金在不同的时间上具有的不同的价值，即今天的一定量资金比未来的同量资金具有更高的价值。由于长期投资的投资更大、投资收益回收时间长，因此为了正确评价长期投资各备选方案，必须考虑资金的时间价值。

在利润平均化规律的作用影响下，货币时间价值的一般表现形式就是在没有风险与通货膨胀条件下的社会平均资金利润率。而实际上，投资活动或多或少存在风险，市场经济条件下通货膨胀也是客观存在的。而由于利率既包含时间价值，也包含风险价值和通货膨胀因素，因此，在通货膨胀率很低的情况下，可将几乎没有风险的短期政府债券的利息率视同资金时间价值。

2. 资金时间价值的计算

1）一次性收付款项时间价值的计算

利息的计算有单利和复利两种方法。单利是指一定期间内只根据本金计算利息，当期产生的利息在下一期不作为本金，不重复计算利息。例如，本金为 100 元，年利率为 3%的 3 年期单利定期存款，到期时的利息收入为 9 元，每年的利息收入为 3 元（100×3%）。单利的计算假设条件是：货币持有人每次得到利息，都不进行投资，因而利息不能转为本金。但在现实生活中，这一假设条件并不能一定成立，多数情况下，到期的利息收入都被货币持有人投入下一期资本中，因此利息的计算要考虑到上一期收回的利息转本情况。而复利则是不仅本金要计算利息，利息也要计算利息，即通常所说的“利滚利”。虽然我国目前银行系统公布的利率大部分是单利计算方式，但由于大部分银行在设计存款方式时都有自动转存功能，因此实际在选择自动转存方式存款时，利息计算实际上采用复利方式。总之，复利的概念充分体现了资金时间的含义，因此在讨论资金的时间价值时，一般都按复利计算。

（1）复利终值。

复利终值又称复利值，是指若干期以后包括本金和利息在内的未来价值，又称本利和。

在复利方式下，如果本金为 P，年利率为 i，则：

第 1 年年末的本利和 $=P+P\cdot i=P(1+i)$

第 2 年年末的本利和 $=P(1+i)+P(1+i)\cdot i=P(1+i)^2$

第 3 年年末的本利和 $=P(1+i)^2+P(1+i)^2\cdot i=P(1+i)^3$

……

第 n 年年末的本利和 $=P(1+i)^n$

$P(1+i)^n$ 即为 n 年后本金 P 的复利终值。在财务管理中，将复利终值的计算公式表示如下：

$$F=P(1+i)^n$$

式中，F 表示复利终值、本利和；P 表示复利现值、本金；i 表示利息率；n 表示计算期数。

其中，$(1+i)^n$ 称复利终值系数，又称 1 元的复利终值，$(1+i)^n$ 可写成 $(F/P, i, n)$，复利终值的计算公式可写成：

$$F=P(1+i)^n=P(F/P, i, n)$$

【例 8-1】 王先生现有存款 200 000 元，其所在企业最近在进行职工集资，集资期为 4 年，年利率为 5%，采用单利计算方式，到期一次还本付息。假设 1 年期的银行存款年利率为 2.25%。请为王先生决策：应该存银行定期还是进行集资？

若存定期 1 年银行储蓄，自动转存，则 4 年后终值为：

$$F = 200\,000 \times (F/P, 2.25\%, 4) = 200\,000 \times (1 + 2.25\%)^4$$
$$= 200\,000 \times 1.093\,1 = 218\,617（元）$$

若集资，则 4 年后终值为：

$$F = 200\,000 \times (1 + 5\% \times 4) = 240\,000（元）$$

所以王先生应该选择集资。

（2）复利现值。

复利现值是指未来某期的一定量货币（本利和），按复利折算成的现在价值（本金）。它是复利终值的逆运算。复利现值的计算可由复利终值的计算公式导出：

$$F = P \cdot (1+i)^n$$

等式两边同时乘以 $\frac{1}{(1+i)^n}$，则有：

$$F \cdot \frac{1}{(1+i)^n} = P$$

即：

$$P = \frac{F_n}{(1+i)^n}$$

其中，$\frac{1}{(1+i)^n}$ 称为复利现值系数，也称 1 元的复利现值，$\frac{1}{(1+i)^n}$ 写成 $(P/F, i, n)$，复利现值的计算公式可写成：

$$P = F \cdot (P/F, i, n)$$

为了简化计算，可利用复利现值系数表。该表见附录中的附表二，如下例。

【例 8-2】 若某同学拟在 3 年后获得 4 000 元，以购买一台笔记本电脑。已知银行存款利息率为 2%，则该同学现在应一次存入的金额可计算如下：

$$P = \frac{4\,000}{(1+2\%)^3} = 3\,769.2（元）$$

或，查复利现值系数表计算如下：

$$P = 4\,000 \times (P/F, 2\%, 3) = 4\,000 \times 0.942\,3 = 3\,769.2（元）$$

复利终值系数 $(1+i)^n$ 与复利现值系数 $\frac{1}{(1+i)^n}$，二者互为倒数关系。复利终值表明一定量的货币的未来价值，复利现值表明未来一定量的货币的现在价值。所以，在 i 和 n 相同的前提条件下，复利终值系数与复利现值系数互为倒数，因此可分别利用二个系数来解决同一个问题。

【例 8-3】 李女士准备在 5 年后获得 100 000 元，以支付一套住房的首付款。已知银行存款年利率为 4%，则李女士现在应一次存入银行多少钱？

解法一：利用复利现值系数计算

$$P = 100\,000 \times (P/F, 4\%, 5) = 100\,000 \times 0.821\,9 = 82\,190（元）$$

解法二：利用复利终值系数计算

$$P = \frac{100\,000}{(F/P, 4\%, 5)} = \frac{100\,000}{1.216\,7} = 82\,190（元）$$

在财务管理实务中，习惯上把现金流量往前计算，即已知现值求终值称为复利计算，其中的“i”称利率；把现金流量往回计算，即已知终值求现值称贴现计算，其中的“i”称贴现率。

2）年金的计算

在现实生活中，由于大部分企业的业务是连续不断地发生的，所以有许多资金的收付不是一笔完成的，而是一个系列的收付过程。其中，有些是等额的连续收付业务。比如折旧、利息、租金、保险费等。财务管理中将这样的收付款项称为年金。年金是指一定时期内每期相等金额的收付款项。简单地说，年金就是等额定期的系列收支。因此，企业财务活动中的分期付款赊购、分期偿还贷款、发放养老金、分期支付工程款，每年相同的销售收入等，也都属于年金的收付形式。对于这些有规律的资金收付，如果按照一次性收付款项的时间价值计算方法来计算其终值或现值，势必非常麻烦。因此，在财务学中，对年金的计算有专门的计算方法。

年金按照付款方式和支付时间可划分为：普通年金（也称后付年金），预付年金（也称先付年金）、递延年金（也称延期年金）和永续年金四种。每种类型的年金时间价值的计算方法又不尽相同，现分别介绍如下：

（1）普通年金。

普通年金又称后付年金，指每期期末有等额的收付款项的年金。在现实经济生活中由于这种年金最常见，所以称为普通年金，又由于它发生在每期的期末，因此又称做后付年金。普通年金的计算分为年金终值和年金现值两种。

① 普通年金终值，简称年金终值，是指一定时期内每期期末收付款项的复利终值之和。它相当于银行储蓄中定期零存整取的本利和。

设年金为 A，收付期数为 n，利率为 i，则普通年金终值计算示意图如图 8-1 所示。

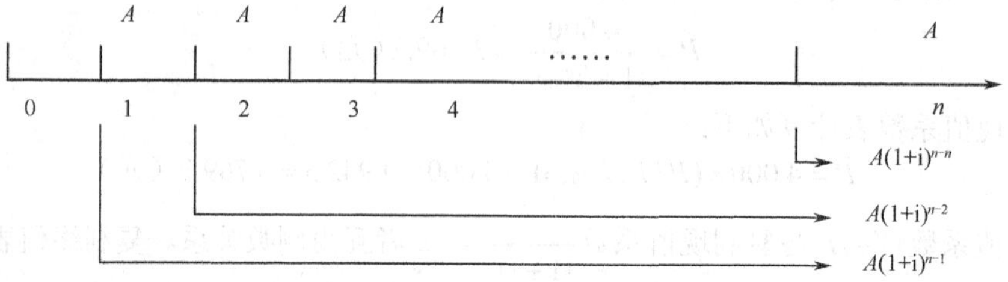

图 8-1　普通年金终值计算示意图

计算公式如下：

$$
\begin{aligned}
F &= A\cdot(1+i)^0 + A\cdot(1+i)^1 + A\cdot(1+i)^2 + \cdots + A\cdot(1+i)^{n-2} \\
&\quad + A\cdot(1+i)^{n-1} \\
&= A\cdot\sum_{t=1}^{n} A\cdot(1+i)^{t-1} \\
&= A\cdot\frac{(1+i)^n-1}{i}
\end{aligned}
$$

式中，F 表示年金终值；A 表示年金；i 表示利息率；n 表示计息期。

其中 $\sum_{t=1}^{n}(1+i)^{t-1}$ 或 $\frac{(1+i)^n-1}{i}$ 称为年金终值系数，又称 1 元年金终值，可写成$(F/A,i,n)$，

年金终值计算公式可写成：

$$F = A \cdot \frac{(1+i)^n - 1}{i} = A \cdot (F/A,i,n)$$

【例 8-4】张先生的儿子 5 年后上大学，大学四年的学杂费共计 50 000 元。已知银行存款年利率为 4%，则张先生从现在起每年年末存入银行 10 000 元，是否可以负担起此笔支出？

$$F = 10\,000 \times (F/A,4\%,5) = 10\,000 \times 5.416\,3 = 54\,163（元）$$

所以张先生可以负担此笔支出。

利用普通年金系数可以解决偿债基金的问题。偿债基金，是指为使年金终值达到既定金额，每年应支付的年金数额。

【例 8-5】某同学拟在 5 年后还清 10 000 元的助学贷款，从现在起每年年末等额存入银行一笔款项，假设银行存款年利率为 3%，那么每年需至少存入多少钱才能在 5 年后还清 10 000 元的贷款？

$$10\,000 = A \times (F/A,3\%,5)$$

$$A = \frac{10\,000}{5.309\,1} = 1\,884（元）$$

② 普通年金现值，简称年金现值，是指一定期间内每期期末等额的系列收支款项的复利现值之和。也可以表述为，为在每期期末取得相等金额的款项，现在需要投入的金额。

设年金为 A，收付期数为 n，利率为 i，则普通年金现值计算示意图如图 8-2 所示。

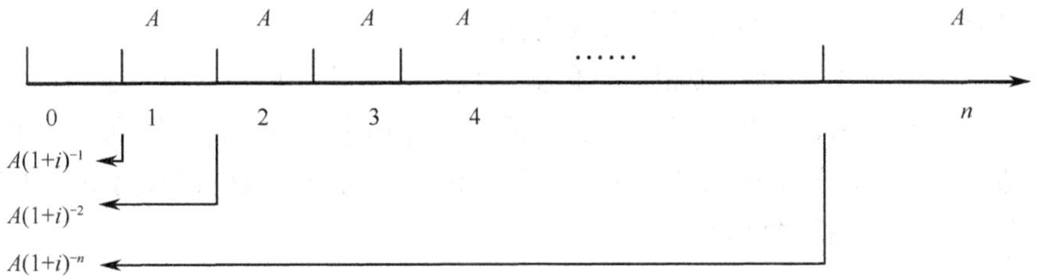

图 8-2　普通年金现值计算示意图

其计算公式如下：

$$\begin{aligned} P &= A \cdot \frac{1}{(1+i)^1} + A \cdot \frac{1}{(1+i)^2} + \cdots + A \cdot \frac{1}{(1+i)^{n-1}} + A \cdot \frac{1}{(1+i)^n} \\ &= A \cdot \sum_{t=1}^{n} \frac{1}{(1+i)^t} \\ &= A \cdot \frac{1-(1+i)^{-n}}{i} \end{aligned}$$

式中，P 表示年金现值；A 表示年金；i 表示贴现率；n 表示计息期。

计算年金现值公式中的 $\sum_{t=1}^{n} \frac{1}{(1+i)^t}$ 或 $\frac{1-(1+i)^{-n}}{i}$ 称为年金现值系数，又称 1 元年金现值，可写成（$P/A,i,n$），年金现值计算公式可写成：

$$P = A \cdot \frac{1-(1+i)^{-n}}{i} = A \cdot (P/A,i,n)$$

或记作 $P=A(P/A, i, n)$

【例 8-6】银行存款年利率为 5%的情况下，某人打算连续 10 年每年年末从银行取出 10 000 元，那么他在第一年年初，至少应一次性存入多少钱？

$$P=10\,000\times(P/A,5\%,10)=10\,000\times7.721\,7=77\,217（元）$$

利用年金现值系数，可以解决投资回收资金的问题，投资回收资金，是指在一定期间内为收回初始投资额每期期末收回的相等金额。

【例 8-7】假设以 10%的利率从银行借款 10 000 元，投资于某个寿命为 10 年的项目，问每年末至少要回收多少资金才是有利的？

$$10\,000=A\times(F/A,10\%,10)$$

$$A=\frac{10\,000}{6.144\,6}=1\,627.45（元）$$

（2）预付年金。

预付年金也称先付年金或即付年金，是指一定期间内，各期期初等额的系列收付款项，即在每期期初支付的年金。如每个月月初预付租金，每个学期期初预交学费等。由于计算的方向不同，预付年金分为预付年金终值和预付年金现值。预付年金与普通年金的区别，仅仅在于付款时间的不同。由于年金终值系数表和年金现值系数表都是按普通年金编制的，所以在利用上述二表计算预付年金的终值和现值时，可以在普通年金的基础上用终值和现值的计算公式进行调整。

① 预付年金的终值是指一定时期内每期期初等额系列收付款项的复利终值之和。其根据普通年金终值计算公式进行调整的计算公式有两个。

n 期预付年金与 n 期普通年金相比，付款次数相同，期数相同，但由于付款时间不同，一个在期初，一个在期末，所以，预付年金终值比普通年金终值多得一期利息，用 n 期普通年金终值，乘以（$1+i$），便可得出预付年金终值。设年金为 A，收付期数为 n，利率为 i，则预付年金终值计算示意图如图 8-3 所示。

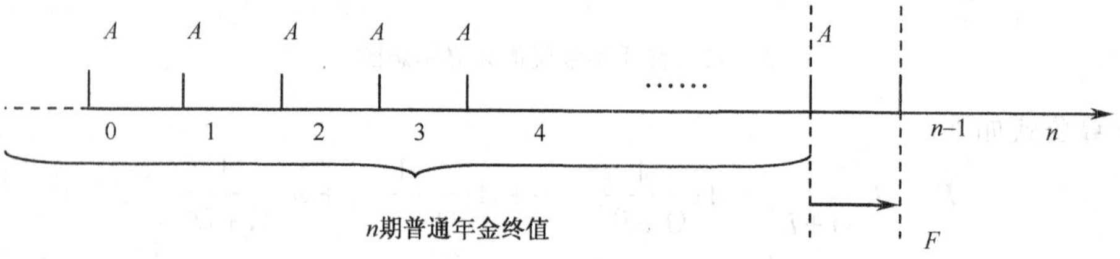

图 8-3 预付年金终值计算示意图（1）

计算公式为：

$$\begin{aligned}F&=A\cdot\frac{(1+i)^n-1}{i}\cdot(1+i)\\&=A\cdot(F/A,i,n)\cdot(1+i)\end{aligned}$$

n 期预付年金与 $n+1$ 期普通年金的计息期数相同，但比 $n+1$ 期普通年金少付一次款项（A），因此，将 $n+1$ 期普通年金终值减去一期付款额（A），便可得出预付年金终值。设年金为 A，收付期数为 n，利率为 i，则预付年金终值计算示意图如图 8-4 所示。

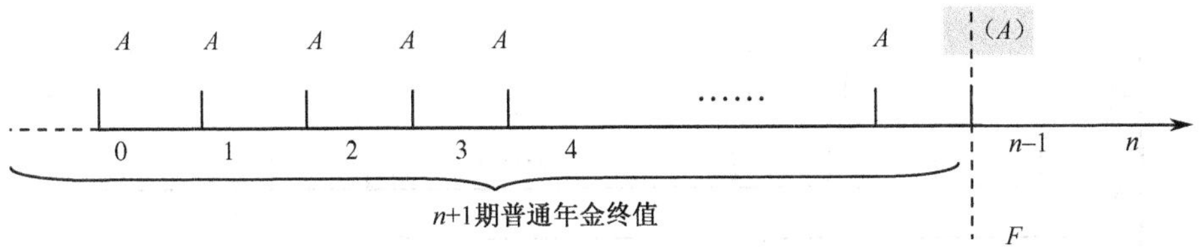

图 8-4　预付年金终值计算示意图（2）

计算公式为：

$$F = A \cdot \left[\frac{(1+i)^{n+1} - 1}{i} - 1 \right]$$

$$= A \cdot \left[(F/A, i, n+1) - 1 \right]$$

【例 8-8】 为给儿子上大学准备资金，王先生连续 6 年于每年年初存入银行 3 000 元。若银行存款年利率为 5%，则王先生在第 6 年末，能一次取出本利和多少钱？

解法一：

$$F = 3\,000 \times \left[(F/A, 5\%, 6) \cdot (1+5\%) \right] = 3\,000 \times 6.801\,9 \times 1.05 = 21\,425.99 \text{（元）}$$

解法二：

$$F = 3\,000 \times \left[(F/A, 5\%, 7) - 1 \right] = 3\,000 \times (8.142\,0 - 1) = 21\,426 \text{（元）}$$

其中尾数的误差为系数表四舍五入所致。

② 预付年金现值是指一定时期内每期期初等额系列收付款项的复利现值之和。其根据普通年金公式进行调整的计算公式也有如下两个。

n 期预付年金与 n 期普通年金相比，在计算现值时，n 期普通年金比 n 期预付年金多贴现一期。所以，用 n 期普通年金现值，乘以（$1+i$），求出预付年金现值。设年金为 A，收付期数为 n，利率为 i，则预付年金现值计算示意图如图 8-5 所示。

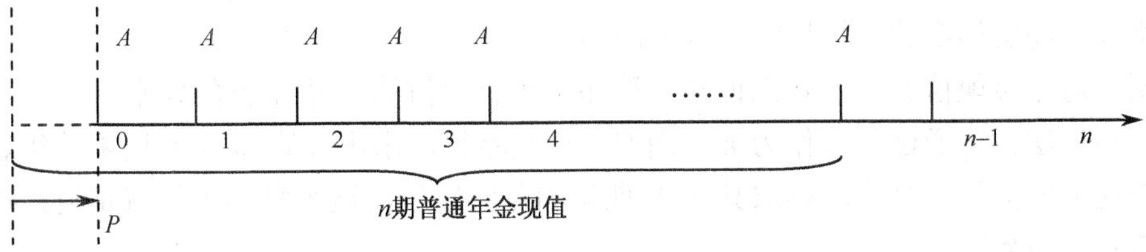

图 8-5　预付年金现值计算示意图（1）

其计算公式为：

$$P = A \cdot \frac{1-(1+i)^{-n}}{i} \cdot (1+i)$$

$$= A \cdot (P/A, i, n) \cdot (1+i)$$

根据 n 期预付年金与 $n-1$ 期普通年金的关系可推出另一个公式。n 期预付年金现值与 $n-1$ 期普通年金的贴现期数相同，但 n 期预付年金比 $n-1$ 普通年金多一期不用贴现的付款额（A），因此，可以先计算 $n-1$ 期普通年金的现值，再加上一期不需贴现的付款额（A），即可求出 n 期预付年金的现值。设年金为 A，收付期数为 n，利率为 i，则预付年金现值计算示意图如图

8-6 所示。

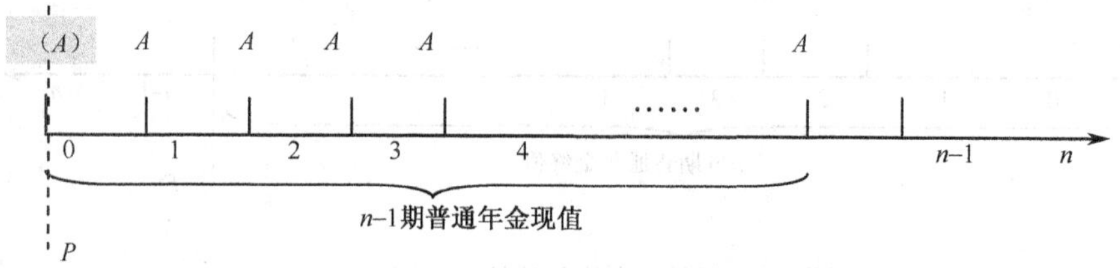

图 8-6　预付年金现值计算示意图（2）

其计算公式为：

$$P = A \cdot \frac{1-(1+i)^{-(n-1)}}{i} + A$$
$$= A \cdot (P/A, i, n-1) + A$$
$$= A \cdot [(P/A, i, n-1) + 1]$$

【例 8-9】李先生采用分期付款方式购商品房一套，每年年初付款 15 000 元，分 10 年付清。若银行利率为 6%，该项分期付款相当于一次现金支付的购价是多少？

解法一：

P=15 000×[(P/A,6%,10)×(1+6%)]=15 000×7.360 1×1.06=117 025.59（元）

解法二：

P=15 000×[(P/A,6%,9)+1]=15 000×(6.801 7+1)=117 025.50（元）

其中尾数的误差为系数表四舍五入所致。

（3）递延年金。

递延年金也称延期年金，是指第一次收付款发生时间与第一期无关，而是若干期（假设为 s 期，$s \geqslant 1$）后才开始发生的系列等额收付款项。递延年金是普通年金的特殊形式，凡不是从第一期开始的年金都是递延年金。递延年金终值的大小，与递延期无关，因此它的计算方法与普通年金终值相同，只要把发生支付行为的第一期作为计算期的起点，有几期就计算几期。所以，递延年金的计算只涉及现值的问题。

根据普通年金现值计算公式来调整计算递延年金现值的计算方法有两种。

第一种方法：把递延年金作为 $n-s$ 期普通年金看待，求出 n 期末到 S 期末的年金现值，然后再把这个现值作为终值，再求其在 S 期初的复利现值，这个复利现值就是递延年金的现值。计算示意图如图 8-7 所示。

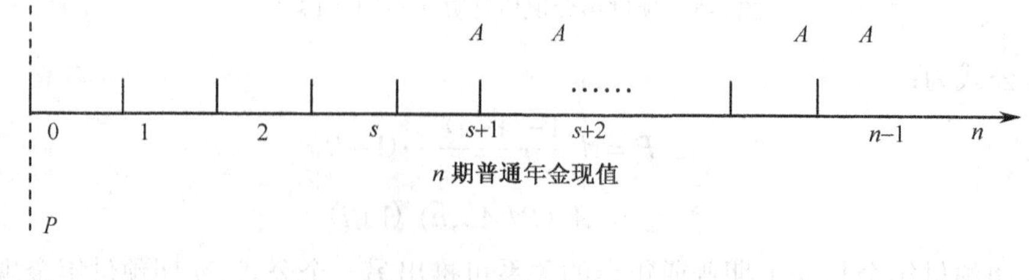

图 8-7　递延年金现值计算示意图（1）

计算公式如下：

$$P = A \cdot (P/A, i, n-s) \cdot (P/F, i, s)$$

第二种方法：把递延年金视为 n 期普通年金，即假设递延期中也有收付额发生。先求出 $m+n$ 期普通年金现值，然后再减去并没有收付额发生的递延期（m 期）的普通年金现值，最终求出的二者之差即是要求的递延年金现值。计算示意图如图 8-8 所示。

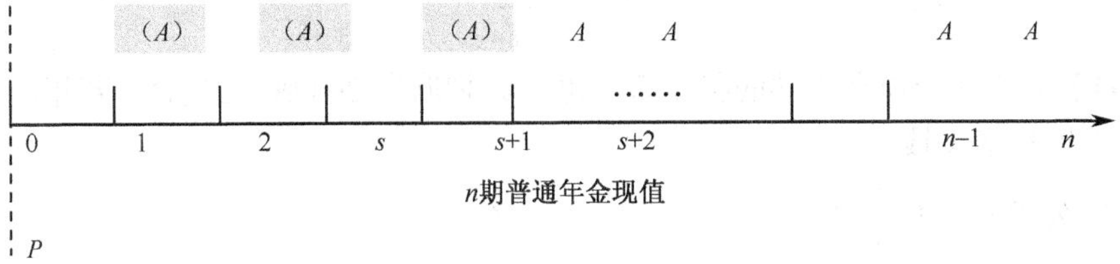

图 8-8　递延年金现值计算示意图（2）

计算公式如下：

$$
\begin{aligned}
P &= A\cdot(P/A,i,n)-A\cdot(P/A,i,s)\\
&= A\cdot\left[\left(P/A,i,n\right)-\left(P/A,i,s\right)\right]
\end{aligned}
$$

【例 8-10】某人在年初存入银行一笔资金，存满 5 年后每年年末取出 1 000 元，至第 10 年年末取完，银行存款利率 10%，则此人应在最初一次存入银行多少钱？

解法一：

$$P = A\cdot\left(P/A,10\%,5\right)\cdot\left(P/F,10\%,5\right)$$

=1 000×3.790 8×0.620 9

=2 354（元）

解法二：

$$P = A\cdot\left(P/A,10\%,10\right)-\left(P/A,10\%,5\right)$$

=1 000×（6.144 6−3.790 8）

=2354（元）

（4）永续年金。

永续年金也称终身年金，是指无限期支付的年金。在我国现实生活中，最常见的是银行存款中的存本取息。在西方某些债券采取了终身年金的形式，持有者凭它可在每期取得等额的资金，直到无限长的时间，永远不会期满，即是说，发行者没有义务在将来的任何时候以债券的票面值赎回这些债券。此外，优先股股票因为有固定的股利而又无到期日，因而优先股的股利也可以看作永续年金。

由于永续年金没有终止的时间，所以也就不存在终值，因此，在永续年金的计算中只涉及现值计算的问题。

永续年金现值的计算公式，可以通过普通年金现值的计算公式导出：

$$P = A\cdot\left(P/A,i,n\right)$$

其中，$\left(P/A,i,n\right)=\dfrac{1-\dfrac{1}{\left(1+i\right)^{n}}}{i}$

当 $n\to\infty$ 时，$\dfrac{1}{\left(1+i\right)^{n}}\to 0$

故：$$(P/A,\mathrm{i},n)=\frac{1}{i}$$

因此，永续年金现值的计算公式为：

$$P=A\cdot\frac{1}{i}$$

【例 8-11】拟建立一项永久性的奖学金，每年计划颁发 20 000 元奖金。若年利率为 10%，则现在应存入银行多少钱？

解：根据公式 $P=A\cdot\frac{1}{i}$ 得：

$$P=20\,000\cdot\frac{1}{10\%}=400\,000\text{（元）}$$

3）一年内多次计息问题

终值和现值通常都是按年计算的，但有时情况并不是如此，比如：有的债券的利息每半年支付一次，股利有时候每季度支付一次，每月支付一次，在极特殊的情况下，甚至几天支付一次，于是就出现了不同的计息期。如果计息期短于 1 年，而使用的又是年利率，如此，计算复利终值的公式 $F=P(1+i)^n$ 就不适用了。

若 6 个月付息一次，实际用来计算的利率（实际利率：实际用来计算的年利率）只是名义利率（名义利率：给出的年利率）的一半，即 1/2，这样复利终值的计算公式就应该为：

$$F=P\cdot\left(1+\frac{i}{2}\right)^{2n}$$

同理可得，每季复利一次的复利终值的计算公式为：

$$F=P\cdot\left(1+\frac{i}{4}\right)^{4n}$$

于是，同理可推出复利计算的通式（也称作年内复利终值公式）：

$$F=P\cdot\left(1+\frac{i}{m}\right)^{m\cdot n}$$

其中，i 表示名义年利率、名义利率；m 表示每年计息次数；n 表示年数。

由该通式可知，进行复利计算的次数越多，一定期限内一定现值的未来值也就越大；反之越小，其实际年利率（也称实际利率）也就越小。

【例 8-12】有资金 1000 万元，投资于一个 5 年期的项目，在年利率为 8%的情况下，求每季复利一次和每年复利一次的未来值。

每季复利一次的未来值：

$$\begin{aligned}F&=1\,000\times\left(1+\frac{8\%}{4}\right)^{4\times5}\\&=1\,000\times1.486\\&=1\,486\text{（万元）}\end{aligned}$$

每年复利一次的未来值：

$$F = 1\,000 \times (1+8\%)^5$$
$$= 1\,000 \times 1.469$$
$$= 1\,469 \text{（万元）}$$

由上例可知，一年复利4次，比一年复利一次多得17元的利息。其中，一年复利4次的实际年利率，可由复利终值计算公式求得：

$$F = P \cdot \left(F/P,i,5\right)$$
$$1\,486 = 1\,000 \times \left(F/P,i,5\right)$$
$$\left(F/P,i,5\right) = 1.486$$

则：

$$\frac{x-8\%}{9\%-8\%} = \frac{1.486-1.469}{1.539-1.469}$$

所以

$$x = 8\% + 0.24\%$$
$$= 8.24\%$$

求得实际年利率为8.24%，大于名义利率8%，二者之差为0.24%。从上述计算过程可知，名义利率与实际利率之间存在着一定的内在联系，其关系如下：

设：

r 表示实际年利率、实际利率；

i 表示名义年利率、名义利率；

m 表示每年计息次数；

n 表示年数。

由前面的计算得知，使用名义利率按复利终值计算通式得到的未来值，应该等于用实际利率计算的未来值，即：

$$P \cdot \left(1+\frac{i}{m}\right)^{mn} = P \cdot \left(1+r\right)^n$$

等式两边同除以 P，得：

$$(1+\frac{i}{m})^{m \cdot n} = (1+r)^n$$

等式两边同开 n 次方，得：

$$(1+\frac{i}{m})^m = (1+r)$$

所以，

$$r = (1+\frac{i}{m})^m - 1$$

上述公式即为名义利率与实际利率的换算关系，为了进一步证实该公式的可靠性，仍以上题为例，将数据带入该关系式：

$$r = (1+\frac{8\%}{4})^4 - 1$$
$$= 1.0\,824 - 1$$
$$= 8.24\%$$

用实际利率计算的未来值如下：

$$F = 1\,000 \times (1 + 8.24\%)^5$$
$$= 1\,000 \times 1.486$$
$$= 1\,486 \text{（万元）}$$

结果与按复利通式计算的终值相等。

8.1.3 现金流量

投资决策中所说的现金流量是指与项目投资决策有关的现金流入和流出的数量。应提请注意的是：本章使用的“现金”是广义的现金，它不仅包括各种货币资金，而且还包括项目需要投入、企业拥有的一切资源的变现价值（或称重置成本）。例如：一个投资项目需要使用原有的厂房、设备和材料等等，此时进行投资决策的现金流量应该是指它们的变现价值，而不是它们的账面价值。

1. 投资现金流量的构成

投资现金流量包括现金流入量、现金流出量和现金净流量三个具体的概念。

1）现金流出量

现金流出量（在项目开始时也称初始现金流出量或原始投资额），是指投资方案引起的企业现金支出的增加额。由以下三部分组成：

（1）固定资产投资。包括固定资产的购入或建造成本、运输成本和安装成本等。

（2）流动资产投资。包括对材料、产品、产成品和现金等流动资产的投资。

（3）其他投资费用。指与长期投资有关的职工培训费、谈判费、注册费用等。

2）现金流入量

现金流入量，是指投资方案所引起的企业现金收入的增加量。一般由以下两部分组成：

（1）营业现金流入量。

营业现金流入量是营业收入扣除付现成本后的余额。其计算公式如下：

营业现金流入=营业收入-付现成本

其中，付现成本是指需要企业每年支付现金的营业成本。在营业成本中不需要每年支付现金的主要是折旧费，所以付现成本可以用营业成本减折旧来计算。其计算公式如下：

付现成本=营业成本-折旧

如果从每年现金流动的结果来看，增加的现金流入来自两部分：一部分是利润造成的货币增值；另一部分是以货币形式收回的折旧，则营业现金流入的计算公式如下：

营业现金流入量=营业收入-付现成本

=营业收入-(营业成本-折旧)

=利润+折旧

其中，利润指的是税前利润，若考虑扣除所得税的影响，可得出年净营业现金流入量（营业现金流入量）的计算公式：

年净营业现金流入量=年营业收入-付现成本-所得税

=净利+折旧

（2）终结现金流入量。

终结现金流入量是指投资项目完结时所发生的现金流量，主要包括两部分：

① 残值收入。项目结束时设备残值的变现收入。

② 收回的流动资金，是指项目运行初期垫支在材料、辅助材料、半成品等上的资金，在项目结束时全额收回。

3）现金净流量

现金净流量（NCF），是指一定期间现金流入量和现金流出量的差额。其计算公式如下：

现金净流量=现金流入量-现金流出量

这里所说的“一定期间”，可以是指一年，也可以是指投资项目持续的整个年限。在上述公式中，流入量大于流出量，净流量为正值；若流入量小于流出量，净流量为负值。

投资项目在建设期和生产经营期内某一年的现金净流量的计算公式如下：

净流量=利润+折旧-固定资产投资-流动资金支出

投资项目最后一年的现金净流量的计算公式如下：

最后一年现金净流量=利润+折旧+残值收入+收回的垫支流动资金

2. 投资决策中采用现金流量的原因

项目投资决策的重要环节之一就是预测投资项目的现金流量，全面、准确地预测投资项目预期现金流量是投资项目财务可行性评价的基础。之所以在项目投资决策中采用现金流量进行分析的主要原因体现在以下几个方面：

1）采用现金流量体现了资金时间价值观念

采用现金流量而不是会计利润来衡量投资项目的价值，是因为会计利润是按权责发生制核算的，它与现金流量的含义完全不同，利润并不考虑资金的收付时间，而科学的投资决策必须认真考虑资金的时间价值，也就是在投资决策时，应根据投资项目寿命周期内各年的现金流量，按照资本成本，结合时间价值来确定项目投资评估的各项指标，进而对投资项目方案进行评估。

2）采用现金流量对投资项目进行评估更符合客观实际

由于受到折旧方法、存货计价、费用的摊销和成本计算等人为因素的影响，即使针对同一个项目计提折旧，由于固定资产折旧方法的不同，使得每期计提的折旧额不同，从而导致按权责发生制计算的项目各年利润的分布存在很大差异。而在考虑时间价值的情况下，早期的收益与晚期的收益有明显的区别，由于现金流量的分布不受上述因素的影响，因此采用现金流量指标可以保证项目决策和评估的客观性。

3）采用现金流量指标取代利润指标作为评价项目净收益的指标

如果不考虑资金的时间价值，在整个投资项目运营的年限内，利润总计与现金净流量总计是相等的。因此，现金净流量完全可以取代利润作为评价净收益的指标。

3. 投资现金流量的计算

为了正确地评价投资项目的优劣，应正确地计算现金流量。现举例说明如下。

【例 8-13】北方公司欲购一台设备扩大生产规模。现有甲、乙两个方案可供选择。甲方案需投资 100 万元购置设备，使用寿命 5 年，直线法计提折旧，期末无残值。5 年中每年销售收入 60 万元，每年的付现成本为 24 万元；乙方案需投资 120 万元，垫支流动资金 30 万元，设备使用寿命也为 5 年，直线法计提折旧，期末残值变现收入 20 万元，5 年中每年的销售收入 80 万元，付现成本第一年为 32 万元，以后随着设备陈旧，逐年将增加修理费 4 万元。假设企业所得税率 25%，要求计算两个方案的现金流量。

（1）计算两个方案的初始现金流量。

甲方案初始现金流量=固定资产投资=100（万元）

乙方案初始现金流量=固定资产投资＋流动资金投资=120+30=150（万元）

（2）计算两个方案经营期各年的营业现金流量。

首先计算两个方案的折旧额：

甲方案每年折旧额=100/5 =20（万元）

乙方案每年折旧额=（120−20）/5 =20（万元）

再计算两个方案各年的营业现金流量。

甲方案每年营业现金流量=(60−24−20)×(1−25%)+20=32（万元）

乙方案第 1 年营业现金流量=(80−32−20)×(1−25%)+20=41（万元）

乙方案第 2 年营业现金流量=(80−36−20)×(1−25%)+20=38（万元）

乙方案第 3 年营业现金流量=(80−40−20)×(1−25%)+20=35（万元）

乙方案第 4 年营业现金流量=(80−44−20)×(1−25%)+20=32（万元）

乙方案第 5 年营业现金流量=(80−48−20)×(1−25%)+20=29（万元）

（3）计算两个方案的终结现金流量。

甲方案终结现金流量=0

乙方案终结现金流量=固定资产残值收入+收回的垫支流动资金

=20+30=50（万元）

表 8-1 为两个方案各年的营业现金流量计算表。

表 8-1　投资方案各年的营业现金流量计算表　　单位：万元

	1	2	3	4	5
甲方案					
销售收入（1）	60	60	60	60	60
付现成本（2）	24	24	24	24	24
折　旧（3）	20	20	20	20	20
税前净利（4） （4）=（1）−（2）−（3）	16	16	16	16	16
所得税（5）=（4）×25%	4	4	4	4	4
税后净利（6）=（4）−（5）	12	12	12	12	12
现金流量（7） （7）=（1）−（2）−（5） 或=（3）+（6）	32	32	32	32	32

续表

	1	2	3	4	5
乙方案					
销售收入（1）	80	80	80	80	80
付现成本（2）	32	36	40	44	48
折　旧（3）	20	20	20	20	20
税前净利（4）	28	24	20	16	12
（4）=（1）-（2）-（3）					
所得税（5）=（4）×40%	7	6	5	4	3
税后净利（6）=（4）-（5）	21	18	15	12	9
现金流量（7）					
（7）=（1）-（2）-（5）	41	38	35	32	29
或 =（3）+（6）					

表 8-2 为结合初始现金流量和终结现金流量编制两个方案的现金流量计算表。

表 8-2　投资项目现金流量计算表　　单位：万元

	t	0	1	2	3	4	5
甲方案	固定资产投资	-100					
	营业现金流量		32	32	32	32	32
	现金流量合计	-100	32	32	32	32	32
乙方案	固定资产投资	-120					
	营运资金垫支	-30					
	营业现金流量		41	38	35	32	29
	残　值						20
	流动资金回收						30
	现金流量合计	-150	41	38	35	32	79

在表 8-1 和表 8-2 中，$t=0$ 代表第 1 年年初；$t=1$ 代表第 1 年年末；$t=2$ 代表第 2 年年末，依此类推。在现金流量的计算中，为了简化计算，一般都假定各年投资在年初一次进行，各年营业现金流量看作各年年末一次发生，把终结现金流量看作最后一年年末发生。

8.2 投资决策评价指标

投资决策指标是指用于衡量和比较投资项目可行性，据以进行方案决策的定量标准和尺度。它主要分为有两大类：一类是非贴现评价指标，即没有考虑时间价值因素的方法，主要包括回收期、平均报酬率和会计收益率。另一类是贴现评价指标，即考虑了时间价值因素的方法，主要包括净现值，现值指数和内含报酬率。以上指标中，除投资回收期属于逆指标外，其余均是正指标，即指标数值在一定范围内越大越好。

8.2.1 非贴现评价指标

非贴现评价指标，是指不考虑时间价值，把不同时间的货币收支都看成是等效的。目前，在企业投资决策中该类指标只起辅助作用。该类指标主要有投资回收期、平均报酬率法和会计收益率。

1. 投资回收期

投资回收期，是回收初始投资所需的时间。一般以年为单位。这是一种使用很广泛，时间很长久的投资决策方法，计算结果表示收回投资所需要的年限，回收年限越短，方案越有利。其计算方法分为两种情况。

第一种情况为每年净现金流量相等，计算公式如下：

$$投资回收期=\frac{原始投资额}{年净现金流量}$$

需要说明的是，上述公式计算出的投资回收期不包括建设期的投资回收期，如果项目有建设期，则应予以考虑。根据【例 8-13】资料，甲方案就属于这种情况：

$$回收期（甲）=\frac{100}{32}=3.125（年）$$

第二种情况为每年净现金流量不相等时，其计算公式如下：

$$投资回收期=即将收回投资额之前的年份+\frac{到该年尚未收回投资额的部分}{下一年的净现金流量}$$

需要说明的是，若项目有建设期，则上述公式中的回收期是包括建设期的投资回收期。

乙方案就属于这种情况：

$$回收期（乙）=4+\frac{150-41-38-35-32}{79}$$

$$=4.05（年）$$

甲、乙二个方案的回收期相比，甲方案短，所以应选甲方案。

投资回收期法的优点是计算简便、容易为决策人理解和使用，受投资者欢迎，而且该指标可以从一定程度上反映企业投资方案的风险；缺点是没有考虑资金的时间价值，也没有考虑回收期以后的收益。因此，回收期法是传统财务管理中，进行投资决策经常使用的方法，但是在现代财务管理中，它只能作为一种辅助方法来使用。

2. 平均报酬率

平均报酬率，是指投资项目寿命周期内平均的年投资报酬率。其计算公式如下：

$$平均报酬率=\frac{平均现金流量}{初始投资额}\times100\%$$

仍以【例 8-13】资料为例，甲、乙两个方案的平均报酬率计算如下：

$$平均报酬率（甲）=\frac{32}{100}\times100\%=32\%$$

$$平均报酬率（乙）=\frac{(41+38+35+32+79)\div5}{150}\times100\%=3\%$$

在采用平均报酬率法进行决策时，企业应事先确定一个要求达到的平均报酬率，在只有一个备选方案的采纳与否决策时，只有高于这个平均报酬率的项目才能入选，而在多个方案的互斥选择决策时，应选用平均报酬率最高的方案。计算公式的分母也可使用平均投资额，如此计算的结果可能会高一些，但是不会改变方案的优先次序。

平均报酬率法的优点是简明、易算和易懂；缺点是没有考虑资金的时间价值。将不同时点上的现金流量看成是等值的，因此，在期限较长、后期收益率较高的项目投资决策时，有时会得出错误的结论。

3. 投资利润率

投资利润率又称投资报酬率，是指投资方案的年平均利润额与投资总额的比率，记为 ROI。投资利润率从会计收益角度反映投资项目的获利能力，即投资一年能给企业带来的平均利润是多少。利用投资利润率进行投资决策时，将方案的投资利润率与预先确定的基准投资利润率（或企业要去的最低投资利润率）进行比较，若方案的投资利润率大于或等于基准投资利润率时，方案可行；若方案的投资利润率小于基准投资利润率时，方案不可行。一般来说，投资利润率越高，表明投资效益越好；反之越差。投资利润率的计算公式为：

投资利润率=年平均利润额/投资总额×100%

仍以【例 8-13】资料为例，甲、乙两个方案的会计收益率计算如下：

$$\text{投资利润率（甲）}=\frac{12}{100}\times 100\%=12\%$$

$$\text{投资利润率（乙）}=\frac{(21+18+15+12+9)\div 5}{150}\times 100\%=10\%$$

投资利润率法的优点是决策所需资料直接来自会计核算数据，容易取得，计算方法简单明了；缺点是没有考虑时间价值的因素。

8.2.2 贴现评价指标

贴现评价指标，是指考虑时间价值评价指标，主要有以下三个：

1. 净现值法

净现值（Net Present Value，NPV）是指特定方案未来现金流入量的现值与未来现金流出量现值之间的差额。也可以具体表示为：净现值是指投资方案实施后，未来能获得的各种报酬按资金成本或必要报酬率折算的总现值与历次投资额按资金成本或必要报酬率折算的总现值之差额。其计算公式如下：

$$\text{NPV}=\frac{\text{NCF}_1}{(1+k)^1}+\frac{NCF_2}{(1+k)^2}+\cdots\cdots+\frac{\text{NCF}_n}{(1+k)^n}-C$$

$$=\sum_{t=1}^{n}\frac{\text{NCF}_t}{(1+k)^t}-C$$

式中，NPV 表示净现值；NCF_t 表示第 t 年的净现金流量；k 表示贴现率（资金成本或企业要求的必要报酬率）；n 表示预计使用年限；C 表示初始投资额或投资额总现值。

净现值的公式可表达为：

净现值=未来报酬的总现值-投资总现值

=现金流入总现值-现金流出总现值

按照净现值法，所有的未来现金流入和现金流出都要按预定贴现率折算为它们的现值，然后再计算它们的差额。

如果净现值为正数，即贴现后的现金流入大于流出，说明该项目的投资报酬率大于预定的贴现率，亦即该投资方案的实际报酬率大于资金成本或必要报酬率，投资于该方案是有利可图的；如果净现值为零，即贴现后现金流入等于现金流出，说明该项目的投资报酬率相当于贴现率，亦即该投资方案的实际报酬等于资金成本或必要报酬率，投资于该方案是保本的，企业偿付借款本息后将一无所获；如果净现值为负数，即贴现后现金流入小于现金流出，说明该项目的投资报酬率小于贴现率，亦即该投资方案的实际报酬率小于资金成本或必要报酬率，投资于该方案不但连成本都收不回来，还要亏损。

净现值法的决策规划有两个：一是在只有一个备选方案的采纳与否决策时，净现值为正值的可采纳，否则放弃；二是在多个备选方案的互斥选择决策时，取其中净现值为正值中的最大值。

【例 8-14】仍以【例 8-13】资料为例，计算甲、乙两方案的净现值。假设资金成本率为10%，有关数据如表 8-3。

表 8-3　净现值计算资料表　　单位：万元

期　间	甲方案		乙方案	
	净收益	净现金流量	净收益	净现金流量
0		-100		-150
1	12	32	21	41
2	12	32	18	38
3	12	32	15	35
4	12	32	12	32
5	12	32	9	79
合　计	60	60	75	75

两个方案的净现值计算如下：

$$NPV_{甲}=32\times(P/A,10\%,5)-100$$

$$=32\times3.791-100=21.312\text{（万元）}$$

$$NPV_{乙}=41\times(P/F,10\%,1)+38\times(P/F,10\%,2)+35\times(P/F,10\%,3)+32\times(P/F,10\%,4)+79\times(P/F,10\%,5)$$

$$=41\times0.909+38\times0.826+35\times0.751+32\times0.683+79\times0.621-150$$

$$=165.883-150$$

$$=15.885\text{（万元）}$$

以上计算结果表明：甲、乙两方案的净现值均大于零，说明两方案的报酬率都超过 10%，若该企业的资金成本或要求的投资报酬率为 10%，两方案都满足决策要求，但本题只能选择一个方案，甲方案净现值大于乙方案净现值，所以选择甲方案。

净现值法的主要优点是理论较完善，有广泛的适用性。该方法考虑了资金的时间价值，能够反映各种投资方案的净收益，其实际反映的是投资方案贴现后的净收益，因而是一种较好的、适用性强的方法。在互斥项目的选择中，利用净现值法进行决策是最好的选择。

净现值法的主要缺点有三个：① 不能揭示实际报酬率。它能说明评估方案的实际报酬率与贴现率之间的大小关系，但是不能说明该方案的实质报酬率是多少。② 贴现率不好确定。实际上净现值应用的关键问题就是如何确定贴现率，有两种确定方法：一种是根据企业资金成本来确定，另一种是根据企业要求的最低资金利润率来确定。③ 在投资规模不等的项目投资决策时，不能做出判断。

2. 现值指数

现值指数（Present Value Index，PI）又称获利指数、利润指数及贴现的收益。概括地说，是指未来现金流入现值与现金流出现值之比；具体地说，是指投资项目未来报酬的总现值与全部投资额的总现值之比。其计算公式如下：

$$PI=\left[\frac{\mathrm{NCF}_1}{(1+i)^1}+\frac{\mathrm{NCF}_2}{(1+i)^2}+\cdots+\frac{\mathrm{NCF}_n}{(1+i)^n}\right]\Big/C$$

$$=\sum_{t=1}^{n}\frac{\mathrm{NCF}_t}{(1+i)^t}\Big/C$$

即：

$$\text{现值指数}=\frac{\text{未来报酬的总现值}}{\text{全部投资总现值}}$$

或

$$\text{现值指数}=\frac{\text{现金流入总现值}}{\text{现金流出总现值}}$$

现值指数说明了每 1 元现值投资额可获得多少现值报酬，或者说，现值指数的实际是每 1 元原始投资可望获得的现值净收益。它是一个相对数，反映投资的效率：而净现值是一个绝对数，反映投资的效益，所以现值指数更适合于投资规模不同的方案之间的比较。

现值指数的决策规则：一是在只有一个备选方案的采纳与否决策中，选现值指数大于 1 的，否则，放弃；二是在多个方案的互斥选择决策中，取现值指数大于 1 的最大值。

仍以【例 8-13】的资料为例，甲和乙两个方案的现值指数计算如下：

解：$PI(\text{甲})=\frac{32\times(P/A,10\%,5)}{100}$

$=121.312/100$

$=1.213$

$$PI(\text{乙})=\frac{1}{150}\times[41\times(P/F,10\%,1)+38\times(P/F,10\%,2)+35\times(P/F,10\%,3)$$
$$+32\times(P/F,10\%,4)+79\times(P/F,10\%,5)]$$

$=165.883/150$

$=1.106$

以上计算结果表明，甲、乙两方案的现值指数均大于 1，说明其投资收益超过成本，即投资报酬率超过预计的贴现率。但甲、乙两方案是互斥的，所以选择现值指数较大的甲方案。

现值指数法的优点：一是真实地反映了投资项目的盈亏程度，由于现值指数法考虑了资金的时间价值因素，所以能真实地反映投资项目的盈亏程度；二是便于独立方案的比较，由于现值指数是用相对数来表示投资效益的，所以，可以在初始投资额不同或全部投资额不同的方案之间进行比较、优选。

现值指数法的缺点：一是现值指数的概念不好理解；二是未能揭示投资方案本身具有的真实报酬率。

现值指数法和净现值法都考虑了资金的时间价值，但两者反映的内容不同，净现值是绝对数，反映投资的效益；现值指数是相对数，反映投资的效率。在决策中，这两种方法可以结合使用。

3. 内含报酬率

内含报酬率（Internal Rate of Return，IRR）又称内部收益率，概括地说，是指能够使未来现金流入量等于现金流出量现值的贴现率；具体地说，是指使投资项目的净现值等于零的贴现率。用 IRR 来表示，其计算公式为：

$$\text{IRR}=\frac{\text{NCF}_1}{(1+r)^1}+\frac{\text{NCF}_2}{(1+r)^2}+\cdots+\frac{\text{NCF}_n}{(1+r)^n}-C=0$$

即：

$$\sum_{t=1}^{n}\frac{\text{NCF}_t}{(1+r)^t}-C=0$$

未来报酬总现值-全部投资总现值=0

能使上述等式成立的“r”，就是该方案的内含报酬率。前面研究的净现值法和现值指数法虽然考虑了时间价值，可以说明投资方案高于或低于某一特定的投资报酬率，但是它们都没有揭示方案本身可以达到的具体的报酬率是多少。而内含报酬率是根据方案的现金流量计算得出的，是方案本身的投资报酬率。因此说，内含报酬率实际上反映了投资项目的真实报酬率，使得决策者根据该项指标的大小，即可对投资项目进行评价。

决策规则：一是在只有一个备选方案的采纳与否决策中，取大于或等于必要报酬率的最大值，否则，放弃；二是在多个方案的互斥选择决策中，取大于必要报酬率最大值最多的。

计算方法分为两种。

第一种方法：若净现金流量呈等额地均匀分布，可直接按年金求现值的方法计算。其计算公式如下：

$$投资额总现值=每年净现金流量\times(P/A,i,n)$$

则：

$$年金现值系数=\frac{投资额总现值}{年净现金流量}$$

仍以【例 8-13】的资料为例，甲方案的内含报酬率计算如下：

$$100=32\times(P/A,i,5)$$

$$(P/A,i,5)=100\div32=3.125$$

查“年金现值系数表”（见附录），n=5，系数 3.125 所指的利率 i，结果与 3.125 接近的现值系数为 3.127 2 和 2.990 6，分别指向 18%和 20%，说明该方案的内含报酬率在 18%～20%之间，可用内插法进一步确定本方案的内含报酬率。

$$\frac{\text{IRR}-18\%}{20\%-18\%}=\frac{3.125-3.1272}{2.9906-3.1272}$$

$$x=18\%+2\%\times\left(\frac{-0.0022}{-0.1366}\right)$$

$$=18\%+0.032\%$$

$$=18.032\%$$

以上计算结果表明甲方案的内含报酬率只有 18.03%，大于贴现率（10%），所以该方案是盈利的，可行。

第二种方法：若现金流量呈不均匀分布，需采用“逐步测试法”计算，步骤如下。

第一步：估计一个贴现率，用它来计算净现值。若净现值为正数，说明方案本身的报酬率超过估计的贴现率，应提高贴现率后再测试；若净现值为负数，说明方案本身的报酬率低于估计的贴现率，应降低贴后进一步测试。

第二步：经过反复测算，找到由负到正两个比较接近于零的净现值，从而确定内含报酬率的区间范围（两个相邻的贴现率）

第三步：根据上述两个相邻的贴现率再用插值法求其精确值，从而计算出方案的实际内含报酬率。

仍以【例 8-13】的资料为例，根据前面的计算得知，乙方案的净现值为正数，说明它的投资报酬率大于 10%，应提高贴现率进一步测试。若以 14%为贴现率测试，其结果净现值为负值（-1.251），降到 13%再测试，结果净现值为正值（2.807），可以判定乙方案的内含报酬率在 13%～14%之间，测试过程见表 8-4。

表 8-4　A 方案内含报酬率测试表　　单位：元

年　份	净现金流量	贴现率 14%		贴现率 13%	
		贴现系数	现　值	贴现系数	现　值
0	-150	1	-150	1	-150
1	41	0.877	35.957	0.885	36.285
2	38	0.769	29.222	0.783	29.754
3	35	0.675	23.625	0.693	24.255
4	32	0.592	18.944	0.613	19.616
5	79	0.519	41.001	0.543	42.897
净现值	15.88		-1.251		2.807

用插值法来求乙方案内含报酬率的精确值，如下：

$$内含报酬率（乙）=13\%+1\%\times\frac{-2.807}{-1.251-2.807}=13.69\%$$

计算结果表明，乙方案的内含报酬率为 13.69%，大于贴现率（10%），投资于该方案是有利可图的，可净得 3.69%的报酬率，所以乙方案可以采纳。

内含报酬率法的优点是：考虑了时间价值，反映了投资项目的真实报酬率，有实用价值；缺点是计算过于复杂，不易掌握。尤其是每年净现金流量不相等的投资项目，一般要经过多次测算才能确定。

8.3　投资决策评价指标的运用

正确的计算主要评价指标的目的，是为了在进行长期投资方案的对比与选优中发挥这些指标的作用。为正确地进行方案的对比与优选，要从不同的投资方案之间的关系出发，将投资方案区分为独立方案和互斥方案两大类。独立方案是指一组相互分离/互不排斥的方案，选择其中一方案并不排斥选择另一方案。例如，新建办公楼和购置生产设备是相互独立的方案。互斥方案是指一组相互关联/相互排斥的方案，选择其中一方案，就会排斥其他方案。例如，假设进口设备和国产设备的使用价值相同，都可以用来生产同样的产品，购置进口设备就不能购置国产设备，购置国产设备就不能购置进口设备，所以这两个方案是互斥方案。

8.3.1 独立方案的可行性

若某一独立方案的动态评价指标满足以下条件：

$$净现值\geq 0，净现值率\geq 0，现值指数\geq 0，内含报酬率\geq i_m$$

式中，i_m表示基准贴现率（即预期报酬率或资金成本率）。

要注意的是：利用上述四个动态评价指标（贴现指标）对同一个投资方案的财务可行性进行评价时，得出的结论完全相同，不会矛盾。如果静态评价指标（非贴现指标）的评价结果与动态评价指标的评价结果产生矛盾，应以动态评价指标的结论为准。

【例 8-15】假定某公司计划年度拟购置设备一台，购置成本为 12 000 元，该设备预计可使用 6 年，使用期满有净残值 6 000 元，按直线法折旧。该设备使用后每年可增加营业收入 85 000 元，同时增加总成本 52 500 元。所得税率 40%。若该公司的基准贴现率为 10%，决策者期望投资利润率为 9.5%，期望静态投资回收期为 3 年。

计算下列评价指标，并对上述设备购置方案是否可行做出评价。

（1）投资利润率。

（2）静态投资回收期。

（3）净现值。

（4）净现值率。

（5）现值指数。

（6）内含报酬率。

解：年折旧额=(120 000−6 000)/6=19 000（元）

NFC_0=−120 000（元）

$NFC_{1\sim5}$=(85 000−52 500)×(1−40%)+19 000=38 500（元）

NFC_6=(85 000−52 500)×(1−40%)+19 000+6 000=44 500（元）

（1）ROI=(85 000−52 500)×(1−40%)/120 000=16.25%＞9.5%

（2）投资回收期=3+4 500/38 500=3.12 年＞3 年

（3）NPV=38 500×(P/A,10%,6)+6 000×(P/F,10%,6)−120 000=51 066.05（元）

（4）NPVR=51 066.05/120 000=42.56%＞0

（5）PI=1+NPVR=1+42.56%=1.425 6＞1

（6）根据（3），i=10%时，NPV=51 066.05 元，应较大幅度地增加贴现率。

选取 i=20%

NPV=38 500×(P/A,20%,6)+6 000×(P/F,20%,6)−120 000=10 041.15（元）

选取贴现率 i=24%

NPV=38 500×（P/A，24%，6）+6 000×（P/F，24%，6）−120 000=−2 060.15（元）

$$\text{IRR} = 20\% + \frac{10\,041.15}{10\,041.15 - (-2\,060.15)} \times (24\% - 20\%) = 23.32\% > 10\%$$

根据以上的计算结果，该方案的各项动态评价指标和投资利润率指标均达到方案可行的标准，只是静态投资回收期略显长，有一定的风险。所以总体上讲，该方案可行。

8.3.2　多个互斥方案的对比和优选

多个互斥方案对比和优选的过程，就是在每一个入选的投资方案已具备财务可行性的前提下，利用评价指标从各个备选方案中最终选出一个最优方案的过程。在各种不同的情况下，需要选择某一特定评价指标作为决策标准或依据，从而形成了净现值法、净现值率法、差额净现值法、差额内含报酬率、年等额净现值法等具体方法。

1．多个互斥方案原始投资额相等的情况

在对原始投资额相等并且计算期也相等的多个互斥方案进行评价时，可采用净现值法；计算期不相等时可采用净现值率法，即通过比较所有投资方案的净现值或净现值率指标的大小来选择较优方案，净现值或净现值率最大的方案为较优方案。

【例 8-16】某企业计划投资使用 5 年的固定资产投资项目需要原始投资额 200 000 元。现有 A、B 两个互斥方案可供选择。采用 A 方案，每年现金净流量分别为 60 000 元、70 000 元、80 000 元、90 000 元和 100 000 元。采用 B 方案，每年现金净流量均为 85 000 元。如贴现率为 10%。

要求：对 A、B 方案做出选择。

答：

$$\begin{aligned}\text{NPV}_A &= 60\,000\times(P/F,10\%,1)+70\,000\times(P/F,10\%,2)+80\,000\times(P/F,10\%,3)\\&\quad+90\,000\times(P/F,10\%,4)+100\,000\times(P/F,10\%,5)-200\,000\\&=96\,058\text{（元）}\end{aligned}$$

$$\text{NPV}_B = 85\,000\times(P/A,10\%,5)-20\,000=122\,218\text{（元）}$$

B 方案的净现值大于 A 方案的净现值，应选择 B 方案。

2．多个互斥方案原始投资额不等但项目计算期相等的情况

在对原始投资额不相等但计算期相等的多个互斥方案进行评价时，可采用差额净现值（记作ΔNPV）法或差额内涵报酬率（记作ΔIRR），这两种方法是在两个原始投资额不同的方案的差量现金净流量（记作ΔNCF）的基础上，计算出差额净现值或差额内涵报酬率，并以此做出判断的方法。

在一般情况下，差量现金流量等于原始投资额大方案的现金净流量减原始投资额小方案的现金净流量量，当 ΔNPV≥0 或 ΔIRR≥i_m（基准贴现率）时，原始投资额大的方案较优；反之，则原始投资额小的方案较优。差额净现值（ΔNPV）和差额内涵报酬率（ΔIRR）的计算过程与依据现金净流量（NCF）计算净现值 NPV 和内含报酬率 IRR 的过程完全一样，只是所依据的是 ΔNCF。

【例 8-17】某公司拟投资一项目，现有甲、乙两个方案可供选择，甲方案原始投资为 200

万元，期初一次性投入，第一至第九年的现金流量为 38.6 万元，第十年的现金净流量为 52.4 万元。乙方案原始投资为 152 万元，期初一次投入，第一至第九年的现金净流量为 29.8 万元，第十年的现金净流量为 40.8 万元。基准贴现率为 10%。

要求：

（1）计算两个方案的差额现金净流量。

（2）计算两个方案的差额净现值。

（3）计算两个方案的差额内涵报酬率。

（4）对甲、乙方案做出选择。

解：

（1）$\Delta NFC_0=-200-(-152)=-48$（万元）

$\Delta NFC_{1\sim9}=38.6-29.8=8.8$（万元）

$\Delta NFC_0=52.4-40.8=11.6$（万元）

（2）$\Delta NPV=8.8\times(P/A,10\%,9)+11.6\times(P/F,10\%,10)-48$

$=8.8\times5.759+11.6\times0.3855-48=7.151\ 0$（万元）

（3）再取 i=12%测算 ΔNPV：

$$\Delta NPV=8.8\times(P/A,12\%,9)+11.6\times(P/F,12\%,10)-48=2.623\ 4\text{（万元）}$$

再取 i=14%测算 ΔNPV：

$$\Delta NPV=8.8\times(P/A,14\%,9)+11.6\times(P/F,14\%,10)-48=-1.343\ 2\text{（万元）}$$

用插入法计算 ΔIRR：

$$\Delta IRR=12\%+\frac{2.623\ 4}{2.623\ 4-(-1.343\ 2)}\times(14\%-12\%)=13.32\%>10\%$$

（4）计算结果表明，差额净现值为 7.151 0 万元大于零；差额内含报酬率为 13.32%大于基准贴现率 10%，应选择甲方案。

3．多个互斥方案原始投资额不等，项目计算期出不相同的情况

1）年等额净现值法

在对原始投资额不相等，特别是计算期也不相同的多个互斥方案进行评价时，可采用年等额净现值法，即分别将所有投资方案的净现值平均分摊到每一年，得到每一方案的年等额净现值指标，通过比较年等额净现值指标的大小来选择最优方案。在此方法下，年等额净现值最大的方案为最优方案。

年等额净现值法的计算步骤如下：

① 计算各方案的净现值（应排除 NPV 小于零 0）的不可行方案）。

② 计算各方案的年等额净现值，假设贴现率为 i，项目计算期为 n，则

$$\text{年等额净现值}=NPV/(P/A,i,n)$$

【例 8-18】某公司有三项互斥的投资方案，其现金净流量如 8-5 所示。

表 8-5 投资方案现金净流量资料 金额单位：万元

年 序	0	1	2	3	4	5	6	7	8
A 方案	-100	40	45	50					
B 方案	-120	35	35	35	35	35			
C 方案	-150				65	65	65	65	65

公司的基准贴现率为 10%。

要求：

① 分别判断以上方案的财务可行性。

② 用年等额净现值法做出投资决策

答：

① NPV_A=40×(*P*/*F*,10%,1)+45×(*P*/*F*,10%,2)+50×(*P*/*F*,10%,3)
−100=11.117（万元）＞0

NPV_B=35×(*P*/*A*,10%,4)+45×(*P*/*F*,10%,5)−120=18.887（万元）＞0

NPV_C=65×(*P*/*F*,10%,5)+45×(*P*/*F*,10%,3)−150=35.121 8（万元）＞0

以上三个方案均可行。

② A 方案的年等额净现值=11.117/(*P*/*A*,10%,3)=4.470 2（万元）

B 方案额年等额净现值=18.887/(*P*/*A*,10%,5)=4.982 3（万元）

C 方案的年等额净现值=35.1218/(*P*/*A*,10%,8)=6.583 4（万元）

计算结果表明 C 方案为最优方案。

2）年等额成本法

在实际工作中，有些投资方案的营业收入相同，也有些投资方案虽不能单独计算盈亏，但能达到同样的使用效果，如甲、乙设备生产数量相等的同类配件，这时可采用“年等额成本法”做出比较和评价。在此法下，年等额成本最小的方案为最优方案。

【例 8-19】某某企业有甲、乙两个设备投资方案可供选择，两设备的生产能力相同，甲、乙设备的使用寿命分别为 4 年和 5 年，均无建设期。甲方案的原始投资额为 300 万元。每年的经营成本分别为 200 万元、220 万元、240 万元、260 万元，使用期满有 15 万元的净残值；乙方案投资额为 500 万元，每年的经营成本均为 160 万元，使用期满有 25 万元净残值。假定企业的贴现率为 10%。

要求：用年等额成本法做出投资决策。

解：

甲方案的成本现值=300+200×(*P*/*F*,10%,1)+220×(*P*/*F*,10%,2)+240×(*P*/*F*,10%,3)+260×(*P*/*F*,10%,4)−15×(*P*/*F*,10%,4)=101 1.275（万元）

乙方案的成本现值=500+160×(*P*/*A*,10%,5)−25×(*P*/*F*,10%,5)=1091.005 5（万元）

甲方案的年等额成本=1 011.275/(*P*/*A*,10%,4)=319.024 3（万元）

乙方案的年等额成本=1 091.005 5/(*P*/*A*,10%,5)=287.803 5（万元）

计算结果表明乙方案为最优方案。

3）计算期最小公倍数法

计算期最小公倍数法是将各方案计算期的最小公倍数作为比较方案的共有计算期，并将原计算期内的净现值调整为共有计算期的净现值，然后进行比较决策的一种方法。假设参与比较决策的方案都具有可复制性，是使用计算期最小公倍数法的前提条件。调整为共有计算期的净现值最大的方案为最优方案。

【例 8-20】某公司有甲、乙两项互斥的投资方案，其现金净流量见表 8-6。

表 8-6 甲、乙方案现金流量表 金额：万元

年 序	0	1	2	3
甲方案	-100	-100	200	200
乙方案	-120	130	130	

公司的贴现率为 10%。

要求：

① 分别判断以上方案的财务可行性。

② 用计算期最小公倍数法做出投资决策。

解：

① $NPV_{甲}$=-100+(-100)×(*P*/*F*,10%,1)+200×(*P*/*F*,10%,2)+200×(*P*/*F*,10%,3)=124.63（万元）>0

$NPV_{乙}$=-120+130×(*P*/*A*,10%,2)=105.615（万元）>0

甲、乙方案均可行。

② 甲、乙两方案计算期的最小公倍数为 6 年，甲方案需要重复 2 次，乙方案需要重复 3 次，甲、乙方案重复现金流量见表 8-7。

表 8-7 甲、乙方案现金流量表 金额：万元

年 序	0	1	2	3	4	5	6
甲原方案	-100	-100	200	200			
第一次重复				-100	-100	200	200
乙原方案	-120	130	130				
第一次重复			-120	130	130		
第二次重复					-120	130	130

甲方案共有计算期的净现值=124.62+124.63×(*P*/*F*, 10%, 3)=218.264 5（万元）

乙方案共有计算期的净现值=105.615+105.615×(*P*/*F*,10%,2)+105.615×(*P*/*F*,10%,4)=265.030 3（万元）

计算结果表明应选择乙方案。

4）最短计算期法

最短计算期法是将所有参与比较决策的方案的净现值均还原为年等额净现值，在此基础上，再按照投资方案最短的计算期作为共有计算期计算出相应的净现值，然后进行比较决策的一种方法。调整为共有计算期的净现值最大的方案为最优方案。

【例 8-21】同【例 8-20】的资料。

要求：用最短计算期法做出投资决策。

解：

甲、乙两方案的最短计算期为 2 年。

甲方案年等额净现值=124.63/(*P*/*A*,10%,3)=50.1146（万元）

甲方案共有计算期的净现值=50.1146×(*P*/*A*,10%,2)=86.973 9（万元）

乙方案原计算期与最短的计算期相等，均为两年，不需调整。所以：

乙方案共有计算期的净现值=105.615（万元）

计算结果表明应选择乙方案。

8.4　长期投资决策中的敏感性分析

敏感性分析是管理会计在预测分析和决策分析中常用的技术方法。它主要研究与预测或决策相关的某个或某些因素发生变动对预期结果的影响。长期投资决策中的敏感性分析主要研究影响长期投资决策的有关因素发生变动对长期投资方案可行性的影响。

8.4.1　长期投资决策敏感性分析的意义

运用前面的各种决策分析方法进行分析可以确定一些可行方案或较优方案。但是，决策分析的这种判断其实是建立在一定的假设条件基础上的，即我们假定未来的现金流量、固定资产的使用年限等因素，将如预计的那样成为现实。然而一个长期投资方案的可行性受到许多因素的影响，这些因素并不像我们想象的那样固定不变。它们的变动无疑会对决策分析结果产生影响。凡是某个因素在很小幅度内发生变动就会影响决策结果的，即表明该因素的敏感性强；如果某个因素在较大幅度内发生变动才会影响决策结果的，即表明该因素的敏感性弱。长期投资决策中的敏感性分析，主要研究如下两个方面的问题：

（1）现金净流量或固定资产使用年限变动对净现值的影响。如果一个投资方案的现金净流量（NCF）或固定资产使用年限变动，那么它对该投资方案的净现值（NPV）将会造成多大程序的影响？通过这种分析，可以揭示出不影响原投资方案可行性的现金净流量或固定资产使用年限的变动幅度。如果现金净流量或固定资产使用年限变动超过了这个幅度，原投资方案就会变得不再可行。掌握这个变动幅度，企业管理当局可以加强现金净流量和固定资产管理和控制的预见性和针对性，有利于提高经济效益。

（2）内部收益率变动对现金净流量或固定资产使用年限的影响。如果一个投资方案的内部收益率变动，那么它将对其现金净流量或固定资产使用年限产生什么影响呢？

总之，敏感性分析有助于企业管理当局更可靠地做出决策，更主动地实施防范措施，减少失误和损失。

8.4.2　以净现值为基础的敏感性分析

【例 8-22】假定某公司一投资项目需要投入资本 100 000 元，使用年限为 5 年，期满无残值。假定使用该设备每年现金净流量为 40 000 元，预期报酬率为 12%。

要求：计算该设备的净现值，并进行敏感性分析。

根据给定资料计算净现值如下：

$$\begin{aligned}\text{该项目的净现值}&=\text{未来报酬总现值}-\text{原始投资额的现值}\\&=40\,000\times(P/A,12\%,5)-100\,000\\&=40\,000\times3.605-100\,000\\&=44\,200\text{（元）}\end{aligned}$$

以上计算表明，该投资方案的净现值是正数，所以该投资方案可行。以下从现金净流量的下限和使用年限的下限两个方面对其进行敏感性分析。

1. 现金净流量的下限

在固定资产使用年限不变的条件下，每年的现金净流量（NCF）的下限是多少？或它在多大幅度内变动，才不至于影响投资方案的可行性？因为只有净现值大于零时投资方案才可行，所以现金净流量的下限就是指使净现值等于零时的现金净流量。

因为：$\text{年金现值系数}(P/A,i,n)=\dfrac{\text{原始投资额的现值}}{\text{每年现金净流量的下限}}$

所以：$\text{每年现金净流量的下限}=\dfrac{\text{原始投资额的现值}}{(P/A,12\%,5)}$

$$=\frac{100\,000}{(P/A,12\%,5)}$$

$$=27\,739.25\text{（元）}$$

以上计算结果表明，每年现金净流量至少应保持在 7 739.25 元以上，否则投资方案不可行。

由此可见，在固定资产使用年限不变的条件下，该投资方案容许每年现金净流量变动的幅度为：从原方案的每年 40 000 元下降至其下限 27 739.25 元。

2. 使用年限的下限

在每年现金净流量不变的条件下，该项目的最低使用年限应为多少年？或该项目的使用年限在什么幅度内变动，才不会影响该投资方案的可行性？如前所述，只有净现值大于 0 时投资方案才可行，所以该项目的使用年限下限就是使净现值等于零时的使用年限。

设使用年限的下限为 n，则有：

$$\text{每年的现金净流量}\cdot(P/A,12\%,n)=\text{原始投资额的现值}$$

代入有关数据，得

$$40\,000\times(P/A,12\%,n)=100\,000$$

$$(P/A,12\%,n)=2.5$$

查年金现值表，找出与 2.5 邻近的两个年金现值系数为 2.404 和 2.745，以及相对应的期数 4 年和 5 年，采用插值法可得：

$$n=4+\frac{2.5-2.404}{2.745-2.404}\times(5-4)=4.28(\text{年})$$

由此可见，该投资项目在各年现金净流量不变的条件下，其使用年限的下限是 4.28 年，即其使用年限变动幅度必须在 4.28 年至 5 年之间，否则该投资方案将不可行。

8.4.3 以内部收益率为基础的敏感性分析

【例 8-23】沿用【例 8-22】的资料，假定要求的报酬率为 12%。

要求：计算该投资方案的内部收益率，并对其进行敏感性分析。

根据给定资料计算内部收益率如下：

$$(P/A,i,5)=\frac{原始投资额的现值}{每年现金净流量}=\frac{100\ 000}{40\ 000}=2.5$$

根据计算结果，查年金现值表，得其邻近的年金现值系数 2.532 和 2.345，以及相对应的折现率 28%和 32%，采用插值法，可得：

$$\text{IRR}=28\%+\frac{2.532-2.5}{2.532-2.345}\times(32\%-28\%)=28.68\%$$

上述计算结果表明，该投资方案的内部收益率大于预期的报酬率，所以该投资方案可行，以下对其进行敏感性分析。

1. 内部收益率变动对各年现金净流量的影响

在投资项目的使用年限不变的前提下，如果内部收益率变动会对各年现金净流量产生怎样的影响呢？

$$因为每年现金净流量=\frac{原始投资额的现值}{(P/A,i,n)}$$

所以当内部收益率从 28.68%下降至预期报酬率 12%时，

$$每年现金净流量减少数=\frac{100\ 000}{(P/A,28.68\%,5)}-\frac{100\ 000}{(P/A,24\%,5)}$$

$$=\frac{100\ 000}{2.5}-\frac{100\ 000}{3.605}$$

=12 260.75（元）

由此可见，在固定资产使用年限不变的条件下，内部收益率降低 16.68%（28.68%−12%），各年现金净流量将减少 12 360.75 元。

2. 内部收益率变动对使用年限影响

在每年现金净流量不变的前提下，如果内部收益率变动会对固定资产的使用年限产生什么样的影响呢？

因为：$$(P/A,28.68\%,5)=(P/A,12\%,n)$$

所以：$$(P/A,12\%,n)=\frac{100\ 000}{40\ 000}=2.5$$

根据上述计算结果，查年金现值系数表，得其邻近的年金现值系数 2.404 和 2.745，以及相对应的年数 4 年和 5 年，采用插值法，可得：

$$该投资项目的使用年限=4+\frac{2.5-2.404}{2.745-2.404}\times(5-4)=4.28(年)$$

由此可见，在每年现金净流量不变的条件下，如果内部收益率降低 16.68%(28.68%-12%)，那么，该投资项目的使用年限将减少 0.72 年（5-4.28）。

复习思考题

一、单项选择题

1．能直接反映投资项目的实际收益率水平的指标是（　　）。

A．净现值　　B．净现值率

C．获利指数　　D．内部收益率

2．某企业计划投资 10 万元建一生产线，预计投资后每年可获净利 1.5 万元，年折旧率为 10%，则投资回收期为（　　）。

A．3 年　　B．5 年

C．4 年　　D．6 年

3．净现值法、净现值率法和现值指数法共同的缺点是（　　）。

A．无法直接反映投资项目的实际收益率

B．没有考虑资金的时间价值

C．不能从动态的角度反映项目投资的资金投入与净产出之间的关系

D．不能从动态的角度反映项目投资的资金投入与总产出之间的关系

4．下列指标的计算中，没有直接利用净现金流量的是（　　）。

A．内部收益率　　B．投资利润率

C．净现值率　　D．获利指数

5．包括建设期的静态投资回收期是（　　）。

A．净现值为零的年限　　B．净现金流量为零的年限

C．累计净现值为零的年限　　D．累计净现金流量为零的年限

6．当某方案的净现值大于零时，其内部收益率（　　）。

A．可能小于零　　B．一定等于零

C．一定大于设定折现率　　D．可能等于设定折现率

7．采用获利指数法进行互斥方案的选择时，正确的选择原则是（　　）。

A．获利指数最大的方案

B．获利指数最小的方案

C．获利指数大于 1 时，追加投资所得追加收入最大化

D．获利指数小于 1 时，追加投资所得追加收入最大化

8．在长期投资决策时，越小越好的指标是（　　）。

A．静态投资回收期　　B．获利指数

C．净现值率　　D．内部收益率

9．内部收益率是指（　　）时的收益率。

A．获利指数=0　　B．净现值率=1

C．净现值＝0　　D．净利润＝0

10．净现值法和净现值率法适用于（　　）的多方案比较决策。

A．原始投资相同计算期不同　　B．原始投资不同计算期相同

C．原始投资相同计算期相同　　D．原始投资不同计算期不同

二、多项选择题

1．NPV，NPVR，PI，IRR 之间的关系描述正确的是（　　）。

A．NPV＞0 时，NPVR＜0，PI＜1，IRR＜基准折现率

B．NPV＞0 时，NPVR＞0，PI＞1，IRR＞基准折现率

C．NPV＜0 时，NPVR＜0，PI＜1，IRR＞基准折现率

D．NPV＜0 时，NPVR＞0，PI＞1，IRR＞基准折现率

2．长期投资项目的现金流入主要包括（　　）。

A．营业收入　　B．回收固定资产变现净值

C．固定资产折旧　　D．回收流动资金

3．利用评价指标对进行单一的独立投资项目财务可行性评价时，能够得出完全相同结论的指标有（　　）。

A．净现值　　B．净现值率

C．获利指数　　D．内部收益率

4．下列说法正确的有（　　）。

A．投资回收期最短的方案即为最佳方案

B．投资回收期最短的方案即为可行方案

C．投资回收期越短，投资风险越小

D．投资回收期越短，投资风险越大

5．现金流入量中的回收额通常包括（　　）。

A．营业收入　　B．回收固定资产余值

C．回收流动资金　　D．其他现金流入量

6．净现值法的决策标准是（　　）。

A．投资方案的净现值大于等于零，则该方案可行

B．投资方案的净现值小于零，则该方案不可行

C．存在多个方案时，净现值最大的方案为最优方案

D．存在多个方案时，净现值最小的方案为最优方案

7．在单一的独立投资项目中，当一项投资方案的净现值小于零时，表明该方案（　　）。

A．获利指数小于 1　　B．不具备财务可行性

C．净现值率小于零　　D．内部收益率小于行业基准折现率

8．下列各项中，属于投资项目现金流出量内容的是（　　）。

A．固定资产投资　　B．折旧与摊销

C．无形资产投资　　D．新增经营成本

9．净现值法的优点有（　　）。

A．考虑了资金的时间价值

B．考虑了项目计算期的全部净现金流量

C．考虑了投资风险

D．可从动态上反映项目的实际投资收益率

10．已知某长期投资项目的建设期为零，投产后每年经营净现金流量相等，终结点有回收额。在此情况下，可以按简便算法求得的长期投资决策评价指标包括（　　）。

A．投资利润率　　B．静态投资回收期

C．净现值　　D．内部收益率

三、判断题

1．多方案决策时投资回收期最短的方案即为可行方案。（　　）

2．时间价值的真正来源是工人创造的剩余价值。（　　）

3．在长期投资决策中，只要投资项目的投资利润率大于零，该方案就是可行方案。（　　）

4．固定资产的投资期较长，则固定资产投资的变现能力较差。（　　）

5．长期投资决策中所使用的现金流量就是财务会计的现金流量表中的现金流量。（　　）

6．现金流量是按照收付实现制计算的，而在做出投资决策时，应该以权责发生制计算出的营业利润为评价项目经济效益的基础。（　　）

7．进行长期投资时支付给债权人的利息和支付给所有者的利润都应作为该项目的现金流量。（　　）

8．初始现金流量与营业现金流量之和就是终结现金流量。（　　）

9．利用净现值，净现值率，获利指数和内部收益率指标对同一个独立项目进行评价，会得出完全相同的结论。（　　）

10．净利润的计算比现金流量的计算有更大的主观随意性，作为决策主要工具不太可靠。（　　）

四、计算分析题

1．某企业拟进行一项固定资产投资，该项目的现金流量表（部分）如表 8-8 所示。

表 8-8　固定资产投资项目现金流量表　　单位：万元

项　目	建设期		经营期					合计
	0	1	2	3	4	5	6	
净现金流量	−1 000	−1 000	100	1 000	B	1 000	1 000	2 900
累计净现金流量	−1 000	−2 000	−1 900	A	900	1 900	2 900	−
折现净现金流量	−1 000	−943.4	89	839.6	1 425.8	747.3	705	1 863.3

（1）计算上表中用英文字母表示的项目的数值。

（2）计算或确定下列指标：

①静态投资回收期；②净现值；③原始投资现值；④净现值率；⑤获利指数。

（3）评价该项目的财务可行性。

2．某企业计划用新设备替代旧设备，旧设备预计还可使用 5 年，目前变价收入 60 000

元。新设备投资额为 150 000 元，预计使用 5 年。第 5 年末，新旧设备的残值相等。使用新设备可使企业在未来 5 年内每年增加营业收入 18 000 元，降低经营成本 10 000 元，该企业按直线法折旧，所得税率为 30%。

（1）计算使用新设备比使用旧设备增加的净现金流量。

（2）计算该方案的差额投资内部收益率。

（3）若折现率分别为 12%和 14%，请确定是否应更换旧设备。

3．已知宏大公司拟于 2000 年初用自有资金购置设备一台，需一次性投资 100 万元。经测算，该设备使用寿命为 5 年，税法也允许按 5 年计提折旧；设备投入营运后每年可增加利润 20 万元。假定该设备采用直线法折旧，预计的净残值率为 5%（不考虑建设安装期和公司所得税）。

（1）计算使用期内各年净现金流量。

（2）计算该设备的静态投资回收期。

（3）计算该投资项目的投资利润率。

（4）如果以 10%作为折现率，计算其净现值。

4．某企业拟建造一项生产设备。预计建设期为 1 年，所需原始投资 200 万元于建设起点一次投入。该设备预计使用寿命为 5 年，使用期满报废清理时无残值。该设备折旧方法采用直线法。该设备投产后每年增加净利润 60 万元。假定适用的行业基准折现率为 10%。

（1）计算项目计算期内各年净现金流量。

（2）计算项目净现值，并评价其财务可行性。

5．某公司计划投资一项目，原始投资额为 200 万元，该公司拟采用发行债券和优先股的方式筹集资金，债券采取平价发行，面值 160 万元，年利率 5%，每年付息，期限为 5 年，剩余资金发行普通股筹集，每股发行价 1 元。该公司实行固定股利政策，每股股利为面值的 8%，所得税税率为 40%。投资全部在建设起点一次投入，建设期为 1 年，资本化利息为 8 万元。生产开始时垫支流动资金 10 万元，终结点收回。投产后 1～4 年每年销售收入增加 76.76 万元以后每年增加 90 万元；每年付现经营成本增加 22 万元；第 1～4 年每年需支付 8 万元的利息。该固定资产预计使用 10 年，采用直线折旧，预计残值 8 万元（假设无筹资费）。

（1）计算债券成本、普通股成本和项目综合成本。

（2）计算项目各年现金净流量。

（3）计算项目的净现值。

（4）评价项目的可行性。

五、简答题

1．长期投资有哪些特征？长期投资决策要考虑哪些重要因素？

2．简述长期投资各决策方法的优缺点。

3．什么是资金时间价值？为什么长期投资决策时要考虑资金时间价值？

4．简述固定资产更新改造应考虑的现金流量。

5．简述确定现金流量时应考虑的其他因素。

6．长期投资决策时为什么用现金流量而不用利润作为计算评价指标的基础？

7．简述财务会计的现金流量与管理会计的现金流量的差别。

六、实训题

SM公司准备改进一条生产线，有两个方案可供选择，一是全自动化，一是半自动化，使用期5年。每一个选择每年都能制造及销售10 000件产品。

全自动化生产线涉及的总投资为300万元，产品的材料成本每件36元，人工及变动制造费用每件54元。半自动化生产线会造成较高的材料损耗，产品的平均材料成本每件42元，而人工及变动制造费用预计每件123元。这个选择的投资总额为75万元。不论选用哪一种制造方法，成品的销售价格都是每件225元。

5年以后，全自动化生产线的残值为30万元，半自动化生产线残值为零。管理层使用直线法计提折旧，管理层要求的投资报酬率为16%。折旧是唯一的增量固定成本，不考虑所得税的影响。

在分析这类投资机会时，公司需计算每件产品的平均总成本、年净利润、年保本销售量以及净现值。

（1）请计算应该呈交给SM公司管理层的数据，以协助他们做出投资分析。

（2）评价上述所计算的数据，并对该投资选择提出建议。

第 9 章 成本控制

本章导语

企业经营的主要目的在于盈利，影响企业利润的因素主要有销售收入、销售成本及各项费用。在激烈竞争的环境下，开源节流是企业求生存和增加竞争能力所必须努力的方向。所谓“开源”就是尽可能将产品售价提高或增加销售量，但受市场因素的影响，较不易如期达成，因而成本的降低或控制就变得相当重要。企业的经营目标确定后，就要围绕经营目标组织实施，对企业的各项经营活动予以控制。本章主要介绍标准成本控制系统以及存货经济订货批量成本控制。

学习目标

1. 了解成本控制的分类及成本控制的原则。
2. 掌握标准成本的制定方法。
3. 掌握成本差异的计算过程，能够根据计算结果分析差异存在的可能原因。
4. 理解存货决策的相关成本。
5. 掌握经济订货批量模型的计算方法。

9.1 成本控制概述

9.1.1 成本控制的含义

成本是一项综合性的经济指标，企业经营目标的实现与否在很大程度上取决于成本控制的成功与否。成本控制，是企业成本管理的中心环节，通常根据成本预测、成本决策和成本预算所确定的目标和任务，以及实际经营活动的数据，对生产经营过程中的各项资源耗费、相应降低成本措施的执行等，进行指导、监督、调节和干预，以保证企业成本目标和成本预算任务的完成。

为了保证成本目标与成本预算的实现，需要依靠企业各层次的成本控制系统和全体员工的共同努力。同时，在成本控制过程中，不能单纯根据实际偏离目标或预算的数额和相关原因的分析，消极地加以约束和限制。更重要的是，要调动一切积极因素，发挥各方面的潜力，不断降低成本，争取更好的经济效果。

9.1.2 成本控制的分类

成本控制通常可以按以下三种不同的标准进行分类。

1．按照控制时期的不同划分

（1）事前成本控制，指在产品投产前，对产品的设计成本，新产品试制成本，新材料、新工艺的成本，以及产品的质量成本等所进行的控制。具体又可以分为以下两种：

① 预防性成本控制，指在产品投产前的设计、试制阶段，对影响成本的各有关因素进行分析研究，并制定一套能适应本企业具体情况的各种成本控制制度。

② 前馈性成本控制，指在产品投产前通过对产品的成本与功能关系的分析研究，开展“价值工程”活动，选择最优方案制定“目标成本”，作为事前控制的主要依据。

（2）日常成本控制，指企业内部对成本负有责任的各级单位，在成本的形成过程中，根据事先制定的成本目标或标准，按照一定的原则，对相关单位日常发生的各项成本和费用的实际数进行严格的计量、监督、指导和调节，以实现成本标准和预算。该类控制的重点在于严格按照既定的标准和预算进行把关，并根据已发生的偏差来指导和调节当前的经济活动。

2．按照产品成本概念范围的大小划分

（1）产品制造成本控制，指日常的产品加工成本控制。

（2）产品全生命周期成本控制。产品生命周期成本有狭义和广义之分，狭义的产品生命周期成本是指企业内部及其相关联方发生的由生产者负担的成本，包括成本策划、开发、设计、制造、营销、物流等过程中的成本。广义的产品生命周期成本不仅包括上述生产者及其相关联方发生的成本，而且还包括消费者购入后所发生的使用成本、废弃成本、处置成本，乃至社会责任成本等。如果从更广义的角度来看产品的全生命周期成本，还包括社会责任成本。通常，将产品全生命周期分为四个阶段，并进行相应的成本控制。

① 产品的开发设计成本，指企业研究开发新产品、新技术、新工艺所发生的新产品设计费、工艺规程制定费、设备调试费、原材料和半成品试验费等。

② 产品生产制造成本，指企业在生产采购过程中所发生的料、工、费以及由此所引发的环境成本的投入等。

③ 产品营销成本，通常，产品是逐步进入市场、逐步被人们所认识和接受的，因此，产品营销成本包括产品试销费、广告费等。

④ 产品的使用维护成本，包括产品的使用成本和维护成本，如车辆的耗油量、电器的耗电量、高级电子产品必须经常更换的附属配件成本等。此外，还包括产品退出使用报废所发生的处置成本。

3. 按照主要控制手段的不同

（1）绝对成本控制，指单纯从节约开支的角度采取措施控制成本。
（2）相对成本控制．指从节约开支和增加收入两个角度同时采取措施控制成本。

9.1.3 成本控制的原则

成本控制一般要遵循以下原则。

1. 全面性原则

成本控制的全面性原则，通常包括以下几方面的内容：

（1）全过程的成本控制。成本控制应贯穿成本形成的全过程，而不仅仅局限于生产过程的制造成本，必须扩大到产品寿命周期的所有阶段的成本，即成本控制应当包括产品在企业内部所发生的设计成本、研制成本、工艺成本、采购成本、制造成本、销售成本、管理成本，以及产品在用户使用过程中所发生的运行成本、维修成本、保养成本等各个方面的内容。

（2）全方位的成本控制。成本控制不是简单的成本监督和限制，应当同时兼顾产品的不断创新、保证和提高产品的质量；一方面要节约开支，另一方面也要增加收入，要做到开源与节流相结合。

（3）全员的成本控制。成本控制涉及企业的所有部门和员工，企业要降低成本，必须充分调动每个部门和员工的积极性。

2. 责、权、利相结合的原则

为了保证落实到各责任单位的成本目标或成本预算得到有效的执行，必须同时赋予与其责任相一致的权力，并在业绩考评的基础上进行合理的奖惩。

3. 目标管理的原则

目标管理最早由彼得·德鲁克提出，随后得到了不断的发展。它是一种综合的以工作为中心和以人为中心的系统管理方式，其中心思想就是让具体化展开的企业目标成为企业每个成员每个层次、每个部门行为的方向和激励，同时又使其成为评价企业每个成员、每个层次、每个部门工作绩效的标准，从而使企业能够有效运转。

成本控制是目标管理的一项重要内容，必须以目标成本为依据。企业的目标成本制定出来后，需要将其进行层层分解，形成不同层次责任单位的责任成本，并在分析实际执行结果与预算间差异的基础上进行业绩评价。

4. 例外管理的原则

例外管理，是指在企业的经营管理上要求人们把注意力放到不正常的、关键性问题上的一种管理方法。成本控制中的“例外”，指的是不正常的、不符合常规的关键性差异，确定的标准通常有以下四条：

（1）重要性。一般来说，只有金额具有重要意义的差异，才属于“例外”。而对金额大小的衡量，通常是规定一个差异占预算或标准的百分比；或在百分比之外，再用一个最低金额来加以限制。

需要注意的是，成本差异包括“有利差异”和“不利差异”，管理人员不应把注意力只放在不利差异上，还需要注意有利差异中隐藏的问题。

（2）一贯性。一贯性是指有些成本差异虽未超过重要性规定的百分比或最低金额，但却持续一段期间一贯在控制线附近徘徊，则应当视其为“例外”，需要引起管理人员的高度重视。因为这种“例外”，可能反映原定预算或标准已经失效，应当及时进行调整；也可能由于成本控制不严而产生，应当及时纠正。

（3）可控性。凡属于管理人员无法控制的成本项目，即使发生符合“重要性”标准的差异，也不应视为“例外”。

（4）特殊性。凡对企业的长期获利能力有重要影响的成本项目，即使其差异未达到“重要性”的标准，也应受到管理人员的密切关注，甚至所有差异都应视为“例外”。

9.2 标准成本控制

9.2.1 标准成本的概念及种类

标准成本实际上是按成本项目反映的单位产品的目标成本。标准成本不同于预算成本，预算成本是一种成本总额的概念，而标准成本是单位产品的目标成本。标准成本主要有以下几类。

1. 理想的标准成本

理想的标准成本是以现有的生产经营条件处于最佳状态为基础确定的最低水平的成本，理想的标准成本是以假定材料无浪费、设备无故障、产品无废品、工时充分有效等为前提条件制定的标准成本。理想的标准成本要求过高，在实际工作中很难达到；如果以其作为成本控制及业绩评价的标准，容易影响员工的积极性。因此，现实中很少使用理想的标准成本。

2. 正常的标准成本

正常的标准成本是根据过去一段时期的实际成本水平，剔除生产经营活动中的异常因素，并考虑今后的变动趋势而制定的标准成本。这种标准成本将未来视为过去的延续，是一种经过努力可以达到的成本，但它的应用具有一定的局限性，即该类成本更多地考虑了过去的影响，企业只有在国内外经济形势比较稳定、企业生产经营比较稳定的情况下使用。

3. 现实的标准成本

现实的标准成本是根据企业现在采用的生产要素的耗用量、生产要素价格和生产经营能力的利用程度而制定的标准成本。这种标准成本考虑到了企业生产经营过程中一时不能避免的材料耗损、人工低效、设备等的正常休整等因素的影响，是一种切实可行的标准成本。一般认为，现实的标准成本能起到激励的作用，适于作为业绩评价的标准。

9.2.2　标准成本法

1. 标准成本法的概念

标准成本法，也称为标准成本制度，是指通过事前制定标准成本，在实际执行过程中将实际成本与标准成本进行比较分析，找出差异及产生差异的原因，并据以加强成本控制和业绩评价的成本控制系统。一个相对完整的标准成本控制系统应当包括标准成本的制定、成本差异的计算和分析以及成本差异的处理四个方面的内容。

2. 标准成本法的特点

标准成本法的特点主要体现在它的程序和内容上。

（1）事前制定产品的标准成本，并为每个对成本负有责任的单位编制责任预算，作为日常成本控制的依据。

（2）日常由各个对成本负有责任的单位遵循成本控制的原则，对成本实际发生的情况进行计量、限制、指导和监督。

（3）各个成本责任单位根据实际需要定期编制业绩报告，将各自责任成本的实际发生数与预算数或标准成本进行比较，确定成本差异。

（4）各个成本责任单位结合具体情况，针对业绩报告中产生的差异，进行原因分析；并提出相应的改进措施，来指导、限制、调节当前的生产经营活动，或据以修订原来的标准成本或责任预算。

（5）企业管理当局根据各责任单位业绩报告中的成本差异及原因分析，进行业绩考评。

在标准成本法实施过程中，一定要将标准成本和弹性预算协调起来，以避免差异分析和差异处理结果的不合理。

3. 标准成本法的作用

标准成本法的作用主要体现在以下几个方面。

（1）便于企业编制预算。标准成本本身就是单位产品成本的预算，因此，在标准成本法下，企业可以更方便地编制预算。

（2）便于分清各部门的责任。标准成本的每个成本项目都采用单独的价格标准和数量标准，因而，可以确定每个成本项目实际脱离标准的差异的归属，从而分清各部门的责任。

（3）便于控制成本。标准成本法下，可以通过确定各成本项目的差异来反映成本的超支和节约，在确定了差异的基础上进行差异产生的原因分析，可以更有针对性地找到产生差异的原因并进行控制。

（4）便于进行价格决策和预测。标准成本作为一种成本目标，已经剔除了各种不合理因素的影响，因此，在确定产品售价和进行价格预测时具有重要的参考价值。

（5）便于成本核算。标准成本法下，原材料、在产品、半成品、产成品等均以标准成本计价，所产生的差异也可以都由发生期负担，因此，标准成本法可以减少成本核算的工作量。

9.2.3 标准成本的制定

产品的标准成本由直接材料、直接人工和制造费用三部分构成，而且都由价格标准和用量标准两项因素决定。

1. 直接材料标准成本的制定

直接材料标准成本由材料的数量标准和价格标准决定。

（1）直接材料价格标准的制定。直接材料的价格标准，应当包括材料的买价和预计的运杂费，通常采用企业编制的计划价格。企业在制定计划价格时，一般以订货合同的价格为基础，并考虑到将来有可能发生的变化。

（2）直接材料用量标准的制定。直接材料的用量标准，也称为材料的消耗定额，是根据有关产品的设计方案、工艺要求、生产设备等因素确定生产单位产品所需要的各种材料的数量。直接材料用量标准一般应当包括构成产品有形实体的材料、在正常范围内允许发生的材料损耗和生产中不可避免的废品等所耗费的直接材料等。

（3）直接材料标准成本的制定。在确定了直接材料的价格标准和用量标准后，可以按照下述公式确定直接材料的标准成本：

$$\begin{matrix}\text{某产品的直接}\\\text{材料标准成本}\end{matrix}=\sum\begin{matrix}\text{该产品所耗用的}\\\text{各种材料的标准成本}\end{matrix}=\sum\begin{matrix}\text{某材料的}\\\text{价格标准}\end{matrix}\times\begin{matrix}\text{该材料的}\\\text{用量标准}\end{matrix}$$

2. 直接人工标准成本的制定

直接人工标准成本由直接人工的数量标准和价格标准决定。

（1）直接人工价格标准的制定。在计时工资制下，直接人工的价格标准是小时工资率标准；在计件工资制下，直接人工的价格标准是单位产品所支付的生产工人的工资。

（2）直接人工用量标准的制定。直接人工的用量标准，也称为工时的消耗定额，是根据企业正常的生产技术条件确定的生产单位产品所需要的工时数量。直接人工用量标准一般应当包括产品制造加工过程所需要的时间、现有生产技术水平下必要的间歇和停工以及废品损失耗费的时间等。

（3）直接人工标准成本的制定。以计时工资制为例，在确定了直接人工的价格标准和用量标准后，可以按照下述公式确定直接人工的标准成本：

$$\begin{matrix}\text{某产品的直接}\\\text{人工标准成本}\end{matrix}=\sum\begin{matrix}\text{该产品所耗用的各种}\\\text{人工的标准成本}\end{matrix}=\sum\begin{matrix}\text{某类人工的}\\\text{价格标准}\end{matrix}\times\begin{matrix}\text{该类人工的}\\\text{用量标准}\end{matrix}$$

3. 制造费用标准成本的制定

制造费用的标准成本也由价格标准和用量标准构成。

（1）制造费用价格标准。制造费用价格标准，也称为制造费用分配率，是指每工时应当负担的制造费用（包括固定制造费用和变动制造费用）。如果把制造费用的各明细项目按照成本习性划分为固定制造费用和变动制造费用，则制造费用的分配率可以按照以下公式确定：

固定制造费用分配率=固定制造费用预算/标准总工时

变动制造费用分配率=变动制造费用预算/标准总工时

（2）制造费用的用量标准。制造费用用量标准的确定与直接人工的用量标准相同。

（3）制造费用标准成本的制定。如果把制造费用的各明细项目按照成本习性划分为固定制造费用和变动制造费用，则制造费用标准成本可以按照以下公式确定：

固定制造费角标准成本=固定制造费用分配率×标准工时

变动制造费用标准成本=变动制造费用分配率×标准工时

4. 单位产品标准成本的制定

确定了产品的直接材料标准成本、直接人工标准成本、制造费用的标准成本后，可以确定单位产品的标准成本。由于不同的成本核算方法对固定制造费用的处理不同，因此不同成本核算方法下的产品的标准成本也有所不同：

变动成本法下的产品标准成本 = 直接材料的标准成本 + 直接人工的标准成本 + 变动制造费用的标准成本

完全成本法下的产品标准成本 = 直接材料的标准成本 + 直接人工的标准成本 + 变动制造费用的标准成本 + 固定制造费用的标准成本

9.2.4　成本差异的计算与分析

1. 成本差异的性质和分类

在标准成本法下，成本差异是指在一定时期生产一定数量的产品所发生的实际成本与相关的标准成本之间的差异。成本差异可以按照不同的标准划分为以下几类：

（1）用量差异与价格差异。用量差异是指由于直接材料、直接人工和变动制造费用等要素实际消耗量与标准消耗量不一致而产生的成本差异。

价格差异是指是指由于直接材料、直接人工和变动制造费用等要素实际价格水平与标准价格不一致而产生的成本差异。

（2）纯差异与混合差异。一般地，我们在计算某项因素变化所带来的差异时，总是假设其他的因素保持不变。如果把其他因素固定在标准的基础上，所计算出的某因素变化所产生的成本差异就是纯差异。例如，纯用量差异就是标准价格与用量差的乘积，纯价格差异就是价格差与标准用量的乘积。

混合差异，又称为联合差异，是指总差异扣除所有的纯差异后的剩余差异，等于价格差与用量差的乘积。对混合差异的处理有 3 种方法：① 将混合差异分离出来，单独列示，不由具体的责任成本部门负责；② 将混合差异按项平均或按比重在各种纯差异之间进行分配；③ 为简化计算，不单独计算混合差异，而是将其直接归于某项差异。标准成本法下，对混合差异的处理采用了第③种做法，将其计入了价格差异。

（3）有利差异与不利差异。成本差异按数量特征分为有利差异和不利差异。有利差异，是指实际成本低于标准成本而形成的节约差；不利差异，是指实际成本高于标准成本而形成的超支差。

2. 成本差异计算的通用模式

由于直接材料、直接人工、变动制造费用都有价格标准和数量标准，其成本差异的计算可以采用通用模式，具体可以表示为：

$$\text{(1) 实际价格}\times\text{实际数量}\Big\}\text{(1)}-\text{(2)}=\text{价格差异}\left\{\begin{array}{c}\text{材料价格差异}\\ \text{工资率差异}\\ \text{变动制造费用开支差异}\end{array}\right.$$

$$\left.\begin{array}{l}\text{(2) 标准价格}\times\text{实际数量}\\ \text{(3) 标准价格}\times\text{标准数量}\end{array}\right\}\text{(2)}-\text{(3)}=\text{数量差异}\left\{\begin{array}{c}\text{材料用量差异}\\ \text{人工效率差异}\\ \text{变动制造费用效率差异}\end{array}\right.$$

（1）-（3）=实际成本与标准成本的差异总额

3. 直接材料差异的计算与分析

按照上述成本差异计算的通用模式，直接材料的价格差异与数量差异分别为：

直接材料价格差异=(实际价格×实际数量) – (标准价格×实际数量)
=实际数量×(实际价格 – 标准价格)

直接材料数量差异=(标准价格×实际数量) – (标准价格×标准数量)
=标准价格×(实际用量–标准用量)

【例 9-1】甲公司只生产产品 A，并且只使用一种材料。计划年度预计生产产品 1 000 件，直接材料的价格标准为 5 元/千克，用量标准为 10 千克/件。该公司实际生产 A 产品 1 200 件，材料的实际单价为 5.5 元/千克，实际消耗材料总量为 11 000 千克。计算并分析直接材料的成本差异。

直接材料价格差异=实际数量×(实际价格–标准价格)
=11 000×(5.5–5)=5 500（元）

直接材料数量差异=标准价格×(实际用量–标准用量)
=5×(11 000–1 200×10)=–5 000（元）

直接材料差异总额=5 500–5 000=500（元）

从上述计算结果可以看出，企业直接材料的总差异为超支 500 元，其中，价格差异为超支 5 500元，数量差异为节约 5 000 元。为了对直接材料的成本差异进行控制并对有关责任部门进行考评，应当进一步分析产生差异的原因。

本例中，造成直接材料不利差异的主要原因是实际价格水平超出了标准价格，而材料价格差异通常应由采购部门负责。影响采购价格的因素很多，包括市场价格水平、采购批量、交货方式、运输工具、材料质量、购货折扣等，这些因素中有些是采购部门能够控制的，有些是采购部门不能控制的。如果产生差异的因素是采购部门能够控制的，说明产生的不利差异应当由采购部门负责；如果产生差异的因素是采购部门不能控制的，如材料的市场价格水平，则说明产生的不利差异不应当由采购部门负责。

本例中，尽管直接材料的总差异为不利差异 500 元，但是直接材料的数量消耗实际上是节约的，即由于数量消耗上的节约，使直接材料总成本节约了5 000元。一般地，材料的用量差异由生产部门负责。影响材料用量的因素很多，包括生产工人的技术熟练程度和对工作的责任感、生产设备的完好程度、材料的质量和规格是否符合规定要求、产品质量控制制度是否健全、有无贪污盗窃现象等。这些因素中有些是生产部门能够控制的，有些是生产部门不能控制的。如果产生差异的因素是生产部门能够控制的，说明产生的不利差异应当由生产部门负责，有利差异则应当作为生产部门控制成本的工作成绩；如果产生差异的因素是生产部门不能控制的，如材料的质量水平，则说明产生的不利差异不应当由生产部门负责。

在进行了原因分析后，应当采取有力的措施控制成本，并进行相应的奖惩。

4．直接人工差异的计算与分析

按照上述成本差异计算的通用模式，直接人工的价格差异与数量差异分别为：

直接人工价格差异=(实际价格×实际数量) – (标准价格×实际数量)

直接人工工资率差异=实际工时×(实际工资率–标准工资率)

直接人工数量差异=(标准价格×实际数量) – (标准价格×标准数量)

直接人工效率差异=标准工资率× (实际工时–标准工时)

【例9-2】甲公司只生产产品A，计划年度预计生产产品1 000件，直接人工的工资率标准为10元/工时，工时用量标准为11工时/件。该公司实际生产A产品1 200件，人工的实际工资率为10.5元/工时，实际消耗工时总量为13 000工时，计算并分析直接人工的成本差异。

直接人工工资率差异=实际工时×(实际工资率–标准工资率)

=13 000×(10.5–10)

=6 500（元）

直接人工效率差异=标准工资率×(实际工时–标准工时)

=10×(13 000–1 200×11)

=–2 000（元）

直接人工差异总额=6 500–2 000=3 500（元）

从上述计算结果可以看出，企业直接人工的总差异为超支3 500元，其中，工资率差异为超支6 500元，人工效率差异为节约2 000元。为了对直接人工的成本差异进行控制并对有关责任部门进行考评，应当进一步分析产生差异的原因。

本例中，造成直接人工不利差异的主要原因是实际工资率水平超出了标准工资率。一般地，工资率差异原则上应由安排生产人员的劳动人事部门负责。影响工资率的因素很多，包括市场上工资率水平、国家相关规定、雇佣合同、人员安排等，这些因素中有些是劳动人事部门能够控制的，有些是劳动人事部门不能控制的。如果产生差异的因素是劳动人事部门能够控制的，说明产生的不利差异应当由劳动人事部门负责，如人员安排不合理所造成的成本差异；如果产生差异的因素是劳动人事部门不能控制的，如国家规定的最低工资率水平，则说明产生的不利差异不应当由采购部门负责。

本例中，尽管直接人工的总差异为不利差异3 500元，但是直接人工的工时消耗实际上是节约的，即由于人工效率的提高，使直接人工总成本节约了2 000元。人工效率差异是考核每个工时生产能力的重要指标，影响人工效率的因素很多，包括生产工人的技术熟练程度、生产设备的完好程度、生产工艺过程的改进、材料的质量和规格是否符合规定要求等。这些因素中有些是生产工人能够控制的，有些是生产工人不能控制的。如果产生差异的因素是生产工人能够控制的，说明产生的不利差异应当由生产工人负责，有利差异则应当作为生产工人控制成本的工作成绩；如果产生差异的因素是生产工人不能控制的，如材料的质量水平不符合要求造成的人工效率的降低，则说明产生的不利差异不应当由生产工人负责。

在进行了原因分析后，应当采取有力的措施控制成本，并进行相应的奖惩。

5. 变动制造费用差异的计算与分析

按照上述成本差异计算的通用模式，变动制造费用的价格差异与数量差异分别为：

变动制造费用价格差异=(实际价格×实际数量)-(标准价格×实际数量)

开支差异=实际工时×(实际变动制造费用率-标准变动制造费用率)

变动制造费用数量差异=(标准价格×实际数量)-(标准价格×标准数量)

效率差异=标准变动制造费用率×(实际工时-标准工时)

【例 9-3】甲公司只生产产品 A，计划年度预计生产产品 1 000 件，变动制造费用率标准为 3 元/工时，工时用量标准为 11 时/件。该公司实际生产 A 产品 1 200 件，实际变动制造费用率为 3.1 元/工时，实际消耗工时总量为 13 000 工时。计算并分析变动制造费用的成本差异。

$$\text{开支差异}=\begin{matrix}\text{实际}\\\text{工时}\end{matrix}\times\left(\begin{matrix}\text{实际变动制}\\\text{造费用率}\end{matrix}-\begin{matrix}\text{标准变动制}\\\text{造费用率}\end{matrix}\right)=13\,000\times(3.1-3)=1\,300\ (\text{元})$$

$$\begin{matrix}\text{变动制造费}\\\text{用效率差异}\end{matrix}=\begin{matrix}\text{标准变动制}\\\text{造费用率}\end{matrix}\times\left(\begin{matrix}\text{实际}\\\text{工时}\end{matrix}-\begin{matrix}\text{标准}\\\text{工时}\end{matrix}\right)=3\times(13\,000-1\,200\times11)=-600\ (\text{元})$$

变动制造费用差异总额=1 300-600=700（元）

从上述计算结果可以看出，企业变动制造费用的总差异为超支 700 元，其中，变动制造费用率差异为超支 1 300 元，效率差异为节约 600 元。为了对变动制造费用的成本差异进行控制并对有关责任部门进行考评，应当进一步分析产生差异的原因。

本例中，造成变动制造费用不利差异的主要原因是实际变动制造费用率水平超出了标准变动制造费用率。影响变动制造费用率的因素很多，包括所有的变动制造费用项目的水平，如间接材料、间接人工、动力费用等，这些因素中有些是生产部门能够控制的，有些是生产部门不能控制的。如果产生差异的因素是生产部门能够控制的，说明产生的不利差异应当由生产部门负责，如间接材料的浪费所造成的成本差异；如果产生差异的因素是生产部门不能控制的，如外购动力价格水平的上涨，则说明产生的不利差异不应当由生产部门负责。

本例中，尽管变动制造费用的总差异为不利差异 700 元，但是变动制造费用的工时消耗实际上是节约的，即由于生产效率的提高，使变动制造费用总成本节约了 600 元。对生产效率影响因素的分析与对人工效率影响因素的分析相同。同样，在进行了原因分析后，应当采取有力的措施控制成本，并进行相应的奖惩。

6. 固定制造费用差异的计算与分析

由于固定制造费用有着不同于变动制造成本项目的特点，对固定制造费用的控制通常采用编制预算的方式进行；对固定制造费用差异的计算与分析不同于前述直接材料、直接人工及变动制造费用的差异计算与分析。对固定制造费用差异的计算有两种方法，即两差异法和三差异法。

（1）两差异法。该方法将固定制造费用的成本差异划分为预算差异和能量差异。

① 预算差异。预算差异是指固定制造费用的实际支付数与预算数之间的差额，计算公式如下：

固定制造费用预算差异=固定制造费用实际支付数-固定制造费用预算数

② 能量差异。能量差异是指在标准生产能量下，按标准产量工时计算的标准固定制造费用与按实际产量应消耗标准工时计算的标准固定制造费用之间的差额，计算公式如下：

$$\begin{matrix}\text{固定制造费}\\\text{用能量差异}\end{matrix}=\begin{matrix}\text{标准固定制造}\\\text{费用分配率}\end{matrix}\times\left(\begin{matrix}\text{产能标准}\\\text{总工时}\end{matrix}-\begin{matrix}\text{实际产量}\\\text{应耗标准工时}\end{matrix}\right)$$

其中：

标准固定制造费用分配率=固定制造费用预算总额/预计产能标准总工时

由于标准固定制造费用分配率是按照费用预算总数除以预计产能来制订的，即使固定制造费用的实际数与预算数相等，只要实际业务量与预计业务量有出入，就必然会发生差异。

【例 9-4】 甲公司只生产产品 A，计划年度预计产能标准工时为 1 000 工时，计划年度预计生产产品 1 000 件，工时用量标准为 11 工时/件。该公司实际生产 A 产品 1 200 件，实际消耗工时总量为 13 000 工时。如果固定制造费用预算总数为 5 000 元，固定制造费用实际支付数为 5 500 元，计算并分析固定制造费用的成本差异。

① 预算差异。

$$\begin{matrix}\text{固定制造费}\\\text{用预算差异}\end{matrix}=\begin{matrix}\text{固定制造费用}\\\text{实际支付数}\end{matrix}-\begin{matrix}\text{固定制造费}\\\text{用预算数}\end{matrix}=5\,500-5\,000=500\text{（元）}$$

② 能量差异。

$$\begin{matrix}\text{固定制造费}\\\text{用能量差异}\end{matrix}=\begin{matrix}\text{标准固定制造}\\\text{费用分配率}\end{matrix}\times\left(\begin{matrix}\text{产能标准}\\\text{总工时}\end{matrix}-\begin{matrix}\text{实际产量应}\\\text{耗标准工时}\end{matrix}\right)$$

$$=(5\,000\div 11\,000)\times(11\,000-1\,200\times 11)=-1\,000\text{（元）}$$

（2）三差异法。该方法将固定制造费用的成本差异划分为开支差异、效率差异和生产能力利用差异。

① 开支差异。开支差异，也称为耗费差异，计算公式如下：

固定制造费用开支差异=固定制造费用实际支付数-固定制造费用预算数

② 效率差异。

$$\begin{matrix}\text{固定制造费用}\\\text{效率差异}\end{matrix}=\begin{matrix}\text{标准固定制造}\\\text{费用分配率}\end{matrix}\times\left(\begin{matrix}\text{实际耗用}\\\text{总工时}\end{matrix}-\begin{matrix}\text{实际产量应}\\\text{耗标准工时}\end{matrix}\right)$$

③ 生产能力差异。

$$\begin{matrix}\text{生产能力}\\\text{利用差异}\end{matrix}=\begin{matrix}\text{标准固定制造费用}\\\text{费用分配率}\end{matrix}\times\left(\begin{matrix}\text{标准产能}\\\text{总工时}\end{matrix}-\begin{matrix}\text{实际耗}\\\text{用工时}\end{matrix}\right)$$

例如，【例 9-4】中固定制造费用的三项差异计算如下：

① 开支差异。

$$\begin{matrix}\text{固定制造费}\\\text{用开支差异}\end{matrix}=\begin{matrix}\text{固定制造费用}\\\text{实际支付数}\end{matrix}-\begin{matrix}\text{固定制造}\\\text{费用预算数}\end{matrix}=5\,500-5\,000=500\text{（元）}$$

② 效率差异。

$$\frac{\text{固定制造费}}{\text{用效率差异}}=\frac{\text{标准固定制造}}{\text{费用分配率}}\times\left(\frac{\text{实际耗用}}{\text{总工时}}-\frac{\text{实际产量应}}{\text{耗标准工时}}\right)$$

=(5 000÷11 000)×(13 000−1 200×11)= −90.91（元）

③ 生产能力利用差异。

$$\frac{\text{生产能力}}{\text{利用差异}}=\frac{\text{标准固定制造}}{\text{费用分配率}}\times\left(\frac{\text{标准产能}}{\text{总工时}}-\frac{\text{实际耗}}{\text{用工时}}\right)$$

=(5 000÷11 000)×(11 000−13 000)= −909.09（元）

从上述两种计算方法的公式中，可以看出三差异法下的开支差异为两差异法下的预算差异；三差异法下的效率差异与生产能力利用差异为两差异法下的能量差异。上例中有关数字间的关系如下：

两差异法		三差异法
预算差异＋500元	=	开支差异+500元
能量差异-1 000元	=	效率差异＋生产能力利用差异
	=	−90.91＋(−909.09)＝−1 000
固定制造费用总差异＝−500元		固定制造费用总差异=−500元

对固定制造费用差异，需要按照固定制造费用的明细项目来进行一般的分析，预算差异产生的原因包括：资源价格的变动（如工资率的变化、税率的变化）；某些酌量性固定成本因管理上的决定而有所增减；占用资源的数量比预期增加或减少；部门领导怕完不成预算而延缓酌量性固定成本的支出，或担心实际支出过少会削减下期的预算而增加不必要的开支等。能量差异只反映计划生产能量的利用程度，一般不能说明固定制造费用的节约或超支。

7. 成本差异计算的两个特殊问题

（1）材料混合使用情况下的成本差异计算。现实中，企业生产某种产品往往需要几种材料，而且各种材料需要按照一定的比例混合使用。在这种情况下，材料的用量差异需要进一步分为两部分，即材料结构差异和材料产出差异。

① 材料结构差异。材料结构差异指的是实际投料的混合比例和与按照标准混合比例投料之间的不同所产生的成本差异。其计算公式如下：

材料结构差异=按标准单价计算的实际混合成本−按实际用量计算的标准混合成本

② 材料产出差异。材料产出差异指的是混合材料投产后按标准产出率计算的标准产量与实际产量之间的差额所产生的成本差异。其计算公式如下：

材料产出差异=单位产品中混合材料的标准成本×(标准产量−实际产量)

【例 9-5】乙企业生产 B 产品，需要用 a、b、c 三种材料按照一定的比例混合投料生产，有关资料如表 9-1 所示。

表 9-1　需用材料资料

材料名称	价格标准	混合用量标准	标准混合比率	标准成本
a 材料	2.5 元/千克	2 千克	20%	5 元
b 材料	2 元/千克	3 千克	30%	6 元
c 材料	1 元/千克	5 千克	50%	5 元
合　计		10 千克	1	16 元

若上述标准混合材料 10 千克可以产出 B 产品 8 千克，则单位 B 产品的标准直接材料成本为：

单位 B 产品的标准直接材料成本=16÷8=2（元）

假设本期企业 B 产品的产量为 4 000 千克，有关实际成本资料如表 9-2 所示。

表 9-2　实际成本资料

材料名称	实际价格	实际用量	实际成本
a 材料	2.4 元/千克	1 100 千克	2 640 元
b 材料	2.1 元/千克	1 600 千克	3 360 元
c 材料	1.2 元/千克	2 500 千克	3 000 元
合　计		5 200 千克	9 000 元

根据上述资料，进行成本差异计算分析如下：

（1）计算材料实际成本与标准成本的差异总额。

$$\frac{\text{实际成本与标准}}{\text{成本的差异总额}} = \frac{\text{实际}}{\text{总成本}} - \frac{\text{按实际产量计算}}{\text{的材料的标准成本}} = 9\,000 - 4\,000 \times 2 = +1\,000\text{（元）}$$

（2）计算材料的价格差异。

材料的价格差异=实际数量×(实际价格−标准价格)

a 材料的价格差异=实际数量×(实际价格−标准价格)

=1 100×(2.4−2.5)=−10（元）

b 材料的价格差异=实际数量×(实际价格−标准价格)

=1 600×(2.1−2)=+160（元）

c 材料的价格差异=实际数量×(实际价格−标准价格)

=2 500×(1.2−1)=+500（元）

材料的价格总差异=−110+160+500=550（元）

（3）计算材料的数量差异。

标准产出率=8/10=80%

实际产量应消耗标准混合材料的数量=4 000/80%=5 000（千克）

直接材料数量差异=标准价格×(实际用量−标准用量)

a 材料数量差异=标准价格×(实际用量−标准用量)

=2.5×(1 100−5 000×20%)=+250（元）

b 材料数量差异=标准价格×(实际用量-标准用量)

=2×(1 600-5 000×30%)=+200（元）

c 材料数量差异=标准价格×(实际用量-标准用量)

=1×(2 500-5 000×50%)=+0（元）

材料的用量总差异=250+200+0=450（元）

（4）将材料的用量差异分解为材料的结构差异与材料产出差异。

材料结构差异=按标准单价计算的实际混合成本-按实际用量计算的标准混合成本

=(2.5×1 100+2×1 600+1×2 500)-(16÷10×5 200)

=8 450-8 320=+130（元）

材料产出差异=单位产品中混合材料的标准成本×(标准产量-实际产量)

=2×(5 200×80%-4 000)=+320（元）

（5）人工混合使用情况下的成本差异计算。现实中，一种产品的生产往往需要不同等级的工人来加工完成，而不同等级的工人的小时工资率往往是不同的。如果不同等级工人完成的工时在总工时中所占的比重发生变化，也会产生成本差异。这时需要将直接人工的效率差异进一步分解为人工结构差异和人工产出差异，以确定不同原因产生的差异金额。

① 人工结构差异。

人工结构差异=按标准工资率计算的实际混合成本-按实际工时计算的标准混合成本

② 人工产出差异。

人工产出差异=单位混合人工的标准成本×(实际耗用工时-实际产量应耗标准工时)

【例 9-6】乙企业生产 B 产品，需要用不同的工种加工，有关资料如表 9-3 所示。

表 9-3 需用工种资料

工人等级	工资率标准	混合用量标准	标准混合比率	标准成本
五级工	12 元/工时	0.3 工时	30%	3.6 元
四级工	8 元/工时	0.2 工时	20%	1.6 元
三级工	5 元/工时	0.5 工时	50%	2.5 元
合　计		1 小时	1	7.7 元

若上述每标准混合工时可以产出 B 产品 5 千克，则单位 B 产品的直接人工标准成本为：

单位 B 产品的标准直接人工成本=7.7÷5=1.54（元）

假设本期企业 B 产品的产量为 4 000 千克，有关实际成本资料如表 9-4 所示。

表 9-4 实际成本资料

工人等级	实际工资率	实际工时	实际成本
五级工	12.5 元/工时	250 工时	3 125 元
四级工	9 元/工时	150 工时	1 350 元
三级工	6 元/工时	500 工时	3 000 元
合　计		900 工时	7. 475 元

根据上述资料，进行成本差异计算分析如下：

① 计算直接人工实际成本与标准成本的差异总额。

$$\frac{\text{实际成本与标准}}{\text{成本的差异总额}}=\frac{\text{实际}}{\text{总成本}}-\frac{\text{按实际产量计算的}}{\text{直接人工的标准成本}}=7\,475-4\,000\times1.54=+1\,315\text{（元）}$$

② 计算直接人工的价格差异。

直接人工的工资率差异=实际工时×(实际工资率-标准工资率)

五级工的工资率差异=实际工时×(实际工资率-标准工资率)

=250×(12.5-12)=+125（元）

四级工的工资率差异=实际工时×(实际工资率-标准工资率)

=150×(9-8)=+150（元）

三级工的工资率差异=实际工时×(实际工资率-标准工资率)

=500×(6-5)=500（元）

直接人工工资率总差异=125+150+500=775（元）

③ 计算直接人工的效率差异。

每个标准工时的标准产出量为 5 千克/工时：

实际产量应消耗标准混合工时的数量=4 000÷5=800（工时）

直接人工效率差异=标准工资率×(实际工时–标准工时)

五级工效率差异=标准工资率×(实际工时–标准工时)

=12×(250-800×30%)=+120（元）

四级工效率差异=标准工资率×(实际工时–标准工时)

=8×(150-800×20%)= -80（元）

三级工效率差异=标准工资率×(实际工时–标准工时)

=5×(500-800×50%)= +500（元）

直接人工效率总差异=120-80+500=540（元）

④ 将直接人工的效率差异分解为直接人工的结构差异与产出差异。

$$\frac{\text{人工结}}{\text{构差异}}=\frac{\text{按标准工资率计算的}}{\text{实际混合成本}}-\frac{\text{按实际工时计算的}}{\text{标准混合成本}}$$

=(12×250+8×150+5×500)-(7.7×900)=6 700 -6 930= -230（元）

$$\frac{\text{人工产}}{\text{出差异}}=\frac{\text{单位混合人工}}{\text{的标准成本}}\times\left(\frac{\text{实际耗}}{\text{用工时}}-\frac{\text{实际产量应}}{\text{耗标准工时}}\right)$$

=7.7×(900-4 000÷5)=+770（元）

9.2.5　成本差异的账务处理

1．标准成本制度会计处理的方法

作为一个完整的标准成本会计制度，标准成本的制定和成本差异的计算、分析、控制应该与成本核算结合起来，成为一种成本核算和成本控制相结合的完整体系。采用标准成本法进行账务处理时，对产品标准成本与成本差异应分别进行核算，具体方法如下：

（1）在标准成本制度下，“原材料”、“生产成本”、“半成品”、“产成品”、“销售成本”等账户的借方和贷方都以标准成本登记。

（2）根据各种差异的名称，分别建立专门的成本差异账户，以登记实际发生的成本差异。其中每个账户的借方登记发生的超支差异，贷方登记发生的节约差异。

（3）每个月末，根据各种差异账户的余额编制“成本差异汇总表”。如果成本差异不大，可将各种成本差异相互轧抵后的净额列入当月损益表，作为“销售成本”或“销售毛利”的调整项目，以便将损益表上相应项目的标准数转换成实际数。如果成本差异较大，或库存产品较多时，可将差异净额在“生产成本”和“产成品”间进行分配。为了简化核算，一般多使用第一种情况下的处理。

2. 成本差异账务处理实例

假设前例中甲企业月初无存货，根据前述成本差异分析结果，对各项业务进行会计处理如下。

1）有关经济业务的会计分录

（1）购入原材料

借：原材料	55 000	
材料价格差异	5 000	
贷：银行存款		60 500

（2）生产产品消耗原材料

借：生产成本	60 000	
贷：原材料		55 000
材料用量差异		5 000

（3）生产产品消耗直接人工

借：生产成本	132 000	
工资率差异	6 500	
贷：应付工资		136 500
人工效率差异		2 000

（4）实际支付变动制造费用

借：变动制造费用	40 300	
贷：银行存款		40 300

（5）结转生产中耗用的变动制造费用

借：生产成本	39 600	
费用率差异	1 300	
贷：变动制造费用		40 300
效率差异		600

（6）实际支付固定制造成本

借：固定制造费用	5 500	
贷：累计折旧等		5 500

（7）结转生产中耗用的固定制造费用（以两差异法为例）

①完全成本法下：

借：生产成本　　　6 000
　　预算差异　　　500
　贷：固定制造费用　　　5 500
　　　能量差异　　　1 000
②变动成本下：
借：期间成本　　　6 000
　　预算差异　　　500
　贷：固定制造费用　　　5 500
　　　能量差异　　　1 000
（8）结转本月生产产品 1 200 件的成本
①完全成本法下：
借：产成品　　　237 600
　贷：生产成本　　　237 600
②变动成本法下：
借：产成品　　　231 600
　贷：生产成本　　　231 600
（9）销售产品 1 000 件，单价为 300 元
借：银行存款　　　300 000
　贷：主营业务收入　　　300 000
（10）结转 1 000 件产品的销售成本
①完全成本法下：
借：销售成本　　　（198×1 000）198 000
　贷：产成品　　　198 000
②变动成本法下：
借：产成品　　　（193×1 000）193 000
　贷：生产成本　　　193 000

2）编制成本差异汇总表

根据上述计算结果及会计处理，编制成本差异汇总表如表 9-5 所示。

表 9-5　甲企业成本差异汇总表
（2000 年 3 月）

差异账户名称	借方余额	贷方余额
1. 材料价格差异	5 500	
2. 材料用量差异		5 000
3. 直接人工工资率差异	6 500	
4. 直接人工效率差异		2 000
5. 变动制造费用率差异	1 300	
6. 变动制造费用效率差异		600
7. 固定制造费用预算差异	500	
8. 固定制造费用能量差异		1 000
合　计	8 300	8 600
成本差异净额		600

3）编制当月损益表

根据上述计算结果及会计处理，编制当月损益表如表 9-6 所示。

表 9-6　甲企业损益

（2000 年 3 月）

摘　　要	金　　额
完全成本法	
销售收入（300×1 000）	30 000
销售成本（标准成本）	
期初存货	0
加：本期生产成本	237 600
可供销售的成本	237 600
减：期末存货（198×200）	39 600
销售成本（标准）	198 000
加：成本差异净额	−600
销售成本（实际）	197 400
税前净利（实际）	102 600
变动成本法	
销售收入（300×1 000）	300 000
变动成本（标准成本）	
变动生产成本（193×1 000）	193 000
贡献毛益总额	107 000
减：期间成本（标准）	6 000
税前净利（标准）	101 000
减：成本差异净额	−600
税前净利（实际）	101 600

9.3　存货成本控制

9.3.1　存货成本控制的意义

存货控制是指对企业的库存材料、在产品、产成品等存货的批量及成本进行的控制。由于企业存货在企业资产中往往占有较大比重，且存货的成本如材料成本、产品成本等直接影响着企业的财务成果，因此存货控制是企业日常控制活动中非常重要的一部分。

由于企业存货控制直接影响着企业的财务状况和财务成果，企业必须加强对存货的控制。由于不同部门对存货进行控制的目的不同，如采购部门为了获得较大的购货折扣，总是希望大批量地采购；财务部门则希望减少资金占用，加快存货资金的周转速度，因此并不希望大批量地采购。现实中存在许多类似的问题，因此，企业存货控制的目的应当是使企业整体利益最大，而不是从某一个部门的利益出发。

企业整体利益往往通过对相关收入和成本的控制来实现，由于企业的存货控制一般不涉及收入的变化，因此存货控制主要是使相关成本最小。企业存货控制的根本目的是使存货所占用的资金得到最有效的利用，一般表现为使相关成本最小的订货批量或订货次数等。

9.3.2　存货成本控制需要考虑的成本概念

存货控制需要考虑的成本主要包括：取得成本、储存成本、缺货成本等方面的成本。其中：取得成本包括存货的订货成本、购买成本等；储存成本包括存货的保管成本、占用资金的机会成本等；缺货成本主要指由于缺货给企业带来的各种形式的损失，如停产损失、紧急购买材料付出的额外代价。下面以外购存货为例，对相关的成本项目进行说明。

1. 采购成本

采购成本（purchasing cost），是指材料物资的买价和运杂费所构成的成本。一般地，存货的采购成本是采购单价与采购数量的乘积，在不存在商业折扣的条件下，采购单价不随着采购批量的大小而变化，因此此时的采购成本是无关成本，不影响企业最佳订货批量的决策。但是，如果存在商业折扣，采购单价随着采购批量的大小而变化，此时的采购成本是相关成本，将影响企业最佳订货批量的决策。

2. 订货成本

订货成本（ordering cost），是指由于企业每次订货而发生的各项费用，一般包括采购人员的工资和津贴、采购部门的费用、采购业务费用等（如文件处理费用、验收成本、付款结算的手续费用等）。按照订货成本总额与订货次数之间的关系，订货成本可以划分为固定订货成本和变动订货成本两部分。固定订货成本总额与订货次数没有关系，主要包括维持采购部门正常业务活动所必须发生的支出，属于无关成本，不影响企业最佳订货批量的决策；变动订货成本总额与订货次数成正比例，包括采购人员出差津贴、签订合同等发生的费用，属于相关成本，影响企业最佳订货批量的决策。

如果假设企业全年需要某种材料总量为 A，每次的变动性订货成本为 P，每次订货批量为 Q，则：

全年订货次数　　$n= A/Q$

相关的订货成本　　$\mathrm{TC}_0 =P\cdot n=P\cdot A/Q$

3. 储存成本

储存成本（storage cost），是指企业为储存存货而发生的各项费用，一般包括仓储费、搬运费、保险费、自然损耗、占用资金的成本等。按照储存成本总额与存货储存量之间的关系，储存成本可以划分为固定储存成本和变动储存成本两部分。固定储存成本总额与存货储存数量没有关系，主要包括诸如仓库及相关设施的折旧等费用、租仓库的固定租金、保管人员的基本报酬等，属于无关成本，不影响企业最佳订货批量的决策；变动储存成本总额与存货的平均储存量成正比例，包括存货占用资金的成本、存货的财产保险费用等，属于相关成本，影响企业最佳订货批量的决策。

如果假设企业全年需要某种材料的平均储存量为0，单位存货的变动性储存成本为C，则：相关的储存成本 $TC_C=C\cdot Q$

4. 缺货成本

缺货成本（stockout cost），是指由于材料供应短缺而给企业的生产和销售带来的损失。主要包括：① 停工待料损失；② 临时性紧急采购而付出的额外代价；③ 因对客户延期交货而支付的违约金；④ 企业由于失去及时供货信用而发生的信誉损失，如失去客户等。缺货成本一般需要按照经验估算。

9.3.3 经济订货批量成本控制

1. 经济订货批量

如前文所述，企业外购存货的总成本由采购成本、订货成本、储存成本及缺货成本构成。在不同的订货批量下，企业各类成本的变化呈现出不同的变化特点。例如，在企业总需求量不变的情况下，提高每次订货数量，则：订货次数减少，订货成本降低；存货平均库存量增加，储存成本上升；企业发生缺货的可能性减少，缺货成本降低；如果存在数量折扣，则采购成本也降低。由于外购存货各类成本的不同变化特点，企业需要确定每次订货的最佳数量，即最佳的订货批量。

最佳的订货批量，一般称为经济订货批量（Economic Order Quantity，EOQ），是指能使企业在存货上所花费的总成本最低的每次订货数量。

2. 经济订货批量的确定方法

一般地，可以采用逐次测试、图示、建立数学模型等几种方法来确定经济订货批量，但前提都是使存货相关成本最低。下面以简单条件下（简单条件，是指不存在商业折扣、不允许出现缺货现象、订购货物一次到达）经济订货批量的确定为例，说明每种方法的使用。

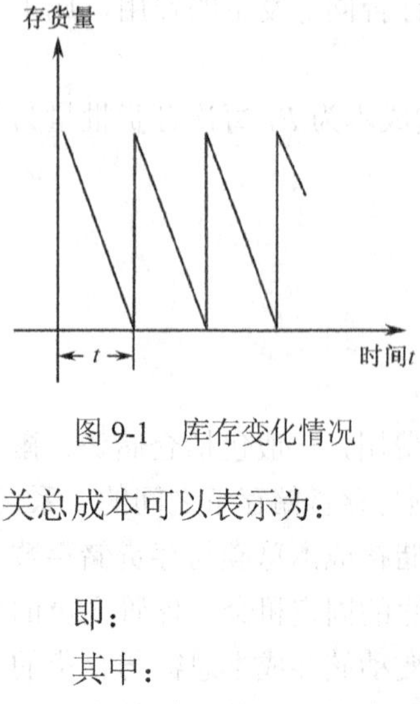

图 9-1　库存变化情况

简单条件下，企业存货的库存变化情况如图 9-1 所示。

可以看出，企业存货的平均库存量为最高储存量/2。

为了叙述方便，我们假设存货的相关总成本为TC，对某种材料的全年需要量为A，每次的变动性订货成本为P，每次订货批量为Q，全年订货次数为n，材料的平均储存量为$\overline{Q}$，单位存货的变动性储存成本为C，则：简单条件下，相关总成本可以表示为：

相关总成本=订货成本+储存成本

即：

$$TC=TC_0+TC_C$$

其中：

订货成本=每次的变动性订货成本×订货次数

即：

$$TC_0=P\cdot n=P\cdot A/Q$$

储存成本=单位存货的变动性储存成本×平均储存量

=单位存货的变动性储存成本×最高储存量/2

即：$TC_C=C\cdot\overline{Q}=C\cdot Q/2$

（1）逐次测试方法。逐次测试方法是通过计算不同订货批量时的相关总成本并进行比较，来确定相关总成本最低时所对应的经济订货批量的一种方法。

【例 9-7】企业对某种材料的全年需要量为 1 000 千克，每次的变动性订货成本为 10 元，每次订货批量为 Q，单位存货的变动性储存成本为 2 元。按照上述计算公式，不同采购批量的相关总成本如表 9-7 所示。

表 9-7　不同采购批量的相关总成本

项　　目	不同的订货批量							
每次订货批量（Q）	10 千克	20 千克	50 千克	100 千克	125 千克	200 千克	500 千克	1 000 千克
订货次数（A/Q）	100 次	50 次	20 次	10 次	8 次	5 次	2 次	1 次
平均库存量（$Q/2$）	5 千克	10 千克	25 千克	50 千克	62.5 千克	100 千克	250 千克	500 千克
全年相关订货总成本（$TC_0=P\cdot A/Q$）	1 000 元	500 元	200 元	100 元	80 元	50 元	20 元	10 元
全年相关储存总成本（$TC_C=C\cdot Q/2$）	10 元	20 次	50 元	100 元	125 元	200 元	500 元	1 000 元
全年相关总成本（TC）	1 010 元	520 元	250 元	200 元	205 元	250 元	520 元	1 010 元

从表中可以看出，当订货批量为 100 千克时，全年相关总成本最低。因此，经济订货批量为 100 千克，最佳订货次数为 10 次。

（2）图示方法。图示方法是通过绘制坐标图来确定相关总成本最低时所对应的经济订货批量的一种方法。

据【例 9-7】中有关数据，绘制相关成本与订货批量间的线型图如图 9-2 所示。

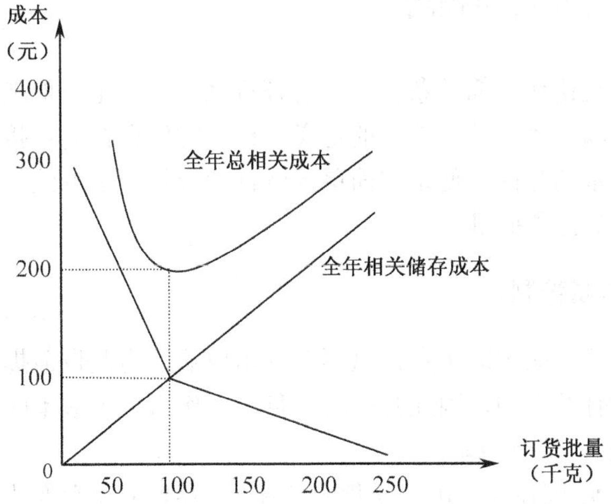

图 9-2　相关成本与订货批量间的线型图

（3）建立数学模型方法。

由于： 相关总成本=订货成本+储存成本

即：
$$TC = TC_0 + TC_C$$
$$= P \cdot A/Q + C \cdot Q/2$$

按照微积分的极值原理，经济订货批量（EOQ）应当是使 TC 对 Q 的一阶导数为 0，即 $TC'(Q)=0$ 时所对应的 Q。由于：

$$TC = TC_0 + TC_C$$
$$= P \cdot A/Q + C \cdot Q/2$$
$$TC'(Q) = -P \cdot A/Q^2 + C/2$$

令 $TC'(Q) = -P \cdot A/Q^2 + C/2 = 0$

则：

$$EOQ = \sqrt{2AP/C}$$
$$最低相关总成本 = \sqrt{2APC}$$

按照上例中的数据，我们采用数学公式方法，可以得到：

$$EOQ = \sqrt{2AP/C} = \sqrt{2 \times 1\,000 \times 10/2} = 100\ (千克)$$
$$最低相关总成本 = \sqrt{2APC} = \sqrt{2 \times 1\,000 \times 10 \times 2} = 200\ (元)$$

另外，根据绘制的坐标图，我们可以发现，最低相关总成本 TC^*出现于相关订货成本线与相关储存成本线相交的成本点，因此：$TC_0=TC_C$所对应的订货批量 Q 为经济订货批量，即：

令 $$TC_0 = TC_c$$

得到：

$$P \cdot A/Q = C \cdot Q/2$$

则：

$$EOQ = \sqrt{2AP/C}$$

9.3.4 不同采购方式下的存货控制

前面内容中我们已经论述了简单条件下经济订货批量的确定，但现实中存货经济订货批量的确定，并不是完全满足“简单条件”的定义，许多时候存在商业折扣、允许缺货或订货陆续到达企业等情况。本部分内容便是在简单经济订货批量确定方法的基础上，分析如何确定不同采购方式下的经济订货批量。

1．缺货情况下的存货控制

简单条件下，存货相关成本的确定是以不允许出现缺货为假设前提的，而现实中由于各方面的原因，缺货是时有发生的，因此必须将缺货成本作为相关成本的一部分。即：相关总成本=订货成本+储存成本+缺货成本

如果假设缺货量为 S，则在允许出现缺货的条件下，存货的库存变化情况，如图 9-3 所示。

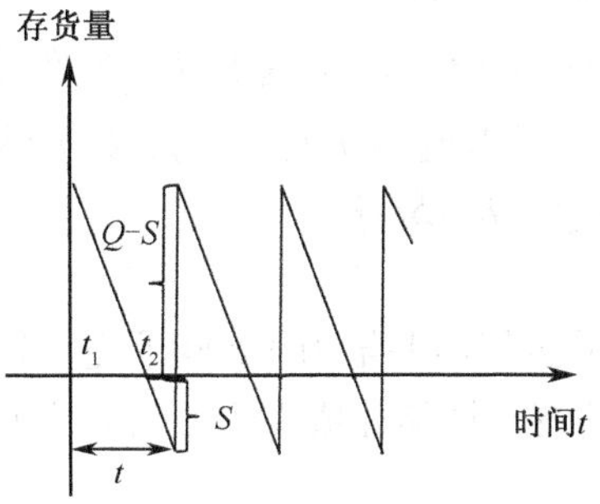

图 9-3　存货的库存变化情况

从图 9-4 中可以看出，在允许缺货的条件下，存货的最高库存量为 $Q-S$。如果假设：

t——两次订货的时间间隔；

t_1——存货库存量为正的期间；

t_2——存货库存量为零的期间（缺货的期间）；

d——存货的每日消耗量。

则存在以下等式关系：

$$t=t_1+t_2=Q/d$$

$$t_1=(Q-S)/d$$

$$t_2=S/d$$

根据上述等式，不同期间的平均库存量可以表示为：

t_1 期间的平均库存量为：$(Q-S)/2$

t_2 期间的平均库存量为：0

则存货的年平均储存量 $\overline{Q}$ 是 t 期间内的平均库存量，是 t_1、t_2 期间平均库存量的再平均，可以表示为：

$$\left[(Q-S)/2\times t_1+0\times t_2\right]/t=(Q-S)^2/(2Q)$$

【例 9-8】假设企业需要的某种材料，允许出现数量为 200 千克的缺货，每次订货批量为 500 千克，则存货的平均库存量为：

$$(Q-S)^2/(2Q)=(500-200)^2/(2\times 500)=90\text{（千克）}$$

按照同样的方法，可以得到平均缺货量：

$$\overline{S}=\left[(0\times t_1+S/2\times t_2)/t=S^2/(2Q)\right.$$

根据【例 9-8】，该材料的平均缺货量为：

$$S^2/(2Q)=200^2/(2\times 500)=40\text{（千克）}$$

如果假设缺货的年单位平均成本为 K，相关缺货总成本为 TC_s，则存货的相关总成本模型可以表示为：

$$\begin{aligned}TC&=TC_0+TC_c+TC_s\\&=P\cdot A/Q+C\cdot(Q-S)^2/(2Q)+K_s\cdot S^2/(2Q)\end{aligned}$$

按照微积分的极值原理，经济订货批量应当是使 TC 对 Q 及对 S 的一阶偏导数为 0 时所对应的 Q。由于：

$$\begin{aligned}TC &= TC_0 + TC_c + TC_s \\ &= P\cdot A/Q + C\cdot(Q-S)^2/(2Q) + K_s\cdot S^2/(2Q)\end{aligned}$$

$$TC'(Q)= -P\cdot A/Q^2+C[2Q(Q-S)-(Q-S)^2]/(2Q^2)-(K_s\cdot S^2)/(2Q)$$

$$TC'(S)=C\cdot(Q-S)/Q+ K_s\cdot S/Q$$

令 $TC'(Q)=0$，$TC'(S)=0$

【例 9-9】企业对某种材料的全年需要量为 1 000 千克，每次的变动性订货成本为 60 元，每次订货批量为 Q，单位存货的变动性储存成本为 2 元，单位缺货成本为 4 元。按照上述计算公式，可以得到：

$$\begin{aligned}EOQ &= \sqrt{2AP/C\times(C+K_s)/K_s} \\ &= \sqrt{2\times1\,000\times60/2\times(2+4)/4} = 300 \text{（千克）}\end{aligned}$$

$$\begin{aligned}\text{最低相关总成本} &= \sqrt{2APC\times C/(C+K_s)} \\ &= \sqrt{2\times1\,000\times60\times2\times2/(2+4)} \\ &\approx 282.84\text{（元）}\end{aligned}$$

2．一次订货，陆续到货情况下的存货控制

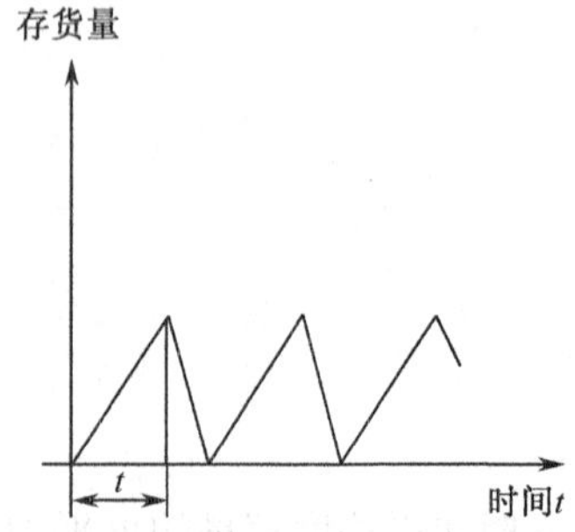

图 9-4　库存变化情况

简单条件下，存货相关成本的确定是以每批货物一次到达企业为假设前提的，而现实中由于各方面的原因，企业的订货往往是陆续到达企业的。在订货陆续到达企业的情况下，企业存货一边在不断地发出，一边在陆续入库。

在一次订货，边进边出，且不需要安全储备情况下，存货的库存变化情况如图 9-4 所示。

从图 9-4 中可以看出，在企业的订货陆续到达企业的条件下，当企业每批订货全部到达企业时，企业的存货的库存量达到最大。如果假设：

e——每日到货量；

f——每日发出存货量；

Q——每批订货量；

t——每批货物陆续到达企业所需的时间。

则可以得出：

$$t = Q/e$$

每日库存增加量为：$e-f$

最高库存量为：$(e-f)\cdot t=(e-f)\cdot Q/e$

平均库存量为：$(e-f)\cdot Q/(2e)$

因此，存货相关总成本的模型可以表示为（假设不存在缺货）：

相关总成本=订货成本+储存成本

即：

$$\begin{aligned}TC &= TC_0+TC_c \\ &= P\cdot A/Q+C\cdot(e-f)\cdot Q/(2e)\end{aligned}$$

按照微积分的极值原理，经济订货批量应当是使 TC 对 Q 的一阶导数为 0，即 $TC'(Q)=0$

时，所对应的 Q。由于：

$$TC = P \cdot A/Q + C \cdot (e-f) \cdot Q/(2e)$$
$$TC'(Q) = -P \cdot A/Q^2 + C \cdot (e-f)/(2e)$$

令 $TC'(Q)=0$

则：

$$EOQ = \sqrt{2APe/[C \cdot (e-f)]} = \sqrt{2AP/C} \cdot \sqrt{e/(e-f)}$$

【例 9-10】企业对某种材料的全年需要量为 3 600 千克，每次的变动性订货成本为 45 元，每次订货批量为 Q，单位存货的变动性储存成本为 5 元，该材料陆续到达企业，每日到达量为 20 千克，企业每日消耗该材料 10 千克。按照上述计算公式，该材料的经济订货批量为：

$$\begin{aligned}EOQ &= \sqrt{2APe/[C \cdot (e-f)]} = \sqrt{2AP/C} \cdot \sqrt{e/(e-f)} \\ &= \sqrt{2 \times 3\,600 \times 45/5} \cdot \sqrt{20/(20-10)} \\ &= 360\text{（千克）}\end{aligned}$$

3．有数量折扣情况下的存货控制

简单条件下，存货相关成本的确定是以不存在数量折扣为假设前提的，而现实中往往存在数量折扣。在存在数量折扣的条件下，企业采购存货的批量不同，单价也不同。因此，必须将采购成本作为相关成本的一部分。如果不考虑缺货成本，相关总成本可以表示为：

相关总成本=采购成本+订货成本+储存成本

$$\begin{aligned}TC &= TC_p + TC_0 + TC_c \\ &= p \cdot Q + P \cdot A/Q + C \cdot Q/2\end{aligned}$$

式中，p 表示订货单价。

【例 9-11】企业对某种材料的全年需要量为 18 000 千克，每次的变动性订货成本为 50 元，每次订货批量为 Q，单位存货的变动性储存成本为材料价格的 20%。有关的数量折扣条款如表 9-8 所示。

表 9-8　有关的数量折扣条款

折扣级别	每次订货量	折　扣　率	单价（元/千克）
1	$0 \leqslant Q < 500$	0%	100
2	$500 \leqslant Q \leqslant 1\,000$	2%	98
3	$1\,000 \leqslant Q$	5%	95

（1）当企业的订货量 $0 \leqslant Q \leqslant 500$ 时，相关总成本的模型为：

$$\begin{aligned}TC &= TC_p + TC_0 + TC_c \\ &= p \cdot A + P \cdot A/Q + C \cdot Q/2 \\ &= 100 \times 18\,000 + 50 \times 18\,000/Q + 100 \times 20\% \cdot Q/2\end{aligned}$$

令 $TC'(Q)=0$

则：

$$Q^*_1 = 300\text{（千克）}$$

（2）当企业的订货量 $500 \leqslant Q < 1\,000$ 时，相关总成本的模型为：

$$\begin{aligned} TC &= TC_p + TC_0 + TC_c \\ &= p \cdot A + P \cdot A/Q + C \cdot Q/2 \\ &= 98 \times 18\,000 + 50 \times 18\,000/Q + 98 \times 20\% \cdot Q/2 \end{aligned}$$

令 $TC'(Q) = 0$

则：$Q^*_2 = 303$（千克）

（3）当企业的订货量 $1\,000 \leqslant Q$ 时，相关总成本的模型为：

$$\begin{aligned} TC &= TC_p + TC_0 + TC_c \\ &= p \cdot Q + P \cdot A/Q + C \cdot Q/2 \\ &= 95 \cdot Q + 50 \times 18\,000/Q + 95 \times 20\% \cdot Q/2 \end{aligned}$$

令 $TC'(Q) = 0$

则：

$$Q^*_3 = 308\text{（千克）}$$

从上述计算结果可以看出，在第 2、3 折扣级别下，按照公式计算出的经济订货批量 $Q^*_2=303$（千克），$Q^*_3=308$（千克）都低于折扣条件所要求的最低订货批量。由于相关总成本的变化规律是在一定订货量范围内先下降，之后上升。因此，相关总成本均处于总成本的上升部分，订货批量越大，相关总成本越高，如图 9-5 所示。

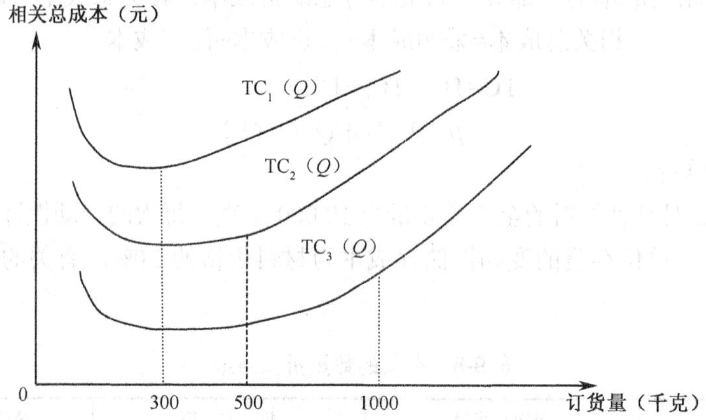

图 9-5　订货批量与相关总成本的关系

因此，对应的不同折扣条件下的最佳订货批量应当分别为：

$$Q^*_1 = 300\text{（千克）}$$
$$Q^*_2 = 500\text{（千克）}$$
$$Q^*_3 = 1\,000\text{（千克）}$$

按照相关总成本的计算公式，可以得到：

$$\begin{aligned} TC^*_1 &= 100 \cdot A + 50 \times 18\,000/Q + 100 \times 20\% \cdot Q/2 \\ &= 100 \times 18\,000 + 50 \times 18\,000/300 + 100 \times 20\% \times 300/2 \\ &= 1\,806\,000\text{（元）} \end{aligned}$$

$$TC^*_2 = 98 \cdot A + 50 \times 18\,000/Q + 98 \times 20\% \cdot Q/2$$

$=98\times18\,000+50\times18\,000/500+98\times20\%\times500/2$

$=1\,770\,700$（元）

$TC^*_3=95\cdot A+50\times18\,000/Q+95\times20\%\cdot Q/2$

$=95\times18\,000+50\times18\,000/1\,000+95\times20\%\times1\,000/2$

$=1\,720\,400$（元）

按照上述计算结果，经济订货批量应当为 1 000 千克。

4．缺乏详细成本资料情况下的存货控制

在前面几种情况下，都以确定的成本资料为依据来确定最佳的订货批量，但有时并不具备详细的成本资料。在缺乏详细成本资料的情况下，一般采用以下方法来进行存货控制。

（1）保持原来的订购批数，降低存货平均储存额。这种方法是以简单条件下存货经济订货批量模型为基础得到的。在简单条件下，经济订货批量可以表示为：

$$EOQ=\sqrt{2AP/C}=\sqrt{2P/C}\cdot\sqrt{A}$$

令

$$\sqrt{2P/C}=X$$

则：

$$EOQ=Q^*=X\cdot\sqrt{A}$$

$$X=Q^*/\sqrt{A}=\sqrt{A}/(A/Q^*)$$

则：

$$A/Q^*=\sqrt{A}/X$$

一般地，同类存货的$\sqrt{2P/C}=X$，不是相近就是相同。假设它们相同，则同类各种存货的全年订购批数之和，可以表示为：

$$\sum(A/Q)=(\sum\sqrt{A})/X$$

则：

$$X=\sum\sqrt{A}/\sum(A/Q)$$

【例 9-12】假设某公司存货控制缺乏详细的成本资料，上一年度有关存货的资料如表 9-9 所示。

表 9-9　上一年度有关存货的资料

项　目	材　料　甲	材　料　乙	材　料　丙	合　计
全年需要量 A（千克）	3 600	1 800	2 700	—
$\sqrt{A}$	60	42.43	51.96	154.39
全年订货批数 A/Q（次）	10	6	9	25
订货批量 Q（千克）	360	300	300	960
平均储存量 $Q/2$（千克）	180	150	150	480

根据表 9-9 中资料，可以得到 X 的值：

$$X=\sum\sqrt{A}/\sum(A/Q)$$

$$=154.96\div25=6.1756$$

根据以上计算结果，按照$Q^*=X\cdot\sqrt{A}$计算不同存货的订货批量，如表 9-10 所示。

表 9-10 不同存货的订货批量（1）

项　　目	材 料 甲	材 料 乙	材 料 丙	合　计
全年需要量 A（千克）	3 600	1 800	2 700	—
$\sqrt{A}$	60	42.43	51.96	154.39
X	6.1756	6.1756	6.1756	—
订货批量 $Q = X \cdot \sqrt{A}$（千克）	370.54	262.03	320.88	953.45
$\sqrt{A/Q}$（次）	9.72	6.87	8.41	25
平均储存量 $Q/2$（千克）	185.27	131.015	160.44	476.725

通过比较上述两个表格中的数字可以看出，全年订货批数都是 25 次，而存货的平均储存量则有所不同，由 480 千克下降为 476.725 千克，下降了 0.7%。表明在订货成本不变的情况下，通过降低平均储存量可以减少存货的储存成本，从而降低相关的存货成本。

（2）保持原来的存货储存额，减少订购批数。同样，如果同类存货的 $\sqrt{2P/C} = X$ 相同，则同类各种存货的订货量之和可以表示为：

$$\sum Q = X \cdot \sum \sqrt{A}$$

则：

$$X = \sum Q / (\sum \sqrt{A})$$

根据上述表中资料，可以得到 X 的值：

$$X = \sum Q / (\sum \sqrt{A}) = 960 \div 154.96 = 6.1951$$

则按照 $Q^* = X \cdot \sqrt{A}$ 计算不同存货的订货批量，如表 9-11 所示。

表 9-11 不同存货的订货批量（2）

项　　目	材 料 甲	材 料 乙	材 料 丙	合　计
全年需要量 A（千克）	3 600	1 800	2 700	—
$\sqrt{A}$	60	42.43	51.96	154.39
X	6.195 1	6.195 1	6.195 1	—
订货批量 $Q = X \cdot \sqrt{A}$（千克）	371.71	262.86	321.90	953.45
A/Q（次）	9.68	6.85	8.39	24.92
平均储存量 $Q/2$（千克）	185.858	131.43	160.95	476.725

通过比较上述两个表格中的数字可以看出，存货的平均储存量相同，而全年订货批数不同，由 25 次下降为 24.92 次，下降了 0.3%。表明在储存成本不变的情况下，通过降低订货次数可以减少存货的订货成本，从而降低相关的存货成本。

9.3.5 存储量受限制情况下的存货控制

现实中，多数企业的存储空间是有限的，也就是说企业的存储量往往是受到一定限制的。在存储量受到限制的情况下，如果按照我们前面的最佳订货批量模型确定出来的最佳订货批量 Q^*大于企业现有最大存储量 $Q_{\max}$ 的话，最佳的订货批量就不再是按照公式计算得到的 Q^*，而应当是企业现有的最大存储量。具体如图 9-6 所示。

另外，在企业现有存储空间有限的情况下，也可以通过租用、建造新的库房来增加存储空间。企业通过租用、建造新的库房来增加存储空间是否是经济的，必须通过比较增加存储空间和不增加存储空间两项方案的相关总成本来决定，即如果增加存储空间后的相关总成本低于保持现有存储量空间的相关总成本，应当租用或建造新的库房；否则，应当保持现有的存储量空间。

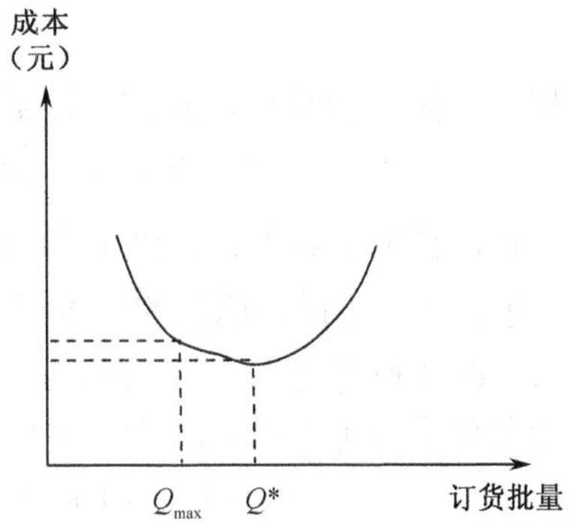

图 9-6　储量受限情况

【例 9-13】企业对某种材料的全年需要量为 3 600 千克，每次的变动性订货成本为 50 元，每次订货批量为 Q，单位存货的变动性储存成本为 4 元。企业现有的最大存储量为 200 千克，如果租用新的仓库，储存量可以增加 150 千克，年租金为 250 元。

根据简单条件下的经济订货批量公式：

$$\text{EOQ} = \sqrt{2AP/C}$$

按照上例中的数据，采用数学方法，可以得到：

$$\text{EOQ} = \sqrt{2AP/C} = \sqrt{2 \times 3\,600 \times 50/4} = 300（千克）$$

显然，经济订货批量大于企业现有的最大储存量。企业应当进行租入新的库房与保持现有存储空间的选择决策，选择的标准是相关总成本较低者。

（1）保持现有存储空间。保持现有存储空间条件下，企业的订货批量应当选择为 200 千克，则相关总成本由订货成本与储存成本构成，具体数字如下：

相关总成本 $\text{TC} = \text{TC}_0 + \text{TC}_c = P \cdot A/Q + C \cdot Q/2$

$=50×3\,600/200 +4×200/2=900 +400=1\,300$（元）

（2）租用新的仓库。保持租用新仓库的条件下，企业的订货批量应当选择为 300 千克，相关总成本由订货成本、储存成本及租用仓库的租金构成，具体数字如下：

相关总成本 $\text{TC} = \text{TC}_0 + \text{TC}_c + 租金 = P \cdot A/Q + C \cdot Q/2 + 租金$

$= 50×3\,600/300 +4×300/2=600 +600 +250 =1\,450$（元）

通过上述计算结果可以发现，如果企业租用新的仓库，相关总成本为 1 450 元，超出保持现有储存空间的相关总成本 1 300 元。因此，应当选择最佳的订货批量为 200 千克。

9.3.6　订单批量受限制情况下的存货控制

现实中，大多数供应商只接受整数批量的订单，如按十件、百件、千克、吨等。

在这种情况下，如果按照我们前面的经济订货批量模型确定出来的经济订货批量不满足供应商的定货量要求的话，需要在高于和低于 Q^*的两边确定允许的订货批量，并通过计算两边订货批量的相关总成本，来确定最佳的订货量。

【例 9-14】企业对某种材料的全年需要量为 1 800 千克，每次的变动性订货成本为 20 元，每次订货批量为 Q，单位存货的变动性储存成本为 5 元。供应商要求订货批量为 50 千克的倍数。

根据简单条件下的经济订货批量公式：

$$EOQ = \sqrt{2AP/C}$$

根据上例中的数据，我们采用数学公式方法，可以得到：

$$EOQ = \sqrt{2AP/C} = \sqrt{2 \times 1800 \times 20/5} = 120（千克）$$

显然，120 千克不符合供应商的订货批量要求，企业的最佳订货批量应当在 100 千克和 150 千克中进行选择，选择的标准是相关总成本较低者。

（1）Q=100 千克时，相关总成本为：

相关总成本 $TC = TC_0 + TC_c = P \cdot A/Q + C \cdot Q/2$

=20×1 800/100+5+100/2=360+250=610（元）

（2）Q–150 千克时，相关总成本为：

相关总成本 $TC = TC_0 + TC_c = P \cdot A/Q + C \cdot Q/2$

=20×1 800/150+5+150/2=240+375=615（元）

从上述数字可以看出，订货批量为 100 千克时的相关总成本较低，因此，最佳订货批量应当是 100 千克。

9.3.7　不确定情况下的存货控制

我们前面的叙述，都是假设存货的消耗情况及存货的交货期（从发出订单到货物到达企业的期间）是确定的。但是，现实中由于各方面因素的影响，更多情况下存货的消耗及采购间隔期是不确定的，我们称这种情况下的存货控制为不确定情况下的存货控制。

（1）再订货点及安全库存量一般，将在企业发出订单时的库存存货量称为再订货点，再订货点的确定受以下因素的影响：

① 存货的交货期。存货的交货期，是指从发出订单到货物验收入库的时间间隔，包括：办理订货手续、发运货物、途中运输、验收入库需要的时间。

② 存货的日平均消耗量。

③ 安全库存量。安全库存量是指在存货的采购间隔期和存货的日平均消耗量不确定的情况下，为了保证不至于缺货或将缺货限制在允许的范围内而准备的保险储备量。

可以按照下述公式，确定再订货点：

再订货点=存货的交货期×存货的日平均消耗量+安全库存量

【例 9-15】企业对某种材料的全年需要量为 3 600 千克，每次的变动性订货成本为 50 元，每次订货批量为 Q，单位存货的变动性储存成本为 4 元。存货的交货期为 5 天，该材料的日平均消耗量为 10 千克。则：

根据简单条件下的经济订货批量公式：

$$EOQ = \sqrt{2AP/C} = \sqrt{2 \times 3\,600 \times 50/4} = 300（千克）$$

由于该例中的存货消耗情况和存货的交货期是确定的，因此：

再订货点=存货的交货期×存货的平均消耗量

=5×10 =50（千克）

如果企业需要设立安全库存量，且确定为 10 千克，则该材料的再订货点为 60（50 +10）千克。

（2）库存耗竭成本。在存货消耗情况和采购交货期确定的条件下，企业可以按照经济订货批量，按照采购间隔期提前发出订单，在库存存货消耗完的同时新订购的货物正好到达企业。但是，如果存货的消耗比预计的快，或存货的交货期比预计的要长，企业就会发生存货的库存耗竭。

库存耗竭的发生，会给企业带来诸多不利影响，主要表现为缺货成本的增加，如停产待料损失、紧急采购付出的额外代价、失去顾客的损失、信誉损失等。企业往往通过设置安全库存量来控制库存耗竭成本。

安全库存量的设置增加了企业存货的平均存储量，从而增加了存货的储存成本；但是，安全库存量的设置会减少缺货成本。最佳的安全库存量应当是安全库存量的储存成本与库存耗竭成本之和最低时的安全库存量。

（3）安全库存量的确定方法。

安全库存量的确定有以下几种方法。

① 经验法。由企业的相关人员根据经验来确定存货的安全库存量称为经验法，一般适用于品种多、价值小的存货项目，其确定公式如下：

安全库存量的上限=最长交货期×最高日耗用量−正常交货期×日均耗用量

【例 9-16】企业需要的某种材料交货期为 5 天，该材料的日平均消耗最为 10 千克，最长交货期为 7 天，最高日耗用量为 12 千克，则：

安全库存量的上限=最长交货期×最高日耗用量−正常交货期×日均耗用量

$$=7\times12-5\times10=34\text{（千克）}$$

② 不连续的概率法。在根据历史资料确定出库存耗竭的数量和概率的条件下，按照不同档次的概率计算相应安全库存量的耗竭成本及安全库存量的储存成本，进行比较并选择安全库存量的耗竭成本及储存成本最低的安全库存量作为最佳的安全库存量，这种方法称为不连续的概率法。

【例 9-17】企业对某种材料的全年需要量为 180 000 千克，每次的变动性订货成本为 50 元，每次订货批量为 Q，单位存货的变动性储存成本为 8 元。存货的交货即为 5 天，该材料的日平均消耗量为 500 千克。如果发生库存耗竭，估计成本为 1 000 元，库存耗竭的数量和概率如表 9-12 所示。

表 9-12　库存耗竭的数量和概率

安全库存量	库存耗竭概率
0	0.5
200	0.3
400	0.1
600	0.07
800	0.02
1 000	0.01

根据简单条件下的经济订货批量公式：

$$\text{EOQ}=\sqrt{2AP/C}=\sqrt{2\times180\,000\times50/8}=1\,500\text{（千克）}$$

最佳订货次数为：180 000/1 500=120（次）

对不同安全库存量的相关成本的分析如表 9-13 所示。

表 9-13　不同安全库存量的相关成本的分析

安全库存量	储存成本	库存耗竭概率	预期耗竭成本	相关总成本
0	0	0.5	120×0.5×1 000=60 000	60 000
200	200×8=1 600	0.3	120×0.3×1 000=36 000	37 600
400	400×8=3 200	0.1	120×0.1×1 000=12 000	15 200
600	600×8=4 800	0.07	120×0.07×1 000=8 400	13 200
800	800×8=6 400	0.02	120×0.02×1 000=2 400	8 800
1 000	1 000×8=8 000	0.01	120×0.01×1 000=1 200	9 200

从表中的数字可以看出，在安全库存量为 800 千克时，安全库存量的储存成本与预期耗竭成本之和最低，因此，最佳的库存量应当为 800 千克。

复习思考题

一、单项选择题

1．某企业甲产品消耗直接材料，其中 A 材料价格标准为 3 元/千克，数量标准为 5 元/件，B 材料价格标准为 4 元/千克，数量标准为 10 元/件，则甲产品消耗直接材料的标准成本为（　　）。

A．15 元　　B．40 元

C．55 元　　D．65 元

2．某企业生产使用的某种材料的全年需用量为 4 000 件，每次订货成本 50 元，单位材料的年均储存成本为 10 元，则在定量采购方式下每次采购量为（　　）件。

A．100　　B．200

C．300　　D．400

3．下列属于用量标准的是（　　）。

A．材料消耗量　　B．原材料价格

C．小时工资率　　D．小时制造费用率

4．在下列各项中，属于标准成本控制系统前提和关键的是（　　）。

A．标准成本的制定　　B．成本差异的计算

C．成本差异的分析　　D．成本差异的账务处理

5．下列各项中，不属于建立简单条件下的采购经济批量控制模型必备条件的是（　　）。

A．不允许出现缺货现象　　B．不存在商业折扣

C．一批内不存在分次到货　　D．不生产多品种

6．当企业按最优生产批量组织生产时，意味着（　　）。

A．相关成本未达到最低　　B．调整准备成本最低

C．储存成本最低　　D．调整准备成本等于储存成本

7．无论是哪个成本项目，在制定标准成本时，都需要分别确定两个标准，两者相乘即为每一成本项目的标准成本，这两个标准是（　　）。

A．价格标准和用量标准　　B．价格标准和质量标准

C．历史标准和用量标准　　D．历史标准和质量标准

8．某企业需用某种材料，每个月定期采购一次，每日平均耗用量100吨，交货期为4天，保险日数为2天。则该企业定期采购量标准为（　　）吨。

A．3 400　　B．3 000

C．3 200　　D．3 600

9．在标准成本控制系统中，成本差异是指在一定时期内生产一定数量的产品所发生的（　　）。

A．实际成本与标准成本之差　　B．实际成本与计划成本之差

C．预算成本与标准成本之差　　D．预算成本与实际成本之差

10．下列关于存货成本的说法中，不正确的是（　　）。

A．取得成本主要由存货的购置成本和订货成本构成

B．订货成本是指取得订单的成本

C．仓库折旧和存货的保险费通常都属于固定储存成本

D．缺货成本有时表现为紧急额外购入成本

二、多项选择题

1．经济订货量的存货陆续供应和使用模型需要设立的假设条件包括（　　）。

A．不允许缺货

B．企业现金充足，不会因现金短缺而影响进货

C．需求量稳定，并且能预测

D．能集中到货

2．标准成本控制系统的内容包括（　　）。

A．标准成本的制定　　B．成本差异的计算与分析

C．成本差异的账务处理　　D．成本差异的分配

3．在简单条件下，材料采购经济批量控制必须考虑的相关成本是（　　）。

A．变动性订货成本　　B．变动性储存成本

C．调整准备成本　　D．储存成本

4．下列各项中，能正确表述订货变动成本特征的有（　　）。

A．它与订货次数多少有关　　B．随订货次数成比例变动

C．它与每次订货数量无关　　D．它是相关成本

5．影响直接材料耗用量差异的因素有（　　）。

A．工人的技术熟练程度　　B．设备的完好程度

C．用料的责任心　　D．废品率的高低

6．原材料质量低劣，会造成（　　）向不利方向转化。

A．直接材料数量差异　　B．直接材料价格差异

C．直接人工效率差异　　　　　　　　D．变动制造费用效率差异

7．在存货总需求量、每次订货的变动成本、单位存货变动储存成本、单价不变的情况下，下列说法不正确的有（　　）。

A．订货的变动成本与每次订货量成反比

B．储存的变动成本与每次订货量成正比

C．取得成本不变

D．经济订货量不变

8．按成本差异形成过程进行分类，可将成本差异分为（　　）。

A．价格差异　　　　　　　　B．用量差异

C．可控差异　　　　　　　　D．混合差异

9．确定建立保险储备量时的再订货点，需要考虑的因素有（　　）。

A．交货时间　　　　　　　　B．平均日需求量

C．保险储备量　　　　　　　D．平均库存量

10．在进行标准成本分析时，形成直接材料数量差异的是（　　）。

A．操作不当导致废品增加　　　　B．机器与工具不适用

C．工艺改进节省材料　　　　　　D．价格上升导致用量减少

三、判断题

1．无论哪种变动成本项目的实际价格上升，都会引起变动成本差异的不利变化。（　　）

2．存货经济进货批量基本模型中，决定存货经济进货批量的成本因素主要包括变动性进货费用、变动性储存成本以及缺货成本。（　　）

3．单位产品任何一项成本的标准成本都应等于该项目的价格标准与标准用量的乘积。（　　）

4．存货经济批量基本模式的假设包括可以陆续入库、存货单价不变、不允许缺货及所需存货市场供应充足等。（　　）

5．由于实际工时脱离标准工时而形成的成本差异是固定制造费用耗费差异。（　　）

6．如果经济订货量基本模型的其他条件都满足，计算经济订货量的其他数据都相同，则存货陆续供应和使用时的经济订货量一定会大于基本模型的经济订货量。（　　）

7．标准成本和估计成本同属于预计成本，但后者不具有衡量工作效率的尺度性，不便于成本控制。（　　）

8．与储备存货有关的成本包括缺货成本、信用成本、取得成本及储备成本。（　　）

9．理想标准成本是以现有生产经营条件处于最佳状态为基础确定的最低水平的成本，在实际工作中被广为采用。（　　）

10．研究保险储备的目的，就是要找出合理的保险储备量，使缺货或供应中断损失和储备成本之和最小，需要考虑单位缺货成本、单位储存变动成本、存货年需求量等因素。（　　）

四、计算分析题

1．A企业生产A产品，有关资料如下：

（1）生产A产品，耗用甲、乙两种材料。其中甲材料标准价格为每千克20元，乙材料标

准价格为每千克 32 元。单位产品耗用甲材料标准为每件 5 千克，乙材料为每件 9 千克。

（2）甲产品单位标准工时为 13 小时，直接人工标准工资率为 7.5 元。

（3）固定性制造费用预算数为 61 000 元；变动性制造费用预算数为 38 000 元。标准总工时数为 10 000 小时。

根据资料制定 A 产品的标准成本。

2．B 制造公司全年需用某种材料 40 000 千克，按经验数据每次订货的变动性订货成本为 25 元，单位材料年平均变动性储存成本为 8 元。供货方规定：当一次采购量小于或等于 400 千克时，单价为 11 元，采购批量大于 400 千克小于 10 000 千克时，单价为 10 元；采购批量等于或大于 10 000 千克时，单价为 9.5 元。

计算在不允许出现缺货现象，每批订货均能一次到货，但存在商业折扣情况下的经济采购批量和最低的相关总成本。

3．C 企业生产甲产品，其标准成本资料如表 9-14 所示。

表 9-14　甲产品标准成本单

项　目	价格标准	数量标准	金额（元/件）
直接材料	9 元/千克	50 千克/件	450
直接人工	4 元/小时	45 小时/件	180
变动制造费用	3 元/小时	45 小时/件	135
固定制造费用	2 元/小时	45 小时/件	90
合　计	—	—	855

甲产品正常生产能量为 1 000 小时。本月实际生产量为 20 件，实际耗用材料 900 千克，实际人工工时 950 小时，实际成本分别为：直接材料 9 000 元；直接人工 3 325 元；变动性制造费用 2 375 元；固定制造费用 2 850 元，总计为 17 550 元。

根据资料分别计算各成本项目的成本差异和分差异，其中固定制造费用采用三因素法。

4．D 企业需用某种材料，每隔 30 天采购一次，每日平均耗用量为 100 吨，交货期为 5 天，保险日数为 2 天。

（1）计算该企业定期采购量标准。

（2）假定前三个采购日的实际材料盘存数分别为 800 吨、700 吨和 600 吨，分别计算这三次的实际采购量应为多少？

5．E 企业生产甲产品，其标准成本的相关资料如下：单件产品耗用 A 材料 10 千克，每千克的标准单价为 3 元；耗用 B 材料 8 千克，每千克标准单价为 5 元；单位产品的标准工时为 3 小时，标准工资率为 12 元/小时；标准变动性制造费用率为 8 元/小时；标准固定性制造费用率为 12 元/小时。

假定本期实际产量 1 300 件，发生实际工时 4 100 小时，直接人工总差异为 3 220 元，属于超支差异。

（1）计算甲产品的单位标准成本。

（2）计算实际发生的直接人工。

（3）计算直接人工的效率差异和工资率差异。

6. F公司使用N零件，可以自制也可以外购，年需用量为72 000件，日平均需用量为200件。如果自制，每批生产准备成本为600元，每件生产成本10元。若外购，一次订货成本为100元，单价12元。假设无论自制还是外购，零件的单位年储存成本相同，均为10元（包括零件占用资金的应计利息），外购时零件可以瞬时补充，如果自制每天产量为600件。请分别计算自制和外购下的经济订货量，并判断企业应选择自制还是外购？

7. G企业生产一种产品，相关成本资料如表9-15和表9-16所示：

表9-15　直接材料相关资料表

材料品名	标准成本			实际成本			差　异
	耗用量	单　价	金　额	耗用量	单　价	金　额	
甲	1 000	10	10 000	1 200	11	13 200	+3 200
乙	2 000	6	12 000	2 100	5	10 500	−1 500
合计			22 000			23 700	+1 700

表9-16　制造费用相关资料表

项　目	预算数（工时：6 000）		实际产量标准数（工时：5 000）	实际数（工时：5 500）
	金　额	分配率	金　额	金　额
变动性制造费用	2 400	0.4	0.4×5 000=2 000	2 090
固定性制造费用	4 800	0.8	0.8×5 000=4 000	4 675
制造费用合计	7 200	1.2	1.2×5 000=6 000	6 765

（1）计算直接材料标准成本差异。

（2）计算直接材料数量差异和价格差异。

（3）计算变动制造费用标准成本差异。

（4）计算变动制造费用的效率差异和耗费差异。

（5）计算固定制造费用标准成本差异。

（6）计算固定制造费用的预算差异和能量差异。

8. 某企业每年耗用某种材料7 200千克，该材料单位成本20元，单位存储成本为2元，一次订货成本50元。要求回答下列互不相关的问题：

（1）按照经济批量基本模型计算经济批量、与经济批量相关的总成本、最佳订货次数、最佳订货周期、经济订货量占用资金；

（2）如果每次进货1 200千克可以享受2%的价格折扣，确定经济订货量；

（3）如果允许缺货，单位缺货成本为5元，计算经济进货批量和平均缺货量；（四舍五入取整）

（4）如果订货日至到货期的时间为10天，保险储备为100千克，再订货点为多少？

（5）如果每日送货量为50千克，每日耗用量20千克，不设保险储备，计算经济订货量（四舍五入取整）、送货期、最高库存量、平均库存量、与经济订货量相关的总成本。

五、简答题

1. 什么标准成本制度？它包括哪些内容？

2. 什么是经济批量？什么是最优生产批量？
3. 标准成本有哪些种类？实际工作中应采用何种？
4. 简单条件下的经济批量控制模型与存在商业折扣时的经济批量控制模型有何不同？
5. 如何制定标准成本？
6. 在标准成本系统中，其变动成本、数量差异有哪些？价格差异有哪些？
7. 固定成本的两差异法与三差异法有何内在的联系？

六、实训题

贝姆公司只生产一种产品 A，其标准成本资料如下：

直接材料：		
P 材料：8kg，1.60 元/kg	12.80 元	
R 材料：4kg，2.80 元/kg	11.20 元	24.00 元
直接人工：3 小时，10.00 元/小时		30.00 元
变动制造费用：3 小时，2.00 元/小时		6.00 元
固定制造费用：3 小时，8.00 元/小时		24.00 元
		84.00 元

产品 A 的标准售价为每件 100 元。2012 年 8 月份的预算生产及销售量是 3 000 件，而预算的固定制造费用是 72 000 元。标准成本并不包括总额 20 000 元的预算行政、销售及分销费用。

8 月份的实际业绩如下：

产销量	2 800 件	
销售额	284 800 元	
购入的直接材料：		
P：19 000kg，成本为 30 000 元，实际耗用材料 24 100kg		
R：14 000kg，成本为 41 000 元，实际耗用材料 10 100kg		
直接人工 8 600 小时，成本为 96 400 元		
已知上述人工成本中闲置时间占 300 小时		
变动制造费用		16 400 元
固定制造费用		73 800 元
行政、销售及分销费用		20 800 元

所有存货按标准成本计价。

（1）计算下列差异：

①售价差异；②销量差异；③材料价格差异；④材料用量差异；⑤直接人工工资率差异；⑥直接人工效率差异；⑦变动制造费用效率差异；⑧变动制造费用支出差异；⑨固定制造费用支出差异。

（2）编制一份 8 月份的营业利润调节表，由预算利润调节至实际利润。

附加资料：①闲置时间差异 3 000 元（U）；②固定制造费用效率差异 800 元（F）；③固定制造费用生产能力差异 5 600 元（U）。

（3）“预算与标准是类似的，但它们又不一样。”试解释及详细阐述这句话，特别是预算和标准两者之间的异同。

第 10 章 全面预算

本章导语

1911 年，泰勒创建了“科学管理”学说，促使企业预算理论得到了进一步的发展。1922 年，麦金西出版了《预算控制》一书，将预算理论及方法从控制角度进行了详细介绍。第二次世界大战后，公司竞争日益激烈，经营者意识到不仅要进行事后控制，还要实施事前预测和决策，于是产生了多种预算方法，并随着信息技术的完善，提高了预算差异分析的准确性。全面预算作为企业经营管理的基础性工作，有利于推动企业经营目标的顺利实现。本章主要介绍全面预算的概念、具体内容及全面预算的编制。

学习目标

1. 了解全面预算的含义，以及全面预算的重要性。
2. 掌握全面预算体系的具体构成内容。
3. 掌握弹性预算、零基预算和滚动预算等具体方法的特征及操作技巧。
4. 了解全面预算编制程序。
5. 了解固定预算、增量预算和定期预算的含义。
6. 掌握如何编制全面预算。

10.1 全面预算概述

10.1.1 全面预算的概念及作用

1. 全面预算的概念

全面预算是关于企业在一定的时期内（一般为一年或一个既定期间内）各项业务活动、财务表现等方面的总体预测。全面预算是单位协调的工具、控制的标准、考核的依据，是推动单位内部管理规范化和科学化的基础，也是促进各级经营管理人员自我约束、自我发展的有效途径。

2. 全面预算的作用

1）全面预算是各级各部门工作的奋斗目标

企业的目标是多重的，不能用唯一的数量指标来表达。企业的主要目标是盈利，但也要考虑社会的其他限制。因此，需要通过预算分门别类、有层次地表达企业的各种目标。企业的总目标，通过预算被分解成各级各部门的具体目标。预算中规定了企业一定时期的总目标以及各部门的子目标，可以动员全体职工为此而奋斗。

2）全面预算是各级各部门工作的协调工具

企业内部各级各部门必须协调一致，才能最大限度地实现企业的总目标。各级各部门因其职责不同，往往会出现相互冲突的现象。而预算运用货币量度来表达各级各部门的要求和目标，具有高度的综合性，经过综合平衡以后，可以体现解决各级各部门冲突的最佳方法，可以使各级各部门的工作在此基础上协调起来。

3）全面预算是各级各部门工作的控制标准

计划一经确定，就进入了实施阶段，管理工作的重心转入控制过程，即设法使经济活动按计划进行。控制过程包括经济活动的状态的计量、实际状态和标准的比较、两者差异的确定和分析，以及采取措施调整经济活动等。预算是控制经济活动的依据和衡量其合理性的标准，当实际状态和预算有了较大差异时，要查明原因并采取措施。

4）全面预算是各级各部门工作的考核依据

现代化生产是许多共同劳动的过程，不能没有责任制度，而有效的责任制度离不开对工作成绩的考核。通过考核，对每个人的工作进行评价，并据此实行奖惩和人事任免，可以促使人们更好地工作。

为了使预算发挥上述作用，除了要编制一个高质量的预算外，还应制定合理的预算管理制度，包括编制程序、修改预算的办法、预算执行情况的分析方法、调查和奖惩办法等。

10.1.2 全面预算的内容

全面预算主要包括业务预算、财务预算和专项预算三大类。

1. 业务预算

业务预算主要反映企业在计划期间日常发生的各种具有实质性的基本活动预算。它主要包括销售预算、生产预算、直接材料预算、直接人工预算、制造费用预算、生产成本预算、销售及管理费用预算等。

2. 财务预算

财务预算是指企业在计划期内反映有关现金收支、经营成果和财务状况的预算。它主要包括现金预算、预算利润表和预计资产负债表三种。

3．专项预算

专项预算是指企业为不经常发生的长期投资决策项目或筹资项目所编制的预算，包括投资预算和筹资预算。

10.1.3 全面预算的分类

1．全面预算按其涉及的预算期分为长期预算和短期预算

长期销售预算和资本支出预算属于长期预算，有时还包括长期资金筹措预算和研究与开发预算，短期预算是指年度预算，或者时间更短的季度或月度预算，如直接材料预算、现金预算等。通常长期和短期的划分以一年为界限，有时也把2～3年的预算称为中期预算。

2．全面预算按其涉及的内容分为总预算和专门预算

总预算是指预计利润表、资产负债表和现金流量表，它们反映了企业的总体状况，是各种专门预算的综合。专门预算是指其他反映企业某一方面经济活动的预算。

3．全面预算按其涉及的业务活动领域分为销售预算、生产预算和财务预算

销售预算、生产预算统称为业务预算，用于计划企业的基本经济业务。财务预算是关于资金筹措和使用的预算，包括短期的现金收支预算和信贷预算，以及长期的资本支出预算和长期资金筹资预算。

10.1.4 全面预算的编制程序

企业预算的编制，涉及经营管理的各个部门，只有执行人参与预算的编制，才能使预算成为他们自愿努力完成的目标。一般应按照“上下结合，分级编制，逐级汇总”的程序进行编制，程序如下：

（1）企业决策机构根据长期规划，利用本量利分析等工具，提出企业一段时期的总目标，并下达规划指标。

（2）最基层成本控制人员自行草编预算，使预算能较为可靠、较为符合实际。

（3）各部门汇总预算，并初步协调本部门预算，编制出销售预算、生产预算、财务预算等预算。

（4）预算委员会审查、平衡各预算，汇总出公司的总预算。

（5）经过最高决策层批准。审议机构通过或者驳回修改预算。

（6）主要预算指标报告给董事会或上级主管单位，讨论通过或者驳回修改。

（7）批准后的预算下达给各部门执行。

10.2　全面预算的编制方法

企业全面预算的构成内容比较复杂，编制预算需要采用适当的方法。常见的预算方法主要包括增量预算法与零基预算法、固定预算法与弹性预算法、定期预算法与滚动预算法，这些方法广泛应用于营业活动相关预算的编制。

10.2.1　固定预算与弹性预算

1. 固定预算

固定预算又称为静态预算，是指按固定业务量编制的预算，一般按预算期的可实现水平编制。

固定预算的基本特征是，不考虑预算期内业务活动水平可能发生的变动，只以预算期内计划预定的某一共同的业务活动水平为基础确定相应的数据；将实际执行结果与预算期内计划预定的某一共同的活动水平所确定的预算数进行比较分析，并据以进行业绩评价、考核，然而，如果企业的实际执行结果与预期业务活动水平相距甚远，固定预算就难以为控制服务。事实上，固定预算对控制的有用性仅限于当实际业务水平与预期业务活动水平完全一致时，否则就难以为预算控制服务。在市场变化加大或较快的情况下，不宜采用此法。

【例 10-1】A 产品的固定预算如表 10-1 所示。

表 10-1　固 定 预 算

（产量 600 件　2013 年）　　单位：元

成 本 项 目	总 成 本	单 位 成 本
直接材料	3 600	6
直接人工	1 200	2
制造费用	1 200	2
合计	6 000	10

产品实际完成 800 件，实际总成本为 7 800 元，其中直接材料为 4 600 元，直接人工为 1 400 元，制造费用为 1 800 元，单位成本为 9.75 元。如果把实际费用与固定预算相比，则超支很大；如果把实际费用与按产量调整后的固定预算相比，又节约很多。这两种方法的比较结果如表 10-2 所示。

表 10-2　按产量调整的固定预算　　单位：元

成 本 项 目	固 定 预 算	实 际 费 用	差　异	按产量调整的固定预算	差　异
直接材料	3 600	4 600	+1 000	4 800	−200
直接人工	1 200	1 400	+200	1 600	−200
制造费用	1 200	1 800	+600	1 600	+200
合计	6 000	7 800	+1 800	8 000	−200

这两种比较方法都不太合理，前者虽然产量增加了，但费用没有按产量调整，差异说明不了什么意义；后者虽然全部按实际产量调整，然而，实际上其中一部分费用是固定不变的，如制造费用中的固定制造费用，因此也不妥当。

随着产量的变动重新编制固定预算的做法，虽然便于比较和考核，但由于产量变动比较频繁，这样做工作量往往很大。固定预算只适用于那些业务量水平较为稳定的企业或非营利组织编制预算。

2. 弹性预算

弹性预算，是以预算期内可以预见的各种业务量水平（如产量、销售量及其工时等）为基础编制的一套能适应多种实际业务量水平的预算。弹性预算克服了固定预算可比性差的缺陷，具有预算范围广，便于预算指标调整，可比性强等优点。从某种意义上讲，弹性预算可以视为一组按系列业务量编制的固定预算的组合。在实际工作中，可以按照企业实际业务情况选择执行相应的预算，并按此预算评价考核各部门预算执行情况。弹性预算方法从理论上讲适用于编制全面预算中所有与业务量有关的预算。但从实际角度看，主要用于编制弹性成本费用预算和弹性利润预算等。在实务中，由于收入、利润可按概率的方法进行风险分析预算，直接材料、直接人工可按彼岸准成本制度进行标准预算，只有制造费用、销售费用和管理费用等间接费用应用弹性预算方法的频率较高，以至于有人将弹性预算方法误认为只是编制预算费用的一种方法。

弹性预算的编制方法有公式法和列表法两种。

1）公式法

由于企业的成本最终都可分为固定成本和变动成本，因此，可将成本用公式 $y=a+bx$（式中，a 为固定成本，b 为单位变动成本，x 为业务量）近似地表示，如果能事先确定有关业务量的范围和 a、b 参数，就以利用此公式计算不同业务量下的预算成本。

【例 10-2】甲公司直接人工工时的变动范围为 30 000～70 000 小时，经过成本分析，所有项目的成本均被分成固定成本和变动成本，甲公司的制造费用弹性预算如表 10-3 所示。

表 10-3　甲公司预算期制造费用弹性预算（公式法）　　单位：元

项　目	固定成本（a）	变动成本（b）
管理人员工资	12 000	
保险费	3 000	
折旧	33 000	
辅助材料	2 200	0.4
辅助人员工资		0.55
修理费		0.15
水电费		0.2
合计	50 200	1.3

根据表 10-3，可以利用 $y=50\ 200+1.3x$，在 30 000～70 000 工时范围内，任意计算出制造费用的预算额，或者制造费用子项目的预算额。如当人工工时为 50 000 小时，辅助材料费用

预算为 y=2 200+0.55×50 000=29 700（元）。

2）列表法

列表法又称多水平法，是指把确定的业务量划分为不同的区间，通过列表的方式，分别计算出不同分界点业务量下预算指标的一种预算编制方法。

【例 10-3】甲公司预算期制造费用弹性预算如表 10-4 所示。

表 10-4　甲公司预算期制造费用弹性预算（列表法）　　单位：元

直接人工工时		30 000	40 000	50 000	60 000	70 000
变动成本项目	辅助材料	14 200	18 200	22 200	26 200	30 200
	辅助人员工资	16 500	22 000	27 500	33 000	38 500
	修理费	4 500	6 000	7 500	9 000	10 500
	水电费	6 000	8 000	10 000	12 000	14 000
	合　计	41 200	54 200	67 200	80 200	93 200
固定成本项目	管理人员工资	12 000	12 000	12 000	12 000	12 000
	保险费	3 000	3 000	3 000	3 000	3 000
	折旧	33 000	33 000	33 000	33 000	33 000
	合计	48 000	48 000	48 000	48 000	48 000
	总　计	89 200	102 200	115 200	128 200	141 200

从表 10-4 可以看到，在 30 000～70 000 的直接人工工时范围内，每隔 10 000 工时编制了一套预算，如果实际工时没有落在分界点上，则需要通过公式法或插值法计算相应的预算成本。列表法的优点是不管实际业务量是多少，都可以从预算中查出与其相近的预算指标，便于预算控制，但其预算编制的工作量比较大。实际上，可以将公式法和列表法结合起来编制预算，以发挥它们各自的优点。

10.2.2　增量预算与零基预算

1. 增量预算

增量预算是指以基期成本费用水平为基础，结合预算期业务量水平及有关降低成本的措施，通过调整有关原有费用项目而编制预算的方法。它适用于比较稳定的成熟企业预算的编制。该方法的基本假设包括以下几个方面：

（1）企业的每项活动都是企业不断发展所必需的。只有保留企业现有的每项业务活动，才能使企业的经营过程得到正常发展。

（2）原有的各项开支都是合理的。既然现有的业务活动是必需的，那么原有的各项费用开支就一定是合理的，必须予以保留。

（3）未来预算期的费用变动是在现有费用的基础上调整的结果。

因此，增量预算是以过去的经验为基础，承认过去所发生的一切都是合理的，主张不需在预算内容上做较大改进，而是沿袭以前的预算项目。这种方法可能存在以下缺点：

（1）受原有费用项目与预算内容的限制。由于按增量预算方法编制预算，可能会不加分析地保留或接受原有的成本项目，可能使原来不合理的费用开支继续存在下去，使不必要开支合理化，造成预算上的浪费，甚至可能导致保护落后。

（2）容易导致预算中的“平均主义”和“简单化”。采用此方法，容易鼓励预算编制人凭主观臆断按成本项目平均消减预算或只增不减，不利于调动各部门降低费用的积极性。

（3）可能对企业未来发展考虑不够充分。按照这种方法编制的费用预算，对于那些实际需要开支项目可能因没有考虑未来情况的变化而造成预算不够确切。

2. 零基预算

零基预算是对预算收支以零为基点，对预算期内各项支出的必要性、合理性或者各项收入的可行性以及预算数额的大小，逐项审议决策从而予以确定收支水平的预算，一般适用于不经常发生的或者预算编制基础变化较大的预算项目。

编制零基预算的一般程序可归纳为以下几个步骤：

（1）动员与讨论。动员企业内部所有部门，在充分讨论的基础上提出本部门在预算期内应当发生的费用项目，并确定其预算数额，而不考虑这些费用项目以往是否发生及发生额的多少。

（2）划分不可避免项目和可避免项目。企业发生的全部费用可划分为不可避免项目和可避免项目。不可避免项目是指在预算内必须发生的费用项目，可避免项目是指在预算期内通过采取措施可以不发生的费用项目。在预算编制过程中，对不可避免项目必须保证资金供应；对可避免项目则需要逐项进行成本-效益分析，按照各项目开支必要性的大小确定各费用预算的优先顺序。

（3）划分不可延缓项目和可延缓项目。纳入预算的各项费用可进一步划分为不可延缓项目和可延缓项目，不可延缓项目是指必须在预算期内足额支付的费用项目，可延缓项目是指可以在预算期内部分支付或延缓支付的费用项目。在预算编制过程中，必须根据预算期内可供支配的资金数额在各费用项目之间进行分配，应优先保证满足不可延缓项目的开支，然后再根据需要和可能，按照项目的轻重缓急确定可延缓项目的开支标准。

【例 10-4】甲公司预算期只有 35 000 元用于管理部门，采用零基预算编制预算期管理费用预算。编制程序如下：

管理部门分局企业的总体目标，结合本部门的具体业务，提出了预算期的费用项目和金额：办公费用为 15 000 元，培训费用为 9 000 元，招待费用为 4 000 元，会议费用为 6 000 元，房屋租金为 7 000 元。

其中：招待费、培训费属于酌量性固定成本，其他项目为约束性固定成本。经过成本-效益分析，得到如表 10-5 所示结果：

表 10-5　成本-效益分析表

项　　目	成本投入（元）	效益产出（元）	成本效益率
培训费	1	8	8
招待费	1	2	2

根据成本—效益分析结果，按照费用的性质和效益大小对 35 000 元资金预算分配如下：

约束性固定成本：办公费用 15 000 元，会议费用 6 000 元，房屋租金 7 000 元，共计 28 000 元，需全额保证。

剩余资金 7 000 元，由按成本效益率在培训费和招待费之间分配，分配结果为：

培训费用分得资金=7 000×8÷(2+8)=5 600（元）

招待费用分得资金=7 000×2÷(2+8)=1 400（元）

零基预算的优点是，采用零基预算时，对所有的业务活动都要重新评价，不受现有费用项目和开支水平的限制，能够发挥各级人员预算编制的积极性和创造性。同时，零基预算也便于企业对新增业务安排资金，有利于企业的长远发展。

零基预算也有其缺点，由于零基预算一切从零开始，需要对各种影响预算的环境和因素进行调查分析，因此，预算编制的工作量大，耗费的时间长，对每一个费用项目进行成本-效益分析存在一定的主观性。

10.2.3　定期预算与滚动预算

1. 定期预算

定期预算是指在编制预算时以不变的会计期间（如日历年度）作为预算期的一种编制预算的方法。

定期预算方法的唯一优点是能够使预算期间与会计期间相配合，便于考核和评价预算的执行结果。按照定期预算方法编制的预算主要由以下缺点：

（1）缺乏远期指导性。由于定期预算往往是在年初甚至提前两三个月编制的，对于整个预算年度的生产经营活动很难做出准确的预算，尤其是对预算后期的预算只能进行笼统的估算，数据笼统含糊，缺乏远期指导性，给预算的执行带来很多困难，不利于对生产经营活动的考核和评价。

（2）灵活性差。由于定期预算不能根据情况的变化及时调整，当预算中所规划的各种经营活动在预算期内发生重大变化时（如预算期临时转产），就会造成预算滞后过时，阻碍预算的指导功能，甚至失去作用，成为虚假预算。

（3）连续性差。由于受预算期间的限制，经营管理者的决策视野局限于本期规划的经营活动，不能适应连续不算的生产经营过程，从而不利于企业的长远发展。

为了克服定期预算的确定，在实践中可以采用滚动预算的方法编制预算。

2. 滚动预算

滚动预算又称连续预算或永续预算，是指在编制预算时，将预算期与会计年度脱离开，随着预算的执行不断延伸而不断补充预算，逐期向后滚动，使预算永远保持 12 个月的一种方法。

滚动预算的编制，可采取长计划、段安排的方式进行，也就是在编制预算时，先按年度分季，并将其中第一季度按月划分，建立各月的明细预算，以便监督预算的执行。其他三个季度可以粗略一些。到第一季度结束后再将第二季度的预算按月细分，以此类推。

滚动预算具有多项优点，表现在：

（1）透明度高。由于编制预算实现常态化，可以使管理人员能够从动态的角度把握企业近期目标与远期目标的关系，提高了预算的透明度。

（2）连续性强。滚动预算在时间上始终保持一年的时间，能够连续不断地规划企业未来经营活动，不会造成预算的脱节，也适应企业持续经营的特点。

（3）灵活性好。滚动预算能根据预算的执行情况，及时发现问题，调整和修订预算，能够使预算充分发挥指导和控制作用。

滚动预算的主要缺点是预算编制的工作量比较大，需要耗费一定的人力和财力。

10.2.4 预算方法与各种预算之间的关系

1. 预算方法与各种预算的区别

1）归属的内容不同

本节所介绍的六种预算方法分别归属于三种类型，固定预算与弹性预算属于一类，增量预算与零基预算属于一类，定期预算与滚动预算属于一类。只有同类中的不同预算方法才可以相互比较。其中，固定预算方法、增量预算方法和定期预算方法都属于传统的预算方法；弹性预算方法、零基预算方法和滚动预算方法则属于为克服传统预算方法的缺点而设计的先进的预算方法。

而全面预算体系中的各种具体预算则分别归属于经营预算、专门预算和财务预算三种类型。每一种预算都可以与其他类型中的任何预算进行比较，不受限制。

2）命名的规则不同

预算方法在命名时，突出了该种方法的本质特征，如弹性预算方法强调了预算编制的多个业务量基础，滚动预算方法则突出了预算期连续滚动的特征。

而全面预算体系中的各种预算在命名时反映了预算的具体内容，这一点在经营预算中尤为突出，如销售预算的内容主要是销售收入，生产预算的内容则是产量。

2. 预算方法与各种预算的关系

任何一种预算方法只有通过编制具体的预算才能发挥作用，如弹性预算方法不仅可以用于成本预算的编制，也可以用于利润预算的编制。同样道理，在实践中根本不可能存在既不是按照固定预算方法，也不是按照弹性预算方法编制的成本或费用预算。

此外，即使不同类型之间的预算方法之间也并非是完全相互排斥的关系。在编制某一特定内容的预算过程中，完全有可能既采用摊位性预算方法，同时又采取了滚动预算方法。

10.3 全面预算的编制

10.3.1 全面预算编制的资料准备

企业在编制全面预算之前，应该为预算进行充分的资料准备。通常企业应该准备如下资料。

1．各项预测决策的结果

相关的预测数据是企业编制全面经营预算的基础，如企业的销售预测、产品售价的预测、单位变动成本和固定成本的预测等。

2．预编本年度的资产负债表

由于编制预算需预编本年度的资产负债表，而本年度的资产负债表在编制下年度预算时还未编制，所以要预编本年度的资产负债表。

3．各项标准用量和标准价格

标准用量是指直接材料用量、直接人工标准耗用工时等。

标准价格主要包括：直接材料标准价格、直接人工标准工资率、各项变动制造费用及销售管理费用标准分配率、固定制造费用及销售管理费用标准支出额。这些标准是考虑企业在预算期内的技术水平和管理水平的依据。当然，它们应是经过努力可以实现的标准，因此，可作为预算编制的依据。

4．其他相关资料

（1）各季度的销售所得金额占当季销售额的比率。

（2）各季度材料采购支出金额占采购额的比率。

（3）各季度末产出品存货数量占季度销售量的比率。

（4）各季度末材料存货占下季度生产用量的比率。

10.3.2　业务预算的编制

业务预算是反映企业在计划期间日常发生的各种具有实质性的基本活动的预算。主要包括销售预算、生产预算、直接材料预算、直接人工预算、制造费用预算、生产成本预算、销售及管理费用预算等。

1．销售预算

销售预算是全面预算的起点，其他所有预算都会或多或少地使用销售预算中的数据。销售预算包括产品名称、销售量、单价、销售额等项目。在生产经营多种产品的企业中，为了避免销售预算过于繁杂，一般并不把所有产品的有关数据全部在预算中详细反映，而是列示全面及各季度的销售总额，并对几种主要产品分别编制销售预算附表附在销售预算之后，数量较少、销售额较低的产品予以省略。

为方便编制现金预算，在销售预算中一般还附有预计现金收入表，预计现金收入数应为上期销售收入中本计划期应收到的款项和本期销售收入中应在本期收到的款项之和。

【例 10-5】M 公司在计划年度（2013 年）只生产和销售一种产品，预计 2013 年每个季度的销售量分别为 5 000 件、15 000 件、20 000 件、10 000 件。销售单价为 20 元，每季的商品销售在档期收到货款占 70%，其余 30%在下季度收回。基期（2012 年）末的应收账款余额为 40 000 元。该公司计划年度的分季销售预算如表 10-6 所示。

表 10-6 M 公司销售预算

（2013 年度）

项　目		第一季度	第二季度	第三季度	第四季度	全　年
预计销售数量（件）		5 000	15 000	20 000	10 000	50 000
预计销售价格（元/件）		20	20	20	20	20
预计销售额（元）		100 000	300 000	400 000	200 000	1 000 000
现金收入计算	期初应收账（元）	40 000				40 000
	第一季度销售收入款（元）	70 000	30 000			100 000
	第二季度销售收入款（元）		210 000	90 000		300 000
	第三季度销售收入款（元）			280 000	120 000	400 000
	第四季度销售收入款（元）				140 000	140 000
	现金收入合计（元）	110 000	240 000	370 000	260 000	980 000

表 10-6 中的销售量、销售价格来自对计划期销售情况的预测，每期收到现金数占销售收入金额的比率一般根据以往经验确定。

2. 生产预算

销售预算确定后即可根据计划销售量指定生产预算。由于企业一般都具备一定数量的存货以应付临时需要，因此每期生产数量与当期的销售量不一定相等，而要用下面的公式计算：

预计生产量=计划销售量+计划期末预计存货量-计划期初存货量

【例 10-6】据【例 10-5】资料，假定 M 公司 2013 年的生产预算中，各季度期末产成品存货数量为下期销售数量的 20%。计划期期初的库存量为 1 500 件，计划期期末的存货量为 2 000 件。期初产成品存货量即为上期期末产成品存货量。该公司计划年度的生产预算如表 10-7 所示。

表 10-7 M 公司生产预算

（2013 年度）　　单位：件

项　目	第一季度	第二季度	第三季度	第四季度	全　年
预计销售量	5 000	15 000	20 000	10 000	50 000
加：期末产品存货数量	3 000	4 000	2 000	2 000	2 000
产成品数量合计	8 000	19 000	22 000	12 000	52 000
减：期初产品存货数量	1 500	3 000	4 000	2 000	1 00
生产量	6 500	16 000	18 000	10 000	50 500

对期末产成品存货数量的预算对企业来说也是相当重要的，如果期末剩余存货过多，既占用大量资金，又会增加仓储、保管等各方面的费用，造成不必要的浪费；存货太少又可能造成下期生产过于紧张，甚至无法满足销售需要。因此，对期末存货数量的合理预测至关重要。

3．直接材料预算

根据生产预算可以编制直接材料预算，用于反映生产过程中直接材料的需要量。直接材料预算的主要依据是：计划产品生产数量、单位产品直接材料耗用量和直接材料单位价格。直接材料购买数量预算公式如下：

$$\text{本期购买材料预计数量}=\text{本期生产耗用材料数量}+\text{期末材料存货数量}-\text{期初材料存货数量}$$

在实际工作中，材料采购预算下面往往还附有计划期间的"预计现金支出计算"，其中包括前期应付购料款的偿还，以及本期购料款的支付，有了这张附表，以后编制财务预算类的现金预算就方便许多。

【例 10-7】据【例 10-6】资料，假定 M 公司单位产品的材料消耗定额为 4 千克，计划单价 0.5 元。每季度的购料款当季支付 60%，余下的在下季度支付。各季度的期末存料按下一季度生产需要量的 10%计算，计划期期初直接材料的存货数量为 5 000 千克，期末材料的数量估计为 5 500 千克。各季期初存料与上季度期末存料相等，期初应付购料款为 9 500 元。现根据生产预算中的预计生产量，结合期初、期末存料水平，以及单位产品的材料消耗定额编制直接材料采购预算，如表 10-8 所示。

表 10-8　M 公司直接材料预算

（2013 年度）

项　目		第一季度	第二季度	第三季度	第四季度	全　年
生产量（表 10-7）（件）		6 500	16 000	18 000	10 000	50 500
单位产品直接材料耗用量		4	4	4	4	4
总耗用量（千克）		26 000	64 000	72 000	40 000	202 000
加：期末直接材料数量		6 400	7 200	4 000	5 500	5 500
总需要量（千克）		32 400	71 200	76 000	45 500	207500
减：期初直接材料存货数量		5 000	6 400	7 200	4 000	5 000
直接材料采购量（千克）		27 400	64 800	68 800	41 500	202 500
直接材料单位价格（元/件）		0.5	0.5	0.5	0.5	0.5
直接材料采购金额（元）		13 700	32 400	34 400	20 750	101 250
现金支出计算	应付账款（元）	9 500				9 500
	第一季度付现额（元）	8 220	5 480			13 700
	第二季度付现额（元）		19 440	12 960		32 400
	第三季度付现额（元）			20 640	13 760	34 400
	第四季度付现额（元）				12 450	12 450
	现金支出合计（元）	17 720	24 920	33 600	26 210	102 450

4．直接人工预算

直接人工预算也是根据生产预算编制的，用于对计划期内直接生产工人的人工耗费进行规划，以便合理进行人员安排以满足生产需要。如果事先不对此做好准备可能会出现因人手短缺而影响生产的情况，而临时招聘工人一方面可能付出较高代价，另一方面，工人未经必要的培训匆忙上岗会造成生产效率的降低。

通常不同工种分别计算，然后合计。计算公式如下：

$$\text{预计直接人工成本总额}=\text{预计生产量}\times\sum(\text{单位公示工资率}\times\text{单位产品工时定额})$$

【例 10-8】据【例 10-6】的资料，假定 M 公司在计划期内所需直接人工只有一个工种，单位产品的工时定额为 0.8 小时，单位工时的工资率为 5 元，现根据计划期生产预算的预计产量，编制直接人工预算，如表 10-9 所示。

表 10-9　M 公司直接人工预算

（2013 年度）

项　目	第一季度	第二季度	第三季度	第四季度	全　年
生产量（表 10-7）（件）	6 500	16 000	18 000	10 000	50 500
单位产品直接人工工时（小时）	0.8	0.8	0.8	0.8	0.8
直接人工工时合计（小时）	5 200	12 800	14 400	8 000	40 400
单位工资率（元/件）	5	5	5	5	5
生产量直接人工耗费总额（元）	26 000	64 000	72 000	40 000	202 000

5. 制造费用预算

制造费用预算也是根据生产预算编制的，是对生产成本中直接人工费用和直接材料费用外的其他生产费用的规划。编制制造费用预算的主要依据是计划期预计生产量、制造费用标准消耗量和标准价格。

制造费用预算的编制首先应按照制造费用的成本习性划分为变动制造费用和固定制造费用，对于变动费用项目，在一般情况下，应以计划期的一定业务量为基础，规划它们的具体预算数字，对于固定费用项目，则大多数根据基期的实际开支水平，再结合上级下达的成本降低率，进行计算填入预算表内。另外，在这张预算正表下面还要附有“预计现金支出计算表”，以便今后编制财务预算类的现金预算。但是固定资产折旧费的性质属于固定制造费用，不属于现金支出项目，故在编制附表时应剔除。

【例 10-9】据【例 10-6】的资料，假定 M 公司制造费用的变动部分，按计划年度所需直接人工小时总数进行规划，固定部分则根据基期的实际开支数计算，并编制如下的四季度支出相等的制造费用预算，固定制造费用在各季度之间平均分配，如表 10-10 所示。

表 10-10　M 公司制造费用预算

（2013 年度）

成本项目		金额（元）	费用分配率计算
变动部分	间接人工费用	20 800	变动制造费用分配率 =变动制造费用预算合计/标准总工时 =80 800/40 400 =2（元/小时）
	间接材料费用	30 000	
	维修费	13 000	
	水电费	17 000	
	合计	80 000	
固定部分	折旧费	25 000	固定制造费用分配率 =固定制造费用预算合计/标准总工时 =101 000/40 400 =2.5（元/小时）
	维护费	21 000	
	管理费	45 000	
	保险费	10 000	
	合计	101 000	

项目	第一季度	第二季度	第三季度	第四季度	全年
预计直接人工工时（小时）	5 200	12 800	14 400	8 000	40 400

续表

成本项目	金额（元）	费用分配率计算			
变动制造费用分配率	2	2	2	2	2
预计变动制造费用	10 400	25 600	28 800	16 000	80 800
预计固定制造费用	25 250	25 250	25 250	25 250	25 250
预计制造费用	35 650	50 850	54 050	41 250	181 800
减：折旧费用	6 250	6 250	6 250	6 250	6 250
现金支出的制造费用	29 400	44 600	47 800	35 000	156 800

6．产成品成本预算

编好以上五种业务预算以后，产成品的预算成本即可得出，但在实际工作中要求企业必须实行标准成本制度，因而产成品成本的预算就是单位产品的“标准成本单”。所谓标准成本，就是按成本项目反映的单位产品的目标成本。因为通过成本预测确定下来的目标总成本不便于进行日常控制和考核，所以在实际工作中，目标总成本还必须交给设计、技术、生产、供销和会计部门进行具体落实。并分别按成本项目逐一、详细地制定成本标准，即标准成本。具体的标准成本制定方法在“成本控制”一章已述及，在此不再赘述。

标准成本通常只针对产品生产成本中的直接材料、直接人工和制造费用三大项目指定，至于管理费用和销售费用则采用编制费用预算的方法进行控制，一般不制定标准成本。料、工、费三大项目标准的指定，应根据企业的总体目标制定相应的标准。

（1）直接材料的标准成本=计划单价×消耗定额

（2）直接人工的标准成本=工资率×工时定额

其中，工资率=预计支付直接人工工资总额/标准总工时

（3）变动制造费用的标准成本=变动费用分配率×工时定额

（4）固定制造费用的标准成本=固定费用分配率×工时定额

产成品成本预算（标准成本单）编写的方法很简单，只需将料、工、费三大项目的价格标准与用量标准分别相乘，然后加以总计即可填入预算表内。另外，在实际工作中，往往还需要在正表下面附“期末存货预算”，可根据生产预算中的期末存货数量乘上产品的标准成本得出，如表 10-11 所示。

表 10-11　×公司产成品成本预算

（2013 年度）

单位：元

项　　目	单位成本			生产成本（50500 件）	期初存货成本（1500 件）	期末存货成本（2000 件）	销货成本
	单　价	单位耗用量	成　本				
直接材料	0.5	4	2	101 000	3 000	4 000	100 000
直接人工	5	0.8	4	202 000	6 000	8 000	200 000
变动制造费用	2	0.8	1.6	80 800	2 400	3 200	80 000
固定制造费用	2.5	0.8	2	101 000	3 000	4 000	100 000
合计			9.6	484 800	14 400	19 200	480 000

注：销货成本由公式（销货成本=期初产成品存货成本+本期生产成本−期末产成品存货成本）计算得出。

7. 销售费用及管理费用预算

这项预算是对计划期内发生的产成品成本以外的一系列其他费用所做的预算。其中，销售费用是指对为实现销售预算而需要支出的费用所做的预算，以销售预算为基础，对过去发生的销售费用进行细致分析，应运用本量利分析等方法分析销售收入、销售利润与销售费用之间的关系，以合理安排销售费用，使之得到最有效的使用。管理费用预算是对企业运营过程中需要指出的管理费用所做的预算，在编制时应以过去发生的实际支出为参考，结合分析企业的业务情况，努力做到使费用支出更合理、更有效。如果销售费用及管理费用预算包括的项目太多也可以对各部分分别编制预算。

在编制销售费用及管理费用预算时，应区分变动费用和固定费用，对于变动费用可以根据销售量在各季度之间分配，固定费用则可以在四个季度平均分配或列入实际支付的季度，混合成本应在分解为变动费用和固定费用之后分别列入预算的变动部分和固定部分。某公司销售费用及管理费用预算如表 10-12 所示。

表 10-12　×公司销售费用及管理费用预算

（2013 年度）

项　目	第一季度	第二季度	第三季度	第四季度	全　年
预计销售量（件）	5 000	15 000	20 000	10 000	50 000
单位变动销售及管理费用耗用量	1.5	1.5	1.5	1.5	1.5
变动销售及管理费用耗用额（元）	7 500	22 500	30 000	15 000	75 000
固定销售及管理费用：（元）					
广告费	25 000	25 000	45 000	25 000	120 000
管理人员工资	32 000	32 000	32 000	32 000	128 000
保险费	20 000		10 000		30 000
财产税				12 000	12 000
固定销售及管理费用合计	77 000	57 000	87 000	69 000	290 000
预计销售及管理费用合计	84 500	79 500	117 000	84 000	365 000

注：销售费用及管理费用全部在发生档期以现金支付。

10.3.3　专项预算的编制

专项预算是企业为不经常发生的长期投资决策项目或筹资项目所编制的预算。该类预算的主要目标是通过制定最优生产经营决策和存货控制决策来合理地利用或调配企业经营活动所需要的各种资源。

本类预算通常是根据短期经营决策确定的最优方案编制的，因而需要直接纳入经营预算体系，同时也将影响现金预算等财务预算。比如，企业耗用的某种零件的取得方式决策方案一旦确定，就要相应地确定该材料采购预算或生产预算、产品成本预算。

1. 投资预算

投资预算是指与项目决策密切相关的专门决策预算，又称资本支出预算。由于这类预算涉及长期建设项目的投资，并经常跨年度，因此除个别项目外一般不纳入经营预算，但应计入与此有关的现金预算与预计资产负债表。

成功的资本投资应该遵循以下步骤：① 投资意向的产生；② 估计战略、市场和技术因素，预计现金流量；③ 评价现金流量；④ 在可接受标准基础上选择项目；⑤ 执行计划；⑥ 在投资项目的现金流量和经济状况被接受以后，不断重新评价，或进行事后审计。

所以，资本支出预算就是对上述步骤在未来期间做的一个全面考虑，并把相应指标量化，供管理人员进行决策，资本支出预算编制时的评价和专业水平需要到什么层次，由企业的规模及资本支出的规模和甄选标准决定。

【例 10-10】据【例 10-5】的资料，假定 M 公司计划期间第二季度用自有资金购置一台机器设备的投资项目，需支出 50 000 元，分 4 个季度付款。资本支出预算如表 10-13 所示。

表 10-13　M 公司资本支出预算

（2013 年度）　　单位：元

项　目	预计购买日期	预 计 成 本	一 季 度	二 季 度	三 季 度	四 季 度	全　年
机器设备	一季度	50 000					50 000
现金支出			20 000	10 000	10 000	10 000	50 000

2. 筹资预算

筹资预算是单位在预算期内需要新借入长期活短期借款的预算，经批准发行的债券以及原有借款、债券还本付息的预算，主要依据单位有关资金需求决策资料、发行债券审批文件、期初借款余额等资料编制。

【例 10-11】据【例 10-5】的，假定 M 公司根据计划期间现金收支情况，预计第一季度初需向银行借款 85 000 元，第二季度初借款 10 000 元，第三、四季度分别偿还本金和利息。另外，根据税法规定，计划期间每季末预付所得税 17 000 元。在第一、二、三季度分别发放现金股利 10 000 元、8 750 元、10 000 元。假定 M 公司最低现金余额为 30 000 元，借款年利率为 10%，偿付的利息就当期偿还的本金部分计算（假定借款发生在期初，还款发生在期末）。该公司年度筹资预算如表 10-14 所示。

表 10-14　M 公司筹资预算

（2013 年度）　　单位：元

项　目	第 一 季 度	第 二 季 度	第 三 季 度	第 四 季 度	全　年
筹措资金	85 000	10 000			95 000
归还借款			50 000	45 000	95 000
偿还利息			3 750①	4 250②	8 000
预付所得税	17 000	17 000	17 000	17 000	68 000
发放股利	10 000	8 750	10 000		28 750

注：①50 000×10%×(3÷4)=3 750（元）

②35 000×10%+10 000×10%×(3÷4)=4 250（元）

10.3.4　财务预算的编制

1. 现金预算

现金预算是现金收支预算的简称，是为规划一定预算期内由于经营活动和资本投资活动引起的预计现金收入、预计现金支出、现金余缺和现金筹措使用情况和期初期末现金余额水平而编制的一种财务预算。

编制现金预算的目的在于合理地处理现金收支业务，正确地调度资金，保证企业资金的正常流转。现金预算的编制必须以经营预算好专门预算为基础。

【例 10-12】据【例 10-11】的资料，假定 M 公司是按年度分季度编制现金预算的，且年初现金余额为 39 750 元，现根据各种预算中的有关资料编制现金预算，如表 10-15 所示。

表 10-15　M 公司现金预算

（2013 年度）

单位：元

项　目	第一季度	第二季度	第三季度	第四季度	全　年	数据来源
期初现金余额	39 750	30 130	31 360	40 210	39 750	
加：销售现金收入	110 000	240 000	370 000	260 000	980 000	表 10-6
现金收入合计	149 750	270 130	401 360	300 210	1 019 750	
减：现金支出						
直接材料	17 720	24 920	33 600	26 210	102 450	表 10-8
直接人工	26 000	64 000	72 000	40 000	202 000	表 10-9
制造费用	29 400	44 600	47 800	35 000	156 800	表 10-10
销售与管理费用	84 500	79 500	117 000	84 000	365 000	表 10-12
所得税	17 000	17 000	17 000	17 000	68 000	表 10-14
购置机器设备	20 000	10 000	10 000	10 000	50 000	表 10-13
发放股利	10 000	8 750	10 000		28 750	表 10-14
现金支出合计	204 620	248 770	307 400	212 210	973 000	
融资前现金余额	-54 870	21 360	93 960	88 000	46 750	
资金融通：						
借款	85 000	10 000				表 10-14
还款			50 000	45 000	95 000	表 10-14
偿还利息			3 750	4 250	8 000	表 10-14
资金融通合计	85 000	10 000	53 750	49 250	8 000	
期末现金余额	30 130	31 360	40 210	38 750	38 750	

2. 预计利润表

预计利润表是指以货币形式综合反映预算期内企业经营活动成果水平的一种财务预算。该预算需要在销售预算、产品成本预算、制造费用预算、管理费用预算等经营预算的基础上编制。

【例 10-13】据【例 10-11】的资料，根据 M 公司上述预算表相关资料，编制 2013 年度的预计利润表，如表 10-16 所示。

表 10-16　M 公司预计利润表

（2013 年度）

单位：元

项　目	金　额	数 据 来 源
销售收入	1 000 000	表 10-6
减：变动成本		
变动生产成本	383 800	表 10-11

续表

项　目	金　额	数据来源
变动销售及管理费用	75 000	表 10-12
边际贡献总额	541 200	
减：期间成本		
固定制造费用	101 000	表 10-10
固定销售及管理费用	290 000	表 10-12
营业净利	150 200	
减：利息费用	8 000	表 10-14
利润总额	142 200	
所得税	68 000	表 10-14
净利润	74 200	

3. 预计资产负债表

预计资产负债表是在期初资产负债表的基础上，根据当前的实际资产负债表和全面预算中的其他预算所提供的资料，对相关项目进行调整后编制的。预计资产负债是预算期期末财务状况的总括性预算，确定了预算期期末资产、负债和所有者权益金额。

【例 10-14】 据【例 10-13】的资料，根据 M 公司上述预算表相关资料，编制 2013 年 12 月 31 日的预计资产负债表，如表 10-17 所示。

表 10-17　M 公司预计资产负债表

（2013 年 12 月 31 日）　　单位：元

资　产	期初余额	期末余额	负债与所有者权益	期初余额	期末余额
流动资产：			流动负债：		
库存现金	39 750	38 750	应付账款	9 500	8 300③
应收账款	40 000	60 000①	应付票据	8 750	8 750
直接材料	2 500	2 750	流动负债总额	18 250	17 050
产成品	14 400	19 200	长期负债：		
流动资产总额	96 650	120 700	长期借款	100 000	100 000
			长期借款总额	100 000	100 000
固定资产：			负债总额	118 250	11 7050
土地②	80 000	80 000	所有者权益：		
房屋与设备	150 000	200 000	普通股股本	100 000	100 000
减：累计折旧	64 000	89 000	未分配利润	44 400	94 650④
固定资产总额	166 000	191 000	所有者权益总额	144 400	194 650
资产总额	262 650	311 700	负债与所有者权益总额	262 650	311 700

① 期末应收账款=第四季度销售额×30%=200 000×30%=60 000（元）

② 土地、长期借款、普通股股本、应付票据四项未发生变动。

③ 期末应付账款=第四季度材料采购金额×40%=20 750×40%=8 300（元）

④ 期末未分配利润=期初未分配利润+本年净利润-本期发放股利

=44 400+79 000−28 750=94 650（元）

复习思考题

一、单项选择题

1．在基期成本费用水平的基础上，结合预算期业务量及有关降低成本的措施，通过调整有关原有成本项目而编制的预算，称为（　　）。

A．弹性预算　　B．零基预算

C．增量预算　　D．滚动预算

2．下列预算中，不属于财务预算内容的是（　　）。

A．现金预算　　B．生产预算

C．预计利润表　　D．预计资产负债表

3．定期预算的唯一优点在于（　　）。

A．预算期间与会计期间相配合　　B．远期指导性

C．连续性　　D．时效性

4．下列各项中，没有直接在现金预算中得到反映的是（　　）。

A．期初期末现金余额　　B．现金筹措及运用

C．预算期产量及销量　　D．预算期现金余缺

5．下列项目中，原本属于日常业务预算，但因其需要根据现金预算的相关数据来编制因此被纳入财务预算的是（　　）。

A．财务费用预算　　B．预计利润表

C．预计资产负债表　　D．预计现金流量表

6．在下列各项中，能够同时以实物量指标和价值量指标分别反映企业经营收入和相关现金收支的预算是（　　）。

A．现金预算　　B．销售预算

C．生产预算　　D．产品成本预算

7．全面预算编制的起点是（　　）。

A．财务费用预算　　B．销售预算

C．销售费用预算　　D．现金预算

8．下列预算中，不属于业务预算的是（　　）。

A．销售预算　　B．现金预算

C．生产预算　　D．销售及管理费用预算

9．某企业编制“直接材料采购预算”，预计第四季度期初存量 600 千克，季度生产需用量 2 500 千克，预计期末存量为 400 千克，材料单价为 10 元，若材料采购款有 50%在本季度内付清，另外 50%在下季度付清，则该企业预计资产负债表年“应付账款”项目为（　　）元。

A．11 130　　B．14 630

C．11 500　　D．10 070

10．以预算期内正常的、可实现的某一业务量水平为唯一基础来编制预算的方法称为（　　）。

A．零基预算　　B．定期预算
C．静态预算　　D．滚动预算

二、多项选择题

1．在下列各项中，属于日常业务预算的有（　　）。
A．销售预算　　B．现金预算
C．生产预算　　D．销售费用预算

2．相对固定预算而言，弹性预算的优点有（　　）。
A．预算成本低　　B．预算工作量小
C．预算可比性强　　D．预算适用范围宽

3．编制弹性预算所用业务量可以是（　　）。
A．产量　　B．销售量
C．直接人工工时　　D．机器台时

4．在编制现金预算的过程中，可作为其编制依据的有（　　）。
A．日常业务预算　　B．预计利润表
C．预计资产负债表　　D．特种决策预算

5．与编制零基预算相比，编制增量预算的主要缺点包括（　　）。
A．可能不加分析地保留或接受原有成本支出
B．可能按主观臆断平均削减原有成本支出
C．容易使不必要的开支合理化
D．增加了由预算编制的工作量，容易顾此失彼

6．相对定期预算而言，滚动预算的优点有（　　）。
A．透明度高　　B．及时性强
C．预算工作量小　　D．连续性、完整性和稳定性突出

7．下列属于财务预算的有（　　）。
A．现金预算　　B．日常业务预算
C．资产负债表预算　　D．特种决策预算

8．在管理会计中，构成全面预算内容的有（　　）。
A．业务预算　　B．财务预算
C．专门决策预算　　D．零基预算

9．在下列各项预算中，属于财务预算内容的有（　　）。
A．销售预算　　B．生产预算
C．现金预算　　D．预计利润表

10．下列属于全面预算左右的选项有（　　）。
A．明确目标，落实责任　　B．控制经济活动
C．考核工作业绩　　D．预测前景

三、判断题

1．编制预算是企业经营管理的起点，也是控制日常经济活动的依据。（　　）

2. 永续预算能够使预算期间与会计年度相配合，便于考核预算的执行结果。(　　)

3. 企业在编制零基预算时，需要以现有的费用项目为依据，但不以现有的费用水平为基础。(　　)

4. 特种决策预算包括经营决策预算和投资决策预算，一般情况下，特种决策预算的数据要纳入日常业务预算和现金预算。(　　)

5. 滚动预算又称为滑动预算。(　　)

6. 由于弹性预算是按预期可遇见的不同业务量水平编制的，因而总可以在弹性预算中找到与实际业务量相同的业务量水平及其预算金额，便于对预算执行情况进行控制与考核。(　　)

7. 短期决策预算属于业务预算体系，而长期决策预算一般不纳入业务预算体系。(　　)

8. 预计资产负债表中除上期期末数已知外，其余项目均应在各项预算的指标基础上分析填列。(　　)

9. 生产预算是规定生产期内有关产品生产数量、产值和结构的一种预算。(　　)

10. 零基预算是以零为基础编制计划和预算的方法的简称。(　　)

四、计算分析题

1. 甲企业 2013 年现金预算（简表）如表 10-18 所示。假定企业发生现金余缺均由归还或取得流动资金借款解决，且流动资金借款利息可忽略不计。除表中所列项目外，企业没有有价证券，也没有发生其他现金收支业务。预计 2012 年末流动负债为 4 000 万元，需要保证的年末现金比例为 50%。

根据所列资料，计算填列表中用字母表示的项目。

表 10-18　现金预算表　　单位：万元

项　　目	第 1 季度	第 2 季度	第 3 季度	第 4 季度
期初现金余额	1 000			2 500
本期现金收入	31 000	33 500	E	36 500
本期现金支出	30 000	C	37 000	40 000
现金余缺	A	1 000	3 000	G
资金筹措与运用	-500	1 000	F	
取得流动资金借款	—	1 000		I
归还流动资金借款	-500	—		
期末现金余额	B	D	2 500	H

2. 乙公司 2013 年第 1～3 月实际销售额分别为 38 000 万元、36 000 万元和 41 000 万元，预计 4 月份销售额为 40 000 万元。每月销售收入中有 70%能于当月收现，20%于次月收现，10%于第三个月收讫，不存在坏账。假定该公司销售的产品在流通环节只需缴纳消费税，税率为 10%，并于当月以现金交纳。该公司 3 月末现金余额为 80 万元，应付账款余额为 5 000 万元（需在 4 月份付清），不存在其他应收应付款项。4 月份有关项目预计资料如下：采购材料 8 000 万元（当月付款 70%）；工资及其他支出 8 400 万元（用现金支付）；制造费用 8 000 万元（其中折旧费等非付现费用为 4 000 万元）；营业费用和管理费用 1 000 万元（用现金支付）；预交所得税 1 900 万元；购买设备 12 000 万元（用现金支付）。现金不足时，通过向银

行借款解决。4 月末现金余额要求不低于 100 万元。

根据上述资料，计算该公司 4 月份的下列预算指标：

（1）经营性现金流入；

（2）经营性现金流出；

（3）现金余缺；

（4）应向银行借款的最低金额；

（5）4 月末应收账款余额。

3．某企业现着手编制 2013 年 6 月份的现金收支计划。预计 2013 年 6 月月初现金余额为 8 000 元；月初应收账款 4 000 元；预计月内可收回 80%；本月销货 50 000 元，预计月内收款比率为 50%；本月采购材料 8 000 元，预计月内付款 70%；月初应付账款余额 5 000 元需在月内全部付清；月内以现金支付工资 8 400 元；本月制造费用等间接费用付现 16 000 元；其他经营性现金支出 900 元；购买设备支付现金 10 000 元。企业现金不足时，可向银行借款，借款金额为 1 000 元的倍数；现金多余时可购买有价证券。要求月末现金余额不低于 5 000 元。

（1）计算经营现金收入。

（2）计算经营现金支出。

（3）计算现金余缺。

（4）确定最佳现金筹措或运用数额。

（5）确定现金月末余额。

4．已知：某企业 2012 年初长期借款余额为 96 000 元，该企业长期借款年利率为 10%，每季度末支付利息；该企业短期借款和债券的期初余额均为 0，短期借款年利率为 6%，每季度末支付利息；应付债券每年支付利息，年利率为 8%。借款均发生在期初，还款均发生在期末。具体相关资料如表 10-19 所示。

表 10-19 现金流量计算表 单位：元

季 度	1	2	3	4	全年
期初现金余额	4 000	（ ）	4 038	（ ）	（ ）
本期现金流入	95 584	133 614		186 264	（ ）
本期现金流出	109 608	（ ）	188 351	206 884	（ ）
现金余缺	（ ）	（ ）	−12 754	（ ）	（ ）
筹措及运用	（ ）	（ ）	（ ）	（ ）	（ ）
加：短期借款	×	×	11 000	25 000	（ ）
发行普通股	×	40 000	×	×	（ ）
发行公司债券	30 000	×	×	×	（ ）
减：归还长期借款	13 000	17 000	×	×	（ ）
归还利息	（ ）	（ ）	（ ）	（ ）	（ ）
购买证券	×	12 000	-8 000	×	（ ）
期末现金余额	（ ）	4 308	（ ）	（ ）	（ ）

请将计算表中的空格填写完整（×表示未发生）。

五、简答题

1．什么是全面预算？

2. 全面预算有哪些作用？
3. 全面预算包括哪些内容？它们之间关系如何？
4. 简述定期预算与滚动预算的优缺点？
5. 业务预算有哪些内容？编制业务预算的主要根据是什么？
6. 编制全面预算有哪些方法？各方法的优缺点有哪些？

六、实训题

广告部经理有错吗

一家商报的总经理对广告部费用的上涨表示关注，结果，他给广告部制订了一个预算，一年之后对其经营业绩进行审查，如表 10-20 所示。

表 10-20 一年之后预算数与实际数的比较表

项 目	预算费（元）	实际费（元）
总广告费用	330 000	485 000
工资与佣金	100 000	170 000
用车费用	60 000	75 000
展览费用	20 000	40 000
生产成本	150 000	200 000

当总经理收到以上数字信息，看到这些费用涨得这么高时，他吓呆了。他将绝对差异和百分比差异进行了比较，很明显是成本控制不善所致，于是他叫来广告部经理，让他自己解释清楚。

广告部经理很烦恼，他指出总经理忽视了收入的上涨（预期收入为 1300 000 元，而实际为 1 600 000 元）。虽然他曾经要求扩大业务量，但总经理拒绝改变原有的预算费用，员工工资也提高了 15%，通货膨胀率为 15%，按广告部经理的建议，他们已经在国家交易会上租了一个大展位，其费用高出 50%。这肯定会增加生产成本。其内容如表 10-21 所示：

表 10-21 差异分析表 单位：元

	预算（元）	实际（元）	差异（元）	差异（%）
营业收入	1 300 000	1 600 000	300 000	23
全部广告费	330 000	485 000	（155 000）	（47）
其余费用包括：				
工资与佣金	100 000	170 000	（70 000）	（70）
汽车使用费	60 000	75 000	（15 000）	（25）
展销费	20 000	40 000	（20 000）	（100）
生产成本	150 000	200 000	（50 000）	（33）

要求：

（1）对这一情况进行评述，利用这些数据解释实际发生了什么事。

（2）在预算系统中，你建议可作何改变？

第 11 章 责任会计

本章导语

责任会计是 20 世纪初伴随西方企业管理理论产生并逐步发展起来的，是管理会计的重要构成部分。其核心是通过分权管理，对各分权单位的目标进行规划、控制及对责任履行情况进行考核，确保内部经济责任的贯彻执行，保证各责任单位为实现企业总体目标协调一致的工作。本章将对这一规划与控制的专门系统的设置与运行进行详细具体的介绍。

学习目标

1. 理解责任会计的基本内容与作用。
2. 掌握责任中心的设置与分类。
3. 理解责任预算与责任报告的编制方法。
4. 掌握责任中心的业绩考核方法。
5. 了解内部价格转移的相关内容。

11.1 责任会计概述

11.1.1 责任会计的概念

责任会计是 20 世纪初产生并逐渐发展起来的管理会计的一个重要构成部分，是西方国家“Responsibility Accounting”的直译。20 世纪初随着经济的不断发展，企业间的竞争越来越激烈，企业的规模也越来越庞大，传统的集权式的管理模式已经无法满足实际的需要，于是产生了分权管理。分权管理的最直接表现是将生产经营决策权在不同层次的管理人员之间进行适当的划分，决策权随同相应的经济责任下放给不同层次的管理人员，使其能够做出更及时、更有效的决策。

分权管理使得企业内部的各分权单位的相对独立性提高，同时使得企业最高决策层对企业整体的控制有赖于对各分权单位的目标规划、控制及对各分权单位的责任履行情况的考核。

所有这一系列包括分权单位的划分、对各分权单位的分工负责的经济活动进行规划与控制的一套专门系统，即称为责任会计。

需要明确的是责任会计的主体与财务会计的主体不同，财务会计的主体是指为之记账、报账的特定核算单位，划分的前提是应当满足对外披露财务状况及经营成果的需要。责任会计产生于分权管理的需要，责任会计的主体是企业内部的各个分权单位，即后面内容将要涉及的责任中心。

另外，责任会计的对象是各分权单位能够控制的以价值表现的资金运动。责任会计的对象在不同性质的分权单位有不同的具体表现形式。例如，供应部门表现为采购成本、保管费用；生产部门表现为各种料、工、费的消耗；销售部门表现为各种销售费用等。

11.1.2 责任会计的基本内容和作用

1. 责任会计的基本内容

责任会计的具体内容包括以下几方面：

（1）设立立责任中心。随着企业规模的不断扩大和管理理论的发展，企业逐渐建立起分权管理的经济责任制度，作为配合经济责任制度的贯彻而提出的责任会计管理制度，首先应当根据企业内部经营管理的需要，把企业所属各部门、各单位划分为若干责任中心，同时明确相关责任中心对其负责的成本、收入、利润或投资效果承担的经济责任及享有的权利和经济利益。

（2）编制责任预算。为企业在一定期间内的生产经营活动编制的“总预算”或“全面预算”，为整个企业及其生产经营的方方面面设定总的目标和任务。为了保证其实现，还必须把“总预算”中确定的指标按照企业内部生产经营上划分的各个责任中心进行分解，形成所谓的“责任预算”，使各个责任中心据以明确各自的目标和任务，并作为日后控制和评价各责任中心经济活动及业绩的主要依据。

（3）建立跟踪记录系统。各责任中心的责任预算确定后，应当对责任预算的执行情况及执行结果给予适当的记录，以便评价和考核各责任中心责任预算的完成情况。为了达到这一目的必须为各责任中心建立一套责任预算执行情况的跟踪记录系统，一般包括：记录有关经济活动的数据；在规定的时间内编制“业绩报告”或称“责任报告”，并将实际数字与预算数字进行比较，借以评价和考核各责任中心的工作成绩，并分别揭示它们取得的成绩和存在的不足。

（4）进行反馈控制。企业在生产经营过程中，应当根据各责任中心的业绩报告，经常分析实际执行数字与预算数字产生差异的原因，并及时通过信息反馈控制和调节各责任中心的经济活动，并督促各责任中心及时采取有效措施，巩固成绩、改进不足，不断挖掘潜力。

（5）进行业绩考评。责任会计作为分权管理条件下进行管理控制的有效手段，业绩评价起着非常重要的作用。如果仅仅设立各责任中心的责任、权利，而没有配套的有效的业绩考评措施，其他所有环节的工作都将流于形式，起不到应有的作用。进行业绩考评，首先应当对各责任中心的预算执行情况进行分析，查找实际与预算产生差异的原因，确定各责任中心的真实业绩；其次，根据事先制定的奖惩制度，进行奖优罚劣、奖勤罚懒，并力求客观公正。

2. 责任会计的作用

责任会计的作用主要体现在以下方面：

（1）有利于贯彻企业内部经济责任制。由于分权管理的普遍存在，企业大多实行了“责、权、利”相结合的内部经营管理制度，即内部经济责任制。实行和贯彻经济责任制是改善企业经营管理，提高经济效益的一个重要途径。通过实行责任会计制度，可以使企业各级管理人员目标明确、责任分明，并且责任者有责有权，把他们范围内的各项活动严格地管理起来，同时以责任单位为主体记录和归集有关信息，并据以评价和考核各该单位的工作成绩，做到功过分明，奖惩有据。因此，责任会计制度的实施情况，在很大程度上决定了企业内部经济责任制的贯彻执行情况。

（2）有利于保证经营目标的一致性。企业各部门的利益往往相互间以及与企业总体利益间存在一定程度的冲突，实施责任会计后，各责任单位的经营目标就是整个企业经营目标的具体体现。因此；在日常经济活动过程中，责任会计的记录系统可以随时反映各责任单位的经营目标是否与企业的总体目标保持一致，若有冲突应当及时进行调整。如此，便于各责任单位为保证总体目标的实现而协调地工作，保证经营目标的一致性。

11.1.3 建立责任会计制度的原则

责任会计制度的建立、具体做法多种多样，但应当遵循以下基本原则。

1. 责权利相结合的原则

由分权管理而产生的经济责任制，其特点便是责权利相结合。作为经济责任制贯彻执行的最有力的一项措施，责任会计制度的建立也必须遵循责权利相结合的原则。责权利相结合的原则，就是指要明确各个责任中心应承担的责任，同时赋予它们相应的管理权力，并根据其责任的履行情况给予适当的奖惩。其中：各责任中心承担的责任是实现企业总体目标的保证，是衡量各责任中心工作成果的标准；赋予各责任中心相应的管理权力，是其能够顺利履行责任的前提条件；而根据各责任中心的责任履行情况给予适当的奖惩，又是调动其积极性、提高企业经济效益的动力。

2. 可控性原则

可控性原则是指为责任中心规定的责任必须是责任中心可以控制的成本、收入、利润和资金，即每个责任单位只能对其权责范围内可以控制的成本、收入、利润和资金负责。由于责任会计以责任单位为主体来组织会计工作，并通过有关记录来反映各责任部门的工作结果，因而可控性原则显得尤为重要。贯彻可控性原则，首先要分清同一级别责任中心之间的责任界限，即同一级别的其他责任中心的责任不能由本责任中心负担；其次，要分清上下级责任中心之间的责任界限，即不能让下级责任中心承担上级责任中心的责任，而上级责任中心则应向其上级责任中心承担下属责任中心的责任，任何一个责任中心对其下属责任中心的责任都有间接可控性。

3. 目标一致性原则

责任会计制度的建立，必须遵循目标一致性原则，即必须保证各责任中心的目标与企业总体目标一致，防止各责任中心单纯从本中心的利益出发，违背企业的整体利益。为了能够遵循一致性原则，在编制责任预算时，应当保证各责任中心的责任预算是企业整体预算的具体化；在经营运转过程中，应当保证各责任单位的日常生产经营活动必须符合企业的整体利益最大化要求，并随时调整偏离企业整体目标的行为，在进行业绩考评时，应当选择有利于企业整体利益的考评标准和奖惩制度。

4. 反馈性原则

反馈性原则是指各责任单位在执行预算过程中，应当对各项经济活动发生的信息及时、准确地进行计量、记录、计算和反馈，以便发现问题，解决问题，达到强化管理的目的。在责任会计制度中，首先必须对责任预算的执行情况建立一套健全的跟踪记录系统，使各个责任单位能保持良好的记录和报告制度；其次，应当通过跟踪记录系统的数据来及时掌握预算的执行情况，并通过实际数字与预算数字的对比、分析，控制和调节各责任单位的经济活动，以保证目标的最终实现。

5. 及时性原则

责任会计的跟踪记录系统及信息的反馈系统是否能够有效地发挥作用，在很大程度上取决于信息的时效性。因此，各责任中心应当及时记录、处理、传递相关信息，以便迅速地调节、控制相关的经济活动；同时，也有利于企业的决策部门做出及时、正确的决策。

11.2 责任中心

11.2.1 责任中心的含义及设置原则

1. 责任中心的含义

实施责任会计制度的企业，必须使每个责任单位对它们所进行的经济活动有十分明确的权责范围，以保证责权相互结合。在管理会计中称这种权责范围为“责任中心”。即责任中心是各个责任单位能够进行控制的活动区域，是指承担规定的经管责任，并行使相应职权的企业内部管理单位。

责任中心的设置，是企业进行分权管理的结果。划分责任中心的目的是为了充分调动一切积极因素，使各责任中心在其权责范围内恪尽职守、努力工作，并按照业绩进行奖惩，避免职责不清的“大锅饭”现象。

责任中心的划分并不是依据成本、利润或投资额的多少，而是根据成本、利润或投资额发生与否和是否能够分清责任。凡是能够分清责任、辨明成绩的单位，无论是大到分厂，还是小到班组，都可以确定为责任中心。责任中心按其责任对象和权责范围的大小，一般划分为成本中心、利润中心和投资中心几大类。

2. 责任中心的设置原则

责任中心的设置应当遵循以下原则：

（1）与企业组织结构相适应的原则。责任会计是为了使企业的生产经营活动更加有序、有效地进行而在分权管理的要求下产生的规划、控制会计，责任中心的设置是责任会计的首要内容。因此，责任中心的设置必须考虑企业组织结构的职权划分情况，从而满足企业经营管理的需要。一般来说，应当在对企业的组织结构进行综合衡量、研究之后，在进行适当调整的基础上来确定责任中心。

企业的某一机构组织能否成为一个责任中心，取决于多种因素。一般管理层次较高的机构组织，如分厂、车间、职能部门等，都可以成为一个责任中心；管理层次较低的机构组织能否成为一个责任中心，则要视具体情况而定，如企业的生产班组，如果能够满足建立责任中心的要求，就可以成为一个责任中心，否则就不能。

（2）能够划清责任、单独核算的原则。责任中心的设立，是对企业经营运转活动的划分，也是对企业目标的划分。这种划分的目的是使各分权单位能够具有相对的独立性，而这种相对的独立性是以责任的划分为前提，以单独核算来实现的。只有既能划清责任又能进行单独核算的企业内部单位，才能作为一个责任中心。责任中心的设置必须使得企业生产经营活动的每一个环节都有责任的承担者，同时又不能够存在不同责任中心间的责任交叉问题，因为共同承担责任的结果往往是都不承担责任。责任中心的单独核算是为了反映各责任中心的责任履行情况。

（3）使责、权、利紧密结合的原则。责任中心要履行其职责必须要有配套的权利，否则责任的履行没有任何保障，这种保障便是与管理职能相适应的管理决策权；同时，为了激发职工的积极性，使得职工的潜力得到最充分的挖掘，必须给予相应的利益，这种利益是职工履行职责的回报和内在动力。因此，责任中心的设置必须遵循责、权、利紧密结合的原则。

11.2.2 责任中心的分类

1. 成本中心

1）成本中心的概念及其分类

成本中心是只对其区域内发生的成本负责的单位，通常成本中心没有收入，也无须对收入、利润或投资负责。凡是企业内部有成本发生、需要对成本负责，并能进行控制的单位，都是成本中心。如分厂、车间、班组都是成本中心。另外，企业中不进行生产经营而只提供一定专业服务的单位，如人事部门、财务部门、法律部门等，一般称为“费用中心”，属于广义的成本中心。

一般可将成本中心划分为基本成本中心和复合成本中心两种，企业通过各成本中心完成成本控制工作。基本成本中心是指没有下属成本中心的成本中心，如一个班组是一个成本中心，若不再进一步下分，则为基本成本中心。复合成本中心是指有若干个下属成本中心的成本中心，如一个车间是一个成本中心，如果车间下面有若干个班组，且班组被划分为责任中心，则车间便是复合的成本中心。

2）成本中心的责任目标

成本中心的责任目标是责任成本，是其可以直接控制或间接控制的成本，不是传统的产品成本。

（1）可控成本。成本中心所发生的成本有些是成本中心能够控制的，有些则是成本中心不能控制的。成本中心的责任成本首先必须是成本中心的可控成本，如果责任成本超出了成本中心的控制范围，那么无论成本中心采取何种措施、做出多大的努力都不能影响责任成本的执行效果，这本身有悖于责任中心及责任目标设立的目的。其中，可控成本应当满足以下条件，否则便是不可控成本。

① 成本中心有办法知道将发生什么性质的耗费；

② 成本中心有办法计量它的耗费金额；

③ 成本中心有办法控制并调节它的耗费水平。

当然，成本的可控与不可控是相对的，责任中心的层次越高，其可控成本的范围越大，较低层次责任中心的可控成本一定是其所属的较高层次责任中心的可控成本。另外，一定要注意的一点是，属于同一层次的责任中心的可控成本是不能够相互可控的，否则责任中心间的责任便有了交叉，致使责任不明确。

（2）责任成本。一般基本成本中心的责任成本即是其可控成本，并仅就其本中心的可控成本向上级责任中心负责；复合成本中心的责任成本既包括本中心的可控成本，也包括其间接控制的下属成本中心的责任成本，并就本中心的可控成本和下属成本中心的责任成本向上一级责任中心负责。

2. 利润中心

1）利润中心的概念及其分类

利润中心是对其区域内的成本、收入，乃至对利润负责的单位，在该类责任中心中，既可以控制成本，又可以控制收入，从而控制利润。利润中心是较高层次的责任中心，通常指企业中有独立收入来源的单位，如分公司、分厂等。

一般将利润中心划分为自然利润中心和人为利润中心两类。自然利润中心是指在外界市场上有销售业务，有单独的收入来源，并可以通过收入与成本的核算得到利润数字的责任中心，其运转像一个企业。人为利润中心是指在企业内部各责任中心间进行销售，并进行内部结算的责任中心。许多成本中心都可以根据管理的需要划分成人为利润中心，如向下一个工序提供半成品的车间。

无论是自然利润中心，还是人为利润中心，通常都包含若干个不同层次的成本中心。

2）利润中心的责任目标

利润中心的责任目标是各利润中心的不同形式的目标利润水平。利润中心的目标利润应当按照企业的总体利润目标及对责任中心的收入、责任成本的分解来考虑到影响利润指标的因素本身的可控性，对目标利润的衡量有以下几种。

（1）可控利润。由于成本分为可控的成本和不可控的成本两类，与此相对应的利润中心的目标利润应当是可控利润，而不应当包含利润中心不能控制的成本项目，此时的利润便为可控利润。

（2）直接利润。直接利润是指利润中心对总管理费用和对公司利润的贡献。该指标的计算包含全部与利润中心相关的费用，不管这些费用项目是否完全在利润中心的控制之下，而企业总部发生的费用不分配给利润中心。

（3）边际贡献。由于利润中心无法控制固定成本，因此对利润中心设立的责任目标应当是边际贡献。

3. 投资中心

1）投资中心的概念

投资中心是指，既要对成本、收入、利润负责，又要对投入的资金使用效果负责的责任中心。投资中心是最高层次的责任中心，是企业范围内有权进行投资的单位，如事业部、分公司、分厂。由于投资中心需要对投资的效果负责，因此一般拥有充分的经营决策权和投资决策权。

为了准确地核算各投资中心的经济效益，各投资中心共同使用的资产应当划分清楚，共同发生的成本应当合理分配。

2）投资中心的责任目标

投资中心的责任目标是相应的反映投资效果的指标，主要是投资报酬率（ROI）和剩余收益两项指标。

（1）投资报酬率。投资报酬率是全面评价投资中心各项经营活动的综合性指标，既能反映投资中心的销售利润水平，又能反映资产的使用效果，其计算公式如下：

投资报酬率=营业利润/投资额

或

投资报酬率=营业利润/营业资产

=营业利润/销售收入×销售收入/营业资产

=销售利润率×资产周转率

上述公式中的营业利润是指未扣除利息及税金之前的利润，即息税前利润，之所以采用息税前利润，是为了扣除利息和税金对企业资产运用效果的影响，因为利息和税金与企业资产的运用效果无关。营业资产是指经营所用全部资产，一般以期初、期末余额的平均额为准。

从公式的进一步分解可以看出，提高投资报酬率的途径包括两个方面：一是提高销售利润率，即通过增加销售收入、降低销售成本的途径实现销售利润率的提高；二是加快资产的周转速度，降低营业占用资产水平。

【例 11-1】某公司有一个投资中心，本年度销售收入为 5 000 000 元，营业资产期初余额为 2 500 000 元，营业资产期末余额为 3 500 000 元，营业利润为 600 000 元。则该投资中心的投资报酬率计算如下：

投资报酬率=营业利润/营业资产

= 600 000/[(2 200 000 +2 800 000)÷2]=24%

也可以进一步分解为：

投资报酬率=营业利润/销售收入×销售收入/营业资产

=销售利润率×资产周转率

=600 000/5 000 000×5 000 000/[(2 200 000 +2 8(X)()00)÷2]

= 12%×2=24%

投资中心可以通过提高销售利润率或加快资产的周转速度来提高投资报酬率。

使用投资报酬率作为对投资中心的业绩考评标准，应当注意以下问题：

① 各投资中心所占用的营业资产以及发生的各项收入和成本数据，都应当建立在可比的基础上，即营业资产、销售收入和成本的范围应当限于各投资中心实际占用和可控制的区域内，必须把各种不可控的因素排除在外，如各投资中心共同使用的资产、不可控的成本等。

② 营业资产的计价要建立在客观、可比的基础上。如对存货的计价应当采用统一的计价方法，以免由于计价方法的不一致而导致营业资产的低估或虚增，从而使相关指标失去可比性。另外，需要特别注意的是固定资产的计价，营业资产中的固定资产应当按照原价计算。因为，如果采用固定资产净值计价，在固定资产投资额小于当期折旧额的情况下，即使当期营业利润不变，投资报酬率也会呈现出上升的趋势，如此便不能反映真实的投资效果。

投资报酬率是一个能反映各方面经营成果的综合性指标，便于理解和计算，也便于比较不同投资中心、不同投资项目的投资效果。但该指标也存在其固有的缺陷，尤其是作为对投资中心进行考核评价的标准时，其缺陷更明显。具体表现在：当一个投资项目的投资报酬率高于某投资中心的投资报酬率，而低于整个企业的投资报酬率，或当一个投资项目的投资报酬率低于某投资中心的投资报酬率，而高于整个企业的投资报酬率时，投资中心往往只顾本中心的利益，忽视企业整体的利益，而接受对整个企业不利的投资项目或放弃对整个企业有利的投资项目。例如．企业某投资中心的投资报酬率为 20%，企业整体的投资报酬率为 16%，如果某个投资项目的投资报酬率为 18%，该投资中心从本中心的利益出发，极有可能放弃该投资项目，因为该投资项目会降低该投资中心的投资报酬率，事实上该投资项目将会使企业整体的投资报酬率有所提高。再如，企业某投资中心的投资报酬率为 12%，企业整体的投资报酬率为 16%，如果某个投资项目的投资报酬率为 10%，该投资中心从本中心的利益出发，极有可能接受该投资项目，因为该投资项目会提高该投资中心的投资报酬率，事实上该投资项目将会使企业整体的投资报酬率有所降低。

（2）剩余收益。剩余收益指标是针对投资报酬率指标的缺陷而提出的一个考核指标，该指标弥补了投资报酬率指标的缺陷，其计算公式如下：

剩余收益=营业利润-(营业资产×预期最低投资报酬率)

公式中的预期最低投资报酬率，通常可按整个企业各个投资中心的加权平均投资报酬率计算，也可以是企业为该投资中心所规定的预期投资报酬率。

从公式中可以看出，只要投资项目的投资报酬率高于预期的最低投资报酬率，投资中心的剩余收益就会增加，企业的整体利益也会增加，相反则会同时减少，从而保证了各投资中心的利益与企业整体利益的一致性。

【例 11-2】某公司有一个投资中心，营业资产平均余额为 500 000 元，营业利润为 80 000 元，该公司各投资中心的加权平均投资报酬率为 10%，计划期间该公司有两个投资项目。

项目一：预计投资额为 250 000 元，预期营业利润为 24 100 元。

项目二：预计投资额为 300 000 元，预期营业利润为 36 000 元，

要求：

（1）计算该投资中心的目标剩余收益、目标投资报酬率。

（2）用目标剩余收益和投资报酬率来评价两个项目是否可以接受。

为了看起来清楚，编制目标投资报酬率及剩余收益分析表如表 11-1 所示。

表 11-1　目标投资报酬率及剩余收益分析表

摘　　要	增加投资项目前	接受项目一	接受项目二
营业利润	80 000	80 000+24 100=104 100	80 000+36 000=116 000
营业资产	500 000	500 000+250 000=750 000	500 000+300 000=800 000
投资报酬率	16%	13.88%	14.5%
平均投资报酬率	10%	10%	10%
预期基本利润额	50 000	75 000	80 000
剩余收益	30 000	29 100	36 000

从表 11-1 中数据可以看出，如果以投资报酬率作为评价标准，两个项目都会使该投资中心的投资报酬率降低，因此该投资中心不会接受任何一个项目；如果以剩余收益作为评价指标，项目二可以接受，因为该项目使该投资中心的剩余收益有所增加；相反，项目一不能接受，因为项目一会使该投资中心的剩余收益减少。

从上例中我们可以进一步看出投资报酬率指标的缺陷。需要注意的是，剩余收益指标也有其固有的缺陷，即不便于规模不同的投资中心之间的比较和分析。

企业的责任中心按照控制区域和权责范围的大小、分为成本中心、利润中心和投资中心。三类投资中心间存在着内在的联系，每个责任中心必须就其分工负责的指标对其上一级责任中心承担责任。即：基本成本中心就其可控成本对复合成本中心负责；复合成本中心就其责任成本对利润中心负责；利润中心就其利润对投资中心负责；投资中心就其投资效果对企业的最高管理当局如董事会负责。

例如，最基层的班组作为基本成本中心就其可控成本向复合的成本中心车间负责，车间就其责任成本向作为利润中心的分厂负责，分厂就其利润向作为投资中心的事业部负责，事业部就投资效果向董事会负责。

正是由于责任中心间的内在联系，才使得企业成为一个责任链条，使企业的目标通过不同层级的责任中心的目标的实现而得以最终实现。

11.3　责任预算及责任报告

11.3.1　责任预算的含义及作用

责任预算是指以责任中心为预算单位，以其可控的成本、收入、利润等为内容编制的预算，是企业总预算的具体化。实行责任会计制度，必须为每个责任中心编制责任预算，责任预算是每个责任中心的责任目标的表现形式，是对有关经济活动进行调节、控制的标准，也

是日后进行业绩考评的标准。

责任预算的编制过程是企业目标得以具体化的过程，同时，在预算执行过程中，应当通过建立起来的跟踪记录系统，及时地把各责任中心发生的成本、收入以及各责任中心间的相互转账和相互结算业务，记入它们单独设立的责任会计编号账户内，为了简化工作，企业也可以不另设专门的责任会计账册，而是在传统财务会计的各种明细账内为各责任中心分别设置专栏进行登记。其中，前一种做法称为责任会计运行的“双轨制”，后种做法称为责任会计运行的“单轨制”。

11.3.2 责任预算的编制

1. 责任预算的编制方法

责任预算的编制有两种方法，一种是自上而下的方式，另一种是自下而上的方式。

（1）自上而下的方式。在自上而下方式下，以企业总预算为基础，从责任中心的角度，对总预算进行层层分解，从而形成各责任中心的责任预算，在该方式下，企业总预算的目标，按照企业内部各责任中心进行划分，落实到企业的各个部门和各级责任单位，从而确保企业总体目标的实现。

这种方式在实际中使用得较多，优点是使得各责任中心相互协调，便于统一控制；缺点是没有充分发挥各责任中心的能动性，有时会遏制责任中心的积极性和创造性。

（2）自下而上的方式。在自下而上方式下，各个责任中心首先自行设立各自的预算目标，之后，层层汇总，最后由企业负责人或预算委员会等机构进行汇总和调整，形成企业的总预算。

这种方式在实际中使用得不多，优点是能够发挥各责任中心的积极性；缺点是各责任中心往往只注意本中心的具体情况，从而使得彼此协调性很差，且工作量很大。

2. 责任利润预算的编制

企业的利润预算指标确定以后，应采取一定的方法对其进行分解，落实到各个利润中心，形成各个利润中心的责任利润预算。

（1）利润构成内容的分解（自然利润中心的责任预算）。企业的利润预算一般以利润总额来表示，利润预算的分解首先是对利润按其构成内容进行分解，利润总额由营业利润、投资收益、补贴收入、营业外收支净额等构成，分解的重点是营业利润，其中以产品销售利润为主。

产品销售利润预算一般由利润中心负责，利润中心的责任利润一般是其可控的利润。由于利润中心责任利润与企业产品销售利润计算口径的不同，利润中心的责任利润预算数一般要大于企业产品销售利润的预算数，两者的差额是利润中心不可控的成本、费用。

【例 11-3】某公司确定的利润预算数为 10 000 000 元，其中投资收益确定为 1 000 000 元，营业外收支净额为 50 000 元，由财务部门负责。营业利润为 8 500 000 元，全部为产品销售利润，其他业务利润为 0，公司级别的可控成本，即下属利润中心不能控制的成本为 200 000 元。如果该公司有两个利润中心，即甲分厂和乙分厂。则有关利润预算分解如表 11-2、表 11-3 所示。

表 11-2 责任利润预算汇总表

项 目	年度预算	季度预算	责任中心
产品销售利润	8 500 000	2 125 000	甲、乙分厂
投资收益	1 000 000	250 000	账务部门
营业外收支净额	500 000	125 000	财务部门
合计	10 000 000	2 500 000	

表 11-3 产品销售利润预算表

项 目	销售收入	销售成本及税金	销售利润
甲分厂	100 000 000	94 800 000	5 200 000
乙分厂	87 500 000	84 000 000	3 500 000
合计	187 500 000	17 880 000	8 700 000

（2）内部利润预算的确定及分解（人为利润中心的责任预算）。如果企业内部除设立了自然利润中心外，还设立了人为利润中心，则应当在自然利润中心的利润预算基础上进一步确定人为利润中心的利润预算。需要注意的是，由于当期生产量与销售量之间的差异，内部利润预算数字与产品销售利润预算数字间有一定的差异。一般如果预计期初与期末产成品存货的数量相差不大，获利能力也相差不大，就可以直接将产品销售利润预算分解到各人为利润中心；如果相差较大，则应当先将产品销售利润预算转化为内部利润预算，然后才能按照产品生产计划分解落实到各人为利润中心。

① 内部利润预算的确定。内部利润预算的确定公式如下：

$$\text{内部利润预算}=\text{产品销售利润预算}-\text{期初库存产成品可实现利润}+\text{期末库存产成品可实现利润}$$

【例 11-4】自然利润中心甲分厂的利润预算为 5 200 000 元，甲分厂下设两个生产车间即 I 车间和 II 车间，均为人为利润中心。甲分厂只生产一种产品，需要经过 I 车间与 II 车间的先后加工，即 I 车间向 II 车间提供半成品 A，II 车间生产产成品 B。企业预算年度预计期初产成品为 100 件，期末产成品为 150 件，假设单位产品的获利能力稳定不变，均为每件可实现利润 200 元。则甲分厂的内部利润预算确定如下：

$$\text{内部利润预算}=\text{产品销售利润预算}-\text{期初库存产成品可实现利润}+\text{期末库存产品品可实现利润}$$

$$=5\,200\,000-100\times200+150\times200=5\,210\,000\text{（元）}$$

我们可以进一步得到产成品的产量计划为：5 210 000÷200=26 050（件）

② 分解内部利润预算。在确定了内部利润预算后，应当根据各人为利润中心的产量计划和单位产品的内部利润预算进行分解。如果企业设有不同从属层次的人为利润中心，则需要按照不同层次的人为利润中心逐层分解。

【例 11-5】据【例 11-4】中有关资料，单位产品可实现利润 200 元，产品加工的工时定额情况如表 11-4、表 11-5 所示。

表 11-4 工时定额情况表

责任单位	半成本与产成本名称	工时定额（小时/件）	单位工时利润预算
Ⅰ车间	半成品 A	25	200÷(25+15) =5（元/小时）
Ⅱ车间	产成品 B	15	
合计		40	

表 11-5 单位产品利润预算分配表

责任单位	半成本与产成本名称	工时定额（小时/件）	单位产品利润预算（元）
Ⅰ车间	半成品 A	25	5×25=125
Ⅱ车间	产成品 B	15	5×15=75
合计		40	200

如果半成品 A 与产成品 B 的产量相同，即均为 26 050 件，则内部责任利润预算分解如表 11-6 所示。

表 11-6 人为利润中心利润预算分配表

责任单位	半成本与产成本名称	产量计划	单位产品利润预算	内部利润预算
Ⅰ车间	半成品 A	26 050 件	125	3 256 250
Ⅱ车间	产成品 B	26 050 件	75	1 953 750
合计				5 210 000

另外，如果上例中在 I 车间和 II 车间下还设立下属的人为利润中心，则需要按照上述方法将车间的利润责任预算进一步分解为下属人为利润中心的责任利润预算。

3．责任成本预算的编制

企业在确定了利润预算及销售成本预算后，应当根据预计期初、期末库存量的变化来确定当期的目标生产成本，并在此基础上分解确定有关成本中心的责任成本预算。需要注意的是，由于期初、期末库存量的变化，当期目标生产成本与当期预算产品销售成本间存在差异，如果期初、期末库存量相同或变化不大，可以认为当期目标生产成本与当期预算产品销售成本相同。

一般可以采用完全成本分解法与变动成本分解法两种方法来分解确定成本中心的责任成本预算。

1）完全成本分解法

完全成本分解法就是将成本中心当期的费用预算，按照各项消耗定额在各种产品及其零部件之间进行分配。如果最后生产工序的产成品总成本预算不大于目标生产成本，就说明各车间成本中心的成本预算能够满足企业成本预算的约束，如果大于产品目标生产成本，则应当对各成本中心的成本预算进行调整，直到能够满足企业目标成本预算的约束条件。

【例 11-6】某企业下设两个生产车间，均为成本中心，该企业按照销售利润预算及利润预算分解确定的国标成本为 400 000 元。若该企业只生产一种产品，需要经过Ⅰ车间与Ⅱ车间的先后加工，即Ⅰ车间向Ⅱ车间提供零部件 A、B，Ⅱ车间生产产成品甲。假设甲与零部件 A、B 的产量预算均为 2 000 件。则各项成本预算如下。

（1）Ⅰ车间责任成本预算。

① 材料责任成本预算表（见表 11-7）。

表 11-7　材料责任成本预算表　　责任单位：Ⅰ车间

零件名称	计划产量	耗用材料	消耗定额	材料计划单价	单位零件材料成本	总成本预算
A	2 000	毛坯	1（个）	20	20	40 000
B	2 000	钢材	10（千克）	5	50	100 000
合计						140 000

② 直接人工责任成本预算表（见表 11-8）。

表 11-8　直接人工责任成本预算表　　责任单位：Ⅰ车间

零件名称	计划产量	工时定额	定额总工时	单位零件工资成本预算（每小时工资为：2 元）	工资总成本预算
A	2 000	10	20 000	20	40 000
B	2 000	8	16 000	16	32 000
合计					72 000

③ 制造费用责任成本预算表（见表 11-9）。

表 11-9　制造费用责任成本预算表　　责任单位：Ⅰ车间

零件名称	计划产量	工时定额	定额总工时	单位零件制造费用预算（每小时费用为：3 元）	制造费用总成本预算
A	2 000	10	20 000	30	60 000
B	2 000	8	16 000	24	48 000
合计					108 000

④ Ⅰ车间半成品责任成本预算表（见表 11-10）。

表 11-10　Ⅰ车间半成品责任成本预算表　　责任单位：Ⅰ车间

零件名称	计划产量	单位成本预算（内部转移价格）				总成本预算			
		原材料	直接人工	制造费用	合计	原材料	直接人工	制造费用	合计
A	2 000	20	20	30	70	40 000	40 000	60 000	140 000
B	2 000	50	16	24	90	100 000	32 000	48 000	180 000
合计						140 000	72 000	108 000	320 000

（2）Ⅱ车间责任成本预算。

① 半成品责任成本预算（见表 11-11）。

表 11-11　半成品责任成本预算　　责任单位：Ⅱ车间

产品名称	计划产量	耗用半成品名称	单位产品耗用数量（个）	内部转移价格	单位产品半成品成本预算	总成本预算
甲	2 000	A	2 000	70	70	140 000
		B	2 000	90	90	180 000
	小计			160	160	320 000

② 直接人工成本预算表（见表 11-12）

表 11-12　直接人工成本预算表　　责任单位：Ⅱ车间

产品名称	计划产量	工时定额	定额总工时	单位零件工资成本预算（每小时工资为：2 元）	工资总成本预算
甲	2 000	12	24 000	24	48 000

③ 制造费用预算（见表 11-13）。

表 11-13　制造费用预算　　责任单位：Ⅱ车间

产品名称	计划产量	工时定额	定额总工时	单位零件制造费用预算（每小时费用为：1 元）	工资总成本预算
甲	2 000	12	24 000	12	24 000

④ Ⅱ车间责任成本预算表（见表 11-14）。

表 11-14　Ⅱ车间责任成本预算表　　责任单位：Ⅱ车间

产品名称	计划产量	单位成本预算（内部转移价格）				总成本预算			
		半成品	直接人工	制造费用	合计	半成品	直接人工	制造费用	合计
甲	2 000	160	24	12	196	320 000	48 000	24 000	392 000

（3）产品总成本预算（见表 11-15）。

表 11-15　产品总成本预算

产品名称	计划产量	单位成本预算				总成本预算			
		原材料	直接人工	制造费用	合计	原材料	直接人工	制造费用	合计
甲	2 000	70	60	66	196	140 000	120 000	132 000	392 000

2）变动成本分解法

变动成本分解法就是将各生产车间成本中心的全部费用预算，按照成本性态划分为变动成本预算和固定成本预算两部分，并将变动成本预算按照各项消耗定额在各种产品及零部件之间进行分配，将固定成本预算按照可控区域直接在各责任中心间进行分配；然后由各成本中心将本中心生产的产品及零部件所分配的变动成本及本中心可控的固定成本进行汇总，编制成责任成本预算。

变动成本分解法中的变动成本预算一般可以根据预算期的产量计划和单位产品或零部件的变动成本预算来编制；固定成本预算则只需要编制总成本预算，不再在各种产品或零部件之间进行分配。如果最后生产工序的产成品变动成本预算与各车间成本中心的固定成本预算之和不大于目标生产成本，就说明各车间成本中心的成本预算能够满足企业成本预算的约束，如果大于产品目标生产成本，则应当对各成本中心的成本预算进行调整，直到能够满足企业目标成本预算的约束条件。

【例 11-7】某企业下设两个生产车间，均为成本中心。若该企业只生产一种产品，需要经过Ⅰ车间与Ⅱ车间的先后加工，即Ⅰ车间向Ⅱ车间提供零部件 A、B，Ⅱ车间生产产成品甲。假设甲与零部件 A、B 的产量预算均为 2 000 件。如果企业采用变动成本法计算产品成本，确定的目标成本为 400 000 元。

（6）Ⅰ车间责任成本预算。该车间的直接材料、直接人工都属于变动成本，因此，直接材料责任成本预算、直接人工责任成本预算同上例中完全成本分解法。只有车间的制造费用，既包括变动成本，也包括固定成本，需要进一步按照成本性态进行分解。如果该车间固定制造费用为 64 800 元，变动制造费用定额为 1.2 元/小时，则有关责任预算编制如下：

① 直接材料责任成本预算表（见表 11-16）。

表 11-16　直接材料责任成本预算表　　　　责任单位：Ⅰ车间

零件名称	计划产量	耗用材料	消耗定额	材料计划单价	单位零件材料成本	总成本预算
A	2 000	毛坯	1（个）	20	20	40 000
B	2 000	钢材	10（千克）	5	50	100 000
合计						140 000

② 直接人工责任成本预算表（见表 11-17）。

表 11-17　直接人工责任成本预算表　　　　责任单位：Ⅰ车间

零件名称	计划产量	工时定额	定额总工时	单位零件工资成本预算（每小时工资为：2 元）	工资总成本预算
A	2 000	10	20 000	20	40 000
B	2 000	8	16 000	16	32 000
合计					72 000

③ 制造费用责任成本预算表（见表 11-18）。

表 11-18　制造费用责任成本预算表　　　　责任单位：Ⅰ车间

零件名称	计划产量	工时定额	定额总工时	变动制造费用		固定制造费用
				单位零件变动制造费用预算（每小时费用为：1.2 元）	变动制造费用总成本预算	
A	2 000	10	20 000	12	24 000	
B	2 000	8	16 000	9.6	19 200	
合计					43 200	64 800

③ Ⅰ车间半成品责任成本预算表（见表 11-19）。

表 11-19　Ⅰ车间半成品责任成本预算表　　　　责任单位：Ⅰ车间

成本性态	零件名称	计划产量	单位成本预算				总成本预算			
			原材料	直接人工	制造费用	合计	原材料	直接人工	制造费用	合计
变动成本	A	2 000	20	20	12	52	40 000	40 000	24 000	104 000
	B	2 000	50	16	9.6	75.6	100 000	32 000	192 000	151 200
	小计						140 000	72 000	432 000	255 200
固定成本									61 800	64 800
合计							140 000	72 000	108 000	320 000

（2）Ⅱ车间责任成本预算。该车间的半成品、直接人工都属于变动成本，因此半成品责任成本预算、直接人工责任成本预算的编制方法同上例中完全成本分解法，需要注意的是：在变动成本方法下，半成品的内部转移价格一般是半成品的变动制造成本。该车间的制造费用既包括变动成本，也包括固定成本，需要进一步按照成本性态进行分解。如果该车间固定

制造费用为 14 400 元，变动制造费用定额为 0.4 元/小时，则有关责任预算编制如下：

① 成品责任成本预算（见表 11-20）。

表 11-20　成品责任成本预算　　责任单位：Ⅱ车间

产品名称	计划产量	耗用半成品名称	单位产品耗用数量（个）	内部转移价格	单位产品半成品成本预算	总成本预算
甲	2 000	A	2 000	52	52	104 000
		B	2 000	75.6	75.6	151 200
	小计			127.6	127.6	255 200

② 直接人工成本预算表（见表 11-21）。

表 11-21　直接人工成本预算表　　责任单位：Ⅱ车间

产品名称	计划产量	工时定额	定额总工时	单位零件工资成本预算（每小时工资为：2 元）	工资总成本预算
甲	2 000	12	24 000	24	48 000

③ 制造费用预算（见表 11-22）。

表 11-22　制造费用预算　　责任单位：Ⅱ车间

产品名称	计划产量	工时定额	定额总工时	变动制造费用		固定制造费用
				单位零件变动制造费用预算（每小时费用为：0.4 元）	变动制造费用部成本预算	
A	2 000	12	24 000	4.8	9 600	
合计					9 600	14 400

④ Ⅱ车间责任成本预算表（见表 11-23）。

表 11-23　Ⅱ车间责任成本预算表　　责任单位：Ⅱ车间

成本性态	产品名称	计划产量	单位成本预算				总成本预算			
			半成品	直接人工	制造费用	合计	半成品	直接人工	制造费用	合计
变动成本	甲	2 000	127.6	24	4.8	156.4	255 200	48 000	9 600	312 800
固定成本									14 400	14 400
合计							255 200	48 000	24 000	327 200

（3）产品总成本预算（见表 11-24）。

表 11-24　产品总成本预算

成本性态	产品名称	计划产量	单位成本预算				总成本预算			
			原材料	直接人工	制造费用	合计	原材料	直接人工	制造费用	合计
变动成本	甲	2 000	70	60	26.4	156.4	140 000	120 000	52 800	312 800
固定成本									79 200	79 200
合计							140 000	120 000	132 000	392 000

11.3.3 责任报告

对各责任中心经济活动的记录是对责任中心进行业绩考评的依据，责任会计制度同时要求，应当定期根据跟踪记录系统所形成的数据编制各责任中心的业绩报告或称责任报告，以便对各责任中心的实绩进行考评。

责任报告的内容主要包括有关责任指标的预算数字、实际执行数字及差异数字几个部分。需要注意的是，不同企业的组织结构下，责任报告的编制程序有所不同。

企业的组织结构一般可以分为纵向型组织结构和横向型组织结构两种。纵向型组织结构也称为垂直型组织结构，属于相对集权形式的组织结构；横向型组织结构也称为并列式组织结构，属于相对分权形式的组织结构。在不同类型的组织结构下，责任预算的形式与责任报告的编制都有所不同。

1. 纵向组织结构

（1）纵向组织结构形式（见图 11-1）。

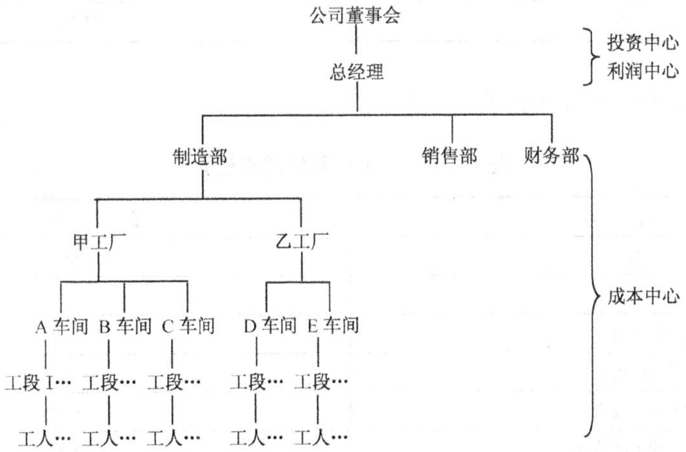

图 11-1 纵向组织结构形式

（2）纵向组织结构下的责任预算。在纵向组织结构下建立责任预算，首先应当按照责任中心的层次，从最高层把全面预算逐渐向下分解，形成各责任单位的责任预算，一直到最基本的成本中心。

为了叙述方便，以表的形式介绍责任预算的形成过程，如表 11-25～表 11-30 所示。

① 公司总预算（见表 11-25）

表 11-25 公司总预算

项 目	金 额（元）
公司息税前利润	236 200
其中：	
销售收入	750 000
责任成本	513 800

续表

项　　目	金　额（元）
其中：	
制造部责任成本	370 250
销售部责任成本	56 550
财务部责任成本	36 250
总经理处可控成本	50 750

② 制造部责任预算（见表 11-26）。

表 11-26　制造部责任预算

项　　目	金　额（元）
制造部责任成本	370 250
其中：	
甲工厂责任成本	161 500
乙工厂责任成本	175 000
制造部可控成本	33 750

③ 甲工厂责任成本预算（见表 11-27）。

表 11-27　甲工厂责任成本预算

项　　目	金　额（元）
甲工厂责任成本	161 500
其中：	
A 车间责任成本	29 000
B 车间责任成本	35 000
C 车间责任成本	50 000
甲工厂的可控成本	45 500

乙工厂的责任成本预算从略。

④ A 车间责任成本预算（见表 11-28）。

表 11-28　A 车间责任成本预算

项　　目	金　额（元）
A 车间责任成本	29 000
其中：	
I 工段的责任成本	18 250
II 工段的责任成本	7 500
A 车间可控成本	3 250

其余车间责任成本预算从略。

⑤ I 工段责任成本预算（见表 11-29）。

表 11-29　Ⅰ工段责任成本预算

项　　目	金　额（元）
Ⅰ工段责任成本	18 250
其中：	
直接材料	6 250
直接人工	7 500
制造费用	4 500

（3）纵向组织结构下的责任报告。在确定了各责任中心的责任预算后，应当建立预算执行情况跟踪记录，记录预算的实际执行情况，并定期由最基本的成本中心把责任成本的实际数字逐级向上汇总，直到最高层的利润中心和投资中心。

纵向组织结构下的责任报告及形成程序如表 11-30 所示：

表 11-30　责任报告及形成程序

成本中心：Ⅰ工段的业绩报告：	预　　算	实　　际	差　　异
直接材料	6 250	5 750	-500（F）
直接人工	7 500	7 750	+250（U）
制造费用	4 500	5 000	+500（U）
Ⅰ工段责任成本合计	18 250	18 500	+250（U）
成本中心：A 车间的业绩报告：	↓	↓	↓
Ⅰ工段责任成本	18 250	18 500	+250（U）
Ⅱ工段责任成本	7 500	8 000	+500（U）
A 车间可控成本	3 250	3 000	-250（F）
A 车间责任成本合计	29 000	29 500	+500（U）
成本中心：甲工厂的业绩报告：	↓	↓	↓
A 车间责任成本	29 000	29 500	+500（U）
B 车间责任成本	35 000	37 250	+2 250（U）
C 车间责任成本	50 000	48 500	-1 500（F）
甲工厂的可控成本	47 500	47 250	-250（F）
甲工厂责任成本合计	161 500	162 500	+1 000（U）
成本中心：制造部业绩报告：			
甲工厂责任成本	161 500	162 500	+1 000（U）
乙工厂责任成本	175 000	177 000	+2 000（U）
制造部的可控成本	33 750	32 500	-1 250（F）
制造部可控成本合计	370 250	372 000	+1 750（U）
利润中心/投资中心：公司业绩报告：			
销售收入	750 000	747 500	-2 500（U）
制造部责任成本	370 250	372 000	+1 750（U）
销售部责任成本	56 550	58 550	+2 000（U）
财务部责任成本	36 250	34 750	-1 500（F）
总经理处可控成本	50 750	49 750	-1 000（F）
责任成本合计	513 800	515 050	+1 250（U）
公司息税前利润	236 200	232 450	-3 750（U）

2. 横向组织结构

（1）横向组织结构如图 11-2 所示。

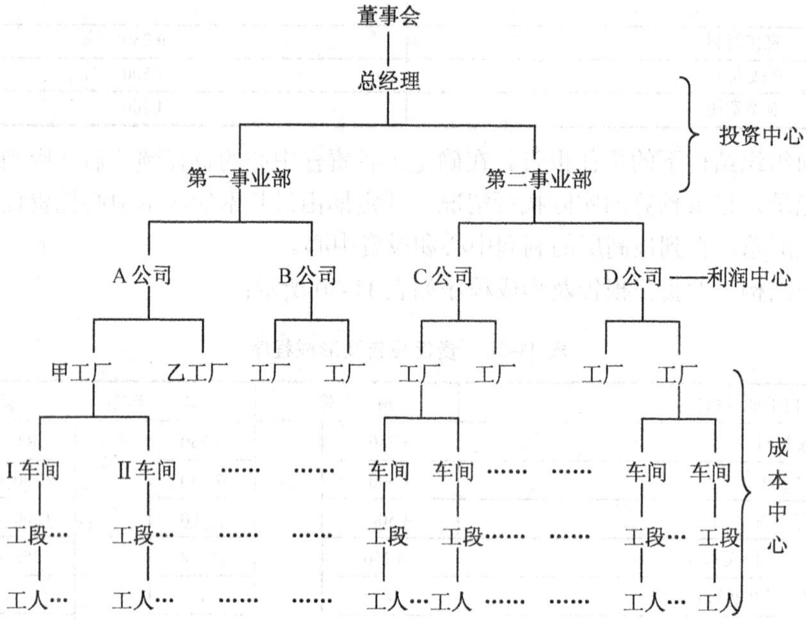

图 11-2 横向组织结构

（2）横向组织结构下的责任预算。横向组织结构的特点是在总公司下设有多个投资中心，其责任预算的编制如下所示。

① 公司总预算（见表 11-31）。

表 11-31 公司总预算

项　目	金额（元）
公司息税前利润	46 950
其中：	
销售收入	150 000
其中：	
第一事业部	100 000
每二事业部	50 000
责任成本	103 050
其中：	
第一事业部责任成本	79 000
第二事业部责任成本	17 200
总公司可控成本	6 850

② 第一事业部责任预算（见表 11-32）。

表 11-32　第一事业部责任预算

项　目	金额（元）
销售收入	100 000
其中：	
A 公司	70 000
B 公司	30 000
责任成本	79 000
其中：	
A 公司	50 000
B 公司	19 000
第一事业部可控成本	10 000
第一事业部利润	21 000

第二事业部责任预算从略。

③ A 公司责任预算（见表 11-33）。

表 11-33　A 公司责任预算

项　目	金额（元）
销售收入	70 000
责任成本	50 000
其中：	
甲工厂责任成本	32 300
乙工厂责任成本	12 700
A 公司可控成本	5 000
A 公司息税前利润	20 000

B 公司责任预算从略。

④ 甲工厂责任成本预算（见表 11-34）。

表 11-34　甲工厂责任成本预算

项　目	金额（元）	
甲工厂责任成本	32 300	
其中：		
I 车间责任成本	12 800	
II 车间责任成本	10 000	
甲工厂可控成本	9 500	

其余预算从略。

（3）横向组织结构下的责任报告。横向组织下的责任报告及形成程序如表 11-35 所示。

表 11-35 横向组织下的责任报告及形成程序

成本中心	甲工厂的业绩报告：			
	I 车间责任成本	12 800	13 350	+550（U）
	II 车间责任成本	10 000	9 700	-300（F）
	甲工厂可控成本	9 500	9 450	-50（F）
	甲工厂责任成本合计	32 300	32 500	+200（U）
利润中心	A 公司业绩报告：			
	销售收入	70 000	70 300	+300（F）
	甲工厂责任成本	32 300	32 500	+200（U）
	乙工厂责任成本	12 700	12 550	-150（F）
	A 公司的可控成本	5 000	5 050	+50（U）
	责任成本合计	50 000	20 100	+100（U）
	A 公司息税前利润	20 000	20 200	+200（F）
投资中心	第一事业部业绩报告：			
	A 公司销售收入	70 000	70 300	+300（F）
	B 公司销售收入	30 000	29 500	-500（U）
	销售收入合计	100 00	99 800	-200（U）
	A 公司责任成本	50 000	50 100	+100（U）
	B 公司责任成本	19 000	19 150	+150（U）
	第一事业部可控成本	10 000	9 800	-200（F）
	责任成本合计	79 000	79 050	+50（U）
	第一事业部息税前利润	21 000	20 750	-250（U）
投资中心	总公司业绩报告：			
	第一事业部销售收入	100 000	99 800	-200（U）
	第二事业部销售收入	50 000	49 700	-300（U）
	销售收入合计	150 000	149 500	-500（U）
	第一事业部责任成本	79 000	79 050	+50（U）
	第二事业部责任成本	17 200	17 100	-100（F）
	总公司的可控成本	6 850	7 150	+300（U）
	责任成本合计	103 050	103 300	+250（U）
	总公司息税前利润	46 950	46 200	-750（U）

11.4 责任中心的业绩考评

11.4.1 成本中心的业绩考评

由于成本中心只对成本负责，责任预算的主要内容是责任成本，因此对成本中心进行业绩考评的重点是各成本中心的责任成本。对成本中心进行考评的依据是各成本中心的业绩报告，同时需要分析实际与预算间出现差异的原因，并在此基础上进行奖惩。

业绩报告通常按照成本中心可控成本的各明细项目，分别列示预算数、实际数和差异数三栏。现实中，有些企业在“差异”栏后面增设“差异原因分析”一栏，以便确定责任履行的真实情况并进行信息反馈。业绩报告中的“成本差异”是考核和评价成本中心工作实绩的重要依据，凡是预算数超过实际数的差异，表示成本节约额，称为“有利差异”，通常在数字后面用F表示；凡是预算数小于实际数的差异，表示成本超支额，称为“不利差异”，通常在数字后面用U表示。

成本中心的业绩报告和责任预算一样，除了最基本成本中心的责任成本就是其本身可控成本项目之和外，其他层次的复合成本中心的责任成本一般都应当包括两个部分：一部分是本成本中心的可控成本项目之和，另一部分是下属成本中心转来的责任成本。对于各成本中心发生的不可控成本，在编制业绩报告时，有两种不同处理方式：一种是全部省略，以便业绩报告突出重点；另一种是作为业绩报告的参考资料，以便高层管理当局能全面了解各成本中心在一定期间内消耗的全貌。

下面以复合成本中心为例，编制成本中心业绩报告，如表11-36所示。

表11-36 XX成本中心业绩报告

（X年X月）

项 目	预算数	实际数	差异数	差异原因
本车间的可控成本：				略
间接材料	5 000	4 800	-200（F）	
间接人工	4 000	4 100	+100（U）	
管理人员工资	6 000	6 300	+300（U）	
设备折旧费	8 000	8 000	—	
设备维修费	2 000	1 900	-100（F）	
小 计	25 000	25 100	+100（U）	
下属成本中心成本：				
Ⅰ工段	20 000	21 000	+1 000（U）	
Ⅱ工段	30 000	28 500	-1 500（F）	
小 计	50 000	49 500	-500（F）	
本车间责任成本合计	75 000	74 600	-400（F）	

11.4.2 利润中心的业绩考评

由于利润中心对利润负责，责任预算的内容包括收入、成本、利润三部分，因此，对利润中心进行考评的内容也包括收入、成本、利润三部分。由于利润中心的责任成本大部分是F属成本中心的责任成本，只有推销及管理费用是利润中心本身的可控成本，因此利润中心业绩考评的重点是利润中心不同表现形式的利润，如息税前净利贡献毛益等。

对利润中心进行考评的依据是利润中心的业绩报告，利润中心的业绩报告一般按照收入、成本、利润各项目，分别设预算数、实际数和差异数三栏。需要注意的是，业绩报告中的“差异”是考核和评价利润中心工作实绩的重要依据，凡是预算数超过实际数的差异，表示“不利差异”，通常在数字后面用U表示；凡是预算数小于实际数的差异，表示“有利差异”，通常在数字后面用F表示。

另外，如果存在应由几个利润中心共同负担的联合固定成本，由于利润中心无法控制联合固定成本的数额，所以对联合固定成本的处理有两种方法：一种方法是将其在利润中心间分配，在该方法下，利润中心的业绩报告中有利润额，但是，在对利润中心进行考核时，要剔除这部分固定成本的影响；另一种方法是不分配联合的固定成本，在该方法下，利润中心的业绩报告中只有不完全的贡献毛益额或创利额，业绩报告中也没有“上级分配来的固定成本”项目。

以分配联合固定成本的处理方法为例，利润中心的业绩报告如表 11-37 所示。

表 11-37　XX 利润中心业绩报告

（X 年 X 月）

项　目	预　算　数	实　际　数	差　异　数
销售收入	500 000	550 000	+50 000（F）
变动成本：			
变动生产成本	250 000	275 000	+25 000（U）
变动推销及管理成本	50 000	58 000	+8 000（U）
变动成本小计	300 000	333 000	+33 000（U）
贡献毛益	200 000	217 000	+17 000（U）
期间成本：			
直接发生的固定成本	60 000	62 000	+2 000（U）
上级分配来的固定成本	50 000	55 000	+5 000（U）
期间成本小计	110 000	117 000	+7 000（U）
息税前净利	90 000	100 000	+10 000（F）

11.4.3　投资中心的业绩考评

投资中心不仅需要对成本、收入、利润负责，还要对所占用资金的投资效果负责，因此对投资中心进行考评的侧重点是各投资中心的投资效果。对投资效果的考核与评价，一般通过“投资报酬率”与“剩余收益”来进行。

投资中心的业绩报告，除了要列出销售收入、销售成本、营业利润等项目的预算数、实际数和差异数外，还要列出营业资产、投资报酬率、基本利润及剩余收益等指标，以全面反映投资中心的业绩。

【例 11-8】某公司有一个投资中心，该公司为这一投资中心设定的最低投资报酬率为 10%，根据有关资料，编制该投资中心业绩报告如表 11-38 所示。

表 11-38　XX 投资中心业绩报告

（XX 年度）

项　目	预　算　数	实　际　数	差　异　数
1. 销售收入	2 000 000	2 400 000	+500 000（F）
2. 销售成本	1 900 000	2 350 000	+450 000（U）
3. 营业利润（1−2）	100 000	150 000	+50 000（F）
4. 营业资产平均余额	500 000	800 000	+300 000（U）
5. 销售利润率（3÷1）	5%	6.25%	+1.25%（F）
6. 资产周围率（1÷4）	4 次	3 次	−1 次（U）
7. 投资报酬率（5×6）	20%	18.75%	−1.25%（U）
8. 基本利润额（4×10%）	50 000	80 000	+30 000（U）
9. 剩余收益（3−8）	50 000	70 000	+20 000（F）

从表中相关数据可以看出，在销售利润率提高的情况下，该投资中心的实际投资报酬率比预算数要低，主要原因是资产周转速度减慢，预算的周转次数为 4 次，实际只周转了 3 次；剩余收益有所增加，表明该投资中心与企业整体利益同时比预算增加了 20 000 元。

11.5　内部转移价格

11.5.1　内部转移价格的含义和作用

企业内部各责任中心之间，往往会由于各种原因发生责任的转移和债权债务的结算，为了分清经济责任，调动各责任单位的积极性，必须及时进行转账处理。这种转账包括责任成本的相互结转和责任中心间相互提供产品或劳务的结算转账两种情况。

责任成本的相互转账，一般是在出现以下两种情况时进行：一是各责任中心之间由于责任成本发生的地点与承担责任的地点不同，需要进行转账。如生产车间和采购部门都是成本中心，若生产车间耗用的材料质量不符合规定，从而使得消耗量超过定额，这部分成本差异就应当由采购部门负责，而不是由生产部门负责。二是责任成本发生的地点与应承担责任的地点一致，但责任成本在发生地点显示不出来、只有在下一道工序才能被发现时，需要进行转账。如企业生产产品需要经过多道工序，各工序加工部门都属于成本中心，当下一道工序加工时才能发现上一道工序的残次品，对残次品进行修补发生的费用，应当由上一道工序负责，而不是由加工工序负责。

企业内部各责任中心间相互提供产品或劳务，属于企业内部转账业务中的经常性业务，结算的计价标准一股称为“内部转移价格”。内部转移价格制定得合理与否直接关系着各责任中心间的责任划分、业绩评价、积极性的调动。内部转移价格在以下方面起着重要作用。

（1）明确划分各责任中心的经管责任，激励中心负责人有效经营，并充分调动各责任中心的积极性。

（2）使管理当局对各责任中心的评价与考核，建立在客观、公正、可比的基础上。

（3）使管理当局能根据各责任中心提供的相关信息进行相关决策，并保证各个责任中心与整体企业目标的一致性。

11.5.2　制定内部转移价格的原则

企业制定内部转移价格应当力求做到以下几点：

（1）力求使内部转移价格有利于分清各责任中心的成绩和不足；

（2）力求使内部转移价格的制定建立在客观的基础上，避免主观随意性；

（3）力求使内部转移价格为供求双方乐于接受。

在上述前提下，内部转移价格的制定应当遵循以下原则：

（1）凡是成本中心之间相互提供产品或劳务，应以“成本”作为内部转移价格。其中“成本”是指“标准成本”或“标准费用分配率”，避免采用实际成本作为内部转移价格。因为以实际成本作为转移价格，会使供应单位的功过全部转嫁给产品或劳务的使用单位，从而造成责任不明、双方控制成本的积极性不高等后果。

（2）凡是企业内部产品或劳务的转移，有一方涉及利润中心或投资中心，则应当尽可能地选择客观的“市场价格”作为内部转移价格，或者采用“协商价格”、“双重价格”或“成本加成”等作为内部转移价格。

11.5.3 内部转移价格的种类及其适用范围和条件

内部转移价格一般有标准成本、标准成本加成、市场价格、协商价格、双重价格等几种。

1. 标准成本

在企业采用标准成本制度的情况下，产品或劳务的标准成本资料容易取得，而且以标准成本作为内部转移价格具有使用方便、避免成绩或不足的相互转嫁等多方面的好处。标准成本一般适用于成本中心之间相互提供产品或劳务的结算。

2. 标准成本加成

标准成本加成是根据产品或劳务的标准成本再加上一定的合理利润率作为基础的内部转移价格。其优点是能保证卖方单位有利可得，从而调动他们的积极性，另外也有利于划分卖方和买方的经济责任。需要注意的是，在确定加成率时应从客观的角度出发。标准成本加成适用于企业采用标准成本制度的情况下，涉及利润中心或投资中心时的内部结算。

3. 市场价格

以市场价格作为内部转移价格具有客观性，可以避免主观随意性。同时可以促使责任中心通过降低成本来增加盈利，从而调动有关部门的积极性。市场价格适用于涉及利润中心或投资中心时的内部结算。

在采用市场价格作为内部转移价格时，为了保证各责任中心的竞争建立在与企业的总体目标一致的基础上，企业内部的买卖双方一般应当遵守一条基本原则，即各责任中心之间应当尽可能进行内部转让，除非责任中心有充分理由说明对外交易比内部转让更为有利。

另外，以市场价格作为内部转移价格时，必须注意以下问题：

（1）以市场价格作为内部转移价格并不等于直接用市场价格结算，而是应当在市场价格基础上做必要的调整。一般应从外部市场销售价格中扣除广告费、运输费等推销费用，因为这些费用在内部销售时有时并不发生。

（2）以市场价格作为内部转移价格的前提是“卖方”没有闲置的生产能力。否则，买方如果从市场上购入产品或劳务，则卖方的生产能力得不到充分利用，企业整体利益将达不到最大化。解决这一问题的途径是采用协商价格，以促使买方从企业内部购入产品或劳务。

4. 协商价格

协商价格是指买卖双方以正常的市场价格为基础，定期协商确定出的双方都愿意接受的内部结算价格。采用协商价格作为内部结算的计价标准，前提条件是责任中心相互转让的中间产品应有非竞争性的市场可以买卖，且买卖双方有权决定是否买卖某种中间产品。

协商价格通常要低于市场价格。因为对于卖方来讲不必支出相关的推销及管理费用；而且只要价格高于卖方的单位变动成本，卖方就会获得收益。因此，协商价格的上限是市场价格，下限是单位变动成本，具体价格由买卖双方协商。

另外，当产品或劳务没有适当的市场价格的情况下，也能采用协商价格，因此，协商价格适用于卖方有剩余生产能力或没有市场价格情况下的内部结算。

5. 双重价格

双重价格是指买卖双方分别采用不同的内部转移价格作为计价基础。由于内部转移价格的使用目的主要在于确定各责任中心的业绩，所以买卖双方的转移价格并不需要完全一致，可以分别选用对本责任中心最有利的价格作为计价基础。采用双重价格的好处是既可以较好地满足买卖双方不同的需要，也便于激励双方在生产经营上充分发挥其主动性和积极性。

采用双重价格的前提条件为：内部转让的产品或劳务有外界市场，卖方单位有剩余生产能力，且其单位变动成本要低于市场价格；特别是当采用单一的内部转移价格不能达到激励责任中心的有效经营和保证责任中心与整个企业的经营目标一致时，双重价格是有效的结算价格。

11.5.4　内部经济仲裁

在实行责任会计的过程中，由于企业内部经济关系错综复杂，各责任中心之间不可避免地会出现一些有关责、权、利方面的经济纠纷，以及内部转移价格的争议事项。因此，需要在企业内部有一个权威性的机构，能够进行调停和裁决。这种由企业内部权威机构针对各责任中心间的经济纠纷进行的调停和裁决就称为内部经济仲裁。

企业的内部经济仲裁通常由企业的“经济仲裁委员会”来进行，其中“经济仲裁委员会”大多由企业的最高管理当局与各部门的负责人组成，专门负责调查研究、协商处理各种经济纠纷或进行裁决。另外，有些中小企业大多由企业的最高领导指派有关人员负责内部经济仲裁。无论内部仲裁机构如何设置，都应具有一定的权威性、独立性和公正性。其中，权威性是指内部仲裁机构所进行的调停必须能得到所有责任中心的信赖，做出的裁决能得到认真执行；独立性是指内部仲裁机构在调查和处理问题时，应当不受任何部门或人员的影响；公正性是指内部仲裁机构进行的仲裁应当不偏不倚，客观公允。

另外，为了尽量减少经济纠纷，企业管理当局应及时明确有关部门的责、权、利，并以内部规范制度的形式确定下来。以便各责任部门能够照章行事。

复习思考题

一、单项选择题

1. 对于任何一个成本中心来说，其责任成本应等于该中心的（　　）。

A．产品成本　　B．固定成本之和

C．可控成本之和　　D．不可控成本之和

2. 投资中心的考核指标中能使部门的业绩与企业的目标协调一致，避免次优化问题的指标是（　）。

A. 投资报酬率　　B. 剩余收益

C. 现金回收率　　D. 可控边际贡献

3. 某投资中心第一年经营资产平均余额 100 000 元，经营利润 20 000 元，第二年该中新增投资 20 000 元，预计经营利润 3 000 元，接受新投资后，该部门的投资利润率为（　　）。

A. 15.5%　　B. 20%

C. 17.5%　　D. 19%

4. 在下列各项中，需要同时对成本、收入和利润负责的是（　　）。

A. 投资中心　　B. 利润中心

C. 成本中心　　D. 责任中心

5. 成本中心控制和考核的内容是（　　）。

A. 责任成本　　B. 产品成本

C. 直接成本　　D. 目标成本

6. 如果企业内部的供需双方分别按照不同的内部转移价格对同一笔内部交易进行结算，则可以断定它们采用的是（　　）。

A. 成本转移价格　　B. 市场价格

C. 协商价格　　D. 双重价格

7. 投资中心的利润与其投资额的比率称作（　　）。

A. 投资报酬率　　B. 税前净利

C. 内部报酬率　　D. 剩余收益

8. 下列项目中，通常具有法人资格的责任中心是（　　）。

A. 投资中心　　B. 利润中心

C. 成本中心　　D. 费用中心

9. 下列各项中，不属于利润中心应当拥有的权利是（　　）。

A. 价格决策权　　B. 投资决策权

C. 生产决策权　　D. 销售决策权

10. 在成本转移价格作为内部转移价格时，如果交易产品涉及利润中心或投资中心，则此时的价格应当是（　　）。

A. 实际成本　　B. 标准成本

C. 标准成本加成　　D. 变动成本

二、多项选择题

1. 下列项目中，属于责任中心考核指标的有（　　）。

A. 产品成本　　B. 可控成本

C. 投资利润率　　D. 剩余收益

2. 下列各项中，属于责任会计制度内容的有（　　）。

A. 设置责任中心　　B. 编制责任预算

C. 提交责任报告　　D. 评价经营业绩

3．下列各项中，属于责任中心内容的有（　　）。

A．成本中心　　B．投资中心

C．销售中心　　D．利润中心

4．在下列各项中，能够揭示责任中心特点的项目有（　　）。

A．责权利相结合

B．责任与权力都是可控的

C．具有承担经济责任的条件

D．能进行责任核算、业绩考核与评价

5．下列各项中，属于成本中心类型的有（　　）。

A．产品成本中心　　B．变动性成本中心

C．酌量性成本中心　　D．技术性成本中心

6．下列各项中，能够揭示责任成本与产品成本主要区别的表述有（　　）。

A．核算的主要目的不同　　B．归依和分配的对象不同

C．分配的原则不同　　D．核算的基础条件不同

7．在下列各项指标中，属于成本中心考核范畴的有（　　）。

A．责任成本总额　　B．责任成本变动额

C．责任成本变动率　　D．变动成本变动额

8．在下列各项指标中，属于考核投资中心投资效果的有（　　）。

A．责任成本　　B．剩余收益

C．贡献边际　　D．投资利润率

9．下列各项表达式中，其计算结果等于投资利润率指标的有（　　）。

A．总资产周转率×销售利润率

B．总资产周转率×销售成本率

C．总资产周转率×销售成本率×成本费用利润率

D．总资产周转率×成本费用利润率

10．下列各项中，可以作为内部转移价格的有（　　）。

A．标准变动成本　　B．双重价格

C．标准成本加成　　D．协商价格

三、判断题

1．一项对于较高层次的责任中心来说不可控的成本，对于其下属的较低层次的责任中心来说有可能是可控成本。（　　）

2．剩余收益指标的优点是可以使投资中心的业绩评价与企业目标协调一致。（　　）

3．对于企业来说，几乎所有的成本都可以被视为可控成本。（　　）

4．成本中心实际发生的责任成本大于其责任成本预算的差异是有利差异。（　　）

5．编制责任预算需要在责任报告上进行；责任报告是考核评价经营业绩的载体。（　　）

6．对于上级分配来的固定成本，由于利润中心无法控制其数额，所以，对这部分固定成本的影响在考核时应将其剔除。（　　）

7．在一定的时空条件下，可控成本与不可控成本可以实现相互转化。（　　）

8．各成本中心的可控成本之和等于企业的总成本之和。（　）

9．责任会计的核算应以企业内部各部门为对象，责任会计资料的收集、记录、整理、计算对比和分析等工作也都是按部门进行的。（　　）

10．因利润中心实际发生的利润数大于预算数而形成的差异是不利差异。（　　）

四、计算分析题

1．甲公司某投资中心 A 原投资利润率为 18%，营业资产为 500 000 元，营业利润为 100 000。现有一项业务，需要借入资金 200 000 元，可获利 68 000 元。

（1）若以投资利润率作为评价和考核投资中心 A 的依据，做出 A 投资中心是否愿意投资于这项新的业务的决策。

（2）若以剩余收益作为评价和考核投资中心 A 工作成果的依据，新项目要求的最低收益率为 15%，做出 A 投资中心是否愿意投资于这个新项目决策。

2．某投资中心投资额为 100 000 元，年净利润额为 18 000 元，企业为该投资中心规定的投资利润率为 15%。计算该投资中心的投资利润率和剩余收益。

3．乙公司 2012 年的销售收入为 40 000 元，营业资产为 16 000 元；B 公司 2012 年的销售收入为 1 000 000 元，营业资产为 20 000 元。如果两家公司均希望其 2012 年的投资利润率达到 15%。分别计算 A、B 公司在 2012 年的销售利润率。

4．丙公司的一个投资中心有关数据如表 11-39 所示。

表 11-39　投资中心有关数据表　　单位：万元

项　目	金　额
该投资中心拥有资产	10 000
该投资中心风险是公司平均风险的倍数	1.5
销售收入	15 000
变动销售成本和费用	10 000
该投资中心可控固定成本	800
该投资中心不可控固定成本	1 200
该投资中心分配的公司的管理费用	1 000
公司所得税税率	25%
公司无风险报酬率	8%
公司平均必要报酬率	12%

（1）试计算该投资中心的部门边际贡献、部门税前利润、投资报酬率和剩余收益。

（2）如果有乙项目风险与该中心相同，需投资 5 000 万元，未来 10 年内每年的投资报酬率为 18%，请分别根据投资中心的投资报酬率和剩余收益决定项目的取舍。

五、简答题

1．产品成本、责任成本和可控成本之间有何区别与联系？

2．为什么说按市价制定内部转移价格是最合理的？

3．成本中心怎样才能转化为利润中心？

4．内部转移价格有哪几种？各有什么优缺点？它们的适用条件是什么？
5．什么是责任中心？如何设计企业的责任中心？如何评价责任中心的业绩？
6．什么是内部转移价格？它有哪些作用？
7．内部交易结算和内部责任结转有什么异同？

六、实训题

华兴公司下设 A、B 两个投资中心，A 投资中心的投资额为 400 万元，投资报酬率为 16%；B 投资中心的投资报酬率为 17%，剩余收益为 40 万元。公司决定追加投资 100 万元，可增加部门边际贡献 15 万元。

（1）计算追加投资前公司的投资报酬率和剩余收益；（剩余收益保留整数）
（2）从投资报酬率的角度看，A、B 投资中心是否会愿意接受该投资；
（3）从剩余收益的角度看，A、B 投资中心是否会愿意接受该投资；
（4）说明以投资报酬率和剩余收益作为投资中心业绩评价指标的优缺点。

第 12 章 业绩评价

本章导语

业绩评价是组织管理控制系统的核心部分，为了加强控制和管理，组织内部的机构和人员必须对组织整体、各部门或员工的表现做出评价并据以制定奖惩计划。近年来，业绩评价实践呈现三种新的发展趋势，第一是对业绩评价中使用经济增加值指标的管制，第二是企业业绩评价中使用非财务指标和平衡计分卡方法，第三是政府机构等非营利组织对业绩评价问题的重视。本章主要讨论的是企业业绩评价的问题，并重点介绍了当前比较流行的战略管理和业绩评价工具 EVA 的业绩评价方法及平衡计分卡。

学习目标

1. 了解业绩评价的概念、业绩评价的过程。
2. 理解 EVA 的内涵及功能特点。
3. 熟悉 EVA 的计算方法以及会计调整项目。
4. 掌握 EVA 绩效评价系统的内容及优点与不足。
5. 了解平衡计分卡的含义。
6. 掌握平衡计分卡的基本框架。

12.1 业绩评价概述

12.1.1 业绩评价方法及演进

传统的业绩评价的方法是：以财务指标为核心，通过编制预算，设定投资报酬率、利润、现金流量和各种财务比率，来比较实际指标与预算指标的差异，并据此进行业绩评价和奖惩。该方法可能会诱导管理层做出目光短浅的决策，强调决策的近期影响，而不能明确地把短期运作和长期战略联系起来，使企业管理过分关注短期业绩，牺牲了对组织更为重要的对长远发展的思考。现在组织处于快速变化和高度竞争的环境中，传统的业绩评价对决策的指导作用已经越来越小，仅仅依靠货币的财务指标已不能反映当前的资源配置对未来财务业绩的意义。

20 世纪 90 年代以来，企业预算作用日趋减弱，出现“改进预算”和“超越预算”等新的理论和方法，一些新的财务指标相继出现，非财务指标在业绩评价体系中也越来越重要，并且强调创新、学习和知识资本等无形资本的评价。业绩评价体系结构出现多维指标，所包含的内容越来越丰富。

12.1.2　业绩评价指标体系的建立

1. 业绩评价指标体系设计

进行科学的业绩评价的关键是设计一套合理的业绩评价指标体系。一般来说，设计业绩评价指标体系应考虑以下因素：

（1）明确的管理责任。在进行业绩评价时首先要明确评价对象的管理权限和责任，以可控性为标准。即业绩评价只能以评价对象控制的因素为限，评价对象不能控制的因素应该排除在衡量指标之外。

（2）财务指标的代表性。所选取的财务指标应该具有代表性，能够全面地衡量财务业绩，一般应包括收入增长率、利润、现金流、投资报酬率在内。

（3）非财务指标的应用。业绩评价不能只关注财务性的指标，应该同时考虑与企业各个经营层面（如行政、生产、营销、财务、研发、人力资源管理等）关联的非财务性指标，以提高评估绩效的全面性和准确性。

（4）符合长远利益。一般绩效的评价很容易使各部门和经理只顾眼前利益，忽略了长远的计划。设定评价指标时应注意与企业长远战略和发展结合起来。

2. 设计业绩评价体系应遵循的原则

（1）全面性原则。全面性原则要求企业业绩评价应当通过建立综合的指标体系，对影响企业业绩水平的各种因素进行多层次、多角度的分析和综合评价。

既要注重财务指标和经营指标以及工作任务等硬性指标，也要注重创新能力、企业文化、行业影响、人力资源等方面的软指标。

（2）客观性原则。客观性原则要求企业业绩评价应当充分体现市场竞争环境特征，依据统一测算的、同一期间的国内行业标准或者国际行业标准，客观公正地评判企业经营成果及管理状况。

（3）效益性原则。效益型原则要求企业应当以考察投资回报水平为重点，运用投入产出分析基本方法，真实反映企业资产运营效率和资本保值增值水平。

（4）发展性原则。发展性原则要求企业综合绩效评价应当在综合反映企业年度财务状况和经营成果的基础上，客观分析企业年度之间的增长状况及发展水平，科学预测企业的未来发展能力。

3. 业绩评价财务性与非财务性指标

传统的以财务为核心的考核体系更适合于比较稳定的、复杂度较低的环境，而不适合于今天许多组织面临的剧烈变化和激烈竞争的环境。不断增长的全球竞争和全面质量管理已经扩大了对非财务指标的需求，对财务指标的批评凸显了非财务指标在业绩评价中的重要性，但非财务指标不可能取代财务指标，非财务信息对财务信息起到补充作用，仅仅靠财务信心已经不能满足现代企业的业绩评价要求，不能支撑新的战略管理思想。为了克服财务指标过于综合和滞后的弊病，获得更及时、更具体、更详尽的信息，许多企业的业绩评价把财务指标和非财务指标结合起来，用非财务信息作为财务信息的补充。

12.1.3 业绩评价过程

成功的业绩评价除了指标体系的构建，还需要考虑业绩评价过程中所表现出来的一系列控制系统的重要特征。首先，控制成败的关键在于评价目标应该具有挑战性和可实现性，没有这样的明确目标，业绩就会低于它们理论上可以达到的水平；同时，业绩评价过程应该通过及时的反馈，引导积极的组织行为，并确保员工的行为与组织战略目标一致；最后，为了建立目标责任，业绩评价结果应该与及时和容易理解的报酬和奖惩联系起来。

1. 业绩评价标准

通过设立以及评价标准，可以把实际业绩指标与标准业指标相比较，依此判断任务完成的好坏，作为奖惩的依据，并促进更高绩效实现，业绩评价标准的设立应该具备以下几个要点：

（1）标准要具有挑战性。

（2）标准经过努力可以实现。

（3）标准能量化尽量量化，不能量化的要具体明确。

（4）标准应该将刚性和柔性要求结合起来。

（5）标准要透明并且广为人知。

在实际设定业绩评价标准时，通常有三种方法，一是预先确定好的标准，即预算标准；二是历史标准，以组织以前最好的或优良的业绩作为现在的标准；三是外部标准，即把同类企业或部门的实际业绩作为本企业或部门业绩的评价依据。

2. 计量与反馈

设立标准后，就可以在经营过程中计量实际业绩，并与标准相比较，把信息反馈到管理层，核算和分析差异，提出改进绩效的新措施与办法。

3. 奖惩制度的依据

业绩评价的结果将会被作为奖惩制度的依据，奖励业绩好的惩罚业绩差的，以达到控制组织与员工行为、促进企业目标实现的目的。

12.2 基于 EVA 的业绩评价

在“两权分离”的现代企业制度下，如何有效衡量企业的业绩及向公司股东提供投资回报，最大限度降低公司治理的代理成本，实现企业价值与股东财富最大化，已成为经济学和管理学理论与实践中急待解决的问题。

12.2.1 EVA 内涵及功能特点

1. EVA 的内涵

EVA 是经济增加值（Economic Value Added）英文缩写，经济增加值又称经济利润，简单地说就是一定时期的企业税后经营净利润与投入资本的资金成本的差额。经济增加值不仅对债务资本计算成本，而且对权益资本也计算成本（机会成本）。因此，它实际反映的是企业一定时期的经济利润。如果 EVA 的值为正，则表示公司获得收益高于为获得此项收益所付出的成本；相反，如果 EVA 的值为负，则表示股东的财富在减少。

EVA 作为一种度量企业经营业绩的指标，已经有二百多年的历史，其理论渊源出自于早期开发出来的“剩余收益”思想，并在技术方法上进行了以下两个方面的改进：

（1）引进了财务经济学的资本资产定价模型，用以确定企业的资本成本，分析了各部门的风险特征。

（2）以对外报告的会计数据为基础进行调整，矫正了传统财务指标的信息失真。

2. EVA 的功能特点

从理论和实践的角度看，EVA 作为一种度量企业业绩的指标，最直接地联系着股东财富的创造。对股东来说，EVA 总是越多越好。从这个意义上讲，EVA 是唯一能够指导经营者正确行动的业绩度量指标，它能够连续地度量业绩的改进。相反，销售利润率、每股盈余、投资回报率等评价与市场价值的联系比较微弱，有时甚至会误导决策，侵蚀股东财富。EVA 架构下的综合性财务管理系统几乎可以指导公司的每一个决策，这些决策包括年度经营预算，年度资本预算、战略谋划、企业收购和公司出售等，纠正了目前财务管理系统指标混乱、决策无所适从的现状。此外，EVA 还是一个独特的薪酬激励制度中的关键变量，它真正把管理者的利益和股东的利益一致起来，促使管理人像股东那样的思考和行动。综合来说，EVA 是一种治理公司的内部控制制度。在这种制度下，所有员工协同共进，积极追求最好的业绩。

12.2.2 EVA 的计算

经济增加值的内涵在国内、国外都是一样的。但由于会计制度不同，计算公式表达的因素和路径不尽相同，最终的功能也各具特色，各有长短。但价值管理的大方向是一致的。

1. 西方国家 EVA 的计算公式

EVA（经济增加值）=税后利润-资本费用

其中：税后利润=营业利润-所得税额

资本费用=总资本×平均资本费用率

平均资本费用率=资本或股本费用率×资本构成率+负债费用率×负债构成率

注：在我国，由于会计准则不同，使用上述公式时须注意以下几点：

① 公式中的税后利润，是指营业利润减去所得税额后的余额；而我国会计制度中的税后利润，则是指利润总额减去应交所得税后的余额；

② 公式中的营业利润是指息税前利润，即营业利润中包括利息费用在内，而我国会计制度中的营业利润，却不包括利息费用在内，利润总额中也不含利息；

③ 公式中的总资本是西方经济学中的资本含义，相当于我们通常所说的总资产。

2. 我国国务院国资委规定的计算方式

经济增加值=税后净营业利润-资本成本=税后净营业利润-调整后资本×平均资本成本率

调整后资本=平均所有者权益+平均负债合计-平均无息流动负债-平均在建工程

需要说明的是，上述公式中的税后净营业利润，不同于会计报表上的税后净利润，它需要经过一系列的调整后得到。

【例 12-1】甲公司的投资资本为 5 000 万元，期初投资资本回报率为 10%，负债比率为 40%，负债税后资本成本为 6%，股权资本成本为 10%。

计算甲企业的经济增加值。

甲企业的经济增加值计算如下：

加权平均资本成本=6%×40%+10%×60%=8.4%

经济增加值=税后经营利润-全部资本费用

=5 000×10%-(5 000×8.4%)=（80 万元）

12.2.3 EVA 的会计调整

在利用 EVA 时，由于理念变了，核心指标变了，指标体系、权重设置、因素增减等，必须随之作相应的调整。此间涉及会计计量方面的调整，称为“会计调整”。其目的在于消除传统会计处理对经济事项反映的失真，使其结果与经济现状相吻合，进而使得 EVA 值能准确地反映企业经营管理所产生的真实的盈余，真实地反映经营者为资本创造的真实价值。根据 EVA 评价体系的发明者美国斯特恩·斯图尔特咨询公司的研究，建立科学适用的 EVA 评价体系，精确计算 EVA 值，需要对目前的会计财务科目、指标进行非常系统的、必要的调整，理论上需要进行多达 160 多项调整。而且根据企业的具体实践和经验，许多调整理论上可行，然而实际操作非常困难，难以达到预期目的。至于具体操作使用中要进行多大程度的调整，可以根据企业的规模、行业来确定。对一般的企业而言，要求可以降低，只需进行 5～15 项调整，就可以基本达到目的。我国目前所进行的会计调整，也是就简化为一般只进行 8～12 个项目的调整。进行 EVA 的会计调整，需要遵循重要性、易获得和可理解三个基本原则来进行，根据这个原则，涉及 EVA 调整的主要有：影响会计稳健性的项目、影响非经营业务盈亏的项目、可能导致盈余变化的项目，以及弥补指标设立缺陷的项目等。

归纳起来，EVA 会计调整内容可参见表 12-1。

表 12-1 EVA 计算主要调整项目表

类 别	主要调整项目	调整项目内容说明	调 整 原 因	调 整 方 法
企业税后净营业利润	会计准备当年计提及当期核销	基于会计的保守和谨慎原则，会计准备计提是把将来可能要发生的一部分费用提前计入损益	因为并没有实际发生，会计准备不能真实地反映公司的营业状况	将会计准备计提放回当期利润总额。而当期的实际核销数，则同税前利润
	营业外收入/支出	公司在生产经营活动以外取得的各项收入或支出	与公司的生产经营活动没有直接关系，并不真正反映正常经营业绩或经营决策	将当期发生的营业外收支从税前净营业利润中剔除
资本占用	递延税款	当利润表中的所得税款项与公司实际支付的现金所得税不相等时，余额计入负债或资产项下，被称为“递延税款贷项”或“递延税款借项”	大多数公司可能永远也不会缴纳它们的递延税款贷方项部分，这部分递延税款实际上和其他股权资本一样可用于生产经营，然而递延税款借方项部分不构成一项真正意义上的资产	将递延税款借贷项的净值从当期资本中剔除

1. 企业发展费用支出的调整

在 EVA 体系下，将对企业长远发展有贡献的会计项目，如研发费用、营销费用、培训费用等，计入当期损益，容易影响经营者对此类投资的积极性，不利于企业长远发展，这也是传统绩效评价的缺点之一，因而需要对这类费用进行资本化调整，把风险在期间上平摊，不影响经营者投资此类项目的积极性。

2. 各种准备金的调整

会计的谨慎性原则要求企业为将来发生的费用提取准备金，当存货、应收账款等资产的账面价值低于现值时，则计提资产减值准备，将这一部分资产损失提前确认为费用，如坏账准备、固定资产减值准备、存货跌价准备等。准备金的计提不是当期资产的实际减少，但体现在账面价值上却不利于反映公司的真实现金盈利能力，同时低估了企业经营投入的资本成本，减少了企业的当期利润。斯特恩 • 斯图尔特咨询公司公司认为，提取准备金往往是企业管理者操纵会计利润的常用手段之一，这容易造成上市公司通过减值准备的计提和转回人为操纵利润，并且，准备金的提取扩大了会计利润与现金流量的差距。因此，只有实际发生现金流量时才能计入营业利润的计算。

3. 营业外支出的调整

营业外收支费用，如资产处置的益损、汇率变化带来的益损等，是股东必须承担的益损，本质上应作为资产变动来看待，因此在计算 EVA 时需要对其进行相应的调整。

4. 异常收支项的调整

在特殊情况下，企业资产处置等方面的事宜所带来的营业利润变动，并不反映企业真实的经营业绩，因而需要对其进行必要的调整。

5. 递延税款的调整

由于企业按照会计规定计算的所得税前会计利润与按照税收规定计算的纳税所得额之间的计算标准和计算口径存在差异，两者产生差额。一般在缴纳所得税时，企业应当按照税收规定对税前会计利润进行调整，并按照调整后的数额申报缴纳所得税。但是从经济观点来看，公司应该从当前利润中扣除的唯一税款就是当前缴纳的税款，而不是将来可能缴纳的税款。计算资本成本时，企业应考虑税收这个成本，把从过去利润中扣除的递延税款加到股东权益中。

【例 12-2】乙公司是一家从事通信技术开发与产品生产的高科技公司，成立于 2000 年，该公司原来一直将持续盈利能力目标作为财务战略目标，并将利润作为其业绩考核的核心指标。但近年来，盈利能力和发展能力大幅下滑，市场占有率也出现了下降。为了扭转这种局面，公司董事会决定转变财务战略目标，由持续盈利能力目标转变为经济增加值最大化目标，并确定以经济增加值作为其业绩考核的核心指标。

经过充分的分析研究，该公司确定的明年目标经济增加值为 2000 万元，目前该公司正在进行 2013 年的财务规划，有关资料如下：

（1）2012 年公司实现销售收入 20 000 万元，净利润 2 000 万元，平均资产总额为 8 000 万元，平均无息流动负债为 800 万元。

（2）2013 年预计销售收入增长 10%，预计销售净利率、资产周转率不变，并且平均无息流动负债与销售收入的比例也不变。

（3）公司为推进技术创新，提高市场竞争力，2013 年拟投入研发费用 500 万元，其中企业财务报表中管理费用下的研发费为 300 万元，2013 年确认为无形资产的研发费为 200 万元。

（4）公司目标资本结构为资产负债率 60%，2013 年将继续维持。在该资本结构下，公司有息负债利息率为 5%。

（5）公司所得税率为 25%，加权平均资本成本率为 10%。

假设不考虑其他因素。

（1）预测明年的经济增加值，并判断该公司能否实现目标。

（2）为了提高经济增加值，该公司拟采取如下行动：

① 减少不影响收入的 300 万元的经营费用；

② 重组资本结构（负债权益比率），将资本成本降为 9%；

假设其他因素保持不变，各项行动是独立的，计算说明每一项决策对经济增加值的影响。

根据上述题意，计算如下：

（1）计算乙公司的经济增加值

净利润=2 000×(1+10%)=2 200（万元）

平均资产=8 000×(1+10%)=8 800（万元）

平均无息流动负债=800×(1+10%)=880（万元）

平均负债=8 800×60%=5 280（万元）

有息负债=5 280−880=4 400（万元）

利息支出=4 400×5%=220（万元）

税后经营业利润=2 200+(220+500)×(1−25%)=2 740（万元）

调整后资本=8 800−880=7 920（万元）

经济增加值=2 740−7 920×10%=1 948（万元）

由于预计的经济增加值低于目标经济增加值，因此，不能实现目标。

（2）解答如下：

① 减少 300 万元的营业费用，可以增加税前利润 300 万元，增加税后利润=300×(1−25%)=225（万元），由于不改变资本成本，所以该决策可以增加经济增加值 225 万元。

② 将资本成本降为 9%，不改变税后净营业利润，但可以降低资本成本 7 920×(10%−9%)=79.2（万元），所以该决策可以增加经济增加值 79.2 万元。

12.2.4　EVA 绩效评价系统

1. EVA 绩效评价基本原理

20 世纪 90 年代以后，企业经营的环境发生了巨大变化。新的商业环境使传统的会计衡量标准和和旧的管理模式捉襟见肘，包括经济增加值在内的新的经济管理手段和技能显得越来越重要，EVA 绩效评价方法就是在这种背景下产生并发展的。在该系统中，业绩以企业市场价值为衡量标准，而非投资收益率等传统绩效评价指标，从而消除了传统绩效评价系统中存在的诸多弊端。

EVA 是 EVA 评价方法的核心指标。斯特恩•斯图尔特咨询公司认为，无论是会计收益还是经营现金流量指标都具有明显的缺陷，应该抛弃。会计收益没有考虑企业权益资本的机会成本，难以正确地反映企业的真实经营业绩；而经营现金流量虽然能正确反映企业的长期业绩，却不是衡量企业年度经营业绩的有效指标。相反 EVA 能够将这两方面有效地结合起来，因此是一种可以广泛用于企业内部和外部的绩效评价指标的。

采用 EVA 评价企业的经营业绩意味着以股东价值最大化为目标。它所蕴含的基本思想是：只有投资的收益超过资本成本，投资才能为投资者创造价值。企业以 EVA 作为业绩的评价标准，必须提高效益，并慎重地选择融资方式：是出售新股、借贷，还是利用留存收益和折旧，哪种方式能使股东价值最大化就选择哪种方式。这样，企业就有了一个最基本的经营目标，能为股东、经营者、监管部门提供最客观的经营表现，同时也能为奖酬制度提供合理的依据。

2. EVA 绩效评价系统的内容

美国斯图尔特咨询公司认为，以经济增加值为核心的企业评价体系，主要包括评价指标和业绩考核、管理体系、激励制度、理念意识和价值观四个方面的内容，如图 12-1 所示。

1）评价指标和业绩考核

这里的评价指标中的核心指标，就是指经济增加值 EVA。EVA 作为一种系统的企业业绩考核指标，考虑了企业全部资金的成本，即债务资本成本和权益资本成本，从而体现了企业在某个时期创造或损失了的价值，真实体现企业为股东所做出的价值贡献。

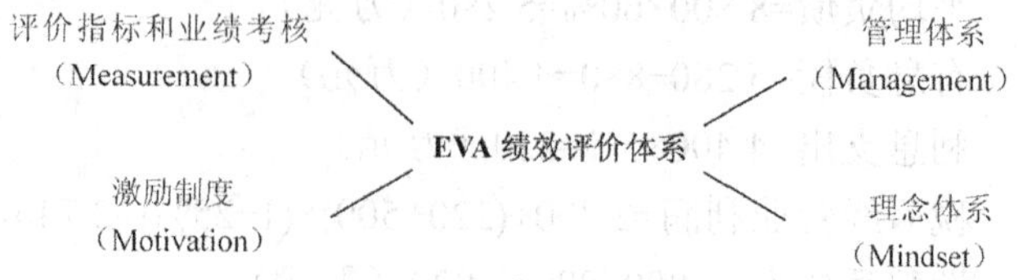

图 12-1　EVA 绩效评价体系的“4M”图

2）管理体系

企业经营者在经营企业的过程中，需要对企业的现状和未来发展趋势保持清醒的认识，对管理团队和管理链的实际动态有全面深入具体的了解，对企业管理方案的执行与调整有灵敏的反映，形成强劲的执行力和纠偏力。

3）激励制度

激励是企业的活力和动力，建立激励机制是任何企业绩效评价的主要内容，也是基于 EVA 的企业绩效评价体系的重要内容。

4）理念体系

EVA 评价体系的建立，不是简单地把 EVA 作为核心指标，设立相关的指标体系，对会计项目进行适当调整，就能大功告成了，它是一种管理理念的深刻变革，是一种事关评价体系的方向性调整，其理念将会渗透到企业理念、企业管理、企业文化等方方面面。

12.2.5　EVA 绩效评价体系的优越性及不足

基于会计利润的业绩评价指标忽略了权益资本成本的存在，容易导致投资者决策的错误。同时，会计报表信息对企业业绩的反映本身就存在着部分信息失真，不利于反映企业真实的盈利能力。相比之下，EVA 可以有效地解决传统的业绩评价指标存在的问题，但 EVA 也存在一定的局限性。

1. EVA 绩效评价体系的优越性

EVA 绩效评价体系的优越性除了表现为 EVA 指标简单清晰，目标明确，易于应用外，还主要表现在以下几点：

（1）EVA 考虑了股权资本成本，真实反映了企业经营业绩。EVA 在税后净利润的基础上同时考虑了股本资本的成本，有效提高了投融资效率，定量地衡量了每个期内企业为股东创造或损失的价值。将股东利益与经营者业绩紧密联系在一起，有助于避免决策次优化。由于 EVA 是个绝对值，可以避免采用相对指标带来的决策次优化方式。

（2）能尽量剔除会计失真的影响。传统的评价指标如会计收益、剩余收益是在通用会计准则基础上计算而来的，都存在某种程度的会计失真，从而歪曲了企业的真实价值，应用 EVA 可以有效剔除会计失真的影响。

（3）更加注重企业可持续发展。从世界经济发展的趋势出发，看一个企业是否优秀，不仅要看即期的成长，更要看有没有持续发展的能力。随着资本市场的日益成熟，今后的投资者可能更重企业的可持续成长。EVA 评价体系的使用，不鼓励企业以牺牲长期利益来夸大短期效果，而是要求经营者着眼于企业的长远发展，鼓励经营者进行能给企业带来长远利益的投资决策，如新产品的研究和开发、品牌的拓展、人才的培养等，能有效杜绝企业短期行为，推动企业在可持续发展上面尽心尽力。

2. EVA 绩效评价体系的不足

EVA 的计算需要利用资本资产定价模型来确定权益资本成本，这一模型是建立在有效的资本市场假设之上的，这样才能获得准确的风险指数。我国证券市场正处在发展初期，投机氛围较浓，属于弱有效市场，这一点会影响 EVA 的准确计算。在计算 EVA 值时必须对有关的会计信息进行调整，这样大大增加了计算的复杂性和难度，这种调整所花费的成本能否被由于采用 EVA 带来的经济收益所弥补是值得商榷的。EVA 计算的结果是个绝对数，不利于在不同规模企业间进行横向比较。EVA 业绩评价指标仅仅反映的是企业经营业绩的最终结果，不利于分析企业生产经营中存在的问题。

EVA 为基础的企业业绩评价系统的建立、为"有激励的补偿"提供了依据，这种补偿的目的在于激励企业从所有者的利益出发开展活动。同时，随着企业经营环境的不确定性因素越来越多，所有者和企业经营者都不满足传统会计准则下绩效的评价方法和结果。因此，利用 EVA 技术对传统的企业业绩评价机制进行改进和创新已成为发展趋势。

12.3　战略业绩评价

12.3.1　战略业绩评价的概念与特点

1. 战略与战略业绩评价的概念

企业经经营不是一个短期行为，面对动态的竞争环境，"战略"的内涵表现为远景的经营思考和经营决策。按"战略"在经济管理活动中的地位和作用，依据战略的本质特点，企业战略可以定义为：根据市场状况，结合自身资源，通过分析、判断、预测，设立远景目标，并对实现目标的发展轨迹进行的总体性、指导性谋划。它界定了企业诞生的使命、经营范围、远景目标、发展方向、经营方式等坐标，明确了企业的经营方针和行动指南，是组织实现目标的重大方针与计划。正确的战略是组织走向成功的前提。

"战略业绩评价"是从战略的角度，动态地对企业的业绩进行评价，并提供及时反馈信息，以便企业形成正确的决策，从而引导企业发展的一种管理体系。企业战略业绩评价是在创痛的业绩评价系统的基础上发展起来的，它结合企业的战略，采用财务与非财务性指标相结合的方法动态地衡量企业的经营业绩，并提供及时反馈信息。所以它不仅仅是一种业绩评价系统，也是一种战略管理系统。

2. 企业战略业绩评价的特点

（1）注重对企业可持续发展能力的评价。传统的经营业绩评价过分重视和维持短期财务结果，助长了企业经营者急功近利的思想和短期行为，以至于企业在短期业绩方面投资过多，而在长期的价值创造方面投资过少；而战略业绩评价在充分考虑企业战略目标的基础上，注重对企业长远发展潜力的评价，侧重衡量企业的长期利益以及未来企业发展的驱动因素。

（2）注重对企业内部经营过程的评价。传统经营业绩评价往往过分注重企业财务业绩中的量化价值因素，忽视非财务指标的不可直接计价因素；而战略业绩评价侧重衡量企业的经营者活动是否为满足客户需要而进行，因此企业的经营过程成为其评价的重要内容。

（3）战略业绩评价是一个动态业绩评价系统。传统的业绩评价反映的是过去一段时间内企业的经营业绩，因而是静态的评价；而战略业绩评价则把企业战略、具体行动和业绩评价不断重新组合，战略业绩评价将业绩评价指标与战略结合起来，主要从提高竞争地位的角度来评价业绩，抓住了业绩评价的本质，能充分促进企业工作质量的提高。

12.3.2 企业战略业绩评价的功能

企业战略业绩评价在企业的经营过程中发挥着重要的作用，它有利于企业相关利益方综合了解企业经营状况及其发展变化趋势，有利于企业建立和健全激励和约束机制，提高企业经营管理者的综合能力。概括起来，企业战略性业绩评价具有衡量、预测、导向和管理四个方面的功能。

1. 衡量功能

衡量是企业战略业绩评价的基本功能。评价的过程就是对企业经营业绩进行价值判断的过程。它通过对各种评价指标的预算，反映企业经营管理的状况，并将预算的指标值与评价标准进行综合比较后对企业的盈利能力、发展能力和综合竞争能力等做出价值判断，从而客观、全面、公正地反映和衡量企业经营管理水平。

2. 预测功能

企业战略业绩评价的重要功能是通过对企业和当前业绩的评价预测和判断企业经营活动的未来发展趋势，从而使企业相关利益方能更好地规划未来，把握企业的发展方向。

3. 导向功能

评价结果无论好坏，对企业行为都会产生深远影响。企业可以通过评价指标及其结果，引导经营者采取有效措施以弥补差距，克服缺点，发扬优势，促进企业快速、健康发展。

4. 管理功能

企业开展业绩评价的目的在于强化企业管理，提高企业的经营管理能力和综合竞争能力，形成竞争优势。企业只有把业绩评价工作与加强管理有机结合，才能把评价结果转化为企业发展的动力和压力，才能更好地迎接未来的挑战，使企业保持长期的竞争优势。评价的管理功能是现代企业最为主要的功能，在评价中居于核心地位。

12.3.3　平衡计分卡与战略业绩评价

平衡计分卡是一个对企业长期战略目标综合评价的方法。它同时也是一个从价值和战略的角度，对企业各个部门和员工的业绩评价和引导，以便形成正确的决策，共同为实现企业的战略价值而努力的管理体系。简单地说，平衡计分卡就是通过建立一整套财务与非财务指标体系，包括财务绩效指标、客户指标、内部业务流程指标和学习与成长绩效指标，对企业的经营绩效和竞争状况进行综合、全面、系统的评价。

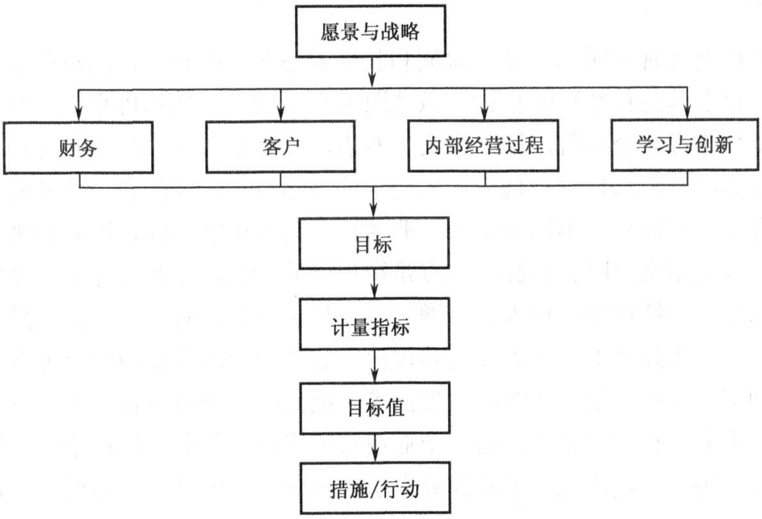

图 12-2　平衡计分卡——化战略为行为

图 12-2 清楚地显示了平衡计分卡不仅仅是一系列重要的业绩衡量指标的集合，平衡计分卡的业绩来源于公司的愿景、战略和目标，这些指标体系综合吸引了结果指标和前导指标（即业绩动因）、客观指标和主观指标、内部指标和外部指标以及财务指标和非财务指标。所有设定的业绩评价指标必须与组织的战略相联系，这样做可以为一个企业建立重要的竞争优势。平衡计分卡作为一种综合的业绩评价体系，主要从四个方面来考虑和评价企业的业绩，即财务视角、客户视角、内部经营过程视角以及学习与创新视角。

它的四个视角的指标都是围绕公司的战略来设计的，平衡计分卡始终把战略置于中心的位置，因此这四个视角可以理解为公司战略实施的过程和领域，也只有从统一的战略出发，以上四个视角指标的设计才能够一致和连贯起来，起到相互支持和补充的作用。

12.3.4　平衡计分卡的基本框架

平衡计分卡的四个视角从四个不同方面诠释了组织的战略目标。此外，存在于其中的因果关系链涵盖了平衡计分卡的四个方面，表明这四个视角结合在一起构建了完整的有内在联系的一体化的业绩衡量指标体系。因果关系链假设是实现战略的基石，例如，资本报酬率可能是平衡计分卡的财务指标，这一指标的驱动因素可能是客户的重复采购和销售量增加，而这二者又是客户忠诚度高带来的结果。因此，客户忠诚度将被纳入计分卡的客户视角，因为预计不同的客户忠诚度将会对资本报酬率产生重要的影响。但是，企业如何获得较高的客户忠诚度呢？对客户需求和偏好分析显示，客户比较重视按时交货率这个指标。因此，按时交货率的提高会带来较高的客户忠诚度，进而引起财务业绩的提高。于是，客户忠诚度和按时交货率都被纳入计分卡的客户视角。类似的因果假设贯穿于平衡计分卡的整个体系，这正是计分卡能把战略转化为行动的魅力所在。平衡计分卡指标体系成为一种把企业的战略诠释和传达给经理和员工的工具，有利于促进经理和员工的行为与组织目标和愿景保持一致。下面将详细介绍平衡计分卡的四个视角，以说明这四个方面在开发业绩评价指标时的作用。

1. 财务视角

平衡计分卡的财务视角明确了企业短期和长期财务业绩的目标，测量盈亏底线，如增长率、投资回报率以及其他传统财务指标。虽然财务指标的及时性和可靠性受到质疑，但是财务指标不会被其他指标完全代替，原因主要有两点，一是精心设计的财务与控制系统，确实能增强而不是阻碍组织的总体管理规划。二是企业战略目标的视线和经营绩效的改善与财务上的成功之间存紧密的联系。不同类型的企业的财务目标可能不同，因此在确定财务指标时应该有所选择。成长型企业财务目标的重点是销售额的增长，为此要保证充分的开支水平，这类企业通常的财务业绩评价指标为销售增长率、目标市场占有率等。稳定型企业财务目标的重点是获利能力，为此要不断扩大投资和规模，这类企业通常使用的财务业绩评价指标为经营收入、毛利率、资本回报率和经济增加值等。成熟型企业财务目标的重点是现金流量，为此要不断提高现金和利润的金额，这类企业通常使用的财务业绩评价指标为现金流量、营运资本占用的减少等。一般情况下平衡计分卡财务视角的主要目标和相应业绩评价指标如表12-2 所示。

表 12-2 财务视角的业绩评价

目　标	业绩评价指标
收入增长：	
现产品数量的增加	新产品收入所占比例
实现新应用	产品新应用收入所占比例
开发新客户和市场	新来源收入所占比例
采用新的价格战略	产品和客户的获利水平
成本降低：	
降低单位产品成本	产品单位成本
降低单位客户成本	客户单位成本
降低渠道成本	每条渠道成本
资产利用：	
提高资产利用率	投资回报率
	经济增加值（EVA）

2. 客户视角

平衡计分卡的客户视角通过客户如何感觉企业提供的价值来衡量绩效。客户应该处于企业有限考虑的地位，因为无论是学习与创新，还是内部经营过程，企业创造的价值只有在得到客户认可时才有意义。对于客户方面的业绩可以从表 12-3 所示的几个方面进行评价。

客户和服务的情况可以从产品的功能、质量、价格和送货时间来评价；形象和声誉可以通过广告和产品质量来提高；同客户的关系可以从满足客户要求做出及时反应时间、交货期的长短、对客户购买产品感觉的把握等方面来改善。

表 12-3　客户视角的业绩评价

目　　标	业绩评价指标
核心指标：	
提高市场份额	市场占有率
提高客户保持率	现有客户带来的业务收入增长比例
提高客户获得率	新客户数量
提高客户满意度	客户调查各指标情况
提高客户获利率	客户盈利情况
客户价值：	
降低价格	价格水平
降低售后成本	售后成本
提高产品功能	客户调查各指标情况
提高产品质量	产品退回率
提高送货质量	及时送货率
	循环周期
增加产品形象和声誉	客户调查各指标情况

3. 内部经营过程视角

平衡计分卡的内部经营过程视角衡量公司创造价值的程序的有效性。只有有效的管理程序才能使公司保持竞争能力或变成具有竞争能力的公司。内部经营的核心问题包括确定整套有关内部经营过程的价值观念；确定客户目前及将来的需要，并根据这些需求开发新的客户；在经营过程中向现有的客户提供有价值的产品和服务；提供充分的售后服务；使客户获得产品和服务增值。总之，对于内部过程的评价应当以为客户创造价值、提高客户评价为目标，它是公司内部必须做什么才能实现顾客预期的评价指标。每个企业都有自己独特的创造客户价值和产生财务结果的流程，但是一般都可以纳入通用内部价值链模式。

表 12-4 列示了衡量内部经营过程业绩的主要指标，这些指标根据内部业务过程的价值链来确定。根据不同的流程价值创造方式不同，分别设立不同衡量指标。为这些流程简历目标和指标可以把企业战略转化为经营目标，通过内部业务流程为客户和股东创造新的业绩和价值。

表 12-4　内部经营视角的业绩评价

目　　标	业绩评价指标
创新：	
增加新产品的数量	计划及实际推出的产品数量
增加专利产品数量	专利产品收入占总收入比例
减少新产品开发时间	产品上市时间（从研发到投放市场）

续表

目　标	业绩评价指标
经营：	
提高过程质量	质量成本 产品合格率 残次品的比率
提高过程效率	单位产品成本变动趋势 产出/投入
缩短过程时间	循环周转和速率
售后服务：	
提高服务质量	产品一次性合格率
提高服务效率	成本变动趋势 产出/投入
降低服务时间	循环周期

4. 学习与创新视角

平衡计分卡的学习与创新视角计量推出新产品、新服务和新生产技术的频度，由此确保公司克服自满，不断创新。平衡计分卡以客户为基础的评价和内部业务过程评价指标，确定了公司对竞争对手最重要的参数。但是，成功的指标在不断变化，激烈的全球性竞争要求公司不断更新现有产品和程序，在引入新产品方面具有巨大的潜力。

因为人是企业创新能动性的根源，所以这个指标必然与员工密切联系。为了能够提高公司的创新能力，必须激发员工的积极性和提高员工素质。前者与公司提供给员工的奖励、福利等有关，后者既包括文化素质，如内部伙伴关系、团队精神、知识共享等，也包括个人综合素质，如领导能力、技能应用能力，这些都离不开公司的有效的培训机制。学习与创新是实现平衡计分卡其他三个方面目标的动力来源。学习与创新视角关注的主要目标有提高员工素质，激励、授权与协作，加强企业信息系统能力，如表 12-5 所示。

表 12-5　学习与创新视角的业绩评价

目　标	业绩评价指标
提高员工素质：	员工满意度 员工离职率 员工人均收入（收入/员工数量） 培训时间 战略工作胜任率（重要岗位需求被满足率）
增强激励和协作：	员工人均提出建议数量 员工人均提出建议被采纳数量
加强企业信息系统能力：	程序及时反馈率 接待客户的员工能在线获得客户和产品信息的比例

12.3.5　平衡计分卡的应用

1. 平衡计分卡在战略业绩评价中的应用

平衡计分卡的设计相对于比率分析和一般的业绩评价系统而言具有的优点是，它能够详细阐述企业战略并通过平衡计分卡的系统把战略业绩评价转化为可执行的行动。这种优势使其成为战略业绩评价的一种有效的工具，具体而言，平衡计分卡可以在战略业绩评价的以下环节发挥作用。

（1）使目标和战略具体化。平衡计分卡四个视角的内容设计，有助于企业各级管理者就组织的使命和战略达成共识。传统的战略管理只是提出企业未来一个模糊性的战略目标，但是缺乏怎样把战略目标转化为具体行动的具有指南意义的管理方法。而平衡计分卡将组织的目标和战略细化为客户、内部过程、学习与创新和财务四个方面，形成一系列为企业各级管理者认可的测评指标和目标值，充分描述了为实现企业的长期战略目标应当注意的成功推动因素。

（2）促进沟通和联系。平衡计分卡使企业管理者能在组织中对战略上下沟通，并把它与各部门的目标联系起来。在传统的业绩评价方法中，对各部门根据各自的财务业绩进行测评，个人激励因素也只是与短期财务目标相联系。平衡计分卡使管理者能够确保组织中的各个层次都能够理解长期战略，而且使各个部门和个人的目标与之一致。

（3）辅助业务规划。平衡计分卡使公司能够实现业务规划与财务规划的一体化。在变化的环境中，几乎所有的公司都在实施种种改革方案，每个方案都有自己的领导者、拥护者和顾问，都在竞相争取高层管理者的时间、精力和资源支持。管理者发现，很难把这些不同的新举措组织到一起，从而实现企业的战略目标。这些状况常常导致各个方案实施结果都令人失望。但是，当企业管理者利用依据平衡计分卡方法指定的战略目标作为分配资源和确定优先顺序的依据时，他们就只采用那些能够推动自己实现长期战略目标的新措施，并注意加以协调。

（4）增强战略反馈和学习。平衡计分卡赋予公司一项新的能力，即战略学习的能力。现有的反馈和考评程序都注重公司及其各部门、成员是否达到了预算中的财务目标。当管理体系以平衡计分卡为核心时，公司就能从另外三个角度，即顾客、内部过程和学习与创新来监督短期结果，并根据最近的业绩评价战略实施情况。因此，平衡计分卡使公司能够修正战略，以随时反映学习所得。

2. 平衡计分卡的设计流程

企业采用平衡计分卡出于各种各样的原因，包括阐明战略并达成共识，重视企业的改革行动方案，开发战略业务单位的领导能力以及获取跨业务单位的协调和经济效益。通常，企业最初建立的平衡计分卡都能够达到这些目的，但是要想建立一套适合企业自身的平衡计分卡体系并让其发挥应有的作用并不容易。一般说来，企业建立平衡计分卡的过程主要包括以下几个步骤：

（1）确定衡量结构。经过企业高层管理者的商讨以后，首先，必须确定适合建立高水平平衡计分卡的业务单位，大多数公司多元化程度较高，因此很难一开始就建立公司层级的平衡计分卡。第一个平衡计分卡流程应该在一个战略业务单位（SBU）中进行，最理想的业务单位应能从事跨越整个价值链的创新、经营、营销、销售和服务等活动。该业务单位应该拥有自己的产品和客户、市场和分销渠道、生产设施，也应该比较容易构筑总括性的财务业绩指标，而不涉及与其他业务单位之间复杂的产品和服务成本分摊与价格转移。其次，要认识战略业务单位与总公司、分公司以及其他业务单位之间的关系。

（2）建立对战略目标的共识。公司的高层管理者要在充分掌握信息的基础上，达成对战略目标的共识。这些信息包括平衡计分卡的背景资料、公司和战略业务单位的愿景和使命、战略业务单位的产业和竞争背景资料以及企业自身现时的实际状况。管理者对战略目标的意见要深化到财务、客户、内部经营过程及学习与创新等四个层面，总结共同关注的目标和指标。

（3）选择和设计指标。为平衡计分卡选择具体指标的根本目的，确定哪些指标最能传达战略的真正意图。既然每个战略都是独特的，那么每个平衡计分卡也应该与众不同且包含几个独特的指标。确定平衡计分卡指标的一个关键是选择业绩驱动因素，即那些能够触发行动并能使核心结果指标达到目标的指标。这个层面的指标设定应该做到：列出一组指标并对之详细说明；说明如何量化并表现每个指标；说明同一个层面内部的指标是如何相互连接的，以及它们与其他层面的指标或目标是如何连接的。

（4）制定实施计划。经过上述步骤后，企业最高管理层正式决定挑战性目标值并制定实施计划。实施计划应该包括如何把指标与数据库和信息系统相连接，如何向企业传达平衡计分卡，如何鼓励、协调分权单位开发下层的衡量指标。完成这个阶段的任务之后就可以把业务单位的上层衡量指标和下层车间的具体经营性指标连接起来，组成一个全新的执行信息系统。

复习思考题

一、单项选择题

1．成长型企业财务目标的重点是销售额的增长，这类企业通常的财务业绩评价指标是（　　）。

A．销售增长率　　B．毛利率

C．资本回报率　　D．经济增加值

2．下列不属于业绩评价指标体系设计所选取的财务指标的是（　　）。

A．收入增长率　　B．利润

C．投资报酬率　　D．行政人员的管理能力

3．不属于设定业绩评价标准方法的是（　　）。

A．预算标准　　B．历史标准

C．理想标准　　D．外部标准

4．EVA 的理论渊源出自于早起开发出来的

A．战略业绩评价　　B．“剩余收益”思想

C．全面预算　　D．平衡计分卡

5．下列属于 EVA 绩效评价系统的内容的是（　　）。

A．评价指标和业绩考核　　B．客户视角

C．内部经营过程视角　　D．学习与创新视角

6．建立 EVA 评价体系应把（　　）作为核心指标。

A．学习与创新　　B．客户

C．EVA　　D．激励制度

7. 关于平衡计分卡的说法不正确的是（　　）。
   A. 建立一整套财务与非财务指标体系
   B. 是一个对企业短期目标评价的方法
   C. 平衡计分卡的业绩来源于公司的愿景、战略和目标
   D. 对企业进行综合、全面、系统的评价

8. 属于平衡计分卡设计流程的是（　　）。
   A. 业绩评价标准　　B. 奖惩制度的依据
   C. 计量与反馈　　D. 建立对战略目标的共识

9. 下列属于平衡计分卡财务视角的业绩评价的是（　　）。
   A. 降低售后成本　　B. 收入增长
   C. 提高产品功能　　D. 提高服务质量

10. 下列属于平衡计分卡的学习与创新视角计量指标的是（　　）。
   A. 收入增长　　B. 成本降低
   C. 售后服务　　D. 提高员工素质

二、多项选择题

1. 设计业绩评价指标体系应考虑的因素有（　　）。
   A. 明确的管理责任　　B. 财务性指标的代表性
   C. 非财务指标的应用　　D. 符合长远利益

2. 下列关于 EVA 的说法正确的有（　　）。
   A. EVA 又称经济利润
   B. EVA 是一定时期的企业税后经营净利润与投入资本的资金成本的差额
   C. 不仅对债务资本计算成本，而且对权益资本也计算成本（机会成本）
   D. EVA 的值为正，则表示公司获得收益高于为获得此项收益所付出的成本；相反，如果 EVA 的值为负，则表示股东的财富在减少

3. 下列有关经济增加值特点表述正确的有（　　）。
   A. 经济增加值直接与股东财富的创造相联系
   B. 经济增加值的吸引力主要在于它把资本预算、业绩评价和激励报酬结合起来了
   C. 经济增加值克服了投资报酬率处于成长阶段较低，而处于衰退阶段可能较高的缺点
   D. 经济增加值的缺点是不具有比较不同规模企业的能力

4. 下列有关经济增加值确定时需要调整会计数据的相关表述正确的是（　　）。
   A. 经济增加值无需调整会计上所确认所得税费用
   B. 经济增加值要求把争取客户的营销费用资本化并在适当的期限内摊销
   C. 经济增加值将重组视为增加股东财富的机遇，重组费用应作为投资处理
   D. 经济增加值要求将研发费用作为投资处理，并在一个合理的期限内摊销

5. 下列关于经济增加值特点的表述中，正确的有（　　）。
   A. 经济增加值在业绩评价中被广泛应用
   B. 经济增加值仅仅是一种业绩评价指标
   C. 经济增加值是股票分析师的一个强有力的工具

D. 经济增加值不具有比较不同规模企业的能力

6. 计算 EVA 时，需要对下列（　　）进行会计调整。

A. 影响会计稳健性的项目　　B. 影响非经营业务盈亏的项目

C. 导致盈余变化的项目　　D. 弥补指标设立缺陷的项目

7. 企业战略业绩评价的特点包括（　　）。

A. 注重对企业可持续发展能力的评价　　B. 注重对企业内部经营过程的评价

C. 是一个动态的业绩评价系统　　D. 是一个静态的业绩评价系统

8. 平衡计分卡的基本框架包括（　　）。

A. 财务视角　　B. 客户视角

C. 内部经营过程视角　　D. 学习与创新视角

9. 成熟型企业业绩评价指标主要包括（　　）。

A. 毛利率　　B. 现金流量

C. 营运资本占用　　D. 目标市场占有率

10. 平衡计分卡在业绩评价中的作用主要表现在（　　）。

A. 使目标和战略具体化　　B. 促进沟通和联系

C. 辅助业务规划　　D. 增强战略反馈和学习

三、判断题

1. 业绩评价只能以评价对象控制的因素为限，评价对象不能控制的因素应该排除在衡量指标之外。（　　）

2. 传统的以财务为核心的考核体系更适合于比较稳定的环境，但也适合于剧烈变化和激烈竞争的环境。（　　）

3. 经济增加值仅对债务资本计算成本，对权益资本不计算成本。（　　）

4. 经济增加值=税后净营业利润-调整后资本×资本成本率。（　　）

5. 计算 EVA 时的税后净营业利润，不同于会计报表上的税后净利润，它需要经过一系列的调整后得到。（　　）

6. 企业战略性业绩评价具有衡量、预测、导向和管理等功能。（　　）

7. 稳定型企业财务目标的重点是现金流量，为此要不断提高现金和利润的金额。（　　）

8. 平衡计分卡主要通过建立一整套财务指标体系，对企业的经营绩效和竞争状况进行综合、全面、系统的评价。（　　）

9. 成长型企业财务目标的重点是获利能力，为此要不断扩大投资和规模。（　　）

10. 平衡计分卡使企业管理者能在组织中对战略上下沟通，并把它与各部门的目标联系起来。（　　）

四、计算分析题

1. 甲公司为一家中央国有企业，拥有两家业务范围相同的控股子公司 A、B，控股比例分别为 52%和 75%。在甲公司管控系统中，A、B 两家子公司均作为甲公司的利润中心。A、B 两家公司 2012 年经审计后的基本财务数据如表 12-6 所示。

表 12-6　财务数据表　　单位：万元

相关财务数据＼公司	子公司 A	子公司 B
1．无息债务（平均）	300	100
2．有息债务（平均，年利率 6%）	700	200
3．所有者权益（平均）	500	700
4．总资产（平均）	1 500	1 000
5．息税前利润	150	100
适用所得税	25%	
平均资本成本率	5.5%	

2013 年初，甲公司董事会在对这两家公司进行业绩评价与分析比较时，出现了较大的意见分歧。以董事长为首的部分董事认为，作为股东应主要关注净资产回报情况，而 A 公司净资产收益率远高于 B 公司，因此 A 公司的业绩好于 B 公司。以总经理为代表的部分董事认为，A、B 两公司都属于总部的控股子公司且为利润中心，应当主要考虑总资产回报情况，从比较两家公司总资产报酬率（税后）结果分析，B 公司业绩好于 A 公司。

假定不考虑所得税纳税调整事项和其他有关因素。

（1）根据上述资料，分别计算 A、B 两家公司 2012 年净资产收益率、总资产报酬率（税后）。

（2）根据上述资料，分别计算 A、B 两家公司的经济增加值，并据此对 A、B 两家公司做出业绩比较评价。

（3）简要说明采用经济增加值指标进行业绩评价的优点和不足。

2．乙公司以经济增加值作为其业绩考核的核心指标，其有关资料如下：

（1）乙公司 2012 年度财务报表的主要资料如表 12-7 所示。

表 12-7　资产负债表

（2012 年 12 月 31 日）　　单位：万元

资　　产	金　　额	负债及股东权益	金　　额
货币资金（年初 360）	310	应付账款（年初 524）	456
应收账款（年初 1 256）	1 344	应付票据（年初 384）	346
存货（年初 834）	966	预收账款（年初 443）	347
流动资产合计	2 620	流动负债合计	1 149
固定资产（年初 1 340）	1 170	非流动负债（年初 1 027）	1 125
		股东权益（年初 1 412）	1 516
资产总额（年初 3 790）	3 790	负债及股东权益	3 790

表 12-8 利 润 表

（2012 年） 单位：万元

项 目	金 额
营业收入	6 400
营业成本	5 500
管理费用	560
财务费用	100
利润总额	240
所得税费用	60
净利润	180

（2）该公司普通股股票的风险系数为 2.5，已知市场上无风险利率为 4%，股票市场平均报酬率为 8%，税前债务资本成本为 8%。

（3）本期计入管理费用的研发支出费用金额为 80 万元。

（4）公司出售机器设备发生税前收益 240 万元，与主业发展无关的资产置换损失共计 140 万元。

（5）在建工程占年末资产总额的比重始终为 12%。

（6）非流动负债全部为有息负债，每年的利息费用根据税前债务资本成本和年末有息负债计算。

（7）该公司适用的所得税税率为 25%。

要求：

（1）计算甲公司的税后净营业利润。

（2）计算甲公司的调整后资本。

（3）根据 2012 年末企业的负债总额、所有者权益总额考虑资本结构，计算该企业的加权平均资本成本。

（4）计算甲公司 2012 年经济增加值。

（5）分析该公司经济增加值最大化财务战略目标的实现情况。

3. A 集团是一家大型能源上市企业，年初决定实施定量化的绩效评价，制定绩效考核表如表 12-9 所示。

表 12-9 绩效考核表

指标类型	考核指标	考核标准	计分方法
财务指标（计分指标）	实现利润	集团公司下达的年度计划	基本分为 10 分，每增加或减少 1%，增加或扣减 0.5 分，最多增加或扣减不超过 10 分
	还贷	集团公司下达的年度还贷计划	基本分为 50 分，每减少 1%扣减 1 分，最多扣减不超过 20 分
经营指标（扣分指标）	发电量	集团公司核定的计划电量	基本分为 40 分，每超发或欠发 1%，增加或扣减 1 分，最多增加或扣减不超过 20 分
	安全生产	不发生特大、重大、人身死亡等事故	不计分，直接嘉奖和扣罚工资总额。①发生特大事故，扣罚工资总额 50 万元；②发生重大事故，扣 10 万元；③发生人身死亡，每死亡一人，扣罚工资总额 5 万元

续表

指标类型	考核指标	考核标准	计分方法
重点工作指标（扣分指标）	达标创一流、单位发电能耗等	集团公司下达的重点工作计划	针对每一项列入考核的重点工作：圆满完成，有突出成绩的不扣分；已落实工作部署，有计划安排、有行动，但尚未完成的扣5分；没有落实措施，也没有实际开展的扣10分。介于三种状态之间的，在相应分数区间内扣分

请从企业业绩评价的四大基本原则出发，对该公司的业绩考核做出评价。

4. 乙公司的投资资本为6 000万元，期初投资资本回报率为5%，负债比率为30%，负债税后资本成本为7%，股权资本成本为15%。

计算甲企业的经济增加值。

五、简答题

1. 以EVA作为评价企业业绩的工具，其优势主要表现在哪里？
2. 从EVA的管理思想看，提升企业价值的基本途径有哪些？
3. EVA应用的依据主要有哪些？
4. 平衡计分卡的基本框架是什么？分别做出解释。
5. 平衡计分卡的作用有哪些？
6. 平衡计分卡的设计流程有哪些？

六、实训题

资料1：广东某企业，从去年初起，把平衡计分卡作为公司的一项考核制度，开始在这家2 000人规模、年产值数亿元的企业内实施，张小姐作为人力资源部的绩效经理直接负责平衡计分卡的推广事宜。然而，将近一年的时间过去了，平衡计分卡的推行并没有顺利实施，反而在公司内部的上上下下有不少抱怨和怀疑。甚至有人说："原来的考核办法就像是一根绳子拴着我们，现在想用四根绳子，还不就是拴得再紧点，为少发奖金找借口？""其实，我们发现有些公司遇到的情况和我们现在差不多。因此，我不知道这到底是我们的问题，还是因为平衡计分卡真的不适合中国企业。"张小姐说起这些，显得颇有些无奈。

资料2：王某是一家中小型出口企业的负责人，去年年底，在看了一些平衡计分卡资料后，他认为将平衡计分卡引进企业是十分必要的。根据去年公司业务发展，他将出口额增长8 000万元作为2013年的战略目标，并且根据平衡计分卡的要求将这个战略指标层层分解，落实到各个部门的员工头上。在去年的第一个季度，王某发现平衡计分卡确实给公司带来了很好的效益，甚至比自己最初定下的财务目标还要高出不少。正当他为此暗暗高兴，认为自己实施平衡计分卡取得了成效的时候，全球金融风暴发生，对企业产生了很不利的影响，使企业一下陷入了危机之中。就目前形势看，能增长2 000万元就谢天谢地了。在王先生看来，"什么卡也卡不住天灾人祸，我们现在所能做的只有降低当初制定的目标。"

根据以上资料，分析上述两个企业应用平衡记分卡失败的原因，以及企业应该如何改进。

附录 A 系数表汇总

附表 A　复利终值系数表

期数	1%	2%	3%	4%	5%	6%	7%	8%	9%	10%
1	1.010 0	1.020 0	1.030 0	1.040 0	1.050 0	1.060 0	1.070 0	1.080 0	1.090 0	1.100 0
2	1.020 1	1.040 4	1.060 9	1.081 6	1.102 5	1.123 6	1.144 9	1.166 4	1.188 1	1.210 0
3	1.030 3	1.061 2	1.092 7	1.124 9	1.157 6	1.191 0	1.225 0	1.259 7	1.295 0	1.331 0
4	1.040 6	1.082 4	1.125 5	1.169 9	1.215 5	1.262 5	1.310 8	1.360 5	1.411 6	1.464 1
5	1.051 0	1.104 1	1.159 3	1.216 7	1.276 3	1.338 2	1.402 6	1.469 3	1.538 6	1.610 5
6	1.061 5	1.126 2	1.194 1	1.265 3	1.340 1	1.418 5	1.500 7	1.586 9	1.677 1	1.771 6
7	1.072 1	1.148 7	1.229 9	1.315 9	1.407 1	1.503 6	1.605 8	1.713 8	1.828 0	1.948 7
8	1.082 9	1.171 7	1.266 8	1.368 6	1.477 5	1.593 8	1.718 2	1.850 9	1.992 6	2.143 6
9	1.093 7	1.195 1	1.304 8	1.423 3	1.551 3	1.689 5	1.838 5	1.999 0	2.171 9	2.357 9
10	1.104 6	1.219 0	1.343 9	1.480 2	1.628 9	1.790 8	1.967 2	2.158 9	2.367 4	2.593 7
11	1.115 7	1.243 4	1.384 2	1.539 5	1.710 3	1.898 3	2.104 9	2.331 6	2.580 4	2.853 1
12	1.126 8	1.268 2	1.425 8	1.601 0	1.795 9	2.012 2	2.252 2	2.518 2	2.812 7	3.138 4
13	1.138 1	1.293 6	1.468 5	1.665 1	1.885 6	2.132 9	2.409 8	2.719 6	3.065 8	3.452 3
14	1.149 5	1.319 5	1.512 6	1.731 7	1.979 9	2.260 9	2.578 5	2.937 2	3.341 7	3.797 5
15	1.161 0	1.345 9	1.558 0	1.800 9	2.078 9	2.396 6	2.759 0	3.172 2	3.642 5	4.177 2
16	1.172 6	1.372 8	1.604 7	1.873 0	2.182 9	2.540 4	2.952 2	3.425 9	3.970 3	4.595 0
17	1.184 3	1.400 2	1.652 8	1.947 9	2.292 0	2.692 8	3.158 8	3.700 0	4.327 6	5.054 5
18	1.196 1	1.428 2	1.702 4	2.025 8	2.406 6	2.854 3	3.379 9	3.996 0	4.717 1	5.559 9
19	1.208 1	1.456 8	1.753 5	2.106 8	2.527 0	3.025 6	3.616 5	4.315 7	5.141 7	6.115 9
20	1.220 2	1.485 9	1.806 1	2.191 1	2.653 3	3.207 1	3.869 7	4.661 0	5.604 4	6.727 5
21	1.232 4	1.515 7	1.860 3	2.278 8	2.786 0	3.399 6	4.140 6	5.033 8	6.108 8	7.400 2
22	1.244 7	1.546 0	1.916 1	2.369 9	2.925 3	3.603 5	4.430 4	5.436 5	6.658 6	8.140 3
23	1.257 2	1.576 9	1.973 6	2.464 7	3.071 5	3.819 7	4.740 5	5.871 5	7.257 9	8.954 3
24	1.269 7	1.608 4	2.032 8	2.563 3	3.225 1	4.048 9	5.072 4	6.341 2	7.911 1	9.849 7
25	1.282 4	1.640 6	2.093 8	2.665 8	3.386 4	4.291 9	5.427 4	6.848 5	8.623 1	10.83 5
26	1.295 3	1.673 4	2.156 6	2.772 5	3.555 7	4.549 4	5.807 4	7.396 4	9.399 2	11.91 8
27	1.308 2	1.706 9	2.221 3	2.883 4	3.733 5	4.822 3	6.213 9	7.988 1	10.24 5	13.11 0
28	1.321 3	1.741	2.287 9	2.998 7	3.920 1	5.111 7	6.648 8	8.627 1	11.16 7	14.42 1
29	1.334 5	1.775 8	2.356 6	3.118 7	4.116 1	5.418 4	7.114 3	9.317 3	12.17 2	15.86 3
30	1.347 8	1.811 4	2.427 3	3.243 4	4.321 9	5.743 5	7.612 3	10.06 3	13.26 8	17.44 9

续表

期数	11%	12%	13%	14%	15%	16%	17%	18%	19%	20%
1	1.110 0	1.120 0	1.130 0	1.140 0	1.150 0	1.160 0	1.170 0	1.180 0	1.190 0	1.200 0
2	1.232 1	1.254 4	1.276 9	1.299 6	1.322 5	1.345 6	1.368 9	1.392 4	1.416 1	1.440 0
3	1.367 6	1.404 9	1.442 9	1.481 5	1.520 9	1.560 9	1.601 6	1.643 0	1.685 2	1.728 0
4	1.518 1	1.573 5	1.630 5	1.689 0	1.749 0	1.810 6	1.873 9	1.938 8	2.005 3	2.073 6
5	1.685 1	1.762 3	1.842 4	1.925 4	2.011 4	2.100 3	2.192 4	2.287 8	2.386 4	2.488 3
6	1.870 4	1.973 8	2.082 0	2.195 0	2.313 1	2.436 4	2.565 2	2.699 6	2.839 8	2.986 0
7	2.076 2	2.210 7	2.352 6	2.502 3	2.660 0	2.826 2	3.001 2	3.185 5	3.379 3	3.583 2
8	2.304 5	2.476 0	2.658 4	2.852 6	3.059 0	3.278 4	3.511 5	3.758 9	4.021 4	4.299 8
9	2.558 0	2.773 1	3.004 0	3.251 9	3.517 9	3.803 0	4.108 4	4.435 5	4.785 4	5.159 8
10	2.839 4	3.105 8	3.394 6	3.707 2	4.045 6	4.411 4	4.806 8	5.233 8	5.694 7	6.191 7
11	3.151 8	3.478 6	3.835 9	4.226 2	4.652 4	5.117 3	5.624 0	6.175 9	6.776 7	7.430 1
12	3.498 5	3.896 0	4.334 5	4.817 9	5.350 3	5.936 0	6.580 1	7.287 6	8.064 2	8.916 1
13	3.883 3	4.363 5	4.898	5.492 4	6.152 8	6.885 8	7.698 7	8.599 4	9.596 4	10.699
14	4.310 4	4.887 1	5.534 8	6.261 3	7.075 7	7.987 5	9.007 5	10.147	11.420	12.839
15	4.784 6	5.473 6	6.254 3	7.137 9	8.137 1	9.265 5	10.539	11.974	13.590	15.407
16	5.310 9	6.130 4	7.067 3	8.137 2	9.357 6	10.748	12.330	14.129	16.172	18.488
17	5.895 1	6.866	7.986 1	9.276 5	10.761	12.468	14.427	16.672	19.244	22.186
18	6.543 6	7.69	9.024 3	10.575	12.376	14.463	16.879	19.673	22.901	26.623
19	7.263 3	8.612 8	10.197	12.056	14.232	16.777	19.748	23.214	27.252	31.948
20	8.062 3	9.646 3	11.523	13.744	16.367	19.461	23.106	27.393	32.429	38.338
21	8.949 2	10.80 4	13.021	15.668	18.822	22.575	27.034	32.324	38.591	46.005
22	9.933 6	12.100	14.714	17.861	21.645	26.186	31.629	38.142	45.923	55.206
23	11.02 6	13.552	16.627	20.362	24.892	30.376	37.006	45.008	54.649	66.247
24	12.23 9	15.179	18.788	23.212	28.625	35.236	43.297	53.109	65.032	79.497
25	13.58 6	17.000	21.231	26.462	32.919	40.874	50.658	62.669	77.388	95.396
26	15.08 0	19.040	23.991	30.167	37.857	47.414	59.270	73.949	92.092	114.48
27	16.73 9	21.325	27.109	34.390	43.535	55.000	69.346	87.260	109.59	137.37
28	18.58 0	23.884	30.634	39.205	50.066	63.800	81.134	102.97	130.41	164.84
29	20.62 4	26.750	34.616	44.693	57.576	74.009	94.927	121.50	155.19	197.81
30	22.89 2	29.960	39.116	50.950	66.212	85.850	111.06	143.37	184.68	237.38

续表

期数	21%	22%	23%	24%	25%	26%	27%	28%	29%	30%
1	1.210 0	1.220 0	1.230 0	1.24 0	1.250 0	1.260 0	1.270 0	1.280 0	1.290 0	1.300 0
2	1.464 1	1.488 4	1.512 9	1.537 6	1.562 5	1.587 6	1.612 9	1.638 4	1.664 1	1.690 0
3	1.771 6	1.815 8	1.860 9	1.906 6	1.953 1	2.000 4	2.048 4	2.097 2	2.146 7	2.197
4	2.143 6	2.215 3	2.288 9	2.364 2	2.441 4	2.520 5	2.601 4	2.684 4	2.769 2	2.856 1
5	2.593 7	2.702 7	2.815 3	2.931 6	3.051 8	3.175 8	3.303 8	3.436	3.572 3	3.712 9
6	3.138 4	3.297 3	3.462 8	3.635 2	3.814 7	4.001 5	4.195 9	4.398	4.608 3	4.826 8
7	3.797 5	4.022 7	4.259 3	4.507 7	4.768 4	5.041 9	5.328 8	5.629 5	5.944 7	6.274 9
8	4.595	4.907 7	5.238 9	5.589 5	5.960 5	6.352 8	6.767 5	7.205 8	7.668 6	8.157 3
9	5.559 9	5.987 4	6.443 9	6.931	7.450 6	8.004 5	8.594 8	9.223 4	9.892 5	10.605
10	6.727 5	7.304 6	7.925 9	8.594 4	9.313 2	10.086	10.915	11.806	12.761	13.786
11	8.140 3	8.911 7	9.748 9	10.657	11.642	12.708	13.863	15.112	16.462	17.922
12	9.849 7	10.872	11.991	13.215	14.552	16.012	17.605	19.343	21.236	23.298
13	11.918	13.264	14.749	16.386	18.190	20.175	22.359	24.759	27.395	30.288
14	14.421	16.182	18.141	20.319	22.737	25.421	28.396	31.691	35.339	39.374
15	17.449	19.742	22.314	25.196	28.422	32.030	36.063	40.565	45.588	51.186
16	21.114	24.086	27.446	31.243	35.527	40.358	45.799	51.923	58.808	66.542
17	25.548	29.384	33.759	38.741	44.409	50.851	58.165	66.461	75.862	86.504
18	30.913	35.849	41.523	48.039	55.511	64.072	73.870	85.071	97.862	112.46
19	37.404	43.736	51.074	59.568	69.389	80.731	93.815	108.89	126.24	146.19
20	45.259	53.358	62.821	73.864	86.736	101.72	119.14	139.38	162.85	190.05
21	54.764	65.096	77.269	91.592	108.42	128.17	151.31	178.41	210.08	247.06
22	66.264	79.418	95.041	113.57	135.53	161.49	192.17	228.36	271.00	321.18
23	80.180	96.889	116.90	140.83	169.41	203.48	244.05	292.30	349.59	417.54
24	97.017	118.21	143.79	174.63	211.76	256.39	309.95	374.14	450.98	542.80
25	117.39	144.21	176.86	216.54	264.70	323.05	393.63	478.90	581.76	705.64
26	142.04	175.94	217.54	268.51	330.87	407.04	499.92	613.00	750.47	917.33
27	171.87	214.64	267.57	332.96	413.59	512.87	634.89	784.64	968.10	1192.5
28	207.97	261.86	329.11	412.86	516.99	646.21	806.31	1004.3	1248.9	1550.3
29	251.64	319.47	404.81	511.95	646.23	814.23	1024.0	1285.6	1611.0	2015.4
30	304.48	389.76	497.91	634.82	807.79	1025.9	1300.5	1645.5	2078.2	2620.0

附表 B 复利现值系数表

期数	1%	2%	3%	4%	5%	6%	7%	8%	9%	10%
1	0.990 1	0.980 4	0.970 9	0.961 5	0.952 4	0.943 4	0.934 6	0.925 9	0.917 4	0.909 1
2	0.980 3	0.961 2	0.942 6	0.924 6	0.907 0	0.890 0	0.873 4	0.857 3	0.841 7	0.826 4
3	0.970 6	0.942 3	0.915 1	0.889 0	0.863 8	0.839 6	0.816 3	0.793 8	0.772 2	0.751 3
4	0.961 0	0.923 8	0.888 5	0.854 8	0.822 7	0.792 1	0.762 9	0.735 0	0.708 4	0.683 0
5	0.951 5	0.905 7	0.862 6	0.821 9	0.783 5	0.747 3	0.713 0	0.680 6	0.649 9	0.620 9
6	0.942 0	0.888 0	0.837 5	0.790 3	0.746 2	0.705 0	0.666 3	0.630 2	0.596 3	0.564 5
7	0.932 7	0.870 6	0.813 1	0.759 9	0.710 7	0.665 1	0.622 7	0.583 5	0.547 0	0.513 2
8	0.923 5	0.853 5	0.789 4	0.730 7	0.676 8	0.627 4	0.582 0	0.540 3	0.501 9	0.466 5
9	0.914 3	0.836 8	0.766 4	0.702 6	0.644 6	0.591 9	0.543 9	0.500 2	0.460 4	0.424 1
10	0.905 3	0.820 3	0.744 1	0.675 6	0.613 9	0.558 4	0.508 3	0.463 2	0.422 4	0.385 5
11	0.896 3	0.804 3	0.722 4	0.649 6	0.584 7	0.526 8	0.475 1	0.428 9	0.387 5	0.350 5
12	0.887 4	0.788 5	0.701 4	0.624 6	0.556 8	0.497 0	0.444 0	0.397 1	0.355 5	0.318 6
13	0.878 7	0.773 0	0.681 0	0.600 6	0.530 3	0.468 8	0.415 0	0.367 7	0.326 2	0.289 7
14	0.870 0	0.757 9	0.661 1	0.577 5	0.505 1	0.442 3	0.387 8	0.340 5	0.299 2	0.263 3
15	0.861 3	0.743 0	0.641 9	0.555 3	0.481 0	0.417 3	0.362 4	0.315 2	0.274 5	0.239 4
16	0.852 8	0.728 4	0.623 2	0.533 9	0.458 1	0.393 6	0.338 7	0.291 9	0.251 9	0.217 6
17	0.844 4	0.714 2	0.605 0	0.513 4	0.436 3	0.371 4	0.316 6	0.270 3	0.231 1	0.197 8
18	0.836 0	0.700 2	0.587 4	0.493 6	0.415 5	0.350 3	0.295 9	0.250 2	0.212 0	0.179 9
19	0.827 7	0.686 4	0.570 3	0.474 6	0.395 7	0.330 5	0.276 5	0.231 7	0.194 5	0.163 5
20	0.819 5	0.673 0	0.553 7	0.456 4	0.376 9	0.311 8	0.258 4	0.214 5	0.178 4	0.148 6
21	0.811 4	0.659 8	0.537 5	0.438 8	0.358 9	0.294 2	0.241 5	0.198 7	0.163 7	0.135 1
22	0.803 4	0.646 8	0.521 9	0.422 0	0.341 8	0.277 5	0.225 7	0.183 9	0.150 2	0.122 8
23	0.795 4	0.634 2	0.506 7	0.405 7	0.325 6	0.261 8	0.210 9	0.170 3	0.137 8	0.111 7
24	0.787 6	0.621 7	0.491 9	0.390 1	0.310 1	0.247 0	0.197 1	0.157 7	0.126 4	0.101 5
25	0.779 8	0.609 5	0.477 6	0.375 1	0.295 3	0.233 0	0.184 2	0.146 0	0.116 0	0.092 3
26	0.772 0	0.597 6	0.463 7	0.360 7	0.281 2	0.219 8	0.172 2	0.135 2	0.106 4	0.083 9
27	0.764 4	0.585 9	0.450 2	0.346 8	0.267 8	0.207 4	0.160 9	0.125 2	0.097 6	0.076 3
28	0.756 8	0.574 4	0.437 1	0.333 5	0.255 1	0.195 6	0.150 4	0.115 9	0.089 5	0.069 3
29	0.749 3	0.563 1	0.424 3	0.320 7	0.242 9	0.184 6	0.140 6	0.107 3	0.082 2	0.063 0
30	0.741 9	0.552 1	0.412 0	0.308 3	0.231 4	0.174 1	0.131 4	0.099 4	0.075 4	0.057 3

续表

期数	11%	12%	13%	14%	15%	16%	17%	18%	19%	20%
1	0.900 9	0.892 9	0.885 0	0.877 2	0.869 6	0.862 1	0.854 7	0.847 5	0.840 3	0.833 3
2	0.811 6	0.797 2	0.783 1	0.769 5	0.756 1	0.743 2	0.730 5	0.718 2	0.706 2	0.694 4
3	0.731 2	0.711 8	0.693 1	0.675 0	0.657 5	0.640 7	0.624 4	0.608 6	0.593 4	0.578 7
4	0.658 7	0.635 5	0.613 3	0.592 1	0.571 8	0.552 3	0.533 7	0.515 8	0.498 7	0.482 3
5	0.593 5	0.567 4	0.542 8	0.519 4	0.497 2	0.476 1	0.456 1	0.437 1	0.419 0	0.401 9
6	0.534 6	0.506 6	0.480 3	0.455 6	0.432 3	0.410 4	0.389 8	0.370 4	0.352 1	0.334 9
7	0.481 7	0.452 3	0.425 1	0.399 6	0.375 9	0.353 8	0.333 2	0.313 9	0.295 9	0.279 1
8	0.433 9	0.403 9	0.376 2	0.350 6	0.326 9	0.305 0	0.284 8	0.266 0	0.248 7	0.232 6
9	0.390 9	0.360 6	0.332 9	0.307 5	0.284 3	0.263 0	0.243 4	0.225 5	0.209 0	0.193 8
10	0.352 2	0.322 0	0.294 6	0.269 7	0.247 2	0.226 7	0.208 0	0.191 1	0.175 6	0.161 5
11	0.317 3	0.287 5	0.260 7	0.236 6	0.214 9	0.195 4	0.177 8	0.161 9	0.147 6	0.134 6
12	0.285 8	0.256 7	0.230 7	0.207 6	0.186 9	0.168 5	0.152 0	0.137 2	0.124 0	0.112 2
13	0.257 5	0.229 2	0.204 2	0.182 1	0.162 5	0.145 2	0.129 9	0.116 3	0.104 2	0.093 5
14	0.232 0	0.204 6	0.180 7	0.159 7	0.141 3	0.125 2	0.111 0	0.098 5	0.087 6	0.077 9
15	0.209 0	0.182 7	0.159 9	0.140 1	0.122 9	0.107 9	0.094 9	0.083 5	0.073 6	0.064 9
16	0.188 3	0.163 1	0.141 5	0.122 9	0.106 9	0.093 0	0.081 1	0.070 8	0.061 8	0.054 1
17	0.169 6	0.145 6	0.125 2	0.107 8	0.092 9	0.080 2	0.069 3	0.060 0	0.052 0	0.045 1
18	0.152 8	0.130 0	0.110 8	0.094 6	0.080 8	0.069 1	0.059 2	0.050 8	0.043 7	0.037 6
19	0.137 7	0.116 1	0.098 1	0.082 9	0.070 3	0.059 6	0.050 6	0.043 1	0.036 7	0.031 3
20	0.124 0	0.103 7	0.086 8	0.072 8	0.061 1	0.051 4	0.043 3	0.036 5	0.030 8	0.026 1
21	0.111 7	0.092 6	0.0768	0.063 8	0.053 1	0.044 3	0.037 0	0.030 9	0.025 9	0.021 7
22	0.100 7	0.082 6	0.068 0	0.056 0	0.046 2	0.038 2	0.031 6	0.026 2	0.021 8	0.018 1
23	0.090 7	0.073 8	0.060 1	0.049 1	0.040 2	0.032 9	0.027 0	0.022 2	0.018 3	0.015 1
24	0.081 7	0.065 9	0.053 2	0.043 1	0.034 9	0.028 4	0.023 1	0.018 8	0.015 4	0.012 6
25	0.073 6	0.058 8	0.047 1	0.037 8	0.030 4	0.024 5	0.019 7	0.016 0	0.012 9	0.010 5
26	0.066 3	0.052 5	0.041 7	0.033 1	0.026 4	0.021 1	0.016 9	0.013 5	0.010 9	0.008 7
27	0.059 7	0.046 9	0.036 9	0.029 1	0.023 0	0.018 2	0.014 4	0.011 5	0.009 1	0.007 3
28	0.053 8	0.041 9	0.032 6	0.025 5	0.020 0	0.015 7	0.012 3	0.009 7	0.007 7	0.006 1
29	0.048 5	0.037 4	0.028 9	0.022 4	0.017 4	0.013 5	0.010 5	0.008 2	0.006 4	0.005 1
30	0.043 7	0.033 4	0.025 6	0.019 6	0.015 1	0.011 6	0.009 0	0.007 0	0.005 4	0.004 2

续表

期数	21%	22%	23%	24%	25%	26%	27%	28%	29%	30%
1	0.826 4	0.819 7	0.813 0	0.806 5	0.800 0	0.793 7	0.787 4	0.781 3	0.775 2	0.769 2
2	0.683 0	0.671 9	0.661 0	0.650 4	0.640 0	0.629 9	0.620 0	0.610 4	0.600 9	0.591 7
3	0.564 5	0.550 7	0.537 4	0.524 5	0.512 0	0.499 9	0.488 2	0.476 8	0.465 8	0.455 2
4	0.466 5	0.451 4	0.436 9	0.423 0	0.409 6	0.396 8	0.384 4	0.372 5	0.361 1	0.350 1
5	0.385 5	0.370 0	0.355 2	0.341 1	0.327 7	0.314 9	0.302 7	0.291 0	0.279 9	0.269 3
6	0.318 6	0.303 3	0.288 8	0.275 1	0.262 1	0.249 9	0.238 3	0.227 4	0.217 0	0.207 2
7	0.263 3	0.248 6	0.234 8	0.221 8	0.209 7	0.198 3	0.187 7	0.177 6	0.168 2	0.159 4
8	0.217 6	0.203 8	0.190 9	0.178 9	0.167 8	0.157 4	0.147 8	0.138 8	0.130 4	0.122 6
9	0.179 9	0.167 0	0.155 2	0.144 3	0.134 2	0.124 9	0.116 4	0.108 4	0.101 1	0.094 3
10	0.148 6	0.136 9	0.126 2	0.116 4	0.107 4	0.099 2	0.091 6	0.084 7	0.078 4	0.072 5
11	0.122 8	0.112 2	0.102 6	0.093 8	0.085 9	0.078 7	0.072 1	0.066 2	0.060 7	0.055 8
12	0.101 5	0.092 0	0.083 4	0.075 7	0.068 7	0.062 5	0.056 8	0.051 7	0.047 1	0.042 9
13	0.083 9	0.075 4	0.067 8	0.061 0	0.055 0	0.049 6	0.044 7	0.040 4	0.036 5	0.033 0
14	0.069 3	0.061 8	0.055 1	0.049 2	0.044 0	0.039 3	0.035 2	0.031 6	0.028 3	0.025 4
15	0.057 3	0.050 7	0.044 8	0.039 7	0.035 2	0.031 2	0.027 7	0.024 7	0.021 9	0.019 5
16	0.047 4	0.041 5	0.036 4	0.032 0	0.028 1	0.024 8	0.021 8	0.019 3	0.017 0	0.015 0
17	0.039 1	0.034 0	0.029 6	0.025 8	0.022 5	0.019 7	0.017 2	0.015 0	0.013 2	0.011 6
18	0.032 3	0.027 9	0.024 1	0.020 8	0.018 0	0.015 6	0.013 5	0.011 8	0.010 2	0.008 9
19	0.026 7	0.022 9	0.019 6	0.016 8	0.014 4	0.012 4	0.010 7	0.009 2	0.007 9	0.006 8
20	0.022 1	0.018 7	0.015 9	0.013 5	0.011 5	0.009 8	0.008 4	0.007 2	0.006 1	0.005 3
21	0.018 3	0.015 4	0.012 9	0.010 9	0.009 2	0.007 8	0.006 6	0.005 6	0.004 8	0.004 0
22	0.015 1	0.012 6	0.010 5	0.008 8	0.007 4	0.006 2	0.005 2	0.004 4	0.003 7	0.003 1
23	0.012 5	0.010 3	0.008 6	0.007 1	0.005 9	0.004 9	0.004 1	0.003 4	0.002 9	0.002 4
24	0.010 3	0.008 5	0.007 0	0.005 7	0.004 7	0.003 9	0.003 2	0.002 7	0.0022	0.001 8
25	0.008 5	0.006 9	0.005 7	0.004 6	0.003 8	0.003 1	0.002 5	0.002 1	0.001 7	0.001 4
26	0.007 0	0.005 7	0.004 6	0.003 7	0.003 0	0.002 5	0.002 0	0.001 6	0.001 3	0.001 1
27	0.005 8	0.004 7	0.003 7	0.003 0	0.002 4	0.001 9	0.001 6	0.001 3	0.001 0	0.000 8
28	0.004 8	0.003 8	0.003 0	0.002 4	0.001 9	0.001 5	0.001 2	0.001 0	0.000 8	0.000 6
29	0.004 0	0.003 1	0.002 5	0.002 0	0.001 5	0.001 2	0.001 0	0.000 8	0.000 6	0.000 5
30	0.003 3	0.002 6	0.002 0	0.001 6	0.001 2	0.001 0	0.000 8	0.000 6	0.000 5	0.000 4

附表 C　年金终值系数表

期数	1%	2%	3%	4%	5%	6%	7%	8%	9%	10%
1	1.000 0	1.000 0	1.000 0	1.000 0	1.000 0	1.000 0	1.000 0	1.000 0	1.000 0	1.000 0
2	2.010 0	2.020 0	2.030 0	2.040 0	2.050 0	2.060 0	2.070 0	2.080 0	2.090 0	2.100 0
3	3.030 1	3.060 4	3.090 9	3.121 6	3.152 5	3.183 6	3.214 9	3.246 4	3.278 1	3.310 0
4	4.060 4	4.121 6	4.183 6	4.246 5	4.310 1	4.374 6	4.439 9	4.506 1	4.573 1	4.641 0
5	5.101 0	5.204 0	5.309 1	5.416 3	5.525 6	5.637 1	5.750 7	5.866 6	5.984 7	6.105 1
6	6.152 0	6.308 1	6.468 4	6.633 0	6.801 9	6.975 3	7.153 3	7.335 9	7.523 3	7.715 6
7	7.213 5	7.434 3	7.662 5	7.898 3	8.142 0	8.393 8	8.654 0	8.922 8	9.200 4	9.487 2
8	8.285 7	8.583 0	8.892 3	9.214 2	9.549 1	9.897 5	10.260	10.637	11.029	11.436
9	9.368 5	9.754 6	10.159	10.583	11.027	11.491	11.978	12.488	13.021	13.580
10	10.462	10.950	11.464	12.006	12.578	13.181	13.816	14.487	15.193	15.937
11	11.567	12.169	12.808	13.486	14.207	14.972	15.784	16.646	17.560	18.531
12	12.683	13.412	14.192	15.026	15.917	16.870	17.889	18.977	20.141	21.384
13	13.809	14.680	15.618	16.627	17.713	18.882	20.141	21.495	22.953	24.523
14	14.947	15.974	17.086	18.292	19.599	21.015	22.551	24.215	26.019	27.975
15	16.097	17.293	18.599	20.024	21.579	23.276	25.129	27.152	29.361	31.773
16	17.258	18.639	20.157	21.825	23.658	25.673	27.888	30.324	33.003	35.950
17	18.430	20.012	21.762	23.698	25.840	28.213	30.840	33.750	36.974	40.545
18	19.615	21.412	23.414	25.645	28.132	30.906	33.999	37.450	41.301	45.599
19	20.811	22.841	25.117	27.671	30.539	33.760	37.379	41.446	46.019	51.159
20	22.019	24.297	26.870	29.778	33.066	36.786	40.996	45.762	51.160	57.275
21	23.239	25.783	28.677	31.969	35.719	39.993	44.865	50.423	56.765	64.003
22	24.472	27.299	30.537	34.248	38.505	43.392	49.006	55.457	62.873	71.403
23	25.716	28.845	32.453	36.618	41.431	46.996	53.436	60.893	69.532	79.543
24	26.974	30.422	34.427	39.083	44.502	50.816	58.177	66.765	76.790	88.497
25	28.243	32.030	36.459	41.646	47.727	54.865	63.249	73.106	84.701	98.347
26	29.526	33.671	38.553	44.312	51.114	59.156	68.677	79.954	93.324	109.18
27	30.821	35.344	40.710	47.084	54.669	63.706	74.484	87.351	102.72	121.10
28	32.129	37.051	42.931	49.968	58.403	68.528	80.698	95.339	112.97	134.21
29	33.450	38.792	45.219	52.966	62.323	73.640	87.347	103.97	124.14	148.63
30	34.785	40.568	47.575	56.085	66.439	79.058	94.461	113.28	136.31	164.49

续表

期数	11%	12%	13%	14%	15%	16%	17%	18%	19%	20%
1	1.000 0	1.000 0	1.000 0	1.000 0	1.000 0	1.000 0	1.000 0	1.000 0	1.000 0	1.000 0
2	2.110 0	2.120 0	2.130 0	2.140 0	2.150 0	2.160 0	2.170 0	2.180 0	2.190 0	2.200 0
3	3.342 1	3.374 4	3.406 9	3.439 6	3.472 5	3.505 6	3.538 9	3.572 4	3.606 1	3.640 0
4	4.709 7	4.779 3	4.849 8	4.921 1	4.993 4	5.066 5	5.140 5	5.215 4	5.291 3	5.368 0
5	6.227 8	6.352 8	6.480 3	6.610 1	6.742 4	6.877 1	7.014 4	7.154 2	7.296 6	7.441 6
6	7.912 9	8.115 2	8.322 7	8.535 5	8.753 7	8.977 5	9.206 8	9.442 0	9.683 0	9.929 9
7	9.783 3	10.089	10.405	10.731	11.067	11.414	11.772	12.142	12.523	12.916
8	11.859	12.300	12.757	13.233	13.727	14.240	14.773	15.327	15.902	16.499
9	14.164	14.776	15.416	16.085	16.786	17.519	18.285	19.086	19.923	20.799
10	16.722	17.549	18.420	19.337	20.304	21.322	22.393	23.521	24.709	25.959
11	19.561	20.655	21.814	23.045	24.349	25.733	27.200	28.755	30.404	32.150
12	22.713	24.133	25.650	27.271	29.002	30.850	32.824	34.931	37.180	39.581
13	26.212	28.029	29.985	32.089	34.352	36.786	39.404	42.219	45.245	48.497
14	30.095	32.393	34.883	37.581	40.505	43.672	47.103	50.818	54.841	59.196
15	34.405	37.280	40.418	43.842	47.580	51.660	56.110	60.965	66.261	72.035
16	39.190	42.753	46.672	50.980	55.718	60.925	66.649	72.939	79.850	87.442
17	44.501	48.884	53.739	59.118	65.075	71.673	78.979	87.068	96.022	105.93
18	50.396	55.750	61.725	68.394	75.836	84.141	93.406	103.74	115.27	128.12
19	56.940	63.440	70.749	78.969	88.212	98.603	110.28	123.41	138.17	154.74
20	64.203	72.052	80.947	91.025	102.44	115.38	130.03	146.63	165.42	186.69
21	72.265	81.699	92.470	104.77	118.81	134.84	153.14	174.02	197.85	225.03
22	81.214	92.503	105.49	120.44	137.63	157.42	180.17	206.34	236.44	271.03
23	91.148	104.60	120.20	138.30	159.28	183.60	211.80	244.49	282.36	326.24
24	102.17	118.16	136.83	158.66	184.17	213.98	248.81	289.49	337.01	392.48
25	114.41	133.33	155.62	181.87	212.79	249.21	292.10	342.60	402.04	471.98
26	128.00	150.33	176.85	208.33	245.71	290.09	342.76	405.27	479.43	567.38
27	143.08	169.37	200.84	238.50	283.57	337.50	402.03	479.22	571.52	681.85
28	159.82	190.70	227.95	272.89	327.10	392.50	471.38	566.48	681.11	819.22
29	178.40	214.58	258.58	312.09	377.17	456.30	552.51	669.45	811.52	984.07
30	199.02	241.33	293.20	356.79	434.75	530.31	647.44	790.95	966.71	1181.9

续表

期数	21%	22%	23%	24%	25%	26%	27%	28%	29%	30%
1	1.000 0	1.000 0	1.000 0	1.000 0	1.000 0	1.000 0	1.000 0	1.000 0	1.000 0	1.000 0
2	2.210 0	2.220 0	2.230 0	2.240 0	2.250 0	2.260 0	2.270 0	2.280 0	2.290 0	2.300 0
3	3.674 1	3.708 4	3.742 9	3.777 6	3.812 5	3.847 6	3.882 9	3.918 4	3.954 1	3.990 0
4	5.445 7	5.524 2	5.603 8	5.684 2	5.765 6	5.848 0	5.931 3	6.015 6	6.100 8	6.187 0
5	7.589 2	7.739 6	7.892 6	8.048 4	8.207 0	8.368 4	8.532 7	8.699 9	8.870 0	9.043 1
6	10.183	10.442	10.708	10.980	11.259	11.544	11.837	12.136	12.442	12.756
7	13.321	13.740	14.171	14.615	15.074	15.546	16.032	16.534	17.051	17.583
8	17.119	17.762	18.430	19.123	19.842	20.588	21.361	22.163	22.995	23.858
9	21.714	22.670	23.669	24.713	25.802	26.940	28.129	29.369	30.664	32.015
10	27.274	28.657	30.113	31.643	33.253	34.945	36.724	38.593	40.556	42.620
11	34.001	35.962	38.039	40.238	42.566	45.031	47.639	50.399	53.318	56.405
12	42.142	44.874	47.788	50.895	54.208	57.739	61.501	65.510	69.780	74.327
13	51.991	55.746	59.779	64.110	68.760	73.751	79.107	84.853	91.016	97.625
14	63.910	69.010	74.528	80.496	86.950	93.926	101.47	109.61	118.41	127.91
15	78.331	85.192	92.669	100.82	109.69	119.35	129.86	141.30	153.75	167.29
16	95.780	104.93	114.98	126.01	138.11	151.38	165.92	181.87	199.34	218.47
17	116.89	129.02	142.43	157.25	173.64	191.73	211.72	233.79	258.15	285.01
18	142.44	158.40	176.19	195.99	218.04	242.59	269.89	300.25	334.01	371.52
19	173.35	194.25	217.71	244.03	273.56	306.66	343.76	385.32	431.87	483.97
20	210.76	237.99	268.79	303.60	342.94	387.39	437.57	494.21	558.11	630.17
21	256.02	291.35	331.61	377.46	429.68	489.11	556.72	633.59	720.96	820.22
22	310.78	356.44	408.88	469.06	538.10	617.28	708.03	812.00	931.04	1067.3
23	377.05	435.86	503.92	582.63	673.63	778.77	900.20	1040.4	1202.0	1388.5
24	457.22	532.75	620.82	723.46	843.03	982.25	1144.3	1332.7	1551.6	1806.0
25	554.24	650.96	764.61	898.09	1054.8	1238.6	1454.2	1706.8	2002.6	2348.8
26	671.63	795.17	941.46	1114.6	1319.5	1561.7	1847.8	2185.7	2584.4	3054.4
27	813.68	971.10	1159.0	1383.1	1650.4	1968.7	2347.8	2798.7	3334.8	3971.8
28	985.55	1185.7	1426.6	1716.1	2064.0	2481.6	2982.6	3583.3	4302.9	5164.3
29	1193.5	1447.6	1755.7	2129.0	2580.9	3127.8	3789.0	4587.7	5551.8	6714.6
30	1445.2	1767.1	2160.5	2640.9	3227.2	3942.0	4813.0	5873.2	7162.8	8730.0

附表 D　年金现值系数表

期数	1%	2%	3%	4%	5%	6%	7%	8%	9%	10%
1	0.990 1	0.980 4	0.970 9	0.961 5	0.952 4	0.943 4	0.934 6	0.925 9	0.917 4	0.909 1
2	1.970 4	1.941 6	1.913 5	1.886 1	1.859 4	1.833 4	1.808 0	1.783 3	1.759 1	1.735 5
3	2.941 0	2.883 9	2.828 6	2.775 1	2.723 2	2.673 0	2.624 3	2.577 1	2.531 3	2.486 9
4	3.902 0	3.807 7	3.717 1	3.629 9	3.546 0	3.465 1	3.387 2	3.312 1	3.239 7	3.169 9
5	4.853 4	4.713 5	4.579 7	4.451 8	4.329 5	4.212 4	4.100 2	3.992 7	3.889 7	3.790 8
6	5.795 5	5.601 4	5.417 2	5.242 1	5.075 7	4.917 3	4.766 5	4.622 9	4.485 9	4.355 3
7	6.728 2	6.472 0	6.230 3	6.002 1	5.786 4	5.582 4	5.389 3	5.206 4	5.033 0	4.868 4
8	7.651 7	7.325 5	7.019 7	6.732 7	6.463 2	6.209 8	5.971 3	5.746 6	5.534 8	5.334 9
9	8.566 0	8.162 2	7.786 1	7.435 3	7.107 8	6.801 7	6.515 2	6.246 9	5.995 2	5.759 0
10	9.471 3	8.982 6	8.530	8.110 9	7.721 7	7.360 1	7.023 6	6.710 1	6.417 7	6.144 6
11	10.368	9.786 8	9.252 6	8.760 5	8.306 4	7.886 9	7.498 7	7.139 0	6.805 2	6.495 1
12	11.255	10.575	9.954 0	9.385 1	8.863 3	8.383 8	7.942 7	7.536 1	7.160 7	6.813 7
13	12.134	11.348	10.635	9.985 6	9.393 6	8.852 7	8.357 7	7.903 8	7.486 9	7.103 4
14	13.004	12.106	11.296	10.563	9.898 6	9.295 0	8.745 5	8.244 2	7.786 2	7.366 7
15	13.865	12.849	11.938	11.118	10.380	9.712 2	9.107 9	8.559 5	8.060 7	7.606 1
16	14.718	13.578	12.561	11.652	10.838	10.106	9.446 6	8.851 4	8.312 6	7.823 7
17	15.562	14.292	13.166	12.166	11.274	10.477	9.763 2	9.121 6	8.543 6	8.021 6
18	16.398	14.992	13.754	12.659	11.690	10.828	10.059	9.371 9	8.755 6	8.201 4
19	17.226	15.679	14.324	13.134	12.085	11.158	10.336	9.603 6	8.950 1	8.364 9
20	18.046	16.351	14.878	13.590	12.462	11.470	10.594	9.818 1	9.128 5	8.513 6
21	18.857	17.011	15.415	14.029	12.821	11.764	10.836	10.017	9.292 2	8.648 7
22	19.660	17.658	15.937	14.451	13.163	12.042	11.061	10.201	9.442 4	8.771 5
23	20.456	18.292	16.444	14.857	13.489	12.303	11.272	10.371	9.580 2	8.883 2
24	21.243	18.914	16.936	15.247	13.799	12.550	11.469	10.529	9.706 6	8.984 7
25	22.023	19.524	17.413	15.622	14.094	12.783	11.654	10.675	9.822 6	9.077 0
26	22.795	20.121	17.877	15.983	14.375	13.003	11.826	10.810	9.929 0	9.160 9
27	23.560	20.707	18.327	16.330	14.643	13.211	11.987	10.935	10.027	9.237 2
28	24.316	21.281	18.764	16.663	14.898	13.406	12.137	11.051	10.116	9.306 6
29	25.066	21.844	19.189	16.984	15.141	13.591	12.278	11.158	10.198	9.369 6
30	25.808	22.397	19.600	17.292	15.373	13.765	12.409	11.258	10.274	9.426 9

续表

期数	11%	12%	13%	14%	15%	16%	17%	18%	19%	20%
1	0.900 9	0.892 9	0.885 0	0.877 2	0.869 6	0.862 1	0.854 7	0.847 5	0.840 3	0.833 3
2	1.712 5	1.690 1	1.668 1	1.646 7	1.625 7	1.605 2	1.585 2	1.565 6	1.546 5	1.527 8
3	2.443 7	2.401 8	2.361 2	2.321 6	2.283 2	2.245 9	2.209 6	2.174 3	2.139 9	2.106 5
4	3.102 4	3.037 3	2.974 5	2.913 7	2.855 0	2.798 2	2.743 2	2.690 1	2.638 6	2.588 7
5	3.695 9	3.604 8	3.517 2	3.433 1	3.352 2	3.274 3	3.199 3	3.127 2	3.057 6	2.990 6
6	4.230 5	4.111 4	3.997 5	3.888 7	3.784 5	3.684 7	3.589 2	3.497 6	3.409 8	3.325 5
7	4.712 2	4.563 8	4.422 6	4.288 3	4.160 4	4.038 6	3.922 4	3.811 5	3.705 7	3.604 6
8	5.146 1	4.967 6	4.798 8	4.638 9	4.487 3	4.343 6	4.207 2	4.077 6	3.954 4	3.837 2
9	5.537 0	5.328 2	5.131 7	4.946 4	4.771 6	4.606 5	4.450 6	4.303 0	4.163 3	4.031 0
10	5.889 2	5.650 2	5.426 2	5.216 1	5.018 8	4.833 2	4.658 6	4.494 1	4.338 9	4.192 5
11	6.206 5	5.937 7	5.686 9	5.452 7	5.233 7	5.028 6	4.836 4	4.656 0	4.486 5	4.327 1
12	6.492 4	6.194 4	5.917 6	5.660 3	5.420 6	5.197 1	4.988 4	4.793 2	4.610 5	4.439 2
13	6.749 9	6.423 5	6.121 8	5.842 4	5.583 1	5.342 3	5.118 3	4.909 5	4.714 7	4.532 7
14	6.981 9	6.628 2	6.302 5	6.002 1	5.724 5	5.467 5	5.229 3	5.008 1	4.802 3	4.610 6
15	7.190 9	6.810 9	6.462 4	6.142 2	5.847 4	5.575 5	5.324 2	5.091 6	4.875 9	4.675 5
16	7.379 2	6.974 0	6.603 9	6.265 1	5.954 2	5.668 5	5.405 3	5.162 4	4.937 7	4.729 6
17	7.548 8	7.119 6	6.729 1	6.372 9	6.047 2	5.748 7	5.474 6	5.222 3	4.989 7	4.774 6
18	7.701 6	7.249 7	6.839 9	6.467 4	6.128 0	5.817 8	5.533 9	5.273 2	5.033 3	4.812 2
19	7.839 3	7.365 8	6.938 0	6.550 4	6.198 2	5.877 5	5.584 5	5.316 2	5.070 0	4.843 5
20	7.963 3	7.469 4	7.024 8	6.623 1	6.259 3	5.928 8	5.627 8	5.352 7	5.100 9	4.869 6
21	8.075 1	7.562 0	7.101 6	6.687 0	6.312 5	5.973 1	5.664 8	5.383 7	5.126 8	4.891 3
22	8.175 7	7.644 6	7.169 5	6.742 9	6.358 7	6.011 3	5.696 4	5.409 9	5.148 6	4.909 4
23	8.266 4	7.718 4	7.229 7	6.792 1	6.398 8	6.044 2	5.723 4	5.432 1	5.166 8	4.924 5
24	8.348 1	7.784 3	7.282 9	6.835 1	6.433 8	6.072 6	5.746 5	5.450 9	5.182 2	4.937 1
25	8.421 7	7.843 1	7.330 0	6.872 9	6.464 1	6.097 1	5.766 2	5.466 9	5.195 1	4.947 6
26	8.488 1	7.895 7	7.371 7	6.906 1	6.490 6	6.118 2	5.783 1	5.480 4	5.206 0	4.956 3
27	8.547 8	7.942 6	7.408 6	6.935 2	6.513 5	6.136 4	5.797 5	5.491 9	5.215 1	4.963 6
28	8.601 6	7.984 4	7.441 2	6.960 7	6.533 5	6.152 0	5.809 9	5.501 6	5.222 8	4.969 7
29	8.650 1	8.021 8	7.470 1	6.983 0	6.550 9	6.165 6	5.820 4	5.509 8	5.229 2	4.974 7
30	8.693 8	8.055 2	7.495 7	7.002 7	6.566 0	6.177 2	5.829 4	5.516 8	5.234 7	4.978 9

续表

期数	21%	22%	23%	24%	25%	26%	27%	28%	29%	30%
1	0.826 4	0.819 7	0.813 0	0.806 5	0.800 0	0.793 7	0.787 4	0.781 3	0.775 2	0.769 2
2	1.509 5	1.491 5	1.474 0	1.456 8	1.440 0	1.423 5	1.407 4	1.391 6	1.376 1	1.360 9
3	2.073 9	2.042 2	2.011 4	1.981 3	1.952 0	1.923 4	1.895 6	1.868 4	1.842 0	1.816 1
4	2.540 4	2.493 6	2.448 3	2.404 3	2.361 6	2.320 2	2.280 0	2.241 0	2.203 1	2.166 2
5	2.926 0	2.863 6	2.803 5	2.745 4	2.689 3	2.635 1	2.582 7	2.532 0	2.483 0	2.435 6
6	3.244 6	3.166 9	3.092 3	3.020 5	2.951 4	2.885 0	2.821 0	2.759 4	2.700 0	2.642 7
7	3.507 9	3.415 5	3.327 0	3.242 3	3.161 1	3.083 3	3.008 7	2.937 0	2.868 2	2.802 1
8	3.725 6	3.619 3	3.517 9	3.421 2	3.328 9	3.240 7	3.156 4	3.075 8	2.998 6	2.924 7
9	3.905 4	3.786 3	3.673 1	3.565 5	3.463 1	3.365 7	3.272 8	3.184 2	3.099 7	3.019 0
10	4.054 1	3.923 2	3.799 3	3.681 9	3.570 5	3.464 8	3.364 4	3.268 9	3.178 1	3.091 5
11	4.176 9	4.035 4	3.901 8	3.775 7	3.656 4	3.543 5	3.436 5	3.335 1	3.238 8	3.147 3
12	4.278 4	4.127 4	3.985 2	3.851 4	3.725 1	3.605 9	3.493 3	3.386 8	3.285 9	3.190 3
13	4.362 4	4.202 8	4.053 0	3.912 4	3.780 1	3.655 5	3.538 1	3.427 2	3.322 4	3.223 3
14	4.431 7	4.264 6	4.108 2	3.961 6	3.824 1	3.694 9	3.573 3	3.458 7	3.350 7	3.248 7
15	4.489 0	4.315 2	4.153 0	4.001 3	3.859 3	3.726 1	3.601 0	3.483 4	3.372 6	3.268 2
16	4.536 4	4.356 7	4.189 4	4.033 3	3.887 4	3.750 9	3.622 8	3.502 6	3.389 6	3.283 2
17	4.575 5	4.390 8	4.219 0	4.059 1	3.909 9	3.770 5	3.640 0	3.517 7	3.402 8	3.294 8
18	4.607 9	4.418 7	4.243 1	4.079 9	3.927 9	3.786 1	3.653 6	3.529 4	3.413 0	3.303 7
19	4.634 6	4.441 5	4.262 7	4.096 7	3.942 4	3.798 5	3.664 2	3.538 6	3.421 0	3.310 5
20	4.656 7	4.460 3	4.278 6	4.110 3	3.953 9	3.808 3	3.672 6	3.545 8	3.427 1	3.315 8
21	4.675 0	4.475 6	4.291 6	4.121 2	3.963 1	3.816 1	3.679 2	3.551 4	3.431 9	3.319 8
22	4.690 0	4.488 2	4.302 1	4.130 0	3.970 5	3.822 3	3.684 4	3.555 8	3.435 6	3.323 0
23	4.702 5	4.498 5	4.310 6	4.137 1	3.976 4	3.827 3	3.688 5	3.559 2	3.438 4	3.325 4
24	4.712 8	4.507 0	4.317 6	4.142 8	3.981 1	3.831 2	3.691 8	3.561 9	3.440 6	3.327 2
25	4.721 3	4.513 9	4.323 2	4.147 4	3.984 9	3.834 2	3.694 3	3.564 0	3.442 3	3.328 6
26	4.728 4	4.519 6	4.327 8	4.151 1	3.987 9	3.836 7	3.696 3	3.565 6	3.443 7	3.329 7
27	4.734 2	4.524 3	4.331 6	4.154 2	3.990 3	3.838 7	3.697 9	3.566 9	3.444 7	3.330 5
28	4.739 0	4.528 1	4.334 6	4.156 6	3.992 3	3.840 2	3.699 1	3.567 9	3.445 5	3.331 2
29	4.743 0	4.531 2	4.337 1	4.158 5	3.993 8	3.841 4	3.700 1	3.568 7	3.446 1	3.331 7
30	4.746 3	4.533 8	4.339 1	4.160 1	3.995 0	3.842 4	3.700 9	3.569 3	3.446 6	3.332 1

参考文献

[1] 温坤. 管理会计学 [M]. 三版. 北京：中国人民大学出版社，2004.
[2] 张献英. 管理会计学 [M]. 成都：西南财经大学出版社，2008.
[3] 潘飞. 管理会计 [M]. 北京：清华大学出版社，2007.
[4] 孟焰. 管理会计理论框架研究 [M]. 大连：东北财经大学出版社，2007.
[5] 陈越. 美国注册助理管理会计师培训教材 [M]. 上海：上海交通大学出版社，2009.
[6] 孙茂竹. 管理会计学 [M]. 北京：中国人民大学出版社，2009.
[7] 冯巧根. 管理会计 [M]. 北京：中国人民大学出版社，2008.
[8] 许萍. 管理会计 [M]. 北京：经济科学出版社，2003.
[9] Charles T Horngren. Management Accounting,12th ed . Pearson Education, 2002.
[10] Don R Hansen. Management Accounting,6th ed. Cengage Learning, 2007.
[11] Ray H Garrison. Management Accounting,11th ed.The McGraw-Hill Companies, 2006.
[12] 胡玉明. 管理会计研究 [M]. 北京：机械工业出版社，2008.
[13] 于增彪. 管理会计研究 [M]. 北京：中国金融出版社，2007.
[14] 郭晓梅. 管理会计学 [M]. 北京：中国人民大学出版社，2005.
[15] 陈兴滨. 管理会计学 [M]. 二版. 北京：中国人民大学出版社，2008.
[16] 孟焰. 管理会计学 [M]. 北京：经济科学出版社，2009.
[17] 余绪缨，汪一凡. 管理会计 [M]. 沈阳：辽宁人民出版社，2009.
[18] 曹中. 管理会计学 [M]. 上海：立信会计出版社，2012.

反侵权盗版声明